Emile Zola

Die Rougon-Macquart

Natur- und Sozialgeschichte
einer Familie
unter dem Zweiten Kaiserreich

Herausgegeben von
Rita Schober

Das Tier im Menschen

Emile Zola

Das Tier im Menschen

Winkler Verlag München

La Bête humaine. Ins Deutsche übertragen von Gerhard Krüger nach der von Maurice Le Blond besorgten Gesamtausgabe. Mit einem Nachwort von Rita Schober und Anmerkungen sowie 43 Illustrationen von Wilhelm M. Busch.
ISBN Einzelbezug 3 538 06887 9 · ISBN Serie 3 538 06867 4

Der Abdruck des Textes erfolgt mit Genehmigung des Verlags Rütten & Loening, Berlin. Alle Rechte, einschließlich derjenigen des auszugsweisen Abdrucks und der photomechanischen Wiedergabe von Text und Illustrationen, vorbehalten. Verlegt 1977 im Winkler Verlag, München. Illustration des Schutzumschlags: Félix Vallotton (Scène au Café). © 1977 Copyright by SPADEM, Paris, & COSMOPRESS, Genf. Gesamtherstellung Mohndruck Reinhard Mohn OHG, Gütersloh. Printed in Germany

Kapitel 1

Roubaud trat ins Zimmer, legte das Einpfundbrot und die Pastete auf den Tisch und stellte die Flasche Weißwein dazu. Mutter Victoire hatte wohl, bevor sie am Morgen zu ihrer Arbeitsstelle gegangen war, das Feuer in ihrem Ofen mit einem großen Haufen Kohlenstaub zugedeckt, denn es herrschte eine Hitze zum Ersticken. Und der stellvertretende Stationsvorsteher öffnete ein Fenster und lehnte sich hinaus.
Es war in der Impasse d'Amsterdam im letzten Haus rechts, einem hohen Haus, wo die Westbahngesellschaft einige ihrer Angestellten unterzubringen pflegte. Das im Winkel des vorspringenden Mansardendaches gelegene Fenster im fünften Stock ging auf den Bahnhof, jenen breiten, das Quartier de l'Europe durchbohrenden Einschnitt, jenes jähe Aufrollen des Horizonts, der sich an diesem Nachmittag unter dem grauen Himmel Mitte Februar mit seinem feuchten und lauen, sonnendurchblitzten Grau noch mehr zu weiten schien.
Gegenüber verschwammen und verblichen in diesem Strahlengestiebe hingehaucht die Häuser der Rue de Rome. Links taten die überdachten Bahnhofshallen ihre riesigen Portale auf mit den rauchgeschwärzten Verglasungen, unermeßlich groß die Fernbahnhalle, in die das Auge hineintauchte und die durch das Postgebäude und das Heizhaus von den anderen kleineren Bahnhofshallen, aus denen die Züge nach Argenteuil, nach Versailles und die

Ringbahn abfuhren, getrennt wurde, während rechts die Pont de l'Europe mit ihrem eisernen Stern den Einschnitt durchtrennte, den man jenseits wieder auftauchen und schnurgerade bis zum Tunnel unter dem Boulevard des Batignolles laufen sah. Und unmittelbar unterhalb dieses Fensters, von dem man das ganze weite Gelände überschaute, verzweigten sich die drei aus der Brücke hervorkommenden Doppelgleise, liefen in einem Fächer auseinander, dessen metallene Stangen sich vervielfachten und unzählig in den Bahnhofshallen verloren. Vor den Brückenbögen ließen die drei Stellwerke ihre kleinen, kahlen Gärten sehen. In dem verworrenen Verfließen von Wagen und Lokomotiven, mit denen die Schienen vollgestellt waren, bildete ein großes, rotes Signal einen Fleck auf dem bleichen Tageslicht.

Einen Augenblick lang war Roubaud gefesselt von diesem Anblick, und er stellte Vergleiche mit seinem Bahnhof in Le Havre an. Jedesmal wenn er so auf einen Tag nach Paris kam und bei Mutter Victoire abstieg, nahm ihn sein Beruf aufs neue gefangen. In der Fernbahnhalle hatte die Ankunft eines Zuges aus Mantes die Bahnsteige belebt; und er blickte der Rangierlokomotive nach, einer kleinen Tenderlok mit drei niedrigen, gekuppelten Rädern, die flink und eilig mit der Zerlegung des Zuges begann, die Wagen aussetzte und sie auf die Abstellgleise schob. Eine andere Lokomotive, und zwar eine starke Schnellzugmaschine mit zwei großen, gefräßigen Rädern, stand allein da, stieß durch ihren Schornstein eine dicke, schwarze Qualmwolke aus, die ganz langsam kerzengerade in die ruhige Luft aufstieg. Seine ganze Aufmerksamkeit aber nahm der Zug drei Uhr fünfundzwanzig nach Caen in Anspruch, der schon besetzt war mit Reisenden und nur noch auf seine Lokomotive wartete. Die konnte er nicht sehen, weil sie jenseits der Pont de l'Europe hielt; er hörte nur, wie sie mit leichten, eiligen Pfiffen freie Fahrt verlangte wie ein Mensch, der allmählich ungeduldig wird. Ein Befehl wurde geschrien, sie antwortete mit einem kurzen Signalpfiff, daß sie verstanden habe. Dann, vor dem Anfahren, trat Schweigen ein, die Zylinderventile wurden geöffnet, in Bodenhöhe zischte der Dampf in einem ohrenbetäubenden Strahl heraus. Und nun sah er dieses quellende Weiß die Brücke überfluten und wirbelnd wie Schneeflaum quer durch das Eisengerippe auffliegen. Eine ganze Ecke dieses weiten Raumes wurde dadurch weiß gefärbt, während die dickeren Qualmwolken der anderen Lokomotive ihren schwarzen Schleier breiter zogen. Dahinter erstickten langgezogene Signalhorntöne, Befehlsschreie, Drehscheibengerumpel. Der Rauchschleier zerriß, und Roubaud unterschied im Hintergrund zwei sich kreuzende Züge, der eine kam von Versailles, der andere fuhr nach Auteuil.

Als Roubaud eben vom Fenster wegtreten wollte, veranlaßte ihn eine Stimme, die seinen Namen rief, sich hinauszubeugen. Und unten auf dem Altan des vierten Stockwerks erkannte er einen jüngeren Mann in den Dreißigern, Henri Dauvergne, einen Oberzugführer, der dort zusammen mit seinem Vater, einem Fahrdienstleiter bei der Fernbahn, und seinen Schwestern Claire und Sophie wohnte, zwei anbetungswürdigen Blondinen von achtzehn und zwanzig Jahren, die unter fortwährender schallender Heiterkeit mit den sechstausend Francs Jahresverdienst der beiden Männer den Haushalt führten. Man hörte die ältere Schwester lachen, während die jüngere sang und die Kanarienvögel in ihrem Käfig mit ihrem Trillern ihnen Konkurrenz machten.

»Sieh da, Herr Roubaud! Sie sind also in Paris? – Ach ja, wegen Ihrer Geschichte mit dem Unterpräfekten!«
Der stellvertretende Bahnhofsvorsteher lehnte sich weiter hinaus und erklärte, er habe Le Havre noch in der Frühe mit dem Schnellzug sechs Uhr vierzig verlassen müssen. Eine Anweisung des Betriebsleiters habe ihn nach Paris gerufen, vorhin habe man ihn gehörig abgekanzelt. Es sei noch ein Glück, daß er dabei nicht seine Stelle verloren habe.
»Und Ihre Frau?« fragte Henri.
Seine Frau habe ebenfalls mitkommen wollen, um Einkäufe zu machen. Nun wartete er hier in diesem Zimmer auf sie, zu dem Mutter Victoire ihnen bei jeder ihrer Reisen den Schlüssel aushändigte und in dem sie gern in Ruhe und allein zu Mittag aßen, während die brave Frau unten in ihrer Toilettenstelle zurückgehalten wurde. Am heutigen Tag hatten sie in Mantes nur ein Brötchen gegessen, weil sie erst ihre Gänge erledigen wollten. Aber es war schon drei Uhr, er kam vor Hunger fast um.
Aus Höflichkeit stellte Henri noch eine Frage:
»Und Sie übernachten in Paris?«
Nein, nein! Sie führen beide abends mit dem Schnellzug sechs Uhr dreißig nach Le Havre zurück. Von wegen frei haben! Man behellige einen ja nur, um einem eine Zigarre zu verpassen, und dann aber gleich wieder zurück in die Bude!
Einen Augenblick schauten sich die beiden Angestellten verständnisvoll an. Aber sie konnten einander nicht mehr hören, denn ein Klavier begann wie wild zu lärmen. Anscheinend hämmerten die beiden Schwestern zusammen drauflos und spornten, noch lauter lachend, die Kanarienvögel an. Da grüßte der junge Mann, der nun selber in

fröhliche Stimmung geriet, und trat in die Wohnung zurück; und der stellvertretende Stationsvorsteher verweilte einen Augenblick allein, die Augen auf den Altan gerichtet, von dem diese ganze jugendliche Fröhlichkeit emporstieg. Aufblickend gewahrte er dann die Lokomotive, die die Zylinderventile geschlossen hatte und die der Weichenwärter zum Zug nach Caen leitete. Die letzten Flockengebilde aus weißem Dampf verloren sich unter den dicken schwarzen Qualmwirbeln, die den Himmel besudelten.
Und er trat ebenfalls ins Zimmer zurück.
Vor der Kuckucksuhr, die zwanzig nach drei anzeigte, machte Roubaud eine verzweifelte Gebärde. Wo zum Teufel blieb Séverine so lange? War sie erst einmal in einem Laden, so kam sie nicht mehr heraus. Um sich über den Hunger hinwegzutäuschen, der ihm den Magen umwühlte, kam er auf den Gedanken, den Tisch zu decken. Der weite, zweifenstrige Raum war ihm vertraut, denn er diente mit seinen Nußbaummöbeln, seinem mit rotem Kattun ausgeschlagenen Bett, seinem Büfett mit Anrichtetisch, seinem runden Tisch, seinem normannischen Schrank als Schlafzimmer, Eßzimmer und Küche zugleich. Er nahm Servietten, Teller, Messer, Gabeln und zwei Gläser aus dem Büfett. Das alles war äußerst sauber, und diese häuslichen Verrichtungen machten ihm Spaß, als spielte er Puppenmahlzeit, er freute sich über das Weiß der Tischwäsche, war ganz verliebt in seine Frau und lachte selber schon jenes gutmütige, frische Lachen, mit dem sie zur Tür hereinkommen würde. Als er aber die Pastete auf einen Teller getan und die Flasche Weißwein daneben gestellt hatte, wurde er unruhig, blickte sich suchend um. Dann zog er rasch zwei Päckchen hervor, die er in der Tasche vergessen hatte, eine kleine Büchse Sardinen und Schweizer Käse.

Es schlug halb. Roubaud ging auf und ab und lauschte beim leisesten Geräusch nach der Treppe. Während er so untätig wartete, blieb er vor dem Spiegel stehen und betrachtete sich. Er alterte nicht, er wurde bald vierzig, ohne daß das Feuerrot seines gekräuselten Haars verblaßt wäre. Auch sein sonnenblonder Bart, den er ungestutzt trug, war noch immer dicht. Und da er mittelgroß, aber außerordentlich kräftig gebaut war, fand er an sich nichts auszusetzen, er war ganz zufrieden mit seinem etwas flachen Kopf mit der niedrigen Stirn und dem Stiernacken, mit seinem runden und vollblütigen Gesicht, das zwei große, muntere Augen erhellten. Seine Brauen waren zusammengewachsen, wucherten buschig auf seiner Stirn und bildeten gleichsam einen Querbalken, wie er bei eifersüchtigen Männern zu finden ist. Da er eine fünfzehn Jahre jüngere Frau geheiratet hatte, beruhigten ihn diese häufigen kurzen Blicke in den Spiegel.
Schritte waren zu hören, Roubaud lief und öffnete die Tür einen Spalt. Aber es war eine Zeitungshändlerin vom Bahnhof, die in ihr Zimmer nebenan heimkehrte. Er ging zurück, betrachtete eingehend ein mit Muscheln verziertes Kästchen auf dem Büfett. Dieses Kästchen kannte er gut, Séverine hatte es Mutter Victoire, ihrer Amme, geschenkt. Und dieser kleine Gegenstand genügte, um die ganze Geschichte seiner Heirat an ihm vorüberziehen zu lassen. Bald schon drei Jahre war es her. Er war in Plassans in Südfrankreich als Sohn eines Fuhrmanns geboren und als Feldwebel vom Militärdienst entlassen worden, danach war er lange Zeit Gepäckträger für Personen- und Güterverkehr auf dem Bahnhof von Mantes gewesen, bis er zum Obergepäckmeister auf dem Bahnhof von Barentin befördert wurde; und dort hatte er sie kennengelernt, seine liebe

Frau, als sie in Begleitung von Fräulein Berthe, der Tochter des Präsidenten Grandmorin, aus Doinville kam und in Barentin den Zug bestieg. Séverine Aubry war zwar nur die jüngste Tochter eines im Dienst der Grandmorins gestorbenen Gärtners; aber der Präsident, ihr Pate und Vormund, verwöhnte sie dermaßen, daß er sie zur Gefährtin seiner Tochter machte, sie beide auf dasselbe Pensionat nach Rouen schickte, und sie hatte selber eine solche angeborene Vornehmlichkeit an sich, daß Roubaud sich lange damit begnügt hatte, sie von ferne zu begehren, so wie ein Arbeiter, der es zu etwas gebracht hatte, ein zerbrechliches Juwel, das er für kostbar hält, begehrt. Dies war die einzige Liebesgeschichte seines Daseins. Er hätte sie geheiratet, auch wenn sie keinen Sou gehabt hätte, rein um der Freude willen, sie zu besitzen; und als er sich schließlich ein Herz gefaßt hatte, übertraf die Erfüllung all seine Träume: außer Séverine und einer Mitgift von zehntausend Francs hatte der heute im Ruhestand lebende Präsident, der Mitglied des Aufsichtsrates der Westbahngesellschaft war, ihm seine Protektion angedeihen lassen. Gleich nach der Hochzeit war er stellvertretender Stationsvorsteher auf dem Bahnhof von Le Havre geworden. Er hatte zweifellos das Zeug zu einem guten Angestellten, er war zuverlässig im Dienst, pünktlich, ehrenhaft, geistig zwar beschränkt, aber sehr redlich, allerlei ausgezeichnete Eigenschaften, die die prompte Erhörung seines Heiratsantrages und die Schnelligkeit seiner Beförderung erklären mochten. Er aber glaubte lieber, er verdanke alles seiner Frau. Er betete sie an.

Als Roubaud die Büchse Sardinen geöffnet hatte, verlor er entschieden die Geduld. Verabredet waren sie für drei Uhr. Wo mochte sie stecken? Sie konnte ihm doch nicht erzäh-

len, daß für den Einkauf von einem Paar Damenstiefel und sechs Hemden der ganze Tag erforderlich war. Und als er abermals am Spiegel vorbeikam, sah er, daß seine Augenbrauen sich sträubten und seine Stirn von einem harten Strich durchfurcht war. In Le Havre war er nie argwöhnisch bei ihr. In Paris bildete er sich allerlei Gefahren, Arglistigkeiten, Fehltritte ein. Eine Woge Blut stieg ihm in den Schädel, seine Fäuste, die Fäuste eines ehemaligen Bahnarbeiters, ballten sich wie früher, als er noch Waggons schob. Er wurde wieder zum Vieh, das sich seiner Kraft nicht bewußt ist, er hätte Séverine in einem Anfall blinder Wut zermalmen können.

Séverine stieß die Tür auf und trat ganz frisch, ganz fröhlich ins Zimmer.

»Da bin ich ... Du hast wohl geglaubt, ich sei abhanden gekommen, was?«

Im Glanz ihrer fünfundzwanzig Jahre wirkte sie groß, schmal und sehr biegsam, jedoch bei ihrem zarten Glieder-

bau mollig. Auf den ersten Blick sah sie nicht hübsch aus mit ihrem länglichen Gesicht, ihrem kräftigen Mund, in dem wunderbare Zähne blitzten. Je mehr man sie aber betrachtete, um so verführerischer wirkte sie durch den Liebreiz, durch die Fremdartigkeit ihrer großen blauen Augen unter dem dichten schwarzen Haar.
Und als ihr Mann sie, ohne zu antworten, weiter mit dem trüben und flackernden Blick musterte, den sie gut kannte, setzte sie hinzu:
»Oh, ich bin gerannt . . . Denk dir nur, einen Pferdeomnibus zu kriegen war unmöglich. Da bin ich eben gerannt, denn Geld für eine Droschke wollte ich nicht ausgeben . . . Schau, wie warm mir ist.«
»Na hör mal«, sagte er heftig, »du willst mir doch nicht einreden, daß du aus dem Warenhaus Bon Marché kommst.«
Aber sogleich umhalste sie ihn artig wie ein kleines Kind und legte ihm ihr hübsches, molliges Händchen auf den Mund.
»Du garstiger, garstiger Kerl, sei still! – Du weißt doch, daß ich dich liebe.«
Ihre ganze Person strahlte eine solche Aufrichtigkeit aus, sie war, das fühlte er, so unverändert treuherzig, so unverändert rechtschaffen, daß er sie stürmisch in die Arme schloß. Stets pflegten seine Anwandlungen von Argwohn so zu enden.
Sie ließ ihn gewähren, weil sie sich gern streicheln ließ. Er überschüttete sie mit Küssen, die sie nicht erwiderte; und eben daher kam seine dunkle Besorgtheit bei diesem passiven großen Mädchen, das von kindlicher Zuneigung erfüllt war und in dem die liebende Frau nicht erwachen wollte.
»Nun, hast du das Bon Marché ausgeplündert?«
»O ja. Ich erzähl dir's gleich . . . Aber erst wollen wir essen.

Hab ich einen Hunger! – Ach, hör mal, ich hab ein kleines Geschenk. Sag: Mein kleines Geschenk.« Sie lachte ihm ins Gesicht, war ihm ganz nahe. Ihre rechte Hand hatte sie in die Tasche gesteckt, in der sie etwas hatte, was sie nicht herauszog. »Sag schnell: Mein kleines Geschenk.«
Gutmütig lachte auch er. Er sagte schließlich:
»Mein kleines Geschenk.«
Es war ein Messer, das sie vorhin für ihn gekauft hatte als Ersatz für ein Messer, das ihm abhanden gekommen war und dem er seit vierzehn Tagen nachweinte. Er bestaunte es voller Freude, fand dieses schöne, neue Messer mit dem Elfenbeingriff und der blitzenden Klinge prächtig. Sofort wollte er es benutzen. Sie war entzückt über seine Freude; und scherzend ließ sie sich einen Sou schenken, damit die Freundschaft zwischen ihnen nicht zerschnitten würde.
»Jetzt wollen wir aber essen, jetzt wollen wir aber essen«, sagte sie immer wieder. »Nein, nein! Bitte mach noch nicht zu. Mir ist so warm!«
Sie war zu ihm ans Fenster getreten, dort verweilte sie einige Sekunden, an seine Schulter gelehnt, und schaute auf das weite Bahnhofsgelände hinaus. Jetzt waren die Rauchwolken verflogen, hinter den Häusern der Rue de Rome tauchte die kupferrote Sonnenscheibe in den Nebel hinab. Unten brachte eine Rangierlok den fertig zusammengestellten Zug nach Mantes herbei, der um vier Uhr fünfundzwanzig abfahren sollte. Sie schob ihn längs des Bahnsteigs in die Halle und wurde dann abgehängt. Hinten in der Ringbahnhalle ließen Pufferstöße auf das Anhängen zusätzlicher Wagen schließen. Und mitten auf den Schienen verharrte allein und reglos mit ihrem Lokführer und Heizer, die schwarz vom Staub der Fahrt waren, eine schwere Personenzuglokomotive, gleichsam müde und außer Atem,

bei der weiter kein Dampf zu sehen war als ein dünner Strahl, der aus einem Ventil hervorströmte. Sie wartete, daß die Strecke für sie freigegeben wurde, um ins Betriebswerk nach Les Batignolles zurückfahren zu können. Ein rotes Signal klappte, wurde eingezogen. Sie fuhr ab.
»Die sind aber lustig, diese kleinen Dauvergnes!« sagte Roubaud und trat vom Fenster weg. »Hörst du, wie sie auf ihr Klavier hämmern? – Vorhin habe ich Henri gesehen, der dich grüßen läßt.«
»Zu Tisch, zu Tisch!« rief Séverine.
Und sie fiel über die Sardinen her, sie aß mit einem wahren Heißhunger. Ach, das Brötchen in Mantes war lange her! Wenn sie nach Paris kam, war sie wie berauscht. Sie bebte über und über vor Glück, daß sie die Bürgersteige entlanggelaufen war, sie fieberte noch von ihren Einkäufen im Bon Marché. Dort gab sie in jedem Frühjahr all ihre Ersparnisse vom Winter auf einen Schlag aus und hätte am liebsten alles dort gekauft, weil ihre Reise dabei herausspringe, wie sie sagte. So war ihr Redestrom denn auch unversiegbar, ohne daß sie sich einen Bissen entgehen ließ. Ein wenig verwirrt, verriet sie schließlich errötend die Gesamtsumme, die sie ausgegeben hatte, nämlich mehr als dreihundert Francs.
»Verflixt noch mal!« sagte Roubaud betroffen. »Für die Frau eines stellvertretenden Stationsvorstehers kleidest du dich ja gut! – Aber du wolltest doch nur sechs Hemden und ein Paar Halbstiefel holen?«
»Oh, mein Freund, einmalige Gelegenheiten! – Ein köstlich gestreiftes Stückchen Seide! Ein sehr geschmackvoller Hut, ein Traum! Fertige Unterröcke mit bestickten Volants! Und das alles fast umsonst, in Le Havre hätte ich das Doppelte dafür bezahlt . . . Du wirst sehen, ich bekomme es zugeschickt!«

Er hatte sich zu lachen entschlossen, so hübsch war sie in ihrer Freude, mit ihrer flehenden Verwirrung, die ihr aus dem Gesicht sprach. Außerdem war es so reizend, dieses improvisierte kleine Mittagessen in der Zurückgezogenheit dieses Zimmers, wo sie allein waren, sehr viel besser aufgehoben als im Restaurant. Sie, die gewöhnlich Wasser trank, tat sich keinen Zwang an, leerte unbewußt ihr Glas Weißwein. Die Büchse Sardinen war ausgegessen, sie schnitten mit dem schönen, neuen Messer die Pastete an. Es war ein Triumph, so gut schnitt es.

»Na, und du, und deine Sache?« fragte sie. »Du läßt mich schwatzen, du sagst mir ja gar nicht, wie es mit dem Unterpräfekten ausgegangen ist.«

Da erzählte er ausführlich, auf welche Art und Weise ihn der Betriebsleiter empfangen hatte. Na, der hatte ihm regelrecht den Kopf gewaschen! Er habe sich verteidigt, habe die reine Wahrheit gesagt, wie der Unterpräfekt, dieser vergreiste Geck, sich darauf versteift hatte, mit seinem Hund in einen Wagen erster Klasse einzusteigen, wo doch ein Wagen zweiter Klasse vorhanden war, der für die Jäger und ihre Tiere reserviert war, und der sich daraus ergebende Streit, und die Worte, die gefallen waren. Im ganzen genommen habe ihm der Chef darin recht gegeben, daß er die Dienstvorschrift hatte einhalten wollen; das Schreckliche aber sei der Ausspruch gewesen, den er selber zugegeben habe: »Ihr bleibt ja nicht immer die Herren!« Er stünde im Verdacht, Republikaner zu sein. Die Debatten, die für die kürzliche Eröffnung der Sitzungsperiode von 1869 bezeichnend waren, und die dumpfe Furcht vor den bevorstehenden allgemeinen Wahlen machten die Regierung argwöhnisch. Daher wäre er sicherlich auch versetzt worden, wäre nicht Präsident Grandmorins Fürsprache gewesen. Überdies habe er noch den Entschuldigungsbrief unterschreiben müssen, den Grandmorin ihm angeraten und aufgesetzt hatte.

Séverine unterbrach ihn und rief:

»Na, da habe ich doch recht gehabt, ihm zu schreiben und ihn heute früh mit dir zu besuchen, bevor du dir deinen Anschnauzer geholt hast ... Ich wußte doch, daß er uns aus der Klemme helfen würde.«

»Ja, dich liebt er sehr«, fuhr Roubaud fort, »und sein Arm reicht weit in der Westbahngesellschaft ... Da kann man mal sehen, wozu es nützt, wenn man ein guter Angestellter ist. Oh, mit Lobreden hat man bei mir nicht gespart: nicht viel Initiative, aber gute Führung, Gehorsam, Tüchtigkeit, kurzum, alles! Nun, meine Liebe, wärst du nicht meine Frau und hätte sich Grandmorin aus Freundschaft zu dir nicht für mich eingesetzt, dann wäre ich erledigt, dann hätte man mich auf irgendeine abgelegene kleine Station strafversetzt.«

Sie starrte ins Leere, wie mit sich selbst redend, murmelte sie:

»Oh, sicher, er ist ein Mann, dessen Arm weit reicht.«

Es trat Schweigen ein, und sie saß mit weitaufgerissenen, verloren in die Ferne blickenden Augen da und aß nicht mehr. Ohne Zweifel beschwor sie die Tage ihrer Kindheit herauf, die sie dort draußen im Schloß Doinville, vier Meilen von Rouen entfernt, verbracht hatte. Ihre Mutter hatte sie nie gekannt. Als ihr Vater, der Gärtner Aubry, gestorben war, trat sie in ihr dreizehntes Lebensjahr; und zu dieser Zeit hatte sie der bereits verwitwete Präsident bei seiner Tochter Berthe behalten, unter Aufsicht seiner Schwester, Frau Bonnehons, der Frau eines Fabrikbesitzers, die gleichfalls verwitwet war und der das Schloß heute gehörte.

Berthe, die zwei Jahre älter war als Séverine, hatte ein halbes Jahr nach ihr geheiratet, und zwar Herrn de Lachesnaye, einen Gerichtsrat in Rouen, ein dürres und gelbes Männchen. Im Jahr davor hatte der Präsident noch an der Spitze dieses Gerichts in seiner Heimat gestanden, dann war er nach einer großartigen Karriere in den Ruhestand getreten. Er war 1804 geboren, war gleich nach 1830 zweiter Staatsanwalt in Digne geworden, dann in Fontainebleau, dann in Paris, darauf Staatsanwalt in Troyes, Vertreter des Oberstaatsanwalts in Rennes, schließlich Oberpräsident in Rouen gewesen. Als vielfacher Millionär gehörte er seit 1855 dem Generalrat an, noch am Tage seiner Pensionierung war er zum Kommandeur der Ehrenlegion ernannt worden. Und so weit sie sich zurückerinnern konnte, sah sie ihn wieder so vor sich, wie er noch immer war, untersetzt und stämmig, zeitig weiß geworden, ein früher blond gewesenes goldenes Weiß, den Bürstenschnitt des Haars, den gestutzten Vollbart, keinen Schnurrbart, mit eckigem Gesicht, das durch die hartblauen Augen und die dicke Nase streng wirkte. Er hatte ein schroffes Wesen, in seiner Umgebung brachte er alles zum Erzittern.
Roubaud mußte lauter sprechen und zweimal wiederholen:
»Nanu, woran denkst du denn?«
Gleichsam überrascht und angstgeschüttelt, fuhr sie zusammen, ein leichter Schauer überlief sie.
»Ach, an nichts.«
»Du ißt ja nicht mehr, hast du denn keinen Hunger mehr?«
»O doch . . . Das wirst du gleich sehen.«
Nachdem Séverine ihr Glas Weißwein ausgetrunken hatte, aß sie die Scheibe Pastete auf, die auf ihrem Teller lag.

Aber es gab eine große Aufregung: sie hatten das Einpfundbrot aufgegessen, nicht ein Bissen war mehr für den Käse übrig. Es setzte Geschrei, dann Gelächter; da entdeckten sie, alles durcheinanderwerfend, hinten in Mutter Victoires Büfett einen Kanten altbackenes Brot. Obgleich das Fenster offenstand, war es weiterhin heiß, und der jungen Frau, die den Ofen im Rücken hatte, wurde kaum kühler, durch das Unvorhergesehene dieses von vielem Schwatzen begleiteten Mahles in diesem Zimmer war sie noch rosiger und angeregter.

Über Mutter Victoire war Roubaud wieder auf Grandmorin zurückgekommen: auch so eine, die ihm viel verdankte! Sie war jung verführt worden, aber das Kind war gestorben, und sie wurde zur Amme Séverines, die ihrer Mutter gerade das Leben gekostet hatte, später heiratete sie einen Heizer bei der Eisenbahn und lebte in Paris kümmerlich von einem bißchen Nähen, weil ihr Mann alles durchbrachte, als die Begegnung mit ihrer Milchtochter die Bande von einst wieder neu geknüpft hatte, wodurch auch sie ein Schützling des Präsidenten wurde; und er hatte ihr eine Stelle im Gesundheitswesen verschafft als Wärterin der Luxusdamentoiletten, etwas Besseres gab es nicht. Die Gesellschaft zahlte ihr nur hundert Francs im Jahr, aber mit dem, was sie einnahm, verdiente sie an vierzehnhundert, ganz abgesehen von der Wohnung, eben diesem Zimmer, wo sie sogar freie Heizung hatte. Kurzum, eine recht angenehme Stellung.

Und Roubaud rechnete aus, wenn Pecqueux, ihr Mann, seine zweitausendachthundert Francs als Heizer, was teils Prämien waren, teils festes Gehalt, beigesteuert hätte, statt an beiden Endstationen flott zu machen, so würde das Ehepaar zusammen mehr als viertausend Francs haben, das

Doppelte von dem, was er als stellvertretender Stationsvorsteher in Le Havre verdiente.
»Freilich«, schloß er, »nicht alle Frauen möchten die Toiletten warten. Aber kein Beruf ist an sich schlecht.«
Unterdessen hatten sie ihren größten Hunger gestillt, und sie aßen nur noch mit schlaffer Miene, schnitten den Käse in kleine Stücke, um den Schmaus hinauszuziehen. Auch ihre Worte wurden träge.
»Übrigens«, rief er, »ich habe ja vergessen, dich zu fragen ... Warum hast du es denn dem Präsidenten abgeschlagen, auf zwei oder drei Tage mit nach Doinville zu fahren?«
Im Wohlgefühl des Verdauens hatte er im Geist soeben ihren morgendlichen Besuch ganz in der Nähe des Bahnhofs, in dem vornehmen Haus in der Rue du Rocher, noch einmal gemacht; und er hatte sich wieder in dem großen, schmucklosen Arbeitszimmer gesehen, noch immer hörte er, wie der Präsident zu ihnen sagte, er fahre morgen nach Doinville. Als gebe er einem plötzlichen Einfall nach, hatte er ihnen dann angeboten, noch am selben Abend mit ihnen den Schnellzug um sechs Uhr dreißig zu nehmen und seine Patentochter sodann dorthin zu seiner Schwester, die schon lange nach ihr verlangte, mitzunehmen. Aber die junge Frau hatte allerlei Gründe angeführt, die sie daran hinderten, wie sie sagte.
»Weißt du, ich«, fuhr Roubaud fort, »ich habe in dieser kleinen Reise weiter nichts Schlimmes gesehen. Bis Donnerstag hättest du dableiben können, ich wäre schon zurechtgekommen ... In unserer Lage brauchen wir sie doch, nicht wahr? Ihre Höflichkeiten zurückzuweisen ist nicht gerade geschickt, zumal deine Weigerung ihm richtigen Kummer zu bereiten schien ... Daher habe ich auch erst dann

aufgehört, dich zu einer Annahme zu drängen, als du mich am Überzieher gezogen hast. Da habe ich dasselbe gesagt wie du, obwohl ich nicht begriff ... Also, warum wolltest du nicht?«
Séverine, deren Blicke flackerten, machte eine ungeduldige Handbewegung.
»Kann ich dich denn ganz allein lassen?«
»Das ist kein Grund ... Seit unserer Heirat bist du doch in drei Jahren zweimal so auf eine Woche nach Doinville gefahren. Es hinderte dich doch nichts daran, zum drittenmal wieder hinzufahren.«
Die Verlegenheit der jungen Frau wuchs, sie hatte den Kopf abgewandt.
»Kurz und gut, es paßte mir eben nicht. Du willst mich doch nicht zu Dingen zwingen, die mir gegen den Strich gehen.«
Roubaud zuckte die Achseln, als wolle er erklären, daß er sie zu nichts zwinge. Doch er fing wieder an:
»Hör mal, du verschweigst mir etwas ... Sollte Frau Bonnehon dich beim letzten Mal etwa schlecht empfangen haben?«
O nein, Frau Bonnehon habe sie stets sehr gut aufgenommen. Sie sei so freundlich, die große, starke Frau mit ihrem prächtigen blonden Haar, und trotz ihrer fünfundfünfzig Jahre noch immer schön! Seit sie Witwe war und selbst zu Lebzeiten ihres Mannes habe sie ihr Herz oft verschenkt, wie erzählt wurde. In Doinville verehre man sie, sie mache das Schloß zu einer Stätte der Wonnen, die ganze Gesellschaft von Rouen komme zu Besuch dorthin, vor allem die Richterschaft. Gerade unter den Richtern habe Frau Bonnehon viele Freunde gehabt.
»Na, so gib schon zu, dann haben dir also die Lachesnayes die kalte Schulter gezeigt.«

Zweifellos habe Berthe seit ihrer Heirat mit Herrn Lachesnaye aufgehört, das für Séverine zu sein, was sie einstmals gewesen war. Gut sei sie nicht gerade geworden, die arme Berthe, die mit ihrer roten Nase so nichtssagend aussehe. Die Damen in Rouen priesen ja ihre Vornehmheit sehr. Daher scheine auch ein Mann wie ihrer, der häßlich, schroff, geizig sei, geradezu wie geschaffen, auf seine Frau abzufärben und sie böse zu machen. O nein, Berthe habe sich ihrer einstigen Gefährtin gegenüber anständig gezeigt, diese könne ihr keinen bestimmten Vorwurf machen.

»Dann magst du also den Präsidenten dort nicht?«
Séverine, die bisher langsam, mit gleichbleibender Stimme geantwortet hatte, wurde wieder ungeduldig.

»Der, wo denkst du hin!« Und sie redete in kurzen, nervösen Sätzen weiter. Er sei ja kaum noch zu sehen. Im Park habe er sich einen Pavillon reserviert, dessen Tür auf ein ödes Gäßchen gehe. Er pflege so auszugehen und heimzukehren, ohne daß man es erfahre. Übrigens wisse seine Schwester den Tag seiner Ankunft niemals genau. In Barentin nehme er eine Droschke, lasse sich nachts nach Doinville fahren, lebe tagelang, ohne daß jemand wisse, in seinem Pavillon. Ach, der störe einen dort draußen bestimmt nicht.

»Ich spreche deswegen mit dir über ihn, weil du mir zwanzigmal erzählt hast, er hätte dir in deiner Kindheit eine Heidenangst eingeflößt.«

»Na, na, eine Heidenangst! Du übertreibst wie immer ... Sicher, gelacht hat er kaum. Er pflegte einen mit seinen strengen Augen so anzustarren, daß man auf der Stelle den Kopf senkte. Ich habe es erlebt, wie Leute unsicher wurden und kein Wort zu ihm sprechen konnten, so sehr imponierte er ihnen mit dem weitverbreiteten Ruf seiner

Strenge und seiner Klugheit ... Mich aber, mich hat er nie gescholten, ich habe immer gefühlt, daß er eine Schwäche für mich hatte ...« Wieder wurde ihre Stimme langsamer, ihre Augen blickten verloren in die Ferne. »Ich erinnere mich ... Wenn ich als kleines Mädel mit Freundinnen auf den Alleen spielte, dann versteckten sich immer alle, wenn er zufällig auftauchte, sogar seine Tochter Berthe, die dauernd zitterte, daß sie etwas angestellt haben könnte. Ich, ich wartete seelenruhig auf ihn. Er ging vorüber, und wenn er mich dort sah, wie ich mit emporgerecktem Schnäuzchen lächelte, tätschelte er mir die Wange ... Wenn Berthe später mit sechzehn Jahren etwas bei ihm erreichen wollte, dann hat sie mit der Bitte immer mich beauftragt. Ich habe geredet, ich habe die Blicke nicht niedergeschlagen, und ich fühlte, wie seine Blicke mir bis unter die Haut drangen. Aber daraus machte ich mir gar nichts, ich war so sicher, daß er alles, was ich wollte, gewähren würde! – Ach ja, ich erinnere mich genau! Da draußen gibt es kein Dickicht im Park, keinen Korridor, kein Zimmer im Schloß, das ich mir nicht ins Gedächtnis rufen könnte, wenn ich die Augen zumache.« Sie schwieg, hatte die Lider geschlossen; und über ihr erhitztes und gedunsenes Gesicht schien bei der Erinnerung an diese Dinge von einst ein Schauer zu laufen, Dinge, die sie nicht aussprach. Einen Augenblick verharrte sie so mit einem leichten Zucken der Lippen, so etwas wie einem Tick, gegen den ihr Wille nichts vermochte und bei dem sich ihr schmerzhaft ein Mundwinkel verzog.

»Sicher ist er sehr gut zu dir gewesen«, meinte Roubaud, der sich soeben seine Pfeife angezündet hatte. »Er hat dich nicht nur wie ein feines Fräulein erziehen lassen, sondern hat auch deine paar Sous sehr klug verwaltet, und bei unserer Heirat hat er die Summe noch aufgerundet ... Ganz

abgesehen davon, daß er dir wohl etwas hinterlassen wird, das hat er in meiner Gegenwart gesagt.«
»Ja«, murmelte Séverine, »das Haus in La Croix-de-Maufras, dieses Anwesen, das die Bahn durchschnitten hat. Manchmal sind wir für acht Tage hingefahren ... Ach, darauf rechne ich kaum, die Lachesnayes werden ihn wohl bearbeiten, daß er mir nichts hinterläßt. Und außerdem ist es mir lieber, ich bekomme nichts, nichts!«
Diese letzten Worte hatte sie mit so lebhafter Stimme ausgesprochen, daß er darüber verwundert war, er nahm die Pfeife aus dem Mund, sah Séverine groß an.
»Bist du aber komisch! Es wird behauptet, der Präsident besitze Millionen, was wäre denn schon dabei, wenn er sein Patenkind in seinem Testament bedenkt? Darüber wäre niemand überrascht, und finanziell würde uns das ganz schön in den Kram passen.« Dann brachte ihn ein Gedanke, der ihm durch den Kopf ging, zum Lachen. »Du hast doch nicht etwa Angst, für seine Tochter gehalten zu werden? – Denn, weißt du, über den Präsidenten werden trotz seiner eisigen Miene tolle Sachen gemunkelt. Es scheint so, als ob selbst zu Lebzeiten seiner Frau alle Dienstmädchen dran glauben mußten. Kurz und gut, ein munterer Bursche, der bestimmt heute noch einer Frau die Röcke hochhebt ... Mein Gott, also wenn du wirklich seine Tochter wärst ...!«
Ungestüm war Séverine aufgestanden, mit flammendrotem Gesicht, mit dem erschrockenen Flackern ihres blauen Blickes unter der schweren Masse des schwarzen Haars.
»Seine Tochter, seine Tochter! – Ich will nicht, daß du damit Scherz treibst, hörst du! Kann ich denn seine Tochter sein? Sehe ich ihm denn ähnlich? – Und jetzt genug davon, reden wir von etwas anderem. Nach Doinville will ich nicht

fahren, weil ich eben nicht will, weil ich lieber mit dir nach Le Havre zurückkehre.«
Er nickte, er beschwichtigte sie mit einer Handbewegung. Schon gut, schon gut! Da es ihr nun mal auf die Nerven gehe. Er lächelte, so nervös hatte er sie noch nie gesehen. Kam zweifellos vom Weißwein. Da er die Sache beilegen wollte, nahm er das Messer wieder in die Hand, freute sich nochmals übermäßig darüber und wischte es sorgfältig ab; und um zu zeigen, daß es scharf wie ein Rasiermesser war, schnitt er sich damit die Nägel.
»Schon Viertel fünf«, murmelte Séverine, die vor der Kuckucksuhr stand. »Ich habe noch ein paar Besorgungen zu machen . . . Wir müssen an unseren Zug denken.«

Aber um sich gleichsam vollends zu beruhigen, bevor sie das Zimmer ein bißchen aufräumte, kehrte sie ans Fenster zurück und lehnte sich, auf die Ellbogen gestützt, hinaus. Da ließ er Messer Messer und Pfeife Pfeife sein, stand nun ebenfalls vom Tisch auf, trat zu ihr und nahm sie von hinten sanft in die Arme. Und so hielt er sie umschlungen, das Kinn hatte er auf ihre Schulter gelegt, den Kopf an ihren Kopf geschmiegt.

Keiner von beiden rührte sich mehr, sie schauten hinaus.

Unter ihnen fuhren noch immer rastlos die kleinen Rangierlokomotiven hin und her; und wie flinke und umsichtige Hausfrauen eilten sie betriebsam dahin, waren kaum zu hören, so gedämpft schien das Rollen der Räder und so rücksichtsvoll ihre Signalpfiffe. Eine von ihnen fuhr vorüber, verschwand unter der Pont de l'Europe, brachte die Wagen eines Zuges aus Trouville, der zerlegt wurde, zum Abstellen in die Schuppen. Und dort hinten, jenseits der Brücke, fuhr sie dicht an einer Lokomotive vorbei, die mit ihren blinkenden Kupfer- und Stahlteilen, frisch und munter für die Reise, wie eine einsame Spazierfahrerin allein aus dem Betriebswerk kam. Sie hatte angehalten, forderte mit zwei kurzen Pfeifsignalen freie Fahrt vom Weichenwärter, der sie fast unverzüglich zu ihrem fertig zusammengestellten, am Bahnsteig in der Fernbahnhalle stehenden Zug leitete. Es war der Zug vier Uhr fünfundzwanzig nach Dieppe. Eine Woge von Reisenden drängte sich, man hörte das Rollen der gepäckbeladenen Karren, Männer schoben eine nach der anderen die Wärmröhren in die Wagen. Aber die Lokomotive und ihr Tender waren mit dumpfem Anprall gegen den Packwagen an der Spitze des Zuges gestoßen, und man sah, wie der Wagenmeister selbst die Kupplungsschraube anzog. Nach Les Batignolles zu hatte sich der Himmel verfinstert; schon schien die Asche der Dämmerung, die die Fassaden ertränkte, auf den ausgebreiteten Fächer der Gleise zu fallen, während sich in diesem Verfließen in der Ferne unablässig die abfahrenden und ankommenden Züge der Vorortbahn und der Ringbahn kreuzten. Jenseits der düsteren Flächen der großen überdachten Hallen flogen über dem verdunkelten Paris zerfetzte, rotgelbe Rauchwolken empor.

»Nein, nein, laß mich«, flüsterte Séverine.

Nach und nach hatte er sie ohne jedes Wort mit einer noch innigeren Liebkosung umhüllt, erregt von der lauen Wärme dieses jungen Körpers, den er so in den Armen hielt. Sie berauschte ihn mit ihrem Duft, sie machte seine Begierde vollends toll, weil sie den Körper straffte, um sich zu befreien. Mit einem Ruck riß er sie vom Fenster weg, dessen Flügel er mit dem Ellbogen zustieß. Sein Mund hatte ihren Mund gefunden, er zerdrückte ihr schier die Lippen, er zog sie zum Bett hin.

»Nein, nein, wir sind nicht zu Hause«, sagte sie immer wieder. »Ich bitte dich, nicht in diesem Zimmer!«

Sie war selbst wie berauscht, ganz benommen vom Essen und vom Wein, noch immer bebte sie von ihrem fieberhaften Laufen quer durch Paris. Dieser überheizte Raum, dieser Tisch, auf dem das Geschirr in heilloser Unordnung herumstand, das Unvorhergesehene der Reise, die in eine Lustpartie auslief, all dies brachte ihr Blut in Wallung, wühlte sie erschauernd auf. Und dennoch sträubte sie sich, wehrte sich, stemmte sich in entsetztem Aufbegehren, dessen Ursache sie nicht hätte sagen können, gegen die Bettstelle.

»Nein, nein, ich will nicht.«

Er, dem das Blut ins Gesicht gestiegen war, zügelte seine

derben, brutalen Hände. Er zitterte, er hätte sie zerbrochen.
»Du Dummchen, erfährt es denn jemand? Wir machen das Bett doch wieder zurecht.«
Zu Hause in Le Havre gab sie sich gewöhnlich, wenn er Nachtdienst hatte, nach dem Frühstück mit willfähriger Fügsamkeit hin. Ihr schien dies kein Vergnügen zu machen, aber sie legte dabei eine glückliche Schlaffheit an den Tag, ein liebevolles Einverständnis mit seinem Vergnügen. Und was ihn gerade jetzt verrückt machte, war das Gefühl, daß sie so war, wie er sie noch nie gehabt hatte, feurig, bebend vor sinnlicher Leidenschaft. Der schwarze Abglanz ihres Haars verdüsterte ihre ruhigen Immortellenaugen, im sanften Oval ihres Gesichts blutete ihr voller Mund. Dies hier war eine Frau, die ihm ganz unbekannt war. Warum sträubte sie sich?
»Sag mal, warum willst du nicht? Wir haben doch Zeit.«
Da stieß sie in unerklärlicher Angst, in einem Sträuben, das ihr anscheinend kein klares Urteil über die Dinge ließ, als kenne auch sie selbst sich nicht, einen Schrei echten Schmerzes aus, der ihn veranlaßte, sich ruhig zu verhalten.
»Nein, nein, ich flehe dich an, laß mich! – Ich weiß nicht, es würgt mich, wenn ich jetzt bloß daran denke . . . Es wäre nicht gut.«
Beide waren niedergesunken und saßen auf dem Bettrand. Er fuhr sich mit der Hand über das Gesicht, als wollte er das Brennen davon vertreiben, das ihn versengte. Als sie sah, daß er wieder vernünftig geworden war, beugte sie sich allerliebst zu ihm hinüber und drückte ihm einen schallenden Kuß auf die Wange, weil sie ihm zeigen wollte, daß sie ihn trotz alledem sehr liebe. Einen Augenblick verharrten

sie so, ohne zu sprechen, und suchten sich wieder zu fassen. Erneut hatte er ihre linke Hand ergriffen und spielte mit einem alten goldenen Ring, einer goldenen Schlange mit kleinem Rubinkopf, den sie an demselben Finger trug wie ihren Trauring. Dort hatte er ihn immer bei ihr gesehen.
»Meine kleine Schlange«, sagte Séverine mit unwillkürlich träumerischer Stimme, weil sie glaubte, er betrachte den Ring, und sie ein unwiderstehliches Redebedürfnis verspürte. »Den hat er mir in La Croix-de-Maufras zum sechzehnten Geburtstag geschenkt.«
Überrascht hob Roubaud den Kopf.
»Wer denn? Der Präsident?«
Als die Blicke ihres Mannes den ihren begegneten, traf sie jäh wie ein Schock das Erwachen. Sie fühlte, wie das Blut aus ihren Wangen wich und eisige Kälte sie überzog. Sie wollte antworten und brachte nichts heraus, von einer Art Lähmung gewürgt, die sie allmählich befiel.
»Aber«, fuhr er fort, »du hast mir doch immer gesagt, deine Mutter hätte dir diesen Ring hinterlassen.«
Noch in dieser Sekunde konnte sie den Satz zurücknehmen, den sie, alles vergessend, hatte fallenlassen. Sie brauchte nur zu lachen, nur zu tun, als sei sie benommen. Aber unbewußt beharrte sie darauf, weil sie sich nicht mehr in der Gewalt hatte.
»Niemals, Liebling, habe ich zu dir gesagt, meine Mutter hätte mir diesen Ring hinterlassen.«
Auf einmal musterte Roubaud sie scharf und wurde ebenfalls blaß.
»Wie? Das hast du nie zu mir gesagt? Unzählige Male hast du das zu mir gesagt! – Wenn der Präsident dir einen Ring geschenkt hat, dann ist ja weiter nichts dabei. Er hat dir ja noch ganz andere Dinge geschenkt . . . Aber warum hast du

es mir verschwiegen? Warum hast du gelogen und von deiner Mutter gesprochen?«
»Ich habe nicht von meiner Mutter gesprochen, Liebling, du irrst dich.«
Diese Hartnäckigkeit war töricht. Sie sah ein, daß sie sich ins Unglück redete, daß er alles klar und deutlich vom Gesicht ablas, und gern hätte sie sich eines Besseren besonnen, hätte ihre Worte zurücknehmen mögen; aber dazu war es zu spät, sie spürte, wie ihre Züge sich verzerrten, wie gegen ihren Willen das Geständnis aus ihrem ganzen Wesen hervorbrach. Die Kälte auf ihren Wangen hatte ihr ganzes Gesicht überflutet, ein nervöses Zucken verzog ihr die Lippen. Und er, der zum Erschrecken aussah und jäh wieder hochrot geworden war, daß man meinen konnte, das Blut werde ihm gleich die Adern sprengen, er hatte sie bei den Handgelenken gepackt, sah sie aus nächster Nähe ganz scharf an, um in der entsetzten Bestürzung ihrer Augen das lesen zu können, was sie nicht laut sagte.
»Gottverdammt!« stammelte er. »Gottverdammt!«
Sie bekam Angst, senkte das Gesicht, um es unter dem Arm zu verbergen, da sie den Faustschlag kommen sah. Eine geringfügige, lächerliche, unbedeutende Tatsache, das Vergessen einer Lüge über diesen Ring, hatte soeben in den wenigen Worten, die sie gewechselt, alles zutage gefördert. Und eine Minute hatte genügt. Mit einem Stoß schleuderte er sie quer übers Bett, schlug aufs Geratewohl mit beiden Fäusten auf sie ein. In drei Jahren hatte er ihr nicht einen Klaps versetzt, und nun drosch er auf sie ein, blind, trunken, aufbrausend wie ein Vieh, der Mann mit den groben Händen, der früher Waggons geschoben hatte.
»Verfluchte Hure! Du hast mit ihm geschlafen! – Mit ihm geschlafen ... mit ihm geschlafen!« Bei diesen immerzu

wiederholten Worten geriet er in Raserei, jedesmal wenn er sie hervorstieß, ließ er die Fäuste niedersausen, als wolle er sie ihr in den Leib rammen. »So ein abgetakelter alter Kerl, verfluchte Hure! – Mit ihm geschlafen . . . mit ihm geschlafen!« Seine Stimme überschlug sich in solchem Zorn, daß sie zischte und tonlos wurde. Da hörte er, wie sie, die er so windelweich prügelte, nur immer wieder »Nein!« sagte. Eine andere Verteidigung fiel ihr nicht ein, sie leugnete, damit er sie nicht totschlug. Und dieser Schrei, diese hartnäckig vorgebrachte Lüge, machte ihn vollends verrückt. »Gib zu, daß du mit ihm geschlafen hast.«
»Nein, nein!«
Erneut hatte er sie gepackt, er hielt sie hoch in seinen Armen, ließ sie mit dem Gesicht nicht wieder auf die Decke fallen wie ein armes Geschöpf, das sich verbirgt. Er zwang sie, ihn anzusehen.
»Gib zu, daß du mit ihm geschlafen hast.«
Aber sie ließ sich niedergleiten, sie entschlüpfte, sie wollte auf die Tür zulaufen.
Mit einem Satz war er wieder über ihr, die Faust hocherhoben; und wütend schlug er sie mit einem einzigen Hieb neben dem Tisch nieder. Er hatte sich neben sie geworfen, hatte sie an den Haaren gepackt, um sie am Boden festzunageln.
Einen Augenblick blieben sie so Gesicht an Gesicht an der Erde liegen, ohne sich zu rühren. Und in dem entsetzlichen Schweigen hörte man das Singen und Lachen der beiden Fräulein Dauvergne, deren Klavier zum Glück unten wütete und so den Lärm dieses Ringens übertönte. Claire sang irgendwelche Ringelreihen, während Sophie sie aus Leibeskräften begleitete.
»Gib zu, daß du mit ihm geschlafen hast.«

Sie wagte nicht mehr, nein zu sagen, sie antwortete gar nicht.
»Gib zu, daß du mit ihm geschlafen hast, gottverdammt, oder ich schlitze dir den Bauch auf!«
Er hätte sie umgebracht, sie las es deutlich in seinem Blick. Beim Fallen hatte sie das Messer bemerkt, das aufgeklappt auf dem Tisch lag; und wieder sah sie das Blitzen der Klinge, sie glaubte, er strecke den Arm aus. Feigheit überkam sie, ein Preisgeben von sich selbst und von allem anderen, das Bedürfnis, dem endlich ein Ende zu machen.
»Na gut, ja, es stimmt, laß mich los.«
Nun wurde es ganz scheußlich. Dieses Geständnis, das er so heftig forderte, traf ihn wie etwas Unmögliches, Ungeheuerliches mitten ins Gesicht. Es war, als hätte er eine derartige Schändlichkeit niemals vermutet. Er packte sie am Kopf, schlug ihn gegen ein Tischbein. Sie wehrte sich, und die Stühle durcheinanderstoßend, schleifte er sie an den Haaren quer durch den Raum. Jedesmal wenn sie mühselig einen Versuch unternahm, hochzukommen, schleuderte er sie mit einem Faustschlag wieder auf den Fußboden. Und er keuchte, biß die Zähne zusammen in wilder und schwachsinniger Versessenheit. Beinahe hätte der Tisch, der einen Stoß bekam, den Ofen umgerissen. An einer Ecke des Büfetts blieben Haare und Blut kleben. Als sie beide verstört, verquollen nach all diesen Scheußlichkeiten und des Prügelns und Geprügeltwerdens müde, wieder Atem schöpften, waren sie wieder neben dem Bett angelangt, sie lag noch immer am Boden hingesielt, er hockte da und hielt sie noch an den Schultern fest. Und sie atmeten schwer. Unten ertönte wieder die Musik fort, laut schallendes und sehr jugendliches Gelächter flog auf.

Mit einem Ruck zog Roubaud Séverine wieder hoch, lehnte sie gegen die Bettstelle. Er blieb knien, blieb auf ihr lasten, und endlich vermochte er zu sprechen. Er schlug sie nicht mehr, er quälte sie mit seinen Fragen, mit seinem unstillbaren Verlangen, alles zu erfahren.

»Geschlafen hast du also mit ihm, du Hure! – Sag's noch mal, sag's noch mal, daß du mit diesem alten Kerl geschlafen hast . . . Und wie alt warst du, he? Ganz klein noch, ganz klein noch, nicht wahr?«

Sie brach jäh in Tränen aus, vor Schluchzen konnte sie nicht antworten.

»Gottverdammt! Willst du wohl reden! – Keine zehn Jahre warst du alt, als du's ihm besorgt hast, dem Alten, was? Deshalb also hat er dich hochgepäppelt, seiner Schweinerei wegen, sag es doch, gottverdammt! Oder ich fange noch mal an!«

Sie weinte, sie konnte kein Wort herausbringen, und er hob die Hand, er raubte ihr mit einer neuen Maulschelle die Besinnung. Da er weiter keine Antwort mehr erhielt, ohrfeigte er sie dreimal nacheinander und wiederholte seine Frage.

»Wie alt warst du, sag es doch, du Hure! Sag es doch!«

Warum sollte sie kämpfen? Ihr Sein schwand unter ihr dahin.

Mit seinen klobigen Fingern, den Fingern eines ehemaligen Arbeiters, hätte er ihr das Herz herausgerissen. Und das Verhör nahm seinen Fortgang, sie sagte alles, war so kraftlos vor Scham und Furcht, daß ihre ganz leise gehauchten Sätze kaum zu hören waren. Und zerfressen von seiner gräßlichen Eifersucht wurde er rasend vor Schmerz, mit dem die heraufbeschworenen Schilderungen alles in ihm zerfetzten: er konnte nicht genug erfahren, er zwang sie,

immer wieder auf die Einzelheiten einzugehen, die Geschehnisse genau zu erläutern. Das Ohr an die Lippen dieses armseligen Weibes gepreßt, rang er bei dieser Beichte förmlich mit dem Tode, wobei er unablässig mit seiner erhobenen Faust drohte, bereit, abermals loszudreschen, falls sie innehalten sollte.
Von neuem zog die ganze Vergangenheit in Doinville, die Kindheit, die Jugend vorüber.
War es hinten in den Baumgruppen des großen Parks geschehen? An der entlegenen Biegung irgendeines Ganges im Schlosse? Der Präsident habe das also bereits mit ihr vorgehabt, als er sie beim Tode ihres Gärtners bei sich behalten und mit seiner Tochter hatte aufwachsen lassen? Sicherlich habe es an den Tagen angefangen, da die anderen Mädels mitten beim Spielen wegrannten, wenn er unversehens auftauchte, während sie lächelnd, das Schnäuzchen in die Luft gestreckt, darauf wartete, daß er ihr im Vorübergehen die Wange tätschelte. Und wenn sie ihm später alles ins Gesicht zu sagen wagte, wenn sie alles bei ihm durchsetzte, dann doch nur deshalb, weil sie sich als seine Geliebte fühlte, während er, der zu anderen so würdevoll und so streng war, sie mit seinen Gefälligkeiten kaufte, wie die Dienstmädchen, denen er die Röcke hochhob. Oh, so ein Dreckskerl, dieser Alte, der sich wie ein Großvater abknutschen ließ, der zusah, wie dieses Mädelchen heranwuchs, der es betastete, es jede Stunde ein bißchen mehr herumkriegte, ohne sich zu gedulden und abzuwarten, bis es reif war!
Roubaud keuchte:
»Also, wie alt warst du ... wiederhole, wie alt warst du?«
»Sechzehneinhalb.«
»Du lügst!«

Lügen, mein Gott, warum? In unendlicher Willenlosigkeit und Müdigkeit zuckte sie die Achseln.
»Und wo ist es das erste Mal geschehen?«
»In La Croix-de-Maufras.«
Er zögerte eine Sekunde, seine Lippen zuckten, ein gelber Schimmer trübte seine Augen.
»Und ich verlange, daß du mir sagst, was er mit dir gemacht hat.«
Sie blieb stumm. Als er mit der Faust ausholte, sagte sie dann:
»Du würdest mir ja doch nicht glauben.«
»Sag's schon ... Er konnte nichts machen, was?«
Mit einem Kopfnicken antwortete sie. So war es allerdings gewesen.
Und nun stürzte er sich wild auf diese Szene, er wollte von Anfang bis zu Ende wissen, wie es war, er ließ sich zu rohen Worten, zu dreckigen Fragen hinreißen.
Sie machte den Mund nicht mehr auf, mit einem Nicken oder einem Kopfschütteln sagte sie weiter ja oder nein. Vielleicht würde es ihnen beiden Erleichterung verschaffen, wenn sie alles gestanden hätte. Er aber litt noch mehr unter diesen Einzelheiten, mit denen sie ihm Linderung zu bringen glaubte. Hätte es sich um normale, richtige Geschlechtsbeziehungen gehandelt, wäre die Vision, die ihn plagte, weniger quälend gewesen. Diese Unzucht ließ alles in Fäulnis übergehen, stieß ihm die vergifteten Klingen seiner Eifersucht tief wühlend ins Fleisch. Jetzt war es aus, er würde nicht mehr leben können, immer würde er das abscheuliche Bild vor Augen haben. Ein Schluchzen zerriß ihm die Kehle.
»Ach, gottverdammt! – Ach, gottverdammt! – Das darf nicht sein, nein, nein! Das geht zu weit, das darf nicht sein!«

Dann schüttelte er sie auf einmal. »Aber, verdammte Hure, warum hast du mich dann geheiratet? – Weißt du, daß es gemein ist, mich so hintergangen zu haben? Im Gefängnis sitzen Diebinnen, die nicht so viel auf dem Gewissen haben ... Hast du mich denn verachtet, hast du mich denn nicht geliebt? – He, warum hast du mich bloß geheiratet?«
Sie machte eine unbestimmte Handbewegung. Wie sollte sie das jetzt genau wissen? Als sie ihn heiratete, war sie glücklich, weil sie hoffte, dadurch mit dem anderen Schluß machen zu können. Es gibt ja so vieles, was man nicht tun möchte und doch tut, weil es noch das vernünftigste ist. Nein, sie liebte ihn nicht; und sie vermied, ihm zu sagen, daß sie ohne diese Geschichte niemals eingewilligt hätte, seine Frau zu werden.
»Er wollte dich gut unter die Haube bringen, nicht wahr? Er hat einen gutgläubigen Dummkopf gefunden ... Er wollte dich unter die Haube bringen, was, damit es so weitergehen konnte. Und bei deinen beiden Reisen dorthin habt ihr weitergemacht, was? Darum hat er dich also mitgenommen?«
Abermals gestand sie mit einem Nicken.
»Und darum hat er dich auch diesmal wieder eingeladen? – Dann wäre es also mit diesen Unflätigkeiten bis zuletzt immer wieder von vorn losgegangen! Und wenn ich dich nicht erwürge, dann geht es wieder von vorn los!«
Seine zuckenden Hände kamen näher, um sie wieder an der Kehle zu packen.
Aber diesmal begehrte sie auf.
»Na hör mal, du bist ungerecht. Wo ich mich doch geweigert habe, hinzufahren. Du hast mich ja hingeschickt, ich mußte erst ärgerlich werden, erinnere dich doch ... Du siehst ja,

daß ich nicht mehr wollte. Es war aus. Nie wieder hätte ich gewollt, nie wieder.«
Er fühlte, daß sie die Wahrheit sagte, und er empfand keinerlei Erleichterung dabei. Der gräßliche Schmerz, der Dolch, der ihm mitten in der Brust steckenblieb, das war das, was nicht wiedergutzumachen war, was zwischen ihr und diesem Mann vorgefallen war. Er litt nur entsetzlich darunter, daß er nicht imstande war, das ungeschehen machen zu können. Ohne sie loszulassen, hatte er sein Gesicht wieder dem ihren genähert, er schien davon fasziniert, hingezogen, um gleichsam im Blut ihrer blauen Äderchen all das wiederzufinden, was sie ihm eingestand. Und besessen, wie von einer Wahnvorstellung genarrt, flüsterte er:
»In La Croix-de-Maufras im roten Zimmer ... Ich kenne das Zimmer, das Fenster geht auf die Eisenbahn, das Bett steht gegenüber. Dort also, in diesem Zimmer ... Daß er dir das Haus vermachen will, kann ich begreifen. Du hast dir's ja verdient. Er konnte auf deine Sous aufpassen und dir eine Mitgift geben, das war es wert ... Ein Richter, ein millionenschwerer Mann, der so geachtet, so gebildet, so hochgestellt ist! Wirklich, da wird einem ja ganz schwindlig ... Hör mal, und wenn er nun dein Vater ist?«
Mit einem Ruck richtete sich Séverine auf. Sie hatte ihn mit einer Kraft zurückgestoßen, die man bei diesem armen, besiegten Menschenkind in seiner Schwäche nicht vermutet hätte. Heftig verwahrte sie sich dagegen.
»Nein, nein, das nicht! Sonst alles, was du willst. Schlage mich, töte mich ... Aber sage nicht das, du lügst!«
Roubaud hielt eine ihrer Hände noch fest in den seinen.
»Weißt du darüber denn etwas? Es bringt dich doch nur so auf, weil du selber darüber im Zweifel bist.«
Und als sie ihre Hand frei machte, fühlte er den Ring, die

kleine goldene Schlange mit dem Rubinkopf, die vergessen an ihrem Finger steckte. Er riß die Schlange herunter, zertrat sie in einem neuen Wutanfall mit dem Absatz auf dem Fußboden. Dann schritt er stumm, außer sich von einem Ende des Raumes zum anderen.
Sie saß hingesunken auf dem Bettrand und schaute ihn mit ihren großen, starren Augen an.
Und das schreckliche Schweigen lastete im Raum.
Roubauds Wut legte sich nicht. Sobald sie ein wenig abzuklingen schien, kehrte sie sogleich wie der Rausch in großen, noch ungestümeren Wellen zurück, die ihn in ihrem Taumel hinwegrissen. Er hatte sich nicht mehr in der Gewalt, schlug ins Leere, und jedesmal, wenn der ihn peitschende Sturm seiner Gewalttätigkeit umsprang, wurde er hin und her geworfen und spürte aufs neue das einzige Bedürfnis, das brüllende Tier in seinem Innern zu besänftigen. Es war ein körperliches, unmittelbares Bedürfnis, gleichsam ein Hunger nach Rache, der ihm den Leib zusammenkrümmte und ihm so lange keine Ruhe mehr lassen würde, bis er ihn gestillt hatte.
Ohne stehenzubleiben, hämmerte er mit beiden Fäusten gegen seine Schläfen, er stammelte mit angstgepeinigter Stimme:
»Was soll ich bloß machen?«
Da er diese Frau nicht sofort umgebracht hatte, würde er sie jetzt auch nicht mehr umbringen. Daß er so feige gewesen, sie am Leben zu lassen, fachte seinen Zorn aufs äußerste an, denn feige war es, weil er nämlich noch immer an ihrer Hurenhaut hing, weil er sie nicht erwürgt hatte. So konnte er sie jedoch nicht bei sich behalten. Sollte er sie denn nun wegjagen, sie auf die Straße setzen, um sie nie wiederzusehen? Und eine neue Schmerzenswoge trug ihn

hinweg, eine scheußliche Übelkeit tauchte ihn ganz unter, als er fühlte, daß er nicht einmal das tun würde. Was aber dann? Es blieb nichts weiter übrig, als die Schändlichkeit hinzunehmen und diese Frau wieder mit nach Le Havre zu nehmen, das ruhige Leben mit ihr weiterzuführen, als wäre nichts geschehen. Nein, nein! Lieber den Tod, den sofortigen Tod für beide!
In ihm wühlte eine so tiefe Not, daß er noch lauter verstört rief:
»Was soll ich bloß machen?«
Vom Bett aus, auf dem sie sitzen blieb, blickte ihm Séverine immer noch mit ihren großen Augen nach. Bei der ruhigen, kameradschaftlichen Zuneigung, die sie für ihn empfunden hatte, flößte er ihr durch den maßlosen Schmerz, von dem sie ihn erfüllt sah, bereits Mitleid ein. Die Schimpfworte, die Schläge hätte sie noch entschuldigt, wenn dieser wahnsinnige Jähzorn weniger Überraschung in ihr hervorgerufen hätte, eine Überraschung, über die sie noch nicht hinwegkam. Es wollte ihr, die passiv, gefügig war, die noch ganz jung den Gelüsten eines Greises nachgegeben hatte, die später nichts gegen das Zustandekommen ihrer Heirat getan hatte, da sie ganz einfach bestrebt war, die Dinge beizulegen, es wollte ihr nicht gelingen, einen solchen Eifersuchtsausbruch wegen früherer Vergehen, die sie doch bereute, zu begreifen; und frei von Laster, mit noch nicht ganz geweckter Sinnlichkeit, in ihrer halben Ahnungslosigkeit eines sanftmütigen, trotz allem keuschen Mädchens sah sie zu, wie ihr Mann auf und ab ging, wütend umherlief, wie sie einem Wolf, einem Lebewesen einer anderen Gattung, zugesehen hätte. Was hatte er bloß in sich? Es war doch schon so viel passiert, ohne daß er zornig geworden wäre! Was sie entsetzte, war, daß sie das Tier spürte, das sie seit

drei Jahren an manchem dumpfem Knurren geahnt hatte, das heute losgelassen war, tollwütig und drauf und dran, zuzubeißen. Was sollte sie ihm sagen, um ein Unglück zu verhüten?
Jedesmals wenn er zurückkam, stand er wieder vor ihr neben dem Bett. Und sie wartete, bis er vorüberkam, sie wagte ihn anzusprechen.
»Mein Lieber, so höre doch . . .«
Aber er hörte nicht, wie ein vom Gewittersturm gepeitschter Strohhalm schoß er wieder los zum anderen Ende des Raumes.
»Was soll ich bloß machen? Was soll ich bloß machen?«
Schließlich ergriff sie sein Handgelenk, hielt ihn eine Minute zurück.
»Mein Lieber, nun, wo doch ich mich geweigert habe, dort hinzufahren . . . Ich wäre nie wieder hingefahren, nie wieder, nie wieder! Ich liebe doch dich.«
Und sie gab sich schmeichlerisch, zog ihn an sich, bot ihm die Lippen zum Kuß.
Aber kaum war er neben sie niedergesunken, da stieß er sie voller Abscheu zurück.
»Aha, du Hure, jetzt möchtest du . . . Vorhin wolltest du nicht, da hattest du kein Verlangen nach mir . . . Und jetzt möchtest du, um mich wieder rumzukriegen, was? Wenn man einen Mann damit hält, dann hält man ihn gründlich fest . . . Aber es würde mich verbrennen, wenn ich jetzt zu dir käme, ja, ich fühle genau, daß es mir wie Gift in den Adern brennen würde!«
Er schauderte. Der Gedanke, sie zu besitzen, die Vorstellung ihrer beiden aufs Bett niederstürzenden Leiber hatte ihn soeben wie eine Flamme durchzuckt. Und in der trüben Nacht seines Fleisches, auf dem Grunde seiner blutenden,

besudelten Begierde erhob sich jäh die Unausweichlichkeit des Tötens.

»Damit es mich nicht umbringt, wenn ich wieder zu dir komme, siehst du, deshalb muß ich vorher den anderen umbringen ... Ich muß ihn umbringen, umbringen!«

Seine Stimme schwoll an, immer wieder sagte er das Wort, aufrecht dastehend, größer geworden, als hätte ihn dieses Wort dadurch, daß es ihn zu einem Entschluß brachte, wieder Ruhe finden lassen. Er sprach nicht mehr, langsam ging er bis zum Tisch, betrachtete dort das Messer, dessen ganz aufgeklappte Klinge blitzte. Mit einer mechanischen Handbewegung klappte er es zusammen, steckte es in die Tasche. Und mit herabhängenden Händen, die Blicke in die Ferne gerichtet, blieb er auf demselben Fleck stehen, er sann nach. Hindernisse tauchten auf, und seine Stirn durchfurchten zwei große Falten. Um sich etwas einfallen zu lassen, kehrte er ans Fenster zurück und öffnete es; er stellte sich dort hin, das Gesicht im leichten, kühlen Luftzug der Dämmerung. Hinter ihm war seine Frau aufgestanden, die wieder von Angst erfaßt wurde; und da sie ihn nicht zu fragen wagte, da sie sich bemühte zu erraten, was auf dem Grunde dieses harten Schädels vor sich ging, wartete sie, ebenfalls stehend, angesichts des weiten Himmels.

In der herabsinkenden Nacht hoben sich die fernen Häuser schwarz ab, das weite Bahnhofsgelände füllte sich mit blaßviolettem Nebel. Vor allem nach Les Batignolles zu war der tiefe Einschnitt gleichsam mit Asche ertränkt, darin das Gerippe der Pont de l'Europe zu verschwimmen begann. In Richtung Paris bleichte ein letzter Widerschein von Tageslicht die Scheiben der großen überdachten Hallen, während darunter die angestaute Finsternis regnete. Funken blitzten, längs der Bahnsteige wurden die Gaslaternen angezündet. Dort herrschte starke, weiße Helligkeit, sie kam vom Spitzensignal der Lokomotive des mit Reisenden überfüllten Zuges nach Dieppe, dessen Türen bereits geschlossen waren und der auf den Abfahrtsbefehl des diensthabenden stellvertretenden Stationsvorstehers wartete. Es war ein Durcheinander entstanden, das rote Signal des Stellwerks sperrte das Gleis, während eine kleine Lokomotive Wagen abholte, die durch schlechtes Rangieren auf der Strecke stehengeblieben waren. Zwischen dem unentwirrbaren Schienengeflecht, inmitten der unbeweglich auf den Abstellgleisen stehenden Wagenreihen sausten unaufhörlich Züge in das zunehmende Dunkel. Einer fuhr nach Argenteuil, ein anderer nach Saint-Germain; ein sehr langer traf aus Cherbourg ein. Es mehrten sich die Signale, die Pfiffe, die Signalhorntöne; von allen Seiten tauchten eins nach dem anderen rote, grüne, gelbe, weiße Lichter auf; es war ein Wirrwarr in dieser trüben Dämmerung, und es war, als werde alles gleich zerschellen, und alles fuhr vorbei, streifte dicht aneinander vorüber, löste sich mit der stets gleichen sanften und schleichenden Bewegung, die auf dem Grunde der Dämmerung unwirklich aussah. Aber das rote Signallicht des Stellwerks erlosch, der Zug nach Dieppe gab einen Signalpfiff, fuhr an. Vom bleichen Himmel begannen spärliche Regentropfen zu fallen. Die Nacht würde sehr naß werden.

Als Roubaud sich umwandte, war sein Gesicht undurchdringlich und verbissen, von dieser hereinbrechenden Nacht gleichsam mit Schatten überflutet. Er war entschlossen, sein Plan stand fest. Im sterbenden Tageslicht sah er nach der Kuckucksuhr, er sagte laut:

»Zwanzig nach fünf.«

Und er staunte: eine Stunde, kaum eine Stunde, und so vie-

les war geschehen! Ihm war, als hätten sie sich schon seit Wochen beide hier zerfleischt.
»Zwanzig nach fünf, wir haben Zeit.«
Séverine, die ihn nicht zu fragen wagte, folgte ihm immer noch mit ihren angsterfüllten Blicken. Sie sah, wie er im Schrank herumstöberte, wie er Papier, ein Fläschchen Tinte, eine Feder hervorholte.
»Da, du wirst schreiben.«
»An wen denn?«
»An ihn . . . Setz dich.«
Und da sie unwillkürlich vom Stuhl abrückte, ohne noch zu wissen, was er verlangen wollte, zog er sie wieder zurück, setzte sie so energisch an den Tisch, daß sie dort blieb.
»Schreib . . . ›Fahren Sie heute abend mit dem Schnellzug um sechs Uhr dreißig und lassen Sie sich erst in Rouen sehen.‹«
Sie hielt die Feder, aber ihre Hand zitterte, ihre Angst vor all dem Unbekannten, das diese beiden einfachen Zeilen vor ihr aufwühlten, steigerte sich. Daher faßte sie sich auch so weit ein Herz, daß sie flehentlich den Kopf hob.
»Mein Lieber, was willst du tun? – Ich bitte dich, erkläre es mir . . .«
Mit seiner lauten, unerbittlichen Stimme wiederholte er: »Schreib! Schreib!«
Seine Blicke in die ihren versenkt, sagte er dann ohne Zorn, ohne Schimpfworte, aber mit einer Starrsinnigkeit, deren Last auf sie niederging, als solle sie zerdrückt, vernichtet werden:
»Was ich tun will, wirst du schon sehen . . . Und, hörst du, was ich tun will, das sollst du mit mir zusammen tun . . . Auf diese Weise bleiben wir zusammen, das schafft ein festes Band zwischen uns.«

Er flößte ihr Entsetzen ein, abermals zuckte sie zurück.
»Nein, nein, ich will Bescheid wissen . . . Ich schreibe erst, wenn ich Bescheid weiß.«
Da hörte er auf zu reden und nahm ihre Hand, ihre zerbrechliche kleine Kinderhand, preßte sie mit dem steten Druck eines Schraubstocks in seiner eisernen Faust zusammen, so daß er sie fast zermalmte. Und mit diesem Schmerz trieb er ihr seinen Willen tief ins Fleisch.
Sie stieß einen Schrei aus, und alles in ihr zerbrach, alles gab sich preis.
In ihrer duldenden Sanftmut war sie so unwissend geblieben, daß sie nichts anders konnte als gehorchen: Werkzeug der Liebe, Werkzeug des Todes.
»Schreib! Schreib!«
Und mühsam schrieb sie mit ihrer armen, schmerzenden Hand.
»Gut so, das ist nett von dir«, sagte er, als er den Brief in Händen hielt. »Jetzt räume hier ein bißchen auf, mache alles fertig . . . Ich komme zurück und hole dich ab.«
Er war ganz ruhig. Vor dem Spiegel band er den Knoten seiner Krawatte neu, setzte den Hut auf und ging dann. Sie hörte, wie er die Tür zweimal abschloß und den Schlüssel mitnahm. Die Dunkelheit nahm zu. Einen Augenblick blieb sie sitzen und lauschte auf alle Geräusche draußen. Bei der Nachbarin, der Zeitungshändlerin, war unablässig ein gedämpftes Winseln zu hören: zweifellos ein vergessenes Hündchen. Unten bei den Dauvergnes schwieg das Klavier. Jetzt herrschte ein lustiges Geklapper von Kasserollen und Geschirr, denn die beiden Hausfrauen waren hinten in ihrer Küche beschäftigt, Claire mit der sorgfältigen Zubereitung eines Hammelragouts, Sophie mit dem Putzen von Salat. Und völlig vernichtet mußte sie in der

gräßlichen Trostlosigkeit dieser hereinbrechenden Nacht mit anhören, wie die beiden lachten.

Gleich um viertel sieben wurde die aus der Pont de l'Europe hervorstoßende Lokomotive des Schnellzuges nach Le Havre vor ihren Zug geleitet und angekuppelt. Da das Gleis nicht frei war, hatte dieser Zug nicht in die Fernbahnhalle eingestellt werden können. Er wartete draußen im Freien am Bahnsteig, der in eine Art schmaler Aufschüttung auslief, in der Finsternis eines tintenschwarzen Himmels, auf dem die Reihe der längs des Gehsteiges stehenden wenigen Gaslaternen nur eine Fluchtlinie rauchiger Sterne bildete. Von dem Platzregen, der soeben aufgehört hatte, war ein Hauch eisiger Nässe zurückgeblieben und erstreckte sich über diese offene Weite, die im Nebel bis zu den schwachen, verblaßten Lichtschimmern der Fassaden der Rue de Rome reichte. Unermeßlich und traurig war dies, im Wasser ertrunken, hier und da von einem blutigen Feuer durchstochen, wirr mit undurchsichtigen Massen bestanden, den einsamen Lokomotiven und Wagen, den Bruchstücken von auf den Abstellgleisen schlafenden Zügen; und vom Grunde dieses Schattensees drangen Geräusche herauf, gewaltige, fieberkeuchende Atemzüge, Pfiffe gleich gellenden Schreien vergewaltigter Frauen, ferne Signalhörner, die inmitten des Grollens der anliegenden Straßen kläglich klangen. Es wurden laute Befehle geschrien, daß ein Wagen zusätzlich angekuppelt werden sollte. Regungslos verlor die Schnellzuglokomotive durch ein Ventil einen großen Strahl Dampf, der in dieses ganze Schwarz emporstieg, wo er sich in kleine Rauchwölkchen zerfaserte und die den Himmel überspannende grenzenlose Trauer mit weißen Tränen netzte.

Zehn vor halb sieben ttafen Roubaud und Séverine ein.

Den Schlüssel hatte sie soeben Mutter Victoire zurückgegeben, als sie an den Toiletten neben den Wartesälen vorbeigekommen waren; und Roubaud drängte Séverine mit der eiligen Miene eines Ehemannes vorwärts, den seine Frau aufhält, er wirkte ungeduldig und schroff mit dem ins Genick geschobenen Hut, sie sah mit dem knappen Gesichtsschleier zaghaft aus, wie zerschlagen vor Müdigkeit. Eine Woge von Reisenden ging den Bahnsteig entlang, sie mischten sich darunter, schritten die Reihe der Wagen ab, schauten nach einem leeren Abteil erster Klasse aus. Der Gehsteig belebte sich, Gepäckträger rollten die Gepäckkarren zu dem an der Spitze befindlichen Packwagen, ein Aufsichtsbeamter gab sich damit ab, eine kinderreiche Familie unterzubringen, der diensthabende stellvertretende Stationsvorsteher warf, die Signallaterne in der Hand, einen Blick auf die Kupplungen, um zu sehen, ob sie ordentlich ausgeführt und fest gespannt waren. Und Roubaud hatte endlich ein leeres Abteil gefunden, in das er Séverine gerade einsteigen lassen wollte, als ihn der Stationsvorsteher, Herr Vandorpe, erblickte, der dort in Begleitung eines Fahrdienstleiters bei der Fernbahn, Herrn Dauvergnes, auf und ab ging; beide hatten die Hände auf dem Rücken verschränkt und verfolgten das Rangieren des Wagens, der zusätzlich angekuppelt wurde. Es wurden Grüße getauscht, man mußte stehenbleiben und sich unterhalten.

Zunächst wurde von dieser Geschichte mit dem Unterpräfekten gesprochen, die zur allseitigen Zufriedenheit ausgelaufen war. Darauf war von einem Unfall die Rede, der sich am Morgen in Le Havre zugetragen hatte und telegraphisch mitgeteilt worden war: eine Lokomotive, die Lison, die donnerstags und sonnabends den Schnellzugverkehr um sechs Uhr dreißig versah, hatte gerade bei Einfahrt des Zuges in den Bahnhof einen Treibstangenbruch gehabt; und die Reparatur würde den Lokführer Jacques Lantier, einen Landsmann Roubauds, und seinen Heizer Pecqueux, Mutter Victoires Mann, zwei Tage in Le Havre festhalten.

Séverine, die noch nicht eingestiegen war, stand wartend vor der Abteiltür, während ihr Mann im Gespräch mit den beiden Herren sehr unbefangen tat und laut lachte. Aber es gab einen Stoß, der Zug fuhr um ein paar Meter zurück: es war die Lokomotive, die die ersten Wagen zu dem Wagen Nr. 293 zurückdrückte, der soeben zusätzlich bereitgestellt worden war, damit man ein bereits reserviertes Halbabteil zur Verfügung hatte. Und da Henri, der Sohn von Dauvergne, der den Zug als Oberzugführer begleitete, Séverine unter ihrem kleinen Schleier erkannt hatte, zog er sie mit einer raschen Handbewegung beiseite, damit sie nicht von der weit offenstehenden Tür gestoßen wurde; sich entschuldigend, erklärte er ihr dann lächelnd und sehr liebenswürdig, das Halbabteil sei für ein Mitglied des Aufsichtsrats der Gesellschaft bestimmt, von dem es vorhin, eine halbe Stunde vor Abfahrt des Zuges, angefordert worden sei. Ohne jeden Grund lachte sie nervös kurz auf, und er eilte zum Dienst, war ganz entzückt von ihr, denn schon oft hatte er sich gesagt, daß es recht angenehm sein mußte, sie zur Geliebten zu haben.

Die Uhr zeigte drei Minuten vor halb sieben. Noch drei Minuten. Jäh ließ Roubaud, der auch während des Gesprächs die Türen der Wartesäle dort in der Ferne nicht aus den Augen gelassen hatte, den Stationsvorsteher stehen, um zu Séverine zurückzukehren. Aber der Wagen war weitergerollt, sie mußten ein paar Schritte gehen, um zu dem leeren Abteil zu gelangen; und ohne seine Frau anzusehen, stieß er sie herum, veranlaßte sie einzusteigen, wobei er mit fe-

ster Hand nachhalf, während sie in ihrer ängstlichen Fügsamkeit unwillkürlich zurückblickte, um sich zu vergewissern.
Es traf nämlich ein verspäteter Reisender ein, der nur eine Decke in der Hand hatte, der Kragen seines dicken, blauen Überziehers war hochgeschlagen und so breit, die Krempe des runden Hutes so tief auf die Augenbrauen herabgezogen, daß im flackernden Licht der Gasbeleuchtung vom Gesicht nur ein Stückchen weißen Bartes zu erkennen war. Doch trotz des offensichtlichen Wunsches des Reisenden, nicht gesehen zu werden, waren Herr Vandorpe und Herr Dauvergne näher getreten. Sie folgten ihm, erst drei Wagen weiter grüßte er sie vor dem reservierten Halbabteil, in das er hastig einstieg. Das war er.
Zitternd hatte sich Séverine auf die Bank sinken lassen. Gleichsam in einer letzten Besitzergreifung drückte ihr Mann ihr den Arm zum Zermalmen zusammen, jetzt, da er sicher war, die Sache zu erledigen, frohlockte er.
In einer Minute würde es halb schlagen. Hartnäckig bot ein Händler die Abendzeitungen feil, noch spazierten Reisende auf dem Bahnsteig auf und ab und rauchten eine Zigarette zu Ende. Aber nun stiegen alle ein: von beiden Enden des Zuges hörte man die Aufsichtsbeamten kommen, die die Türen schlossen. Und Roubaud, den es unangenehm überraschte, in diesem Abteil, das er für leer hielt, eine dunkle Gestalt zu bemerken, die einen Eckplatz innehatte, eine stumme, reglose Frau in Trauerkleidung, konnte einen Ausruf echten Zorns nicht unterdrücken, als die Tür erneut geöffnet wurde und ein Aufsichtsbeamter ein Paar hereinstieß, einen dicken Mann und eine dicke Frau, die, nach Luft schnappend, auf die Bank plumpsten. Gleich würde man abfahren. Der Regen hatte sehr fein

wieder eingesetzt und ertränkte das weite, finstere Gelände, durch das unaufhörlich Züge fuhren, von denen nur die erleuchteten Scheiben als eine Reihe sich bewegender kleiner Fenster zu erkennen waren. Grüne Signallichter waren aufgeflammt, in Bodenhöhe tanzten ein paar Laternen auf und ab. Und nichts weiter, nichts als schwarze Unermeßlichkeit, aus der allein die Fernbahnhallen, vom schwachen Widerschein der Gasbeleuchtung gebleicht, auftauchten. Alles war versunken, selbst die Geräusche klangen gedämpft, zu hören war nur noch das Donnergetöse der Lokomotive, die ihre Zylinderventile öffnete und wirbelnde Wogen weißen Dampfes abließ. Wie ein ausgebreitetes gespenstisches Leichentuch stieg eine Wetterwolke empor, in der große schwarze Rauchschwaden vorüberzogen, die wer weiß woher kamen. Das verfinsterte den Himmel noch mehr, eine Rußwolke flog über dem nächtlichen Paris auf, von dessen Lohe sie in Brand gesetzt wurde.

Da hob der diensthabende stellvertretende Stationsvorsteher seine Handlaterne, damit der Lokomotivführer freie Fahrt fordere. Zwei Signalpfiffe waren zu hören, und dort hinten neben dem Stellwerk erlosch das rote Signallicht, an seine Stelle trat ein weißes. An der Tür des Packwagens stehend, wartete der Oberzugführer auf den Abfahrtsbefehl, den er dann weitergab. Abermals pfiff der Lokführer anhaltend, öffnete den Regler, setzte die Maschine in Gang. Man fuhr ab. Zunächst war die Bewegung kaum zu spüren, dann rollte der Zug. Er brauste unter der Pont de l'Europe hindurch, raste zum Tunnel unter dem Boulevard des Batignolles. Von dem ganzen Zug waren nur, blutig wie offene Wunden, die drei Schlußlichter zu sehen, dieses rote Dreieck. Einige Sekunden konnte man ihn noch im schwarzen Schauer der Nacht verfolgen. Jetzt entfloh er, und nichts sollte diesen mit Volldampf dahinsausenden Zug mehr aufhalten. Er verschwand.

Kapitel 2

In La Croix-de-Maufras steht in einem von der Eisenbahn durchtrennten Garten das Haus schräg und so dicht neben dem Schienenstrang, daß alle vorüberfahrenden Züge es in Erschütterung versetzen; und wenn man einmal daran vorbeigefahren ist, behält man es im Gedächtnis, die ganze mit hoher Geschwindigkeit vorüberrasende Welt weiß, daß es an dieser Stelle steht, ohne etwas von ihm zu kennen; stets ist es verschlossen, gleichsam hilflos im Stich gelassen mit seinen grauen Fensterläden, die von den aus dem Westen kommenden heftigen Regenfällen grünlich werden. Es liegt in einer Einöde, das Haus scheint die Einsamkeit dieser verlorenen Gegend, die eine Meile in der Runde von jeder lebenden Seele trennt, noch einsamer zu machen.

Nur das Haus des Schrankenwärters steht da an der Biegung der Landstraße, die die Bahnlinie schneidet und nach dem fünf Kilometer entfernten Doinville führt. Niedrig, mit rissigen Mauern und vom Moos zerfressenen Dachziegeln, hockt es da mit dem verwahrlosten Äußern eines Armen inmitten dieses mit Gemüse bepflanzten, von einer Hecke umfriedeten Gartens, in dem sich ein großer Brunnen erhebt, der ebenso hoch ist wie das Haus. Der Bahnübergang liegt genau in der Mitte zwischen den Stationen Malaunay und Barentin, vier Kilometer von jeder Station entfernt. Er wird übrigens ziemlich wenig benutzt, die alte, halb morsche Schranke wird fast nur für die Lastfuhrwerke aus den eine halbe Meile entfernten, im Wald gelegenen Steinbrüchen von Bécourt vorgezogen.

Ein entlegeneres, von lebenden Wesen abgeschiedeneres Nest läßt sich nicht denken, denn der lange Tunnel in Richtung Malaunay schneidet jeden Weg ab, und mit Barentin besteht nur eine Verbindung über einen schlecht instand gehaltenen, an der Bahnlinie entlang führenden Fußweg. So sind Besucher denn auch eine Seltenheit.

An diesem Abend ging bei Einbruch der Nacht in dem sehr milden, trüben Wetter ein Reisender, der soeben in Barentin aus einem von Le Havre kommenden Zug gestiegen war, weit ausschreitend den Fußweg nach La Croix-de-Maufras entlang. Das Land ist hier nur eine ununterbrochene Folge von Talmulden und Hängen, von einer Art Bodenwellen, die die Eisenbahn abwechselnd auf Dämmen und in Böschungseinschnitten durchquert. Beiderseits der Strecke tragen diese ständigen Geländeunebenheiten, Steigungen und Gefälle weiter dazu bei, daß die Landstraßen schwer befahrbar sind. Der Eindruck großer Einsamkeit wird dadurch noch verstärkt; das karge, weißliche Erdreich bleibt unbebaut; die rundlichen Hügel sind mit kleinen Gehölzen gekrönt, während längs der schmalen Täler von Weiden überschattete Bäche dahinfließen. Andere kreidige Buckel sind gänzlich kahl; unfruchtbar, in tödlichem Schweigen und tödlicher Verlassenheit folgen Hügel auf Hügel. Und der junge kräftige Wanderer beschleunigte seine Schritte, als wollte er der Traurigkeit dieser so sanften Dämmerung über dieser trostlosen Erde entrinnen.

Im Garten des Schrankenwärters zog ein Mädchen Wasser aus dem Brunnen, ein großes, blondes, kräftiges achtzehnjähriges Mädchen mit üppigem Mund, großen, grünlichen Augen, niedriger Stirn unter schwerem Haar. Hübsch war sie nicht, sie hatte starke Hüften und die derben Arme eines Burschen. Sobald sie den Wanderer erblickte, der den Fußweg herabkam, ließ sie den Eimer los, eilte herbei und stellte sich vor die Gittertür, die die Hecke abschloß.

»Na, so was! Jacques!« rief sie.

Er blickte hoch. Vor kurzem war er sechsundzwanzig Jahre alt geworden, er war ebenfalls hochgewachsen, ganz brünett, ein hübscher Kerl mit rundem und regelmäßigem Gesicht, das aber durch die zu starken Kinnladen etwas verlor. Sein dichtes Haar kräuselte sich, desgleichen sein Schnurrbart, der so stark und schwarz war, daß er die Blässe seines Gesichts noch betonte. Bei seiner zarten, auf den Wangen glattrasierten Haut hätte man ihn für einen feinen Herrn halten können, hätte man nicht andererseits den unverwischbaren Stempel seines Berufs entdeckt, nämlich die Schmiere, die seine Lokomotivführerhände bereits gelb färbte, Hände, die dennoch klein und geschmeidig geblieben waren.

»Guten Abend, Flore«, sagte er lediglich.

Aber seine Augen, die groß und schwarz und mit goldenen Tüpfelchen übersät waren, hatten sich gleichsam mit einem rotgelben Dunstschleier getrübt, der sie glanzlos machte. Die Lider zuckten, die Augen wandten sich in plötzlicher Verlegenheit, in einem an Schmerz grenzenden Unbehagen ab. Und der ganze Körper hatte instinktiv eine zurückweichende Bewegung gemacht.

Reglos, die Blicke gerade auf ihn gerichtet, hatte sie dieses unwillkürliche Zusammenzucken bemerkt, das er jedesmal, wenn er eine Frau ansprach, zu überwinden suchte. Sie schien darüber ganz ernst und traurig geworden. Als er dann in dem Bestreben, seine Verwirrung zu verbergen, fragte, ob ihre Mutter zu Hause sei, obgleich er wußte, daß diese kränklich und außerstande war, wegzugehen, antwortete sie nur mit einem Kopfnicken, trat beiseite, damit er eintreten konnte, ohne sie zu berühren, und kehrte wortlos mit aufrechter und stolzer Gestalt zum Brunnen zurück.

Jacques durchquerte mit schnellem Schritt den schmalen Garten und trat ins Haus. Dort, mitten im ersten Raum, einer geräumigen Küche, in der man aß und wohnte, saß Tante Phasie, wie er sie seit seiner Kindheit nannte, allein neben dem Tisch auf einem Strohstuhl, die Beine in ein altes Umschlagtuch gehüllt. Sie war eine Cousine seines Vaters, eine Lantier, die Patenstelle bei ihm vertreten und ihn im Alter von sechs Jahren zu sich genommen hatte, als er nach Verschwinden seines Vaters und seiner Mutter, die nach Paris ausgerückt waren, in Plassans zurückgeblieben war, wo er später die Fachschule für Mechaniker und Lokomotivführer besucht hatte. Dafür bewahrte er ihr eine lebhafte Dankbarkeit, er pflegte zu sagen, wenn er vorwärtsgekommen sei, so habe er es ihr zu verdanken. Als er nach zweijähriger Tätigkeit bei der Orléans-Bahn Lokomotivführer erster Klasse bei der Westbahngesellschaft geworden war, hatte er dort seine Patin wiedergefunden, die mit einem Schrankenwärter namens Misard wiederverheiratet und mit den beiden Mädchen aus erster Ehe nach La Croix-de-Maufras, dieses abgelegene Nest, verbannt war. Obwohl sie kaum fünfundvierzig Jahre alt war, sah die so große und kräftige, schöne Tante Phasie von einst heute wie sechzig aus, sie war abgemagert und gelb geworden, wurde ständig von einem Frösteln geschüttelt.

Sie stieß einen Freudenschrei aus.

»Wie, du bist's, Jacques! – Ah, mein großer Junge, was für eine Überraschung!«

Er küßte sie auf beide Wangen, gerade habe er, so erklärte er ihr, plötzlich zwei Tage unfreiwilligen Urlaub bekommen: die Lison, seine Lokomotive, habe morgens bei der Ankunft in Le Havre einen Treibstangenbruch gehabt, und da die Reparatur nicht vor vierundzwanzig Stunden beendet sein könnte, werde er seinen Dienst erst morgen abend zum Schnellzug um sechs Uhr vierzig wieder antreten. Da habe er sie mal kurz begrüßen wollen. Er werde hier übernachten und erst mit dem Frühzug um sieben Uhr sechsundzwanzig wieder von Barentin abfahren. Und er behielt ihre armen, zusammengeschrumpften Hände in den seinen, er sagte ihr, wie sehr ihr letzter Brief ihn beunruhigt habe.

»Ach ja, mein Junge, es geht nicht mehr, es geht überhaupt nicht mehr ... Wie nett von dir, daß du meinen Wunsch, dich zu sehen, erraten hast! Aber ich weiß ja, wie beschäftigt du bist, ich wagte dich nicht zu bitten, daß du herkommen möchtest. Nun bist du endlich da, und mir ist so schwer ums Herz, so schwer!«

Sie hielt inne, um furchtsam einen Blick durch das Fenster zu werfen. Im zur Neige gehenden Tageslicht gewahrte man auf der anderen Seite der Gleise Misard, ihren Mann, in einer Blockstelle, einer jener Bretterhütten, die alle fünf bis sechs Kilometer angelegt und miteinander in Telegraphenverbindung stehen, um einen reibungslosen Zugverkehr zu gewährleisten. Erst bediente seine Frau die Schranken des Bahnübergangs und später dann Flore, während man Misard zum Blockwärter gemacht hatte.

Als hätte er sie hören können, senkte sie schaudernd die Stimme.

»Ich glaube wirklich, er vergiftet mich!«
Bei dieser Mitteilung fuhr Jacques überrascht auf, und als sich seine Augen ebenfalls dem Fenster zuwandten, wurden sie abermals von jener sonderbaren Trübung umflort, jenem schwachen, rotgelben Dunstschleier, der ihren golddiamantenen, schwarzen Glanz verblassen ließ.
»Aber Tante Phasie, was für ein Gedanke!« murmelte er. »Er sieht ja so sanft und so schwächlich aus.«
Soeben war ein nach Le Havre fahrender Zug vorübergekommen, und Misard war aus seiner Blockstelle herausgetreten, um das Gleis hinter ihm zu sperren. Während er den Hebel wieder nach oben umlegte und das Signal auf Halt stellte, betrachtete Jacques ihn eingehend. Ein schwächliches Männchen mit schütterem, farblosem Haar und Bart, eingefallenem und elendem Gesicht. Dazu wortkarg, unscheinbar, niemals zornig, den Vorgesetzten gegenüber kriecherisch höflich. Aber er war wieder in die Bretterbude getreten, um die Durchfahrtszeit ins Zugmeldebuch einzutragen und die beiden elektrischen Knöpfe zu drücken, den einen für die Freigabe des Gleises an die rückliegende Blockstelle, den anderen für die Zugmeldung an die vorausliegende Blockstelle.
»Ach, du kennst ihn nicht«, fuhr Tante Phasie fort. »Ich sage dir, er muß mir irgendein Dreckzeug eingeben ... Wo ich doch so kräftig war und ihn hätte auffressen können, und nun frißt er mich, dieses Männlein, dieser Wicht!«
Ihr dumpfer und furchtsamer Groll versetzte sie in fieberhafte Erregung, sie schüttete ihr Herz aus, entzückt darüber, endlich jemand dazuhaben, der ihr zuhörte. Wo habe sie bloß ihren Verstand gehabt, daß sie in zweiter Ehe so einen Duckmäuser geheiratet habe, der keinen Sou besaß und geizig war, wo sie doch fünf Jahre älter war und zwei

Mädchen gehabt hatte, das eine sechs, das andere bereits acht Jahre alt? Nun seien es bald zehn Jahre her, daß sie sich diesen famosen Streich geleistet, und nicht eine Stunde sei verstrichen, ohne daß sie das bereut habe: ein elendiges Dasein, eine Verbannung in diese eisige Ecke Nordfrankreichs, wo sie immerzu bibbere, langweilig sei es zum Umkommen, da sie nie jemanden habe, mit dem sie sich unterhalten könne, nicht einmal eine Nachbarin. Er sei ein ehemaliger Bahnarbeiter, der jetzt als Blockwärter zwölfhundert Francs jährlich verdiene; sie habe von Anfang an fünfzig Francs für die Schranke bekommen, die heute von Flore bedient werde; und das werde immer und ewig so bleiben, keinerlei Hoffnung sonst, vielmehr die Gewißheit, in diesem tausend Meilen von lebenden Wesen entfernten Nest leben und krepieren zu müssen. Wovon sie nichts erzählte, das waren die Tröstungen, die sie sich vor ihrer Erkrankung noch verschafft hatte, als ihr Mann Streckenarbeiter war und sie allein blieb und mit ihren Töchtern die Schrankenwärterin machte; denn damals genoß sie auf der ganzen Strecke von Rouen bis Le Havre als schöne Frau einen so großen Ruf, daß die vorbeikommenden Streckenaufseher sie zu besuchen pflegten; sogar Rivalitäten waren entstanden, deshalb waren auch die dienstfreien Bahnmeister jederzeit auf Tour und paßten höllisch auf. Der Ehemann war nicht im Wege, er war unterwürfig gegen jedermann, schlüpfte durch die Türen, ging und kam, ohne etwas zu sehen. Aber mit diesen Abwechslungen war es vorbei, und nun hockte sie die Wochen und Monate hier auf diesem Stuhl, in dieser Einsamkeit, und fühlte, wie ihr Körper langsam von Stunde zu Stunde immer hinfälliger wurde.

»Ich sage dir«, wiederholte sie abschließend, »er hat es auf mich abgesehen, und der gibt mir den Rest, so klein er auch ist.«

Ein jähes Läuten veranlaßte sie, mit demselben unruhigen Blick wieder hinauszuschauen. Es war die rückliegende Blockstelle, die Misard einen nach Paris fahrenden Zug meldete; und der Zeiger der vor der Fensterscheibe stehenden Blockanlage hatte sich im Richtungssinne geneigt. Misard stellte das Läutewerk ab, trat heraus, um den Zug durch zweimaliges Signalgeben mit dem Signalhorn anzukünden. In diesem Augenblick kam Flore und schob die Schranke vor; dann pflanzte sie sich davor auf und hielt die Fahne in ihrem Lederfutteral ganz gerade. Man hörte, wie der Zug, ein noch hinter einer Kurve verborgener Schnellzug, mit immer stärker werdendem Grollen nahte. Wie mit einem Donnerschlag raste er vorbei, erschütterte das niedrige Haus, drohte es in einer Sturmesbö mit fortzureißen. Schon kehrte Flore wieder zu ihrem Gemüse zurück, während Misard, nachdem er das Gleis in Richtung Paris hinter dem Zug gesperrt hatte, eben das Gleis in Richtung Le Havre wieder freigab, indem er den Hebel nach unten legte, um das auf Halt stehende Signal einzuziehen; denn soeben hatte ihn ein neues Läuten und das gleichzeitige Wiederaufrichten des anderen Zeigers davon unterrichtet, daß der fünf Minuten vorher vorübergekommene Zug die nächstfolgende Blockstelle passiert hatte. Er ging wieder hinein, benachrichtigte die beiden Blockstellen, trug die Durchfahrt ein und wartete dann. Immer die gleiche Arbeit war es, die er zwölf Stunden lang verrichtete, er lebte dort, aß dort, ohne auch nur drei Zeilen einer Zeitung zu lesen, ohne anscheinend auch nur einen Gedanken in seinem schiefen Schädel zu haben.

Jacques, der seine Patin früher über die Verheerungen auf-

zuziehen pflegte, die sie unter den Streckenaufsehern anrichtete, konnte sich eines Lächelns nicht erwehren, als er sagte:
»Vielleicht ist er auch eifersüchtig.«
Aber Phasie zuckte mitleidsvoll die Achseln, während ihr gleichfalls unwillkürlich ein Lachen in die armen, glanzlos gewordenen Augen stieg.
»Ach, mein Junge, was sagst du da bloß? – Der und eifersüchtig! Sobald er kein Geld herauszurücken brauchte, ist ihm das immer schnuppe gewesen.« Wieder von ihrem Frösteln gepackt, sagte sie dann: »Nein, nein, daraus hat er sich kaum etwas gemacht. Er macht sich nur etwas aus Geld ... Siehst du, entzweit hat uns nämlich, daß ich ihm voriges Jahr, als ich die Erbschaft machte, die tausend Francs von Papa nicht geben wollte. So wie er es mir dann angedroht hat, so hat es mir Unglück gebracht, und ich bin krank geworden ... Und seit dieser Zeit, ja, genau seit dieser Zeit, bin ich das Leiden nicht mehr losgeworden.«
Der junge Mann begriff, und da er glaubte, dies seien finstere Gedanken einer kränklichen Frau, versuchte er noch, ihr das auszureden.
Sie aber schüttelte den Kopf und blieb halsstarrig dabei, denn ihre Überzeugung stand fest.
So sagte er dann schließlich:
»Nun ja, nichts ist einfacher als das, wenn Sie wünschen, daß das ein Ende nehmen soll ... Geben Sie ihm Ihre tausend Francs.«
Mit außerordentlicher Kraftanstrengung richtete sie sich auf. Und wieder lebendig geworden, sagte sie heftig:
»Meine tausend Francs, niemals! Lieber will ich verrekken ... Oh, die habe ich versteckt, gut versteckt, das kannst du glauben! Das Haus kann man um und um kehren, ich

wette, daß man sie nicht findet ... Und er hat es schon zur Genüge um und um gekehrt, dieser Schlauberger! Such, such! Schon das bloße Vergnügen, wenn ich sehe, wie seine Nase länger und länger wird, würde mir genügen, das geduldig zu ertragen ... Erst mal abwarten, wer zuerst klein beigibt, er oder ich. Ich sehe mich vor, von dem, was er anfaßt, schlucke ich nichts mehr. Und wenn ich abkratze, na, dann würde er sie trotzdem nicht kriegen, meine tausend Francs! Lieber würde ich sie der Erde vermachen.«
Von einem neuen Tuten des Signalhorns geschüttelt, sank sie erschöpft wieder auf den Stuhl zurück.
Misard, der auf der Schwelle der Blockstelle stand, hatte diesmal einen nach Le Havre fahrenden Zug gemeldet. Trotz der Halsstarrigkeit, in die sie sich verschloß, sobald sie die Erbschaft hergeben sollte, hatte sie eine geheime Angst vor ihm, die immer größer wurde, die Angst des Riesen vor dem Insekt, von dem er sich angefressen fühlt. Und der gemeldete Zug, der um zwölf Uhr fünfundvierzig von Paris abgefahrene Personenzug, nahte in der Ferne mit dumpfem Rollen. Man hörte, wie er aus dem Tunnel hervorkam und in der Ebene lauter keuchte. Dann raste er mit dem Donnern seiner Räder und der Masse seiner Wagen mit der unbezwinglichen Gewalt eines Orkans vorüber.
Jacques hatte zum Fenster hochgeblickt und dem Vorbeieilen der kleinen, viereckigen Fensterscheiben zugesehen, in denen Profile von Reisenden sichtbar wurden. Er wollte Phasies finstere Gedanken zerstreuen, scherzend fuhr er fort:
»Tante, Sie beklagen sich, daß Sie in Ihrem Nest nie auch nur eine Katze zu sehen bekommen ... Aber da sind doch genug Menschen!«
Verwundert begriff sie zuerst gar nicht.

»Menschen, wo denn? – Ach ja, die Leute, die vorbeifahren. Das lohnt sich gerade! Die kennt man ja nicht, da kann man sich ja nicht unterhalten.«
Er lachte nach wie vor.
»Mich kennen Sie aber gut, mich sehen Sie oft vorbeifahren.«
»Dich kenne ich, das stimmt, und ich weiß, um wieviel Uhr dein Zug kommt, und nach dir spähe ich aus auf deiner Lokomotive. Bloß, du rast ja vorbei, du rast vorbei! Gestern hast du mit der Hand bloß so gemacht. Nicht mal antworten kann ich . . . Nein, nein, das ist keine Art und Weise, mit den Menschen zu verkehren.«
Doch dieser Gedanke an die Menschenwoge, welche die Züge von und nach Paris inmitten der tiefen Stille ihrer Einsamkeit täglich an ihr vorbeischwemmten, ließ sie nachdenklich verharren, die Blicke auf den Schienenstrang gerichtet, über dem die Nacht hereinbrach. Als sie noch gesund war, als sie noch hin und her gehen und sich mit der Fahne in der Faust vor der Schranke aufpflanzen konnte, hatte sie niemals an diese Dinge gedacht. Seitdem sie aber alle Tage in diesem Stuhl hockte und über nichts weiter als über ihren geheimen Kampf mit ihrem Mann nachzudenken hatte, verwirrten ihr konfuse, kaum in Worte zu fassende Hirngespinste den Kopf. Es kam ihr komisch vor, daß sie in dieser Einöde verloren lebte, wo doch im Sturmestosen der Züge, die das Haus erschütterten und mit Volldampf entflohen, bei Tag und bei Nacht fortwährend so viele Männer und Frauen vorbeifuhren. Sicherlich kam die ganze Welt hier vorüber, nicht nur Franzosen, auch Ausländer, Leute, die aus den fernsten Landen stammten, da ja jetzt niemand zu Hause bleiben konnte und alle Völker, wie es hieß, bald nur noch ein einziges bilden würden.

Das nämlich war der Fortschritt, alle waren Brüder, alle rollten gemeinsam einem Schlaraffenland entgegen. Sie versuchte zu zählen, wie viele im Durchschnitt vorbeirasten, wenn soundso viele in einem Wagen saßen: es waren zu viele, sie schaffte es nicht. Oft glaubte sie Gesichter wiederzuerkennen, das eines Herrn mit blondem Bart, eines Engländers zweifellos, der jede Woche nach Paris reiste; das einer brünetten, kleinen Dame, die regelmäßig mittwochs und sonnabends vorbeifuhr. Aber der Blitz riß sie mit sich fort, sie war sich nicht ganz sicher, sie gesehen zu haben, alle Gesichter ertranken, verschwammen, als sähen sie alle gleich aus, verschwanden eines im anderen. Der Sturzbach brauste dahin, ohne etwas von sich zurückzulassen. Und was sie bei diesem ununterbrochenen Rollen, bei so viel spazierengefahrenem Wohlstand und Geld traurig stimmte, war das Gefühl, daß diese stets so keuchende Menge so gar nicht wußte, daß sie, Phasie, hier saß und in Lebensgefahr schwebte, so daß die Züge, sollte ihr Mann ihr eines Abends den Garaus machen, sich weiter nahe bei ihrem Leichnam kreuzen würden, ohne das Verbrechen hinten in diesem einsamen Hause auch nur zu ahnen.

Noch immer hatte Phasie die Augen auf das Fenster gerichtet, und sie faßte zusammen, was sie zu unklar empfand, um es lang und breit erklären zu können.

»Ach, eine schöne Erfindung ist so was, da kann man sagen, was man will. Man fährt schnell, man ist viel besser unterrichtet ... Aber wilde Tiere bleiben wilde Tiere, und wenn man auch noch bessere Maschinen erfindet, drin stecken trotzdem wilde Tiere.«

Jacques nickte abermals mit dem Kopf, um anzudeuten, daß er genauso dachte. Seit einem Weilchen schaute er Flore zu, die die Schranke vor einem mit zwei ungeheuren Steinblöcken beladenen Steinbruchwagen wieder öffnete. Die Straße stand einzig und allein mit den Steinbrüchen von Bécourt in Verbindung, so daß die Schranke nachts durch ein Vorhängeschloß abgesperrt war und es sehr selten vorkam, daß das junge Mädchen aus dem Bett geholt wurde. Als er Flore vertraulich mit dem Steinbrucharbeiter, einem brünetten, kleinen jungen Mann, plaudern sah, rief er aus:

»Nanu! Ist Cabuche denn krank, daß sein Cousin Louis mit seinen Pferden fährt? – Der arme Cabuche, sehen Sie ihn oft, Tante?«

Ohne zu antworten, erhob sie die Hände und stieß einen tiefen Seufzer aus. Ein richtiges Drama war das im vergangenen Herbst gewesen, das nicht dazu angetan war, ihre Gesundheit wiederherzustellen: ihre jüngste Tochter Louisette, die bei Frau Bonnehon in Doinville als Zofe in Stellung war, hatte sich eines Abends, völlig kopfscheu und grün und blau geschlagen, zu ihrem guten Freund Cabuche geflüchtet, um in dem Hause, das dieser mitten im Wald bewohnte, zu sterben. Es waren Geschichten im Umlauf gewesen, die den Präsidenten Grandmorin bezichtigten, er habe ihr Gewalt angetan; aber laut wagte man es nicht weiterzuerzählen. Die Mutter selbst kam, obwohl sie wußte, woran sie war, gar nicht gern auf dieses Thema zu sprechen. Dennoch sagte sie schließlich:

»Nein, er kehrt nicht mehr bei uns ein, aus ihm wird ein richtiger Wolf . . . Die arme Louisette, so allerliebst, so rein, so sanft war sie! Sie hat mich sehr geliebt, sie hätte mich bestimmt gepflegt; Flore dagegen, mein Gott, ich beklage mich ja nicht über sie, aber bei ihr ist sicherlich was ausgehakt, denn immerzu handelt sie nach ihrem eigenen Kopf, stundenlang ist sie verschwunden, und stolz ist sie, und heftig! – Traurig ist das alles, recht traurig.«

Während Jacques zuhörte, blickte er weiter dem Lastfuhrwerk nach, das jetzt die Gleise überquerte. Aber die Räder stockten in den Schienen, der Fuhrmann mußte mit der Peitsche knallen, während selbst Flore schrie und die Pferde antrieb.

»Donnerwetter!« erklärte der junge Mann. »Da dürfte aber kein Zug kommen . . . Würde das einen Matsch geben!«

»Oh, da besteht keine Gefahr«, entgegnete Tante Phasie. »Flore ist ja manchmal komisch, aber ihre Sache versteht sie, sie hält die Augen offen . . . Gott sei Dank haben wir nun schon seit fünf Jahren keinen Unfall gehabt. Früher ist mal ein Mann überfahren worden. Bei uns hier, bei uns hat bis jetzt nur eine Kuh beinahe einen Zug zum Entgleisen gebracht. Ach, das arme Tier, den Körper hat man hier aufgelesen und den Kopf da hinten in der Nähe des Tunnels . . . Bei Flore kann man ganz beruhigt sein.«

Das Lastfuhrwerk war vorbei, man hörte, wie sich das tiefe Gerumpel der Räder in den Wagenspuren entfernte. Nun kam sie wieder auf ihre ständige Hauptsorge zu sprechen, auf das gesundheitliche Befinden der anderen und ihr eigenes auch.

»Und du, ist bei dir jetzt alles völlig in Ordnung? Denkst du noch an das, worunter du bei uns zu Hause zu leiden hattest und woraus der Doktor nicht schlau wurde?«

Er hatte wieder das unruhige Flackern im Blick.

»Mir geht es sehr gut, Tante.«

»Wirklich? Ist alles weg, der Schmerz, der dir fast den Schädel hinter den Ohren durchbohrt hat, und die plötzlichen Fieberanfälle und die Anwandlungen von Trübsinn, bei denen du dich wie ein Tier tief in ein Loch verkrochen hast?«

Je länger sie sprach, um so unruhiger wurde er, ihn überkam ein solches Unbehagen, daß er ihr schließlich kurz angebunden in die Rede fiel.

»Ich versichere Ihnen, mir geht's sehr gut . . . Mir fehlt nichts mehr, überhaupt nichts mehr.«

»Na, um so besser, mein Junge! – Wenn du krank wärest, davon wird ja meine Krankheit auch nicht geheilt. Und außerdem gehört es sich in deinem Alter, gesund zu sein, was Besseres gibt's ja nicht, als gesund zu sein . . . Immerhin ist es sehr nett von dir, daß du mich besucht hast, denn du hät-

test ja auch woanders hingehen und dich amüsieren können. Nicht wahr, du ißt mit uns zu Abend, und schlafen kannst du da oben auf dem Boden neben Flores Kammer.«
Aber noch einmal schnitt ihr ein Signalhornblasen das Wort ab. Die Nacht war hereingebrochen, und beide konnten, als sie sich zum Fenster hinwandten, nur noch dunkel Misard unterscheiden, der sich mit einem anderen Mann unterhielt. Soeben hatte es sechs Uhr geschlagen, er übergab den Dienst seiner Ablösung, dem Nachtblockwärter. Endlich sollte er nun frei haben, nachdem er zwölf Stunden in dieser Bude zugebracht hatte, deren Einrichtung nur aus einem unter dem Brett mit den Apparaten stehenden Tischchen, einem Hocker und einem Ofen bestand, dessen übermäßige Hitze ihn zwang, die Tür fast ständig offen zu halten.
»Aha, da ist er, gleich kommt er heim«, flüsterte Tante Phasie, wieder von ihrer Angst gepackt.
Sehr wuchtig, sehr langsam kam der gemeldete Zug mit seinem immer lauter werdenden Grollen heran.
Und um sich der Kranken verständlich zu machen, mußte sich der junge Mann vorbeugen, ihn bewegte der jämmerliche Zustand, in dem er sie sah, und er war bestrebt, ihr Erleichterung zu verschaffen.
»Hören Sie, Tante, wenn er wirklich etwas Böses im Schilde führt, dann würde es ihn vielleicht davon abhalten, wenn er weiß, daß ich mich darum kümmere ... Sie würden gut daran tun, Ihre tausend Francs mir anzuvertrauen.«
Sie lehnte sich ein letztes Mal auf.
»Meine tausend Francs! Dir ebensowenig wie ihm! – Lieber will ich verrecken, sage ich dir!«
In diesem Augenblick fuhr der Zug mit seinem Gewitter-

donner vorüber, als habe er alles vor sich hinweggefegt. Von einem Windstoß umbraust, erbebte das Haus davon. Dieser nach Le Havre fahrende Zug war stark besetzt, denn am morgigen Sonntag fand ein Fest, der Stapellauf eines Schiffes, statt. Trotz der Geschwindigkeit hatte man durch die erleuchteten Fensterscheiben der Wagentüren wie eine Vision die vollen Abteile erblickt, die dicht nebeneinander aufgereihten Köpfe im Profil. Sie folgten aufeinander, verschwanden. Wie viele Leute! Schon wieder die Menschenmenge, die endlose Menschenmenge hier im Rollen der Wagen, im Pfeifen der Lokomotiven, im Ticken des Telegraphen, im Anschlagen der Glocken! Es war gleichsam ein großer Leib, ein riesiges Lebewesen, das sich quer über die Erde erstreckte, das den Kopf in Paris hatte, die Wirbelsäule die Strecke entlanggelegt, die Glieder bei den Abzweigungen ausgebreitet, die Füße und Hände in Le Havre und in den anderen Endstationen. Und mechanisch und sieghaft fuhr und fuhr das alles vorbei, raste mit mathematischer Genauigkeit der Zukunft entgegen, in selbstgewählter Unkenntnis dessen, was vom Menschen übrigblieb zu beiden Seiten der Gleise, verborgen und stets lebenskräftig, die ewige Leidenschaft und das ewige Verbrechen.

Flore kam zuerst wieder herein. Sie zündete die Lampe an, eine kleine Petroleumlampe ohne Schirm, und deckte den Tisch. Nicht ein Wort wurde gewechselt, kaum ließ sie einen Blick zu Jacques hingleiten, der vor dem Fenster stand und ihr den Rücken kehrte. Auf dem Ofen wurde eine Kohlsuppe warm gehalten. Eben trug Flore sie auf, als nun auch Misard erschien. Er bekundete keinerlei Überraschung, den jungen Mann hier vorzufinden. Vielleicht hatte er ihn kommen sehen, aber er fragte ihn nicht aus, war gar

nicht neugierig. Ein Händedruck, drei kurze Worte, nichts weiter. Jacques mußte von sich aus die Geschichte von dem Treibstangenbruch nochmals erzählen und wie er auf den Einfall gekommen war, seine Patentante kurz zu begrüßen und hier zu übernachten. Misard begnügte sich, leise mit dem Kopf zu wackeln, als fände er dies ausgezeichnet, und man setzte sich, man aß ohne Hast und schwieg zunächst. Phasie, die den Topf, in dem die Kohlsuppe kochte, seit dem Morgen nicht aus den Augen gelassen hatte, ließ sich einen Teller davon geben. Als ihr Mann aber aufgestanden war, um ihr ihr Stahlwasser zu geben, das Flore vergessen hatte, eine Karaffe, in der Nägel im Wasser lagen, rührte sie es nicht an. Demütig, schmächtig und mit einem schwachen, aber bösen Husten behaftet, machte er gar nicht den Eindruck, als bemerke er die ängstlichen Blicke, mit denen sie seine geringsten Bewegungen verfolgte. Als sie um Salz bat, von dem nichts mehr auf dem Tisch stand, sagte er zu ihr, sie werde es noch bereuen, so viel Salz zu essen, gerade dies mache sie ja krank; und er stand abermals auf, um welches zu holen, brachte ihr auf einem Löffel eine Prise Salz, die sie arglos annahm, denn Salz reinige alles, wie sie zu sagen pflegte. Nun unterhielt man sich über das wirklich laue Wetter, das seit einigen Tagen herrschte, über eine Zugentgleisung in Maromme. Schließlich glaubte Jacques, seine Patin leide in wachem Zustand unter Alpträumen, denn er selber konnte dieses so gefällige Männlein mit den unsteten Augen bei nichts ertappen. Länger als eine Stunde ließ man sich Zeit. Zweimal war Flore beim Hornsignal für einen Augenblick verschwunden. Die Züge fuhren vorüber, brachten die Gläser zum Klirren; aber keiner, der hier am Tisch saß, nahm auch nur Notiz davon.
Ein neues Hornsignal war zu hören, und diesmal erschien

Flore, die soeben den Tisch abgedeckt hatte, nicht wieder. Sie ließ ihre Mutter und die beiden Männer bei einer Flasche Ziderbranntwein am Tisch zurück. Alle drei blieben noch eine halbe Stunde dort sitzen. Dann nahm Misard, der seine Spüraugen seit einem Weilchen auf einen Winkel des Raumes geheftet hatte, seine Mütze und ging mit einem einfachen »Guten Abend!« hinaus. Er fischte ohne Erlaubnis in den kleinen Bächen ringsum, wo es prächtige Aale gab, und er ging niemals schlafen, ohne seine Grundangeln nachgesehen zu haben.
Sobald er nicht mehr da war, starrte Phasie ihr Patenkind an.
»Na, glaubst du's nun? Hast du gesehen, wie er die Ecke da hinten mit dem Blick abgesucht hat? – Ihm ist nämlich eingefallen, ich könnte meinen Schatz hinter dem Buttertopf versteckt haben ... Ach, ich kenne ihn, ich bin sicher, daß er heute nacht hingeht und den Topf abrückt, um nachzusehen.« Ihr brach der Schweiß aus, ein Zittern schüttelte ihre Glieder. »Siehst du, da ist es schon wieder, wahrhaftig! Sicher hat er mir was eingegeben, ich habe einen bitteren Geschmack im Munde, als hätte ich alte Sousstücke verschluckt. Ich habe doch weiß Gott nichts aus seiner Hand genommen! Da möchte man lieber gleich ins Wasser gehen ... Heute abend bin ich ganz fertig, es ist besser, ich gehe schlafen. Also, leb wohl, mein Junge, denn wenn du um sieben Uhr sechsundzwanzig fährst, ist es für mich ja zu früh. Und komm mal wieder her, nicht wahr, hoffentlich bin ich dann immer noch am Leben.«
Er mußte ihr ins Zimmer zurückhelfen, wo sie sich ins Bett legte und erschöpft einschlief.
Allein geblieben, zögerte er eine Weile, denn er fragte sich, ob er nicht ebenfalls hinaufgehen und sich auf dem Heu, das

ihn auf dem Boden erwartete, ausstrecken solle. Aber es war erst zehn vor acht, er hatte noch viel Zeit zum Schlafen. Und nun ging auch er hinaus und ließ die kleine Petroleumlampe in dem leeren und schläfrigen Haus brennen, das dann und wann vom jähen Donnern eines Zuges erschüttert wurde.

Jacques war überrascht, wie mild die Luft draußen war. Zweifellos würde es noch Regen geben. Am Himmel hatte sich eine milchige, gleichförmige Wetterwolke ausgebreitet, und der Vollmond, der nicht zu sehen war, denn er war dahinter ertrunken, erhellte das ganze Himmelsgewölbe mit einem rötlichen Widerschein. So konnte Jacques auch deutlich das Land erkennen, dessen Felder, Hügel und Bäume sich ringsum in diesem gleichmäßigen und toten, den Frieden einer Nachtlampe verbreitenden Licht schwarz abhoben. Er ging um den kleinen Gemüsegarten herum. Dann gedachte er, in Richtung Doinville zu laufen, weil die dorthin führende Landstraße weniger steil anstieg. Da ihn aber der Anblick des einsamen, schräg am anderen Ende der Strecke hingesetzten Hauses angelockt hatte, überquerte er die Gleise, wobei er durch die kleine Gittertür ging, denn die Schranke war bereits zur Nacht geschlossen. Dieses Haus kannte er gut, auf jeder seiner Fahrten schaute er es sich im grollenden Schwung seiner Lokomotive an. Ohne daß er wußte, warum, wurde er den Gedanken daran nicht los, und er hatte das dunkle Empfinden, daß es für sein Dasein von Bedeutung sein würde. Jedesmal fühlte er zunächst so etwas wie Angst, es sei vielleicht nicht mehr dort, dann so etwas wie ein Unbehagen, wenn er feststellte, daß es noch immer dort war. Niemals hatte er seine Türen oder Fenster offen gesehen. Alles, was man ihm über das Haus mitgeteilt hatte, war, daß es dem Präsidenten Grand-

morin gehörte; und an diesem Abend überkam ihn der unwiderstehliche Wunsch, mal da herumzuschleichen, um mehr darüber zu erfahren.
Lange blieb Jacques auf der Landstraße vor dem Gitter aufgepflanzt stehen. Er trat zurück, reckte sich hoch, versuchte sich Klarheit zu verschaffen. Die Eisenbahn hatte beim Durchschneiden des Gartens übrigens nur ein schmales, von Mauern umschlossenes Beet vor der Freitreppe übriggelassen, während sich dahinter ein ziemlich weites, lediglich von einer Hecke eingefaßtes Gelände erstreckte. In seiner Verlassenheit war das Haus im roten Widerschein dieser dunstigen Nacht von unheimlicher Traurigkeit; und gerade wollte sich Jacques, dem ein Schauer über die Haut lief, entfernen, als er ein Loch in der Hecke bemerkte. Der Gedanke, daß es feige wäre, nicht hineinzugehen, ließ ihn durch das Loch steigen. Sein Herz klopfte. Aber gleich darauf, als er an einem verfallenen, kleinen Gewächshaus entlangging, ließ ihn der Anblick eines an der Tür hockenden Schattens stehenbleiben.
»Wie, du bist's?« rief er verwundert aus, als er Flore erkannte. »Was machst du denn da?«
Auch sie war vor Überraschung zusammengezuckt. Dann sagte sie seelenruhig:
»Das siehst du doch, ich hole mir Wäscheleinen . . . Die haben hier einen Haufen Wäscheleinen zurückgelassen, die vermodern, ohne jemandem was zu nützen. Da hole ich mir eben welche, denn ich kann sie immer brauchen.«
Tatsächlich saß sie da, mit einer großen Schere in der Hand, auf der Erde und entwirrte die Wäscheleinen, zerschnitt die Knoten, wenn sie nicht aufgehen wollten.
»Kommt denn der Besitzer nicht mehr her?« fragte der junge Mann.

Sie begann zu lachen.
»Oh, seit der Affäre mit Louisette ist nicht zu befürchten, daß der Präsident auch nur seine Nasenspitze in La Croix-de-Maufras reinzustecken wagt. Pah, da kann ich mir doch seine Wäscheleinen holen.«
Er schwieg einen Augenblick, wirkte verstört durch die Erinnerung an die tragische Begebenheit, die sie wieder wachrief.
»Und du, glaubst du, was Louisette erzählt hat, glaubst du, daß er sie rankriegen wollte und daß sie sich durch ihr Sträuben verletzt hat?«
Flore hörte auf zu lachen, wurde jäh heftig und schrie:
»Louisette hat niemals gelogen, und Cabuche auch nicht . . . Cabuche ist mein Freund.«
»Womöglich jetzt dein Liebhaber?«
»Der! O je, da müßte ich ja eine mächtige Trine sein! – Nein, nein! Er ist mein Freund, einen Liebhaber habe ich nicht, ich nicht! Ich will keinen haben.«
Sie hatte ihren mächtigen Kopf wieder erhoben, dessen dichte blonde Haarpracht in Locken ganz tief in die Stirn herabhing; und aus ihrem ganzen stämmigen und geschmeidigen Wesen stieg eine wilde Willenskraft auf. In der Gegend bildete sich bereits eine Legende über sie. Man erzählte sich Geschichten, Rettungstaten: einen Karren habe sie mit einem Ruck vor einem herannahenden Zug zurückgerissen; einen ganz allein die abschüssige Strecke nach Barentin hinabfahrenden Eisenbahnwagen habe sie ebenso zum Stehen gebracht wie ein tollgewordenes Stück Vieh, das einem Schnellzug entgegengaloppierte. Und diese Beweise von Kraft ließen aufhorchen, machten sie den Männern begehrenswert, zumal man sie für leicht zu nehmen hielt, denn immer streifte sie durch die Felder, so-

bald sie frei hatte, suchte verlorene Winkel auf, legte sich auf dem Grunde einer Mulde hin und starrte in die Luft, stumm, regungslos. Den ersten aber, die sich getraut hatten, war die Lust vergangen, noch einmal anzufangen. Da sie gern stundenlang nackt in einem nahen Bach badete, hatten sich Burschen in ihrem Alter das Vergnügen geleistet, ihr zuzuschauen; und einen von ihnen hatte sie gepackt, ohne sich auch nur die Mühe zu machen, erst ihr Hemd anzuziehen, und sie hatte ihn so übel zugerichtet, daß sie von niemandem mehr belauscht wurde. Schließlich verbreitete sich das Gerücht über ihre Geschichte mit einem Weichenwärter an der Abzweigung nach Dieppe am anderen Ende des Tunnels: einem gewissen Ozil, einem sehr anständigen Burschen in den Dreißigern, den sie eine Zeitlang ermuntert zu haben schien und den sie, als er sich eines Abends einbildete, sie werde sich hingeben, beim Versuch, sie zu nehmen, beinahe mit einem Stock erschlagen hätte. Sie war jungfräulich und kriegerisch, verschmähte die Mannsbilder, was die Leute schließlich zu der Überzeugung brachte, sie sei sicherlich nicht ganz richtig im Kopf.

Als Jacques sie sagen hörte, sie wolle keinen Liebsten, scherzte er weiter.

»Also wird aus deiner Heirat mit Ozil nichts? Ich habe mir sagen lassen, du wärst alle Tage durch den Tunnel geflitzt und hättest dich mit ihm getroffen.«

Sie zuckte die Achseln.

»Ach, Quatsch! Meine Heirat ... Der Tunnel, der macht mir Spaß. Zweieinhalb Kilometer ins Schwarze zu rennen mit der Vorstellung, daß man von einem Zug überfahren werden kann, wenn man nicht die Augen aufmacht. Man muß mal hören, wie die da durchdonnern, die Züge! – Die-

ser Ozil, der hat mich doch gelangweilt. Den da will ich ja auch gar nicht.«
»Also willst du einen anderen?«
»Ach, ich weiß nicht . . . Ach, du meine Güte, nein!« Wieder überkam sie ein Lachen, während sie ein Anflug von Verlegenheit veranlaßte, sich wieder mit einem Knoten in den Wäscheleinen zu beschäftigen, mit dem sie nicht zu Rande kommen konnte. Ohne den Kopf wieder zu erheben, gleichsam ganz von ihrer Arbeit in Anspruch genommen, sagte sie dann: »Und du, hast du keine Liebste?«
Nun wurde auch Jacques wieder ernst. Seine Augen wandten sich ab, flackerten, wobei sie fern in die Nacht starrten. Er antwortete kurz und bündig:
»Nein.«
»Richtig«, fuhr sie fort, »mir ist doch erzählt worden, daß du die Frauen nicht ausstehen kannst. Und außerdem kenne ich dich ja nicht erst seit gestern, uns würdest du nie was Nettes sagen . . . Warum denn nicht? Hm?«
Er schwieg; da entschloß sie sich, den Knoten loszulassen und ihn anzublicken.
»Liebst du denn bloß deine Lokomotive? Man macht sich schon darüber lustig, weißt du? Es wird behauptet, du würdest sie dauernd abreiben, dauernd auf Hochglanz bringen, als ob du nur für sie Liebkosungen übrig hättest . . . Ich kann dir das ja sagen, weil ich deine Freundin bin.«
Jetzt betrachtete auch er sie im bleichen Licht des dunstigen Himmels. Und er erinnerte sich an sie, wie sie noch klein gewesen und doch bereits heftig und eigensinnig war, ihm aber, von der Leidenschaft eines wilden Mädchens gepackt, immer um den Hals fiel, sobald er kam. Nachdem er sie oft aus den Augen verloren hatte, war sie sodann jedesmal

größer gewesen, wenn er sie wiedertraf, und sie empfing ihn noch immer damit, daß sie sich ihm mit einem Satz an die Schultern hängte, brachte ihn durch die Flamme ihrer großen, hellen Augen in immer größere Verlegenheit. Jetzt war sie Weib, ein prächtiges, begehrenswertes Weib, und zweifellos liebte sie ihn im Unterbewußtsein aus dem innersten Wesen ihrer Jugend heraus. Sein Herz begann zu klopfen, er hatte plötzlich das Gefühl, daß er derjenige war, auf den sie wartete. Eine große Verwirrung stieg ihm mit dem Blut seiner Adern in den Schädel, in der Angst, die ihn befiel, war sein erster Gedanke zu fliehen. Stets hatte die Begierde ihn toll gemacht, er sah rot.

»Was stehst du denn da herum?« fuhr sie fort. »Setz dich doch!«

Von neuem zögerte er. Seine Beine waren plötzlich sehr müde geworden, und von dem Verlangen überwältigt, es noch einmal mit der Liebe zu versuchen, ließ er sich dann neben sie auf den Haufen Wäscheleinen sinken. Er sprach nicht mehr, die Kehle war ihm wie ausgetrocknet.

Sie, die Stolze, die Schweigsame, sie schwatzte jetzt, daß sie ganz außer Atem kam, sie war sehr lustig, redete immer schneller und hemmungsloser drauflos.

»Siehst du, Mamas Fehler war es, daß sie Misard geheiratet hat. Der spielt ihr noch mal übel mit . . . Mir persönlich ist das ja schnuppe, denn man hat ja genug mit seinen eigenen Angelegenheiten, nicht wahr? Außerdem wünscht mich Mama zum Teufel, sobald ich mich einmischen will . . . Soll sie doch sehen, wie sie da zurechtkommt! Ich selber bin ja kaum im Hause. Für später habe ich so allerlei vor . . . Ach, weißt du, heute früh habe ich dich auf deiner Lok vorbeifahren sehen, da, von dem Gebüsch dort hinten aus, da habe ich gesessen. Du aber, du guckst ja nie her . . . Und

dir erzähle ich das mal, was ich vorhabe, aber nicht jetzt, später, wenn wir ganz und gar gute Freunde sind.«
Die Schere war ihr entglitten, und immer noch stumm, hatte er sich ihrer beiden Hände bemächtigt. Entzückt überließ sie sie ihm. Doch als er sie an seine brennenden Lippen führte, fuhr sie in ihrer Jungfräulichkeit verstört auf. Die Kriegerin erwachte, bäumte sich kampfeslustig auf bei dieser ersten Annäherung des Mannes.
»Nein, nein! Laß mich, ich will nicht . . . Bleib doch still, wir können uns ja unterhalten . . . Die Männer, die denken doch bloß an so was. Ach, wenn ich dir sagen würde, was Louisette mir an dem Tag erzählt hat, als sie bei Cabuche gestorben ist . . . Übrigens wußte ich schon allerhand über den Präsidenten, denn ich habe hier Schweinereien erlebt, wenn er mit kleinen Mädchen herkam . . . Da ist eine drunter, die niemand im Verdacht hat, eine, die er verheiratet hat . . .«
Er aber hörte ihr nicht zu, hörte sie gar nicht. Mit einer brutalen Umklammerung hatte er sie gepackt, und er preßte seinen Mund auf ihren Mund.
Sie stieß einen leisen Schrei aus, mehr ein Wehklagen, das so tief, so weich klang und in dem das Eingeständnis ihrer lange verheimlichten zärtlichen Neigung hervorbrach. Aber noch immer leistete sie Widerstand, wehrte sich trotz allem aus einem Kampfestrieb heraus. Sie verlangte nach ihm, und sie widersetzte sich ihm in dem Bedürfnis, erobert zu werden. Wortlos, Brust an Brust, rangen sie beide keuchend darum, wer den anderen auf den Rücken legen werde. Einen Augenblick schien es so, als sollte sie die stärkere sein, und vielleicht hätte sie ihn, so schwach wurde er, auch unter sich geworfen, wenn er sie nicht bei der Brust gepackt hätte. Das Mieder riß auf, hart und vom Ringen

geschwellt, quollen die beiden Brüste milchweiß im Helldunkel hervor. Und sie schmiß sich auf den Rücken, besiegt gab sie sich preis.
Da hielt er keuchend inne, schaute sie an, statt sie zu nehmen. Wut schien ihn zu packen, eine Wildheit, die ihn veranlaßte, sich suchend nach einer Waffe, nach einem Stein, kurz, nach irgend etwas umzusehen, womit er sie töten konnte. Seine Blicke fielen auf die Schere, die zwischen den Wäscheleinen blitzte; und rasch griff er danach, und er hätte sie in diesen nackten Busen, zwischen die beiden weißen Brüste mit den rosigen Knospen gestoßen. Aber eine heftige Kälte ernüchterte ihn, er warf die Schere wieder hin, rannte entsetzt davon, während sie mit geschlossenen Lidern liegen blieb und glaubte, nun weise er sie zurück, weil sie sich ihm widersetzt hatte.
Jacques floh in die schwermütige Nacht hinaus. Er galoppierte den Pfad eines Hanges hinauf, taumelte dann wieder auf den Grund einer schmalen Talmulde hinab. Unter seinen Schritten davonrollende Kieselsteine erschreckten ihn, er warf sich nach links ins Gestrüpp, schlug einen Haken, der ihn nach rechts auf eine leere höher gelegene Fläche zurückführte. Jäh landete er unten, er stieß gegen die Hecke der Eisenbahn: grollend, flammend nahte eine Zug; und starr vor Schrecken begriff er zuerst nicht. Ach ja, all diese Menschen, diese Woge, die ohne Unterbrechung vorüberrollte, während er hier mit dem Tode rang! Er rannte wieder los, kletterte nach oben, raste wiederum zu Tal. Immerzu traf er jetzt auf die Gleise, auf dem Grund tiefer Böschungseinschnitte, die Abgründe aushöhlten, auf Dämmen, die den Horizont mit riesigen Barrikaden versperrten. Dieses öde, von Hügeln durchschnittene Land war gleichsam ein Labyrinth ohne Ausgang, darin er mit

seinem Wahnsinn in der düsteren Trostlosigkeit unbebauten Bodens im Kreise lief. Und seit langen Minuten streifte er auf den Böschungen umher, da erblickte er vor sich die runde Öffnung, das schwarze Maul des Tunnels. Ein nach Paris fahrender Zug stürzte sich brüllend und pfeifend wie in einen Abgrund hinein, ließ, nachdem er verschwunden, von der Erde verschluckt war, eine lang anhaltende Erschütterung zurück, von der der Boden bebte.
Da fiel Jacques, dem die Beine wie zerschlagen waren, am Rand der Strecke nieder, und auf dem Bauch hingesielt, das Gesicht ins Gras vergraben, brach er in krampfhaftes Schluchzen aus. Mein Gott! Es war also wiedergekommen,

dieses abscheuliche Übel, von dem er sich geheilt glaubte? Er hatte ja doch dieses Mädchen töten wollen! Ein Weib töten, ein Weib töten! Diese Worte dröhnten ihm in den Ohren, von Jugend her, mit dem zunehmenden Fieber der Begierde, das ihn um den Verstand brachte. Wie die anderen beim Erwachen der Pubertät davon träumen, ein Weib zu besitzen, so war er bei dem Gedanken, eines zu töten, geradezu toll geworden. Denn er konnte sich nicht belügen, er hatte doch die Schere ergriffen, um sie ihr ins Fleisch zu stoßen, sobald er dieses Fleisch, diese heiße und weiße Brust gesehen hatte. Und nicht etwa deshalb, weil sie Widerstand leistete, nein, um der Lust willen, weil ihn danach verlangte, so sehr danach verlangte, daß er, hätte er sich nicht am Gras festgeklammert, dorthin zurückgejagt wäre, um ihr die Kehle durchzuschneiden. Sie, mein Gott, diese Flore, die er hatte aufwachsen sehen, dieses menschenscheue Kind, das ihn, wie er soeben gefühlt hatte, so tief liebte. Seine verkrümmten Finger gruben sich in die Erde, sein Schluchzen zerriß ihm in einem Röcheln entsetzlicher Verzweiflung die Kehle.

Doch er zwang sich zur Ruhe, er suchte zu begreifen. Was war im Vergleich mit den meisten Männern bei ihm denn so anders? Das hatte er sich dort unten in Plassans in seiner Jugend schon oft gefragt. Seine Mutter Gervaise war zwar noch sehr jung gewesen, erst fünfzehneinhalb Jahre, als er zur Welt kam; aber er war ja schon der zweite, sie ging eben erst in ihr vierzehntes Jahr, als sie mit dem ersten, seinem Bruder Claude, niedergekommen war; und von seinen beiden Brüdern hatte anscheinend keiner, weder Claude noch der später geborene Etienne, etwas davon zurückbehalten, daß die Mutter noch ein solches Kind und der Vater genauso grün wie sie gewesen war, dieser schöne Lantier, dessen schlechtes Herz Gervaise so viele Tränen kosten sollte. Vielleicht hatte auch von seinen Brüdern jeder sein Übel, das sie nicht eingestanden, besonders der ältere, der brennend gern Maler werden wollte und so toll darauf versessen war, daß es hieß, er sei halb verrückt vor Genie. In der Familie war nicht alles ganz im Lot, viele hatten einen Dachschaden. In manchen Stunden spürte er ihn genau, diesen erheblichen Dachschaden; nicht etwa, daß er eine schlechte Gesundheit gehabt hätte, denn nur die Furcht und die Scham vor seinen Anfällen hatten ihn früher abmagern lassen; aber in seinem Wesen traten plötzliche Gleichgewichtsstörungen auf, Bruchstellen gleichsam, Löcher, durch die sein Ich inmitten einer Art großer Dunstwolke, die alles verzerrt erscheinen ließ, entwich. Er war nicht mehr Herr über sich, er gehorchte seinen Muskeln, dem tollwütigen Tier. Dabei trank er nicht, selbst ein Gläschen Branntwein versagte er sich, weil er bemerkt hatte, daß ihn der geringste Tropfen Alkohol verrückt machte. Und schließlich dachte er, er büße für die anderen, für die Väter und Großväter, die getrunken hatten, für die Generationen von Trinkern, deren verdorbenes Blut in ihm war, eine langsame Vergiftung, eine wilde Menschenscheu, die ihn auf die Stufe weiberfressender, in der Tiefe der Wälder lauernder Wölfe zurückwarf.

Jacques hatte sich wieder auf einen Ellbogen gestützt, er dachte nach, betrachtete die schwarze Tunneleinfahrt; und von den Lenden bis zum Nacken überlief ihn abermals ein Schluchzen, er sank wieder hin, er wälzte den Kopf auf der Erde, schrie vor Schmerz. Dieses Mädchen, dieses Mädchen, das er hatte töten wollen! Heftig, scheußlich brach es wieder in ihm hervor, als wäre ihm die Schere ins eigene Fleisch gedrungen. Keinerlei vernünftige Überlegung beruhigte ihn: töten hatte er sie wollen, und er würde sie töten, wenn sie mit aufgehaktem Kleid und nacktem Busen noch da war. Er erinnerte sich genau an das erste Mal, er war kaum sechzehn Jahre alt gewesen, als ihn das Übel eines Abends gepackt hatte, da er mit einer Göre, dem zwei Jahre jüngeren Mädel einer Verwandten, spielte: sie war hingefallen, er hatte ihre Beine gesehen, und da war er drauflos gestürzt. Im nächsten Jahr, so entsann er sich, hatte er ein Messer geschliffen, um es einer anderen in den Hals zu stoßen, einer kleinen Blondine, die er jeden Morgen an seiner Tür vorüberkommen sah. Einen sehr üppigen, sehr rosigen Hals hatte sie, auf dem er schon die Stelle aussuchte, ein braunes Muttermal unter dem Ohr. Dann waren es andere und wieder andere gewesen, ein Vorüberziehen von Alpträumen, alle jene, die er mit seiner jähen Mordlust gestreift hatte, Frauen, die er auf der Straße mit dem Ellbogen berührte, Frauen, die der Zufall zu Nachbarinnen von ihm machte, besonders eine, eine Jungverheiratete, die im Theater neben ihm gesessen, die sehr laut gelacht hatte und vor der er mitten in einem Akt hatte fliehen müssen, um ihr nicht den Bauch aufzuschlitzen. Was konnte er bloß für eine Wut auf sie alle haben, wo er sie doch gar nicht kannte? Dann jedesmal war es gleichsam ein plötzlicher Anfall blinder Raserei, ein stets neu auflebender Durst nach Rache für uralte Beleidigungen, an die er sich wohl nicht mehr genau erinnern konnte. Rührte es denn aus so weit zurückliegenden Zeiten her, von dem Bösen, das die Weiber dem anderen, seinem Geschlecht zugefügt hatten, von dem seit dem ersten Betrug in der Tiefe der Höhlen im Manne angesammelten Groll? Und bei seinem Anfall spürte er auch die Notwendigkeit der Schlacht zur Eroberung und Zähmung des Weibes, das perverse Bedürfnis, es sich tot über den Rücken zu werfen wie eine Beute, die man den anderen für immer entreißt. Unter der Anstrengung barst ihm schier der Schädel, es gelang ihm nicht, sich eine Antwort zu geben, denn er war zu unwissend, wie er meinte, sein Gehirn war zu dumpf, in jener Angst eines Menschen befangen, der zu Handlungen getrieben wurde, bei denen sein Wille ausgeschaltet war und deren Beweggrund ihm entschwunden war.

Erneut raste ein Zug mit dem Blitzen seiner Lichter vorüber, stürzte sich mit einem grollenden und verhallenden Donnerschlag in die abgründigen Tiefen des Tunnels; und als könnte ihn diese namenlose, gleichgültige und eilige Menge hören, hatte sich Jacques wieder aufgerichtet, er drängte sein Schluchzen zurück, nahm die Haltung eines harmlosen Menschen an. Wie oft war er nach einem seiner Anfälle beim geringsten Geräusch plötzlich so aufgefahren wie einer, der schuldig geworden! Ruhig, glücklich, losgelöst von der Welt lebte er nur auf seiner Lokomotive. Trug sie ihn im Beben ihrer Räder mit voller Geschwindigkeit dahin, hatte er die Hand am Steuerungsrad, völlig in Anspruch genommen vom Aufpassen auf die Strecke, nach den Signalen spähend, dann dachte er nicht mehr, dann atmete er mit vollen Zügen die reine Luft, die stets mit Sturmesstärke wehte. Und darum eben liebte er seine Lokomotive so sehr, gleich einer beruhigend wirkenden Geliebten, von der er sich nur Glück erhoffte. Nach Abgang von der Fachschule für Mechaniker und Lokomotivführer hatte er trotz seiner lebhaften Intelligenz diesen Beruf eines Lokomotivführers gewählt, um der Einsamkeit und der Betäubung willen, in der er dabei leben konnte, und er hatte keinen anderweitigen Ehrgeiz, hatte in vier Jahren die Stelle eines Oberlokführers erlangt, verdiente bereits zweitausendachthundert Francs im Jahr, wobei er mit seinen Kohle- und Ölprämien auf mehr als viertausend kam; darüber hinaus aber ersehnte er nichts weiter. Er erlebte es, wie seine Kumpel, die es noch nicht so weit gebracht hatten, die die Gesellschaft ausbildete, die Maschinenschlosser, die sie einstellte, um sie anzulernen, er erlebte es, wie sie fast alle Arbeiterinnen heirateten, unscheinbare Frauen, die man nur zuweilen zur Abfahrtszeit erblickte, wenn sie die Proviantkörbchen brachten; die strebsamen Kumpel dagegen, besonders jene, die von einer Schule kamen, warteten so lange mit der Heirat, bis sie Vorsteher eines Bahnbetriebswerkes waren, in der Hoffnung, eine Bürgerstochter, eine Dame mit Hut, zu finden. Er selber mied die Frauen. Was lag ihm schon daran? Heiraten würde er niemals, er hatte keine andere Zukunft, als allein auf den rollenden Rädern zu fahren, ruhelos wieder und immer wieder auf den rollenden Rädern zu fahren. Daher bezeichneten ihn auch alle seine Vorgesetzten als mustergültigen Lokomotivführer, denn er trank nicht, trieb sich nicht herum, wurde von den leichtlebigen Kumpeln nur wegen seiner übertrieben guten Führung aufgezogen und war für die anderen eine dumpfe Beunruhigung, wenn er stumm, mit glanzlosen Augen, erdfahlem Gesicht in seine trübsinnigen Stimmungen verfiel. Wie viele Stunden hatte er, so erinnerte er sich, in seinem Kämmerchen in der Rue Cardinet verbracht, von wo aus das Bahnbetriebswerk von Les Batignolles, zu dem seine Lokomotive gehörte, zu sehen war, all seine freien Stunden, wie ein Mönch in der Zurückgezogenheit seiner Zelle eingeschlossen, den Aufruhr seiner Begierden durch viel Schlaf, durch das Schlafen auf dem Bauch unterdrückend!

Angestrengt versuchte Jacques sich zu erheben. Was

machte er hier im Grase, in dieser lauen und diesigen Winternacht? Von Dunkel ertränkt, lag das Land da, nur am Himmel war Licht, der feine Nebel, die unermeßliche Mattglaskuppel, die der dahinter verborgene Mond mit bleichem, gelbem Widerschein erhellte; und der schwarze Horizont schlief in der Regungslosigkeit des Todes. Los! Es mußte fast neun Uhr sein, das beste war, heimzukehren und schlafen zu gehen. Aber in seiner Erstarrung sah er sich wieder bei den Misards, wie er die Bodentreppe emporstieg, sich neben Flores Kammer, die hinter einer einfachen Bretterwand lag, auf dem Heu ausstreckte. Sie würde da sein, er würde sie atmen hören; er wußte sogar, daß sie ihre Türe niemals abschloß, er würde wieder zu ihr gehen können. Und wieder packte ihn der heftige Schauder, das heraufbeschworene Bild dieses entkleideten Mädchens mit schlaffen und vom Schlaf warmen Gliedern schüttelte ihn wiederum mit einem Schluchzen, das ihn mit seiner Heftigkeit zu Boden warf. Er hatte sie töten wollen, sie töten wollen, mein Gott! Er bekam keine Luft mehr, rang schier mit dem Tode bei dem Gedanken, daß er sie gleich, wenn er heimkehrte, in ihrem Bett töten würde. Mochte er auch keine Waffe haben und den Kopf zwischen beide Arme pressen, um sich ins Nichts zurücksinken zu lassen: er fühlte, daß das Mannestier seinem Willen nicht mehr gehorchen und unter dem Peitschenhieb des Raubinstinktes und aus dem Bedürfnis, den alten Schimpf zu rächen, die Tür aufstoßen und das Mädchen erwürgen würde. Nein, nein! Lieber die Nacht damit verbringen, planlos das Land zu durchstreifen, als dorthin zurückzukehren! Mit einem Satz war er wieder aufgesprungen, wieder begann er zu fliehen.

Nun galoppierte er von neuem eine halbe Stunde lang quer

durch das schwarze Land, als verfolge ihn die losgelassene Meute der Schrecken mit ihrem Gebell. Er stieg Hänge hinan, er eilte in enge Schluchten hinunter. Kurz nacheinander tauchten zwei Bäche auf: er hetzte hindurch, wurde bis zu den Hüften naß. Ein Busch, der ihm den Weg versperrte, brachte ihn außer sich. Sein einziger Gedanke war, geradeaus zu gehen, weiter, immer weiter, um vor sich selbst, um vor dem anderen, dem tollwütigen Tier, das er in sich fühlte, zu fliehen. Aber er riß es mit fort, es galoppierte ebenso schnell. Seit sieben Monaten, in denen er es verscheucht zu haben meinte, hatte er wieder Freude an dem Dasein gefunden, das alle führten; und jetzt sollte es wieder von vorn beginnen, abermals würde er kämpfen müssen, damit er sich nicht auf die erste beste Frau stürzte, die er zufällig mit dem Ellbogen streifte. Das tiefe Schweigen jedoch, die weite Einsamkeit beruhigten ihn ein wenig, ließen ihn von einem Leben träumen, das stumm und öde war wie dieses trostlose Land, in dem er immer umherirren würde, ohne je einer Menschenseele zu begegnen. Ohne es zu wissen, mußte er wohl im Kreise gehen, denn auf der anderen Seite stieß er wieder auf die Gleise, nachdem er zwischen den von Gestrüpp starrenden Böschungen oberhalb des Tunnels einen weiten Halbkreis beschrieben hatte. Besorgt und zornig, er könnte wieder auf Lebewesen treffen, wich er zurück. Als er dann hinter einem kleinen Berg den Weg abschneiden wollte, verlief er sich, stand dann wieder vor der Eisenbahnhecke, genau am Ausgang der Unterführung, gegenüber der Wiese, in der er vorhin geschluchzt hatte. Und besiegt verharrte er regungslos, als ihn das noch leise, von Sekunde zu Sekunde anwachsende Donnern eines aus den Tiefen der Erde kommenden Zuges gefangennahm. Es war der Schnellzug nach Le Havre, der um sechs

Uhr dreißig von Paris abgefahren war und um neun Uhr fünfundzwanzig hier vorbeikam: der Zug, den er alle zwei Tage fuhr.
Zuerst sah Jacques, wie das schwarze Maul des Tunnels hell wurde wie ein Ofenloch, in dem Reisigbündel lodern. Dann schoß mit Getöse die Lokomotive daraus hervor mit dem Blendlicht ihres großen runden Auges, des Spitzensignals, dessen Feuersbrunst sich durch die Landschaft bohrte und die Schienen in der Ferne mit einer doppelten Flammenlinie entzündete. Aber es war eine blitzartige Erscheinung: gleich darauf folgten die Wagen aufeinander, die kleinen, viereckigen Scheiben in den Türen ließen grell erleuchtet die Abteile voller Reisender in einem solchen Geschwindigkeitstaumel vorübersausen, daß danach das Auge an den flüchtig gesehenen Bildern zweifelte. Und in dieser Viertelsekunde erblickte Jacques durch die flammenden Fenster eines Halbabteils ganz deutlich einen Mann, der einen anderen rücklings auf die Bank niederdrückte und ihm ein Messer in die Kehle stieß, während eine schwarze Masse, vielleicht eine dritte Person, vielleicht herabgestürztes Gepäck, mit seinem ganzen Gewicht auf den zukkenden Beinen des Ermordeten lastete. Schon floh der Zug weiter, verlor sich in Richung La Croix-de-Maufras und ließ von sich in der Finsternis nur noch die drei Schlußlichter, das rote Dreieck sehen.
Wie angenagelt blickte der junge Mann dem Zug nach, dessen Grollen auf dem Grunde der tiefen Totenstille des Landes verhallte. Hatte er richtig gesehen? Und jetzt schwankte er, er wagte es nicht mehr zu bejahen, daß diese blitzartig heran- und hinweggehuschte Vision Wirklichkeit war. Nicht ein einziger Gesichtszug der beiden Akteure des Dramas war in ihm lebendig geblieben. Die braune Masse

mußte wohl eine Reisedecke gewesen sein, die quer über die Beine des Opfers gefallen war. Doch zuerst hatte er geglaubt, unter aufgelöstem, dichtem Haar ein feines, blasses Profil erkennen zu können. Aber alles verschwamm ineinander, verflog wie in einem Traum. Einen Augenblick tauchte, wieder heraufbeschworen, das Profil von neuem auf; dann verwischte es endgültig. Zweifellos war es nur Einbildung. Und all dies ließ ihn zu Eis erstarren, kam ihm so ungeheuerlich vor, daß er schließlich an eine Sinnestäuschung glaubte, geboren aus dem entsetzlichen Anfall, den er soeben durchgemacht hatte.

Nahezu eine Stunde lang lief Jacques noch umher, den Kopf schwer von wirren Träumereien. Er war wie zerschlagen, die Spannung ließ nach, eine große innere Kälte hatte sein Fieber vertrieben. Ohne daß er einen Entschluß gefaßt hatte, ging er schließlich doch in Richtung La Croix-de-Maufras zurück. Als er dann wieder vor dem Haus des Schrankenwärters stand, sagte er sich, er werde nicht hineingehen und in dem kleinen Schuppen schlafen, der an der einen Giebelseite angebaut war. Aber unter der Tür kam ein Lichtstreifen hervor, und mechanisch stieß er diese Tür auf. Auf der Schwelle hielt ihn ein unerwarteter Anblick zurück.

Misard hatte den Buttertopf in der Ecke weggerückt; und mit allen vieren auf der Erde, eine brennende Laterne neben sich, klopfte er die Wand leicht mit der Faust ab, er suchte. Das Türgeräusch veranlaßte ihn, sich wieder aufzurichten. Im übrigen war er nicht im geringsten unsicher, er sagte lediglich ganz natürlich:

»Mir sind die Streichhölzer runtergefallen.« Und als er den Buttertopf wieder an seinen Platz gestellt hatte, setzte er hinzu: »Ich habe meine Laterne geholt, denn vorhin auf dem Heimweg habe ich einen Menschen auf den Gleisen liegen sehen . . . Ich glaub, er ist tot.«

Jacques, den der Gedanke, daß er Misard bei der Suche nach Tante Phasies verborgenem Schatz ertappte, eine Tatsache, die seinen Zweifel an deren Anschuldigungen in jähe Gewißheit verwandelte, zunächst erschüttert hatte, wurde darauf durch die Nachricht von der gefundenen Leiche so heftig erregt, daß er darüber jenes Drama, das sich hier in diesem entlegenen Häuschen abspielte, vergaß. Die Szene in dem Halbabteil, die so kurze Vision eines Mannes, der einem anderen die Kehle durchschnitt, blitzte in ihm wieder auf.

»Ein Mann auf den Gleisen, wo denn?« fragte er, blaß werdend.

Misard wollte schon erzählen, daß er zwei Aale von seinen Grundangeln abgenommen hatte und er vor allem deshalb bis nach Hause gerannt war, um sie zu verstecken. Aber wozu brauchte er das diesem Burschen anzuvertrauen? Er machte nur eine nichtssagende Handbewegung und erwiderte: »Da hinten, so etwa fünfhundert Meter weit . . . Man muß sich das erst mal bei Licht ansehen.«

In diesem Augenblick hörte Jacques über sich einen gedämpften Stoß. Er war so ängstlich, daß er dabei zusammenzuckte.

»Das ist nichts«, meinte der Vater. »Das ist Flore, die wirtschaftet da rum.«

Und tatsächlich erkannte der junge Mann das Geräusch zweier nackter Füße auf dem Fliesenfußboden. Sie mußte auf ihn gewartet haben, sie kam und lauschte durch ihre halb offene Tür.

»Ich begleite Sie«, fuhr er fort. »Und sind Sie auch sicher, daß er tot ist?«

»Ja doch, es kam mir so vor. Mit der Laterne werden wir's schon sehen.«
»Was halten Sie eigentlich davon? Ein Unfall, nicht wahr?«
»Kann sein. Irgend so ein Kerl, der wahrscheinlich überfahren worden ist, oder vielleicht auch ein Reisender, der aus einem Wagen gesprungen ist.«
Jacques schauderte.
»Kommen Sie schnell! Kommen Sie schnell!«
Niemals hatte ihn ein solches fieberhaftes Verlangen durchbebt, selber zu sehen, Gewißheit zu haben. Während sein Begleiter draußen ohne jede Aufregung die Gleise entlangging, mit der Laterne schaukelnd, deren runder Lichtschein langsam die Schienen entlangwanderte, lief er, ärgerlich über diese Langsamkeit, selber voraus. Es war gleichsam ein körperliches Begehren, jenes innere Feuer, das den Gang der Liebenden zu den Stunden eines Stelldicheins beschleunigt. Er fürchtete sich vor dem, was ihn da hinten erwartete, und er flog förmlich dorthin mit allen Muskeln seiner Glieder. Als er anlangte, als er beinahe in einen schwarzen Haufen, der langgestreckt neben dem Gleis in Richtung Le Havre lag, hineinstolpert wäre, blieb er wie angewurzelt stehen, und von den Fersen bis zum Nacken überlief ihn ein Beben. Und seine Angst, er könnte nichts deutlich erkennen, schlug um in Flüche auf den anderen, der mehr als dreißig Schritt zurückgeblieben war.
»Na, verdammt noch mal! So kommen Sie doch! Wenn er noch leben sollte, dann könnte man ihm doch helfen.«
Misard wiegte sich in den Hüften, kam gemächlich näher. Als er dann die Laterne über dem Körper geschwenkt hatte, sagte er: »Ach was, der hat sein Teil weg.«

Der Tote war zweifellos kopfüber aus einem Wagen gestürzt und auf den Bauch gefallen und lag mit dem Gesicht auf dem Erdboden, höchstens fünfzig Zentimeter von den Schienen entfernt. Vom Kopf war nur ein dichter Kranz weißen Haars zu sehen. Die Beine waren gespreizt. Der rechte Arm lag wie abgerissen da, während der linke unter der Brust angewinkelt war. Der Mann war sehr gut gekleidet, hatte einen weiten Überzieher aus blauem Tuch, elegante Halbstiefel, feine Wäsche an. Keinerlei Spur am Körper ließ darauf schließen, daß er überfahren worden war, nur war viel Blut aus der Kehle geflossen und besudelte den Hemdkragen.

»Ein feiner Herr, den sie fertiggemacht haben«, meinte Misard seelenruhig nach einigen Sekunden schweigenden Musterns. Sich zu dem reglos gaffenden Jacques hinwendend, sagte er dann: »Darf nicht angerührt werden, das ist verboten . . . Sie selber können hierbleiben und ihn bewachen, wähend ich gleich nach Barentin laufe und den Stationsvorsteher benachrichtige.« Er hob seine Laterne empor, sah auf einen Kilometerpfahl. »Gut, genau bei Pfahl einhundertdreiundfünfzig.«

Und er stellte seine Laterne neben den Leichnam auf die Erde und entfernte sich mit seinem gemächlichen Schritt.

Jacques, der allein geblieben war, rührte sich nicht, immerzu schaute er auf diese leblose, zusammengesackte Masse, die beim unbestimmten Licht in Bodenhöhe verschwommen wirkte. Und die Aufregung, die seinen Gang beschleunigt hatte, die entsetzliche Lockung, die ihn hier festhielt, lief auf den schrillen, aus seinem ganzen Wesen hervorschießenden Gedanken hinaus: der andere, der flüchtig gesehene Mann mit dem Messer in der Faust hatte es gewagt! Der andere war mit seiner Begierde bis ans

Ende gegangen, der andere hatte getötet! Ach, nicht feige sein, sich endlich Befriedigung verschaffen, das Messer hineinstoßen! Wo ihn das Verlangen danach seit zehn Jahren peinigte! In seinem Fieber lag Verachtung seiner selbst und Bewunderung für den anderen, und vor allem das Bedürfnis, das zu sehen, die unstillbare Gier, sich satt zu schauen an diesem menschlichen Fetzen, an dem zerbrochenen Hampelmann, an dem schlaffen Lappen, in den ein Messerstich ein Geschöpf verwandelte. Wovon er träumte, das hatte der andere in die Tat umgesetzt, und eben das war es. Wenn er tötete, dann würde so was da auf der Erde liegen. Sein Herz schlug zum Zerspringen, wie Lüsternheit steigerte sich sein Mordgelüst beim Anblick dieses tragisch ums Leben Gekommenen. Er machte einen Schritt, trat noch näher heran, wie ein nervöses Kind, das sich mit der Angst vertraut macht. Ja! Er würde es wagen, er würde es ebenfalls wagen!
Aber ein Grollen hinter seinem Rücken zwang ihn, beiseite zu springen. Es kam ein Zug, den er, in seine Betrachtung versunken, nicht gehört hatte. Beinahe wäre er zermalmt worden, nur der heiße Atem, das furchtbare Keuchen der Lokomotive hatte ihn gewarnt. In seinem Orkan von Getöse, Rauch und Flammen raste der Zug vorüber. Es waren noch immer viele Menschen darin, die Woge der Reisenden strömte weiter nach Le Havre zum morgigen Fest. Ein Kind drückte sich an einer Fensterscheibe die Nase platt und sah auf das schwarze Land hinaus; Männerprofile zeichneten sich ab, während eine junge Frau ein Fenster herabließ und ein mit Butter und Zucker beflecktes Stück Papier herauswarf. Schon sauste der fröhliche Zug in der Ferne dahin, unbekümmert um diesen Leichnam, den seine Räder gestreift hatten. Und noch immer lag der Tote auf dem Ge-

sicht, undeutlich von der Laterne beleuchtet, inmitten des schwermütigen Friedens der Nacht.
Da packte Jacques das Verlangen, die Wunde zu sehen, solange er noch allein war. Eine Besorgnis hielt ihn zurück, der Gedanke, man könnte es vielleicht merken, wenn er den Kopf anrührte. Nach seiner Berechnung konnte Misard mit dem Stationsvorsteher kaum vor einer dreiviertel Stunde zurück sein. Und er ließ die Minuten verstreichen, er dachte an diesen Misard, an diesen so trägen, so stillen Jammerlappen, der es ebenfalls wagte und auf die ruhigste Art und Weise von der Welt durch Eingeben von Drogen tötete. Das Töten war also ganz leicht? Es tötete ja jedermann. Er trat näher. Der Gedanke, die Wunde zu sehen, stach ihn scharf wie ein Stachel, so daß ihm das Fleisch davon brannte. Sehen, wie es getan war und was herausgeflossen war, das rote Loch sehen! Legte man den Kopf sorgfältig wieder zurecht, so würde keiner etwas erfahren. Aber tief verborgen in seiner Unschlüssigkeit lag eine andere, uneingestandene Furcht, die ureigene Furcht vor dem Blut. Mit der Begierde war bei ihm immer und in allem das Entsetzen wach geworden. Eine Viertelstunde würde er noch allein sein, und eben wollte er sich dennoch entschließen, als ein leises Geräusch an seiner Seite ihn zusammenfahren ließ.
Es war Flore, die dastand und hinsah wie er. Bei Unfällen erwachte stets ihre Neugier: sobald gemeldet wurde, daß ein Zug ein Tier zermalmt, einen Menschen überfahren hatte, konnte man sicher sein, daß sie herbeieilte. Sie hatte sich wieder angezogen, sie wollte den Toten sehen. Und nach einem kurzen Blick auf die Leiche zögerte sie nicht. Sie bückte sich, hielt die Laterne mit der einen Hand hoch, faßte mit der anderen den Kopf und bog ihn zurück.

»Sieh dich vor, das ist verboten«, flüsterte Jacques.
Aber sie zuckte die Achseln.
Und in dem gelben Licht wurde der Kopf sichtbar, der Kopf eines Greises mit großer Nase und den weit geöffneten blauen Augen eines früher blond gewesenen Mannes. Unter dem Kinn klaffte gräßlich die Wunde, ein tiefer Schnitt, der den Hals durchtrennt hatte, eine tiefgepflügte Wunde, als sei das Messer wühlend darin umgedreht worden. Blut überschwemmte die ganze rechte Brustseite. Links im Knopfloch des Überziehers sah die Rosette eines Kommandeurs der Ehrenlegion aus wie ein rotes Blutklümpchen, das sich dorthin verirrt hatte.
Flore hatte leise vor Überraschung aufgeschrien.
»Sieh mal einer an, der Alte!«
Jacques beugte sich herab wie sie, trat näher und mengte sein Haar in ihres, um besser sehen zu können; und er bekam keine Luft mehr, er fraß den Anblick in sich hinein. Unbewußt sagte er immer wieder:
»Der Alte ... der Alte ...«
»Ja, der alte Grandmorin ... Der Präsident.«
Einen Augenblick musterte sie noch dieses bleiche Gesicht mit dem verzerrten Mund, den entsetzt aufgerissenen Augen. Dann ließ sie den Kopf los, der durch die Leichenstarre eiskalt zu werden begann und auf den Erdboden zurückfiel, wobei sich die Wunde wieder schloß.
»Hat sich ausgelöchelt mit den kleinen Mädchen!« meinte sie leiser. »Bestimmt ist das wegen so einer passiert ... Ach, meine arme Louisette! Ach, dieses Schwein! Das geschieht ihm recht!«
Und es herrschte ein langes Schweigen.
Flore, die die Laterne wieder hingestellt hatte, wartete und warf Jacques dabei zögernde Blicke zu, während er, durch

die Leiche von ihr getrennt, sich nicht mehr gerührt hatte, gleichsam verloren, ausgelöscht durch diesen Anblick. Es mußte fast elf Uhr sein. Verlegenheit nach dem Auftritt vom Abend hinderte Flore, zuerst zu reden. Aber Stimmenlärm war zu hören, das war der Vater, der den Stationsvorsteher mitbrachte; und da sie nicht gesehen werden wollte, faßte sie sich ein Herz.
»Kommst du nicht zurück schlafen?«
Er zuckte zusammen, einen Augenblick schien ihn ein Widerstreit zu schütteln. Dann sagte er angestrengt, in einem verzweifelten Zurückweichen:
»Nein, nein!«
Sie machte keinerlei Gebärde, aber die fallende Linie ihrer Arme, dieser Arme eines kräftigen Mädchens, drückte großen Kummer aus. Wie um Verzeihung zu erlangen für ihren Widerstand von vorhin, zeigte sie sich sehr demütig, sie sagte noch:
»Dann kommst du also nicht wieder zurück, ich sehe dich nicht wieder?«
»Nein, nein!«
Die Stimmen kamen näher, ohne zu versuchen, ihm die Hand zu drücken, da er ja ausdrücklich diesen Leichnam zwischen ihnen zu lassen schien, ging sie davon, ohne ihm auch nur das vertraute Lebewohl ihrer Kinderkameradschaft zuzurufen, verlor sich heiser atmend, als ersticke sie ein Schluchzen, in der Finsternis.
Gleich darauf war der Stationsvorsteher mit Misard und zwei Bahnarbeitern zur Stelle. Auch er stellte die Identität fest: es war tatsächlich der Präsident Grandmorin, er kannte ihn, weil er ihn jedesmal, wenn dieser zu seiner Schwester, Frau Bonnehon, nach Doinville gefahren war, auf seinem Bahnhof habe aussteigen sehen. Die Leiche

konnte an der Stelle liegen bleiben, wo sie hingefallen war, er ließ sie nur mit einem Mantel zudecken, den einer der Arbeiter mitbrachte. Ein Angestellter hatte in Barentin den Elf-Uhr-Zug genommen, um den Staatsanwalt in Rouen zu benachrichtigen. Aber vor fünf oder sechs Uhr morgens durfte man mit diesem nicht rechnen, denn er mußte den Untersuchungsrichter, den Gerichtsschreiber und einen Arzt mitbringen. Daher richtete der Stationsvorsteher einen Wachdienst bei dem Toten ein: die ganze Nacht hindurch sollte man einander ablösen, es sollte ständig einer da sein und mit der Laterne Wache halten.

Und bevor Jacques sich entschloß, nach Barentin zu gehen und sich in irgendeinem Schuppen auf dem Bahnhof auszustrecken, von wo er erst um sieben Uhr zwanzig wieder nach Le Havre fahren mußte, stand er noch lange regungslos da, wie besessen. Dann beunruhigte ihn der Gedanke an den zu erwartenden Untersuchungsrichter, als fühlte er sich mitschuldig. Sollte er sagen, was er gesehen hatte, als der Schnellzug vorbeiraste? Zuerst beschloß er zu reden, da er ja im Grunde nichts zu befürchten hatte. Über seine Pflicht bestand übrigens kein Zweifel. Aber dann fragte er sich, wozu? Er könnte keine einzige entscheidende Tatsache beisteuern, er könnte es nicht wagen, irgendeine genaue Einzelheit über den Mörder auszusagen. Es wäre töricht, sich da hineinziehen zu lassen, seine Zeit zu verschwenden und sich aufzuregen, ohne daß es jemandem nutzte. Nein, nein, er würde nicht reden! Und schließlich ging er los, und zweimal wandte er sich nach dem schwarzen Höcker um, den die Leiche im gelben Kreis der Laterne auf dem Erdboden bildete. Vom dunstigen Himmel sank noch schärfere Kälte auf die Trostlosigkeit dieser Einöde mit den unfruchtbaren Hügeln herab. Es waren noch mehr Züge vorübergekommen, wieder einer, der sehr lang war und nach Paris fuhr, kam heran. Alle kreuzten sich in ihrer unerbittlichen Maschinengewalt, sausten ihrem fernen Ziel zu, der Zukunft entgegen, und streiften dabei, ohne darauf zu achten, den halb abgetrennten Kopf dieses Mannes, dem ein anderer Mann die Kehle durchgeschnitten hatte.

Kapitel 3

Als es am Tage darauf, einem Sonntag, von allen Kirchtürmen Le Havres fünf Uhr morgens geschlagen hatte, kam Roubaud aus seiner Wohnung über der Bahnhofshalle herunter, um seinen Dienst anzutreten. Es war noch stockfinstere Nacht; aber der vom Meer wehende Wind hatte zugenommen und trieb die Nebelmassen heran, die die Hügel ertränkten, deren Höhen sich von Sainte-Adresse bis zum Fort Tourneville erstreckten, während sich gen Westen über der offenen See eine lichte Stelle zeigte, ein Stückchen Himmel, auf dem die letzten Sterne blitzten. In der Bahnhofshalle brannten noch immer die Gaslaternen und wirkten in der nassen Kälte dieser morgendlichen Stunde bleich; und dort stand der erste Zug nach Montivilliers, der nach den Anweisungen des stellvertretenden Stationsvorstehers, der den Nachtdienst versah, von Rangierern zusammengestellt wurde. Die Türen der Wartesäle waren noch nicht geöffnet, verödet erstreckten sich die Bahnsteige in diesem trägen Erwachen des Bahnhofs.
Als Roubaud seine über den Wartesälen gelegene Wohnung verließ, hatte er Frau Lebleu, die Frau des Kassenverwalters, getroffen, die regungslos auf dem Mittelgang stand, von dem die Wohnungen der Angestellten abgingen. Seit Wochen stand diese Dame nachts auf, um Fräulein Guichon, der Leiterin des Lohnbüros, aufzulauern, weil sie sie im Verdacht hatte, mit dem Stationsvorsteher, Herrn Dabadie, ein Liebesverhältnis zu haben. Dabei hatte sie nie

das Geringste, nicht den leisesten Schimmer, absolut nichts gesehen. Und an diesem Morgen war sie wieder einmal schnell in ihre Wohnung zurückgekehrt und hatte nur das Erstaunen darüber mitgenommen, daß sie bei den Roubauds in den drei Sekunden, die der Ehemann zum Öffnen und Schließen der Tür gebraucht hatte, die Frau im Eßzimmer hatte stehen sehen, die schöne Séverine, bereits angekleidet, gekämmt, in Schuhen, sie, die doch gewöhnlich bis um neun Uhr im Bett herumlag. Daher hatte Frau Lebleu auch ihren Mann geweckt, um ihm diese außergewöhnliche Tatsache mitzuteilen. Am Abend zuvor waren sie nicht vor Ankunft des Schnellzuges aus Paris um elf Uhr fünf schlafengegangen, weil sie brennend gern gewußt hätten, was aus der Geschichte des Unterpräfekten geworden war. Aber am Verhalten der Roubauds, die bei ihrer Rückkehr so aussahen wie alle Tage, hatten sie nichts merken können; und vergebens hatten sie bis Mitternacht gelauscht: aus der Wohnung ihrer Nachbarn drang keinerlei Geräusch, diese mußten sofort eingeschlummert sein und fest schlafen. Sicherlich hatte ihre Reise zu keinem guten Ergebnis geführt, sonst wäre Séverine um diese Zeit noch nicht auf gewesen. Als der Kassenverwalter gefragt hatte, wie sie ausgesehen habe, hatte sich seine Frau alle Mühe gegeben, sie zu beschreiben: ganz starr, ganz blaß, mit den großen blauen, unter dem schwarzen Haar so hellen Augen; und nicht gerührt habe sie sich und ausgesehen wie eine Schlafwandlerin. Kurzum, im Laufe des Tages werde man ja erfahren, woran man sei.

Unten traf Roubaud seinen Kollegen Moulin, der Nachtdienst gemacht hatte. Und er übernahm den Dienst, während Moulin noch einige Minuten plaudernd auf und ab ging, wobei er ihn über die Kleinigkeiten unterrichtete, die sich seit gestern ereignet hatten: Landstreicher seien dabei ertappt worden, wie sie gerade in die Gepäckaufbewahrung eindrangen; drei Rangierer hätten sich einen Verweis wegen Disziplinlosigkeit zugezogen; vorhin während der Zusammenstellung des Zuges nach Montivilliers sei ein Kupplungshaken gerissen. Schweigend hörte Roubaud ruhigen Gesichtes zu; und er war lediglich etwas bleich, zweifellos von der Müdigkeit, die sich jetzt bemerkbar machte und von der auch die Ringe um seine Augen zeugten. Inzwischen hatte sein Kollege aufgehört zu reden, doch immer noch schien Roubaud Aufschluß von ihm zu verlangen, als sei er noch auf weitere Ereignisse gefaßt. Aber dies war wirklich alles, er senkte den Kopf, schaute einen Augenblick zur Erde.

Auf dem Bahnsteig waren die beiden Männer am Ende der Halle angelangt, dort, wo sich rechts ein Schuppen befand, in dem die durchlaufenden Wagen standen, die am Tage zuvor eingetroffen waren und nun zur Zusammenstellung der Züge am heutigen Tage dienten. Und er hatte den Kopf wieder gehoben, seine Blicke starrten auf einen Wagen erster Klasse mit einem Halbabteil, auf den Wagen Nr. 293, den eine Gaslaterne gerade mit flackerndem Schein beleuchtete, da rief der andere aus:

»Ach, ich habe ja ganz vergessen...«

Roubauds Gesicht, das eben noch blaß gewesen, bekam Farbe, und er konnte eine leichte Unruhe nicht unterdrücken.

»Ich habe ja ganz vergessen«, wiederholte Moulin, »der Wagen da darf nicht raus, lassen Sie ihn heute früh nicht in den Schnellzug sechs Uhr vierzig einsetzen.«

Ein kurzes Schweigen trat ein, bevor Roubaud mit natürlich klingender Stimme fragte:

»So, warum denn nicht?«
»Weil für den Schnellzug heute abend ein Halbabteil reserviert ist. Es steht nicht fest, ob im Laufe des Tages eins kommt, da behalten wir lieber das hier.«
Roubaud starrte ihn noch immer an, er erwiderte: »Freilich.« Aber ein anderer Gedanke nahm ihn gefangen, mit einem Male brauste er auf. »Das ist ja ekelhaft! Sehen Sie bloß mal, wie diese Kerle da sauber machen! Bei diesem Wagen scheint der Staub ja schon acht Tage alt zu sein.«
»Ach«, meinte Moulin, »wenn die Züge nach elf Uhr ankommen, dann steht kaum zu befürchten, daß die Leute mal mit dem Lappen rüberwischen . . . Wenn sie sich zum Durchsehen herbeilassen, dann ist das noch allerhand. Neulich haben sie abends auf einer Bank einen eingeschlafenen Reisenden übersehen, der erst am nächsten Morgen aufgewacht ist.« Ein Gähnen unterdrückend, sagte er dann, er gehe hinauf schlafen. Und als er eben gehen wollte, ließ ihn jähe Neugier noch einmal umkehren. »Übrigens, Ihre Geschichte mit dem Unterpräfekten, die ist doch erledigt, nicht wahr?«
»Ja, ja, eine sehr erfolgreiche Reise, ich bin zufrieden.«
»Na, um so besser . . . Und denken Sie dran, daß Nummer zweihundertdreiundneunzig nicht rausgeht.«
Als Roubaud allein auf dem Bahnsteig stand, ging er langsam zu dem wartenden Zug nach Montivilliers zurück.
Die Türen der Wartesäle wurden geöffnet, Reisende tauchten auf, ein paar Jäger mit ihren Hunden, zwei bis drei Familien von Ladenbesitzern, die den Sonntag ausnutzten, alles in allem wenig Leute. Aber wenn dieser Zug, der erste des Tages, weg war, dann hatte er keine Zeit zu verlieren, er mußte unmittelbar darauf für die Zusammenstellung des Personenzuges um fünf Uhr fünfundvierzig, eines Zuges

nach Rouen und Paris, sorgen. Da zu dieser frühen Stunde nicht viel Personal da war, wurde die Arbeit des diensthabenden stellvertretenden Vorstehers durch allerlei Obliegenheiten erschwert. Als er das Rangieren überwacht hatte, und zwar bei jedem Wagen, der aus dem Abstellschuppen geholt und auf die Schiebebühne gebracht wurde, die Arbeiter dann in die Bahnhofshalle schoben, mußte er in die Abfahrtshalle laufen und einen Blick auf die Fahrkartenausgabe und die Gepäckabfertigung werfen. Zwischen Soldaten und einem Angestellten brach ein Streit aus, der sein Eingreifen erforderlich machte. Eine halbe Stunde lang mußte er gleichzeitig überall sein, konnte keinerlei Gedanken auf sich verwenden und stand in der eisigen Zugluft inmitten der bibbernden Leute, die noch schlaftrunkene Augen hatten und so schlecht gelaunt waren, wie man es nun eben mal bei einer Drängelei im Finstern ist. Nachdem die Abfahrt des Personenzuges dann Luft im Bahnhof geschaffen hatte, begab er sich eilends zum Stellwerk, um sich zu vergewissern, daß dort alles seinen ordnungsgemäßen Gang ging, denn es lief ein anderer Zug ein, der Eilzug aus Paris, der Verspätung hatte. Er ging wieder zurück und war beim Aussteigen zugegen, wartete, bis die Woge der Reisenden die Fahrkarten abgegeben und sich in den Wagen der Hotels zusammengepfercht hatte, die damals hereinzufahren und, durch einen einfachen Pfahlzaun von den Gleisen getrennt, in der Bahnhofshalle zu warten pflegten. Und nun erst konnte er in dem wieder menschenleer und still gewordenen Bahnhof ein Weilchen verschnaufen.

Es schlug sechs Uhr. Roubaud trat gemächlichen Schrittes aus der Halle; und als er draußen im Freien stand, hob er den Kopf und atmete auf, als er sah, daß endlich die Morgendämmerung anbrach. Der von der offenen See kommende Wind hatte die Nebelmassen vollends hinweggefegt, es war der klare Morgen eines schönen Tages. Er schaute nach Norden, wo sich die Küste von Ingouville bis zu den Bäumen des Friedhofs mit einem violetten Strich vom blaß werdenden Himmel abhob; als er sich dann nach Süden und Westen wandte, gewahrte er über dem Meer einen letzten Schwarm leichter, weißer Sturmwolken, die langsam wie ein Geschwader dahinschwammen, während der ganze Osten, der unermeßliche Durchbruch der Seinemündung, sich vom nahen Aufgang des Gestirns zu entzünden begann. Mit einer mechanischen Handbewegung hatte er seine silberbestickte Mütze abgenommen, als wollte er sich in der scharfen und reinen Luft die Stirn kühlen. Dieser gewohnte Horizont mit den weit und flach sich ausbreitenden Nebengebäuden des Bahnhofs, der Ankunftshalle links, dem anschließenden Lokomotivbetriebswerk, der Güterabfertigung rechts, eine ganze Stadt für sich, schien ihn zu beschwichtigen, ihn zur Ruhe seiner ewig gleichen täglichen Arbeit zurückzuführen. Über der Mauer zur Rue Charles-Laffitte rauchten Fabrikschornsteine, man gewahrte die ungeheuren Kohlenhaufen der Lagerplätze, die sich längs des Bassin Vauban erstrecken. Und von den anderen Hafenbecken stieg bereits Getöse auf. Die Pfeifsignale der Güterzüge, das vom Wind herangewehte Aufkommen und Ausdünsten der Flut erinnerten ihn an die Feier heute, an jenes Schiff, dessen Stapellauf stattfinden sollte und bei dem sich die Menge schier erdrükken würde.

Als Roubaud in die Halle zurückkehrte, fand er die Rangierkolonne vor, die mit der Zusammenstellung des Schnellzuges sechs Uhr vierzig begann; und er glaubte, die Leute brächten Wagen Nr. 293 auf die Schiebebühne, die ganze Beruhigung durch den Morgen verflog in einem jähen Zornesausbruch.

»Verdammt! Den Wagen da nicht! Laßt den bloß in Ruhe! Der geht erst heute abend raus.«

Der Rangiermeister erklärte ihm, der Wagen werde lediglich weggeschoben, um einen anderen zu holen, der dahinter stand.

Aber sein Zornesausbruch, der in keinem Verhältnis zu dem Anlaß stand, machte ihn taub, und er hörte nicht.

»Ungeschickte Kerle, wo euch doch gesagt wird, daß der nicht angerührt werden soll!«

Als er schließlich begriffen hatte, tobte er trotzdem weiter, zog über die unbequeme Anlage des Bahnhofs her, in dem man nicht einmal einen Wagen wenden könne. Dieser Bahnhof war als einer der ersten der Linie erbaut und in

der Tat unzulänglich, einer Stadt wie Le Havre unwürdig mit seinem Schuppen aus altem Gebälk, seiner aus Holz und Zink bestehenden Halle mit den schmalen Verglasungen, seinen kahlen und trübseligen Gebäuden, deren Mauern allenthalben Risse hatten.
»Eine Schande ist das, ich verstehe nicht, wieso die Gesellschaft das noch nicht abgerissen hat.«
Überrascht, ihn ungeniert reden zu hören, wo er doch sonst so mustergültig diszipliniert war, sahen ihn die Rangierer an.
Er merkte es, hielt schlagartig inne. Und schweigsam und plötzlich wieder dienstlich streng, überwachte er weiter das Rangieren. Eine Mißmutsfalte zerschnitt seine niedrige Stirn, während sein rundes und frisches Gesicht mit dem struppigen roten Bart den Ausdruck heftiger Willensanspannung annahm.
Von nun an bewahrte Roubaud seine ganze Kaltblütigkeit. Er kümmerte sich tatkräftig um den Schnellzug, kontrollierte jede Einzelheit. Da ihm einige Kupplungen nicht vorschriftsmäßig ausgeführt schienen, verlangte er, daß sie vor seinen Augen angezogen würden. Eine Mutter und ihre beiden Töchter, mit denen seine Frau verkehrte, wollten von ihm im Frauenabteil untergebracht werden. Darauf überzeugte er sich, bevor er pfiff, um das Signal zur Abfahrt zu geben, noch vom ordnungsgemäßen Zustand des Zuges; und mit jenem klaren Blick, wie ihn Männer an sich haben, deren Unachtsamkeit, dauere sie auch nur eine Minute, Menschenleben kosten kann, sah er dem abfahrenden Zug lange nach. Gleich darauf mußte er außerdem die Gleise überschreiten, um einen Zug aus Rouen in Empfang zu nehmen, der in den Bahnhof einlief. Dort stand gerade ein Postbeamter, mit dem er jeden Tag Neuigkeiten aus-

tauschte. Dies war eine kurze Erholung an seinem so arbeitsreichen Morgen, nahezu eine Viertelstunde, während der er verschnaufen konnte, weil er nicht unmittelbar vom Dienst in Anspruch genommen wurde. Und wie gewöhnlich drehte er sich an diesem Morgen eine Zigarette und plauderte ganz heiter. Das Tageslicht hatte zugenommen, in der Bahnhofshalle waren die Gaslaternen ausgemacht worden. Diese Halle war so spärlich verglast, daß darin noch graues Dunkel herrschte; aber jenseits davon flammte bereits die weite Himmelsfläche, zu der sich die Halle auftat, in einer Feuersbrunst blitzender Strahlen, während sich der ganze Horizont rosa färbte und in dieser reinen Luft eines schönen Wintermorgens auf ihm jede Einzelheit mit greller Deutlichkeit hervortrat.
Um acht Uhr kam gewöhnlich Herr Dabadie, der Stationsvorsteher, herunter, und der stellvertretende Vorsteher ging ihm Bericht erstatten. Der Stationsvorsteher war ein gutaussehender, ganz dunkelhaariger Mann, sorgfältig gekleidet, und benahm sich wie ein höchst geschäftstüchtiger Großkaufmann. Für den Personenbahnhof zeigte er übrigens herzlich wenig Interesse, er widmete sich vornehmlich dem Hafenverkehr, dem gewaltigen Gütertransit, stand in ständiger Verbindung mit den großen Handelsunternehmen Le Havres und der ganzen Welt. An diesem Tage hatte er sich verspätet; und zweimal hatte Roubaud bereits die Tür des Dienstraumes aufgestoßen, ohne ihn dort anzutreffen. Nicht einmal die Post auf dem Tisch war geöffnet. Soeben waren die Blicke des stellvertretenden Vorstehers auf eine Depesche unter den Briefen gefallen. Als hielte ihn ein Zauber dort zurück, war er darauf nicht mehr von der Tür gewichen, gegen seinen Willen wandte er sich immer wieder um, warf kurze Blicke zu dem Tisch hin.

Zehn Minuten nach acht erschien endlich Herr Dabadie. Roubaud, der sich gesetzt hatte, schwieg, damit der andere Zeit hatte, die Depesche zu öffnen. Der Vorgesetzte aber beeilte sich gar nicht, er wollte sich gegen seinen Untergebenen, den er sehr schätzte, liebenswürdig zeigen.
»Und in Paris ist natürlich alles gutgegangen?«
»Ja, Herr Vorsteher, danke für die Nachfrage.«
Schließlich hatte der Vorsteher die Depesche doch geöffnet; und er las sie nicht, noch immer lächelte er dem anderen zu, dessen Stimme bei der heftigen Anstrengung, mit der er ein nervöses Zucken unterdrückte, das sein Kinn krampfhaft verzerrte, dumpf klang.
»Wir sind sehr glücklich, Sie hier behalten zu können.«
»Und ich, Herr Vorsteher, ich bin wirklich froh, daß ich bei Ihnen bleiben kann.«
Als sich Herr Dabadie nun entschloß, die Depesche zu überfliegen, beobachtete ihn Roubaud, auf dessen Gesicht Schweiß trat. Aber es kam nicht zu der Erregung, auf die er sich bei dem andern gefaßt machte; seelenruhig las der Vorgesetzte das Telegramm zu Ende, das er dann wieder auf seinen Schreibtisch warf: vermutlich bloß eine dienstliche Sache. Und sogleich öffnete er weiter die Post, während der stellvertretende Vorsteher, wie er es jeden Vormittag gewohnt war, seinen mündlichen Bericht über die Vorkommnisse während der Nacht und des Morgens erstattete. Allein, an diesem Morgen zögerte Roubaud, er mußte sich wohl zu besinnen suchen, bevor ihm wieder einfiel, was sein Kollege ihm hinsichtlich der in der Gepäckaufbewahrung ertappten Landstreicher gesagt hatte. Es wurden noch einige Worte gewechselt, und der Vorgesetzte entließ ihn bereits mit einer Handbewegung, als die beiden Fahr-

dienstleiter, von denen der eine für den Hafen und der andere für den Frachtgutverkehr zuständig war, ebenfalls zur Berichterstattung kamen. Sie brachten eine neue Depesche mit, die ihnen ein Angestellter soeben auf dem Bahnsteig ausgehändigt hatte.

»Sie können gehen«, sagte Herr Dabadie, als er sah, daß Roubaud an der Tür stehenblieb.

Aber dieser wartete mit großen und starren Augen; und er entfernte sich erst, als das Stückchen Papier auf den Tisch zurückgefallen war und mit derselben gleichgültigen Handbewegung beiseite geschoben wurde. Eine Weile irrte er ratlos und benommen in der Bahnhofshalle umher. Die Uhr stand auf fünf nach halb neun, bis zum Personenzug um neun Uhr fünfzig hatte er keine Abfahrt mehr. Meistens verwendete er diese Ruhestunde zu einem Rundgang durch den Bahnhof. Ein paar Minuten lang lief er umher, ohne zu wissen, wo seine Füße ihn hinführten. Als er dann den Kopf hob und wieder vor dem Wagen 293 stand, schlug er einen jähen Haken, entfernte sich in Richtung des Bahnbetriebswerkes, obwohl er dort nichts nachzusehen hatte. Am Horizont stieg jetzt die Sonne empor, Goldstaub regnete in der bleichen Luft. Aber er hatte keine Freude mehr an dem schönen Morgen, er beschleunigte seine Schritte, tat geschäftig und bemühte sich, diese qualvolle Wartezeit totzuschlagen.

Mit einem Mal hielt ihn eine Stimme an.

»Guten Morgen, Herr Roubaud! – Haben Sie meine Frau gesehen?«

Es war Pecqueux, der Heizer, ein großer Kerl von dreiundvierzig Jahren, hager, aber derbknochig, mit einem Gesicht, in das Feuer und Rauch sich eingebrannt hatten. Seine grauen Augen unter der niedrigen Stirn, sein in einem vorspringenden Kiefer sitzender breiter Mund lachten ein ständiges Saufbruderlachen.

»Wie, Sie sind's?« sagte Roubaud und blieb verwundert stehen. »Ach ja, der Unfall, der mit der Lok passiert ist, habe ich ganz vergessen... Und Sie fahren erst heute abend wieder zurück? Vierundzwanzig Stunden frei, schöne Sache, was?«

»Schöne Sache!« wiederholte der andere, noch von einer tags zuvor veranstalteten Kneiperei benebelt.

Er stammte aus einem Dorf in der Nähe von Rouen und hatte sehr jung als Maschinenschlosser bei der Gesellschaft angefangen. Da er sich in der Werkstatt langweilte, hatte er dann mit dreißig Jahren als Heizer arbeiten wollen, um später Lokomotivführer zu werden; und damals hatte er Victoire geheiratet, die aus demselben Dorf stammte wie er. Aber die Jahre verstrichen, er blieb Heizer, zum Lokomotivführer würde er jetzt nie mehr aufrücken, denn sein Verhalten, sein Benehmen ließen sehr zu wünschen übrig, er war ein Trunkenbold und Schürzenjäger. Zwanzigmal würde man ihn schon entlassen haben, hätte er nicht Präsident Grandmorins Protektion genossen und hätte man sich nicht an seine Laster gewöhnt, die er durch sein heiteres Gemüt und die Erfahrung eines alten Arbeiters wettmachte. Wirklich zu fürchten war er nur, wenn er betrunken war, denn dann wurde er ein richtiges Vieh, das zu was Schlimmem fähig war.

»Und meine Frau, haben Sie sie gesehen?« fragte er abermals, wobei sein breites Lachen den Mund geradezu aufschlitzte.

»Gewiß doch, wir haben sie gesehen«, erwiderte der stellvertretende Vorsteher. »Wir haben sogar in Ihrem Zimmer Mittag gegessen... Oh, eine tüchtige Frau haben Sie da,

Pecqueux. Und daß Sie Ihre Frau hintergehen, ist gar nicht recht von Ihnen.«
Er feixte noch mehr.
»Oh, als ob man das sagen kann! Gerade sie will doch, daß ich mich amüsiere!«
Das stimmte. Victoire war zwei Jahre älter als er, war massig geworden und schwerfällig, sie steckte ihm heimlich Hundertsousstücke zu, damit er außer Hause sein Vergnügen suchte. Daß er ihr untreu war, daß er sich aus einem Bedürfnis seiner Natur heraus ständig nachts herumtrieb, darunter hatte sie nie sehr gelitten; und jetzt war das Dasein geregelt, er hatte zwei Frauen, an jedem Ende der Strecke eine, seine Frau in Paris für die Nächte, in denen er dort schlief, und eine andere in Le Havre für die Wartestunden, die er zwischen zwei Zügen dort zubrachte. Victoire, die sehr sparsam war und selber knauserig lebte, wußte alles, behandelte ihn mütterlich und sagte immer wieder, sie wolle nicht, daß er ihr da bei der anderen Schande mache. Bei jeder Abfahrt gab sie sogar auf seine Wäsche acht, denn es hätte sie sehr geschmerzt, wenn die andere ihr vorgeworfen hätte, sie halte beider Mann nicht sauber in Schuß.
»Einerlei«, meinte Roubaud, »anständig ist das nicht gerade. Meine Frau, die ihre Amme sehr verehrt, wird mal mit Ihnen schimpfen.«
Aber als er aus einem Schuppen, neben dem sie standen, eine große, dürre Frau treten sah, Philomène Sauvagnat, die Schwester des Bahnbetriebswerksvorstehers, die Nebengattin, die Pecqueux seit einem Jahr in Le Havre hatte, verstummte er. Beide mußten wohl im Schuppen gestanden und sich unterhalten haben, und da war er dann nähergekommen, um den stellvertretenden Vorsteher anzuspre-

chen. Philomène wirkte trotz ihrer zweiunddreißig Jahre noch jung, war hochgewachsen, eckig, flachbrüstig, hatte ein von ständigen Begierden verbranntes Fleisch und einen länglichen Kopf mit flammenden Augen wie eine ausgemergelte und wiehernde Stute. Sie stand im Verdacht zu trinken. Alle Männer des Bahnhofs waren bei ihr nacheinander drangekommen in dem Häuschen, das ihr Bruder in der Nähe des Lokomotivbetriebswerks bewohnte und das sie verdrecken ließ. Dieser Bruder, ein Auvergnat, der starrköpfig, in Dingen der Disziplin sehr streng und bei seinen Vorgesetzten sehr geschätzt war, hatte ihretwegen die größten Scherereien gehabt, so daß man ihm sogar mit Entlassung gedroht hatte; und wenn sie jetzt seinetwegen geduldet wurde, so versteifte er selber sich nur aus Familiensinn darauf, sie bei sich zu behalten, was ihn, erwischte er sie mit einem Mann, nicht daran hinderte, sie so tüchtig zu verprügeln, daß sie wie tot auf dem Fliesenfußboden liegen blieb. Sie und Pecqueux hatten sich gesucht und gefunden: sie fand in den Armen dieses langen spaßigen Teufelskerls endlich Befriedigung; er hatte Abwechslung nach seiner allzu üppigen Frau, war glücklich mit dieser hier, die allzu mager war, und sagte zum Spaß öfters, nun brauche er sich nicht mehr anderswo umzutun. Und nur Séverine, die dies Victoire schuldig zu sein glaubte, hatte sich mit Philomène überworfen, der sie aus angeborenem Stolz schon so viel wie möglich aus dem Wege ging und die sie nicht einmal mehr grüßte.

»Na«, sagte Philomène frech, »bis nachher, Pecqueux. Ich hau ab, denn Herr Roubaud will dir ja doch bloß im Auftrage seiner Frau eine Moralpredigt halten.«

Aber als gutmütiger Bursche lachte Pecqueux immer noch.

»Bleib doch, er macht ja nur Spaß.«
»Nein, nein! Ich muß zwei Eier von meinen Hühnern wegbringen, die ich Madame Lebleu versprochen habe.«
Diesen Namen hatte sie absichtlich hingeworfen, weil sie die geheime Rivalität zwischen der Frau des Kassenverwalters und der Frau des stellvertretenden Vorstehers kannte und so tat, als stehe sie mit der ersteren sehr gut, um die andere zur Raserei zu bringen. Aber mit einem Mal war ihr Interesse erwacht, und sie blieb dennoch da, als sie den Heizer fragen hörte, was es in der Sache mit dem Unterpräfekten Neues gebe.
»Es ist beigelegt, Sie sind froh, nicht wahr, Herr Roubaud?«
»Sehr froh.«
Pecqueux zwinkerte mit pfiffiger Miene.
»Na, Sie brauchten doch nicht in Sorge zu sein, denn wenn man ein hohes Tier in der Hand hat . . . He, Sie wissen ja, wen ich meine? Meine Frau schuldet ihm ja auch großen Dank.«
Der stellvertretende Vorsteher schnitt diese Anspielung auf den Präsidenten Grandmorin kurz ab und wiederholte mit barscher Stimme:
»Und Sie fahren also erst heute abend?«
»Ja, die Lison ist bald repariert, die Treibstange wird gerade fertigmontiert . . . Und ich warte auf meinen Lokführer, der ein bißchen blaumacht. Kennen Sie ihn, Jacques Lantier? Er stammt aus Ihrer Heimat.«
Einen Augenblick stand Roubaud, ohne zu antworten, geistesabwesend, gedankenverloren da. Dann sagte er, als fahre er plötzlich aus dem Schlaf auf:
»Was? Jacques Lantier, den Lokführer . . . Allerdings, den kenne ich. Ach, wissen Sie, bloß so auf guten Tag, guten

Weg. Begegnet sind wir uns hier, denn er ist jünger als ich, und da unten in Plassans habe ich ihn nie gesehen . . . Vergangenen Herbst hat er meiner Frau eine kleine Gefälligkeit erwiesen und hat was für sie bei Verwandten in Dieppe erledigt . . . Ein tüchtiger Bursche, wie es heißt.« Er redete nur so dahin, ohne groß zu überlegen. Plötzlich entfernte er sich. »Auf Wiedersehen, Pecqueux . . . Ich muß da drüben was nachsehen.«

Nun erst ging Philomène mit ihrem weit ausgreifenden Stutenschritt davon, während Pecqueux mit den Händen in den Taschen reglos stehenblieb und, angesichts des allgemeinen Nichtstuns an diesem heiteren Morgen vor sich hin schmunzelnd, sich darüber wunderte, daß der stellvertretende Vorsteher schnell wieder zurückkam, nachdem er lediglich um den Schuppen herumgegangen war. Lange dauerte sein Nachsehen ja nicht gerade. Was mochte er bloß ausspionieren wollen?

Als Roubaud in die Bahnhofshalle zurückkehrte, schlug es gleich neun Uhr. Er ging bis nach hinten in die Nähe der Eilgutabfertigung, schaute sich um und schien nicht zu finden, was er suchte; dann kam er mit demselben ungeduldigen Schritt wieder zurück. Nacheinander schaute er mit fragenden Blicken zu den Büros der verschiedenen Dienststellen hin. Zu dieser Stunde lag der Bahnhof ruhig und menschenleer da; und nur er lief darin hin und her, wirkte immer aufgeregter über diese Stille, in jener Qual befangen, wie sie ein Mensch empfindet, der von einer Katastrophe bedroht wird und der schließlich sehnlichst wünscht, daß sie hereinbricht. Mit seiner Kaltblütigkeit war es vorbei, er konnte nicht mehr still auf einem Fleck stehenbleiben. Die Uhr ließ er jetzt nicht mehr aus den Augen. Neun Uhr, neun Uhr fünf. Gewöhnlich ging er erst

um zehn Uhr, nach der Abfahrt des Zuges um neun Uhr fünfzig, wieder zum Frühstück in die Wohnung hinauf. Und beim Gedanken an Séverine, die dort oben ebenfalls warten mußte, ging er mit einem Mal hinauf.
Genau zu dieser Minute öffnete Frau Lebleu im Flur die Tür für Philomène, die, unordentlich frisiert, mit zwei Eiern in der Hand zu einem nachbarlichen Schwatz kam. Sie blieben stehen, Roubaud mußte wohl oder übel vor den starrenden Augen der beiden seine Wohnung betreten. Den Schlüssel hatte er bei sich, er beeilte sich. Trotzdem gewahrten sie beim schnellen Auf und Zu der Tür Séverine, die mit müßigen Händen und bleichem regungslosem Profil auf einem Stuhl im Wohnzimmer saß. Und Frau Lebleu zog Philomène in die Wohnung, machte die Tür hinter ihr zu und erzählte, so habe sie sie schon am Morgen gesehen: zweifellos wegen der Geschichte mit dem Unterpräfekten, die sicher schiefgegangen sei. Aber nein, erklärte Philomène, sie sei ja hierher geeilt, weil sie Neues wisse; und sie wiederholte, was sie soeben vom stellvertretenden Vorsteher selbst gehört hatte. Nun ergingen sich die beiden Frauen in Mutmaßungen. So setzte es jedesmal, wenn sie zusammentrafen, endlose Klatschereien.
»Denen haben sie den Kopf gewaschen, meine Kleine, dafür möchte ich meine Hand ins Feuer legen . . . Die sitzen bestimmt nicht mehr sehr fest im Sattel.«
»Ach, meine Liebe, wenn wir sie doch bloß loswerden könnten!«
Die immer gehässiger gewordene Rivalität zwischen den Lebleus und den Roubauds war lediglich aus einer Wohnungsangelegenheit entstanden. Der ganze erste Stock über den Wartesälen diente zur Unterbringung der Angestellten; und der Mittelflur, ein richtiger gelb gestrichener,

von oben beleuchteter Hotelflur, teilte die Etage in zwei Hälften, und an ihm reihten sich rechts und links in gerader Linie die braunen Türen aneinander. Nur die Wohnungen rechts hatten richtige Fenster, die auf den Vorhof der Abfahrtshalle mit den alten Ulmen gingen, über denen sich die wundervolle Aussicht auf die Küste von Ingouville entfaltete; dagegen gingen die Wohnungen links mit den runden Luken direkt auf das Bahnhofshallendach, dessen hohe Schräge, dessen zinkgedeckter, mit schmutzigen Scheiben versehener Dachstuhl den Horizont versperrten. Durch das ständige Leben und Treiben auf dem Vorhof, das Grün der Bäume, das weite Land war es nirgends heiterer als bei den einen; und sterbenslangweilig war es bei den anderen, wo man kaum deutlich sehen konnte, wo der Himmel wie im

Gefängnis vermauert war. Nach vorn hinaus wohnten der Stationsvorsteher, der stellvertretende Vorsteher Moulin und die Lebleus; nach hinten hinaus die Roubauds sowie die Leiterin des Lohnbüros Fräulein Guichon, abgesehen von drei Räumen, die für die auf der Durchreise befindlichen Bahninspektoren reserviert waren. Nun war es aber allgemein bekannt, daß die beiden stellvertretenden Vorsteher immer nebeneinander gewohnt hatten. Wenn die Lebleus dort wohnten, so war das auf ein Entgegenkommen des ehemaligen stellvertretenden Vorstehers zurückzuführen, dessen Nachfolger Roubaud war und der als kinderloser Witwer Frau Lebleu hatte gefällig sein wollen, indem er ihr seine Wohnung überließ. Aber stand die Wohnung nicht eigentlich den Roubauds zu? War es denn gerecht, sie nach hinten hinaus zu verweisen, wenn sie das Recht hatten, nach vorn hinaus zu wohnen? Solange die beiden Ehepaare in gutem Einvernehmen gelebt hatten, war Séverine bescheiden vor ihrer Nachbarin zurückgetreten, die zwanzig Jahre älter war als sie, dazu nicht ganz gesund und so massig, daß sie unaufhörlich nach Luft rang. Und erst seit dem Tage, da Philomène die beiden Frauen durch abscheuliche Klatschereien miteinander verfeindet hatte, war wirklich der Krieg erklärt.

»Wissen Sie«, meinte Philomène, »die sind durchaus imstande, daß sie ihre Reise nach Paris dazu benutzt haben, um Ihre Vertreibung aus der Wohnung zu verlangen... Man hat mir versichert, sie hätten einen langen Brief an den Direktor geschrieben, worin sie ihr Recht geltend machen.«

Frau Lebleu blieb die Luft weg.

»Diese Schurken! – Und ich bin ganz sicher, daß sie sich anstrengen, um die Lohnbüroleiterin auf ihre Seite zu ziehen;

denn die grüßt mich schon seit vierzehn Tagen kaum noch . . . Auch so was Sauberes! Deshalb passe ich auch auf sie auf . . .« Sie senkte die Stimme, um zu versichern, Fräulein Guichon gehe wohl jede Nacht zum Stationsvorsteher. Ihre beiden Türen lagen einander gegenüber. Diese dreißigjährige, bereits verblühte Blondine, die wortkarg und dünn, dazu geschmeidig wie eine Natter war, war von Herrn Dabadie, dem Witwer und Vater einer großen, stets im Pensionat sitzenden Tochter, hergeholt worden. Sie mußte so was wie Lehrerin gewesen sein. Und sie war unmöglich zu ertappen, so lautlos schlüpfte sie durch die engsten Spalten. Für sich allein betrachtet, zählte sie kaum. Wenn sie aber mit dem Stationsvorsteher schlief, so gewann sie entscheidende Bedeutung, und triumphieren konnte man erst dann, wenn man sie durch genaue Kenntnis ihres Geheimnisses in der Hand hatte. »Oh, mal krieg' ich's doch raus«, fuhr Frau Lebleu fort. »Ich lasse mir nicht die Butter vom Brot nehmen . . . Wir sind hier, und wir bleiben hier. Die rechtschaffenen Leute stehen auf unserer Seite, nicht wahr, meine Kleine?«

Tatsächlich nahm der ganze Bahnhof leidenschaftlich Anteil an diesem Krieg zwischen den beiden Wohnungen. Besonders auf diesem Flur wütete er. Uninteressiert daran war fast nur der andere stellvertretende Vorsteher Moulin, denn er war zufrieden, daß er nach vorn hinaus wohnte; er war mit einer schüchternen und gebrechlichen kleinen Frau verheiratet, die man nie zu sehen bekam und die ihm alle zwanzig Monate ein Kind schenkte.

»Wie gesagt«, schloß Philomène, »wenn sie auch nicht fest im Sattel sitzen, so bleiben sie doch von diesem Streich noch nicht auf der Strecke . . . Sehen Sie sich vor, denn die kennen Leute, deren Arm weit reicht.« Noch immer hielt sie

die beiden Eier in der Hand, sie bot sie an: frisch gelegte Eier, die sie soeben ihren Hennen weggenommen habe. Und die alte Dame zerfloß in Dankesworten.
»Wie nett von Ihnen! Sie verwöhnen mich . . . Kommen Sie doch öfter zum Plaudern her. Sie wissen ja, mein Mann ist immer bei seiner Kasse; und ich, ich langweile mich so sehr, ich bin hier wegen meiner Beine wie festgenagelt! Was soll bloß aus mir werden, wenn diese Schurken mir meine Aussicht nehmen?«
Als sie Philomène dann hinausbegleitete und erneut die Tür öffnete, legte sie den Finger auf die Lippen.
»Pst! Wollen doch mal horchen.«
Beide standen sie im Flur, blieben volle fünf Minuten reglos stehen und hielten den Atem an. Sie senkten den Kopf und horchten zu Roubauds Wohnzimmer hinüber. Aber keinerlei Geräusch drang daraus hervor, dort herrschte Totenstille. Und aus Angst, man könne sie überraschen, trennten sie sich schließlich, wobei sie sich ein letztes Mal wortlos zunickten. Die eine ging auf den Zehenspitzen davon, die andere schloß die Tür so leise hinter sich, daß man nicht hörte, wie der Riegel ins Schließblech glitt.
Zwanzig Minuten nach neun war Roubaud wieder unten in der Halle. Er überwachte die Zusammenstellung des Personenzuges neun Uhr fünfzig; und trotz seiner Willensanspannung fuchtelte er noch mehr mit den Händen herum, er stapfte umher, wandte unaufhörlich den Kopf, um den Bahnsteig von einem Ende zum anderen mit Blicken zu inspizieren. Nichts geschah, und deswegen zitterten ihm die Hände.
Als er den Bahnhof abermals mit einem kurzen Blick nach hinten überschaute, hörte er, wie neben ihm jäh die Stimme eines Telegrafenbeamten ganz außer Atem sagte:

»Herr Roubaud, wissen Sie nicht, wo der Herr Stationsvorsteher und der Herr Bahnpolizeikommissar sind? – Ich habe hier Depeschen für die beiden, und ich laufe nun schon zehn Minuten herum . . .«
Roubaud hatte sich umgedreht und war dermaßen erstarrt, daß nicht ein Muskel in seinem Gesicht zuckte. Seine Augen hefteten sich auf die beiden Depeschen, die der Beamte in der Hand hielt. Bei dessen Erregung verspürte er diesmal Gewißheit, endlich war die Katastrophe da.
»Herr Dabadie ist eben hier vorbeigekommen«, sagte er ruhig. Und niemals hatte er sich so kühl, so klar bei Verstand, völlig für die Verteidigung angespannt gefühlt. Jetzt war er seiner sicher. »Halt!« fuhr er fort. »Da kommt ja Herr Dabadie.«
In der Tat kam der Stationsvorsteher vom Güterbahnhof zurück. Sobald er die Depesche überflogen hatte, brach er in laute Überraschung aus.
»Auf der Strecke ist ein Mord geschehen . . . Telegrafiert mir der Inspektor aus Rouen.«
»Wie?« fragte Roubaud. »Ein Mord unter unserem Personal?«
»Nein, nein, an einem Fahrgast in einem Halbabteil . . . Die Leiche ist ungefähr an der Ausfahrt des Tunnels von Malaunay bei Kilometerpfahl einhundertdreiundfünfzig aus dem Zug geworfen worden . . . Und das Opfer ist einer unserer Aufsichtsräte, der Präsident Grandmorin.«
Nun brach auch der stellvertretende Vorsteher in lautes Erstaunen aus:
»Der Präsident! Ach, das wird ein großer Kummer sein für meine arme Frau!«
Das kam so echt, so mitleidsvoll heraus, daß Herr Dabadie einen Augenblick stutzte.

»Richtig, Sie kennen ihn ja, so ein rechtschaffener Mann, nicht wahr?« Auf das andere, an den Bahnpolizeikommissar gerichtete Telegramm eingehend, sagte er dann: »Das muß vom Untersuchungsrichter sein, sicher wegen irgendeiner Formalität . . . Und es ist ja erst fünf vor halb zehn, Herr Cauche ist natürlich noch nicht da . . . Es soll schnell jemand ins Café du Commerce auf dem Cours Napoléon gehen. Dort ist er bestimmt zu finden.«

Fünf Minuten später kam Herr Cauche, ein Bahnarbeiter hatte ihn geholt. Als ehemaliger Offizier, der sein Amt so versah, als wäre er schon im Ruhestand, pflegte er niemals vor zehn Uhr auf dem Bahnhof zu erscheinen, dort schlenderte er eine Weile umher und kehrte dann ins Café zurück. Dieses Drama, das zwischen zwei Partien Pikett hereinplatzte, hatte ihn zunächst in Erstaunen versetzt, denn die durch seine Hände gehenden Angelegenheiten waren meistens belanglos. Die Depesche aber kam immerhin vom Untersuchungsrichter aus Rouen; und wenn sie zwölf Stunden nach Auffindung der Leiche eintraf, so kam es daher, weil dieser Richter zuerst nach Paris an den Stationsvorsteher telegrafiert hatte, um zu erfahren, unter welchen Umständen das Opfer dort abgereist war; nachdem er sich darauf nach der Zugnummer und der Wagennummer erkundigt hatte, hatte er erst dann dem Bahnpolizeikommissar die Weisung zugeleitet, das in Wagen 293 befindliche Halbabteil zu durchsuchen, wenn dieser Wagen noch in Le Havre sein sollte. Sogleich verschwand der Unmut, den Herr Cauche wegen der zweifellos unnützen Störung an den Tag gelegt hatte, und machte einer ungemein wichtigen Amtsmiene Platz, die dem außergewöhnlichen Ernst, den die Angelegenheit annahm, angemessen war.

»Aber«, rief er in der Angst, die Untersuchung könnte ihm

entgehen, plötzlich besorgt aus, »der Wagen wird wohl nicht mehr hier sein, er muß heute früh wieder rausgegangen sein.«

Roubaud aber beruhigte ihn mit seiner gelassenen Miene: »Nein, nein, bitte um Entschuldigung . . . Für heute abend war ein Halbabteil reserviert, der Wagen steht hier im Schuppen.« Und er ging voran, der Polizeikommissar und der Stationsvorsteher folgten ihm.

Unterdessen mußte sich wohl die Neuigkeit herumgesprochen haben, denn die Bahnarbeiter verließen heimlich die Arbeit und gingen ebenfalls hinterher, während sich an den Türen der verschiedenen Diensträume Angestellte zeigten und schließlich einer nach dem anderen näher kamen. Bald gab es einen richtigen Auflauf.

Als sie vor dem Wagen anlangten, machte Herr Dabadie eine laute Bemerkung:

»Gestern abend ist doch alles durchgesehen worden. Wenn Spuren zurückgeblieben wären, dann hätte man sie doch beim Bericht gemeldet.«

»Wir werden ja sehen«, sagte Herr Cauche. Er öffnete die Wagentür und stieg in das Abteil. Und im gleichen Augenblick schrie er laut auf, vergaß sich, fluchte. »Ach, gottverdammt! Man könnte glauben, es sei ein Schwein abgeschlachtet worden!«

Ein leiser Schauer des Entsetzens überlief die Anwesenden, Köpfe wurden gestreckt; und Herr Dabadie wollte das als einer der ersten sehen, stellte sich auf dem Trittbrett auf die Zehen, während hinter ihm Roubaud, um es den anderen gleichzutun, ebenfalls einen langen Hals machte.

Das Halbabteil wies im Innern keinerlei Unordnung auf. Die Fenster waren geschlossen geblieben, alles schien an seinem Platz zu sein. Allerdings drang aus der offenen Tür

ein entsetzlicher Gestank; und mitten auf einem der Polster dort war eine schwarze Blutlache geronnen, eine so tiefe, so breite Lache, daß daraus wie aus einer Quelle ein Bach hervorgesprudelt war und sich auf die Fußbodenmatte ergossen hatte. Am Stoff klebten Blutklümpchen. Und nichts weiter, nichts als dieses ekelerregende Blut.
Herr Dabadie brauste auf.
»Wo sind denn die Leute, die gestern abend die Wagen durchgesehen haben? Sie sollen mal herkommen!«
Sie waren gerade da, sie traten vor, stammelten Entschul-

digungen: Könne man sich nachts etwa genau überzeugen? Und sie steckten doch ihre Hände wirklich überall hin. Sie schworen, gestern hätten sie nichts gemerkt.

Inzwischen machte sich Herr Cauche, der im Wagen stehengeblieben war, mit dem Bleistift Notizen für seinen Bericht. Er rief Roubaud herbei, mit dem er häufig und gern zusammen war, denn beide pflegten in den Stunden, da sie den Bahnsteig entlangschlendern konnten, gemeinsam eine Zigarette zu rauchen.

»Herr Roubaud, kommen Sie doch herein, Sie können mir helfen.« Und als der stellvertretende Vorsteher über das Blut auf der Fußbodenmatte hinweggestiegen war, um nicht hineinzutreten, sagte er: »Sehen Sie unter dem anderen Polster nach, ob dort nichts hingerutscht ist.«

Roubaud hob das Polster mit umsichtigen Händen hoch und sah mit lediglich neugierigem Blick nach.

»Da ist nichts.«

Aber ein Fleck auf dem Polsterstoff der Rückenlehne fesselte seine Aufmerksamkeit; und er wies den Polizeikommissar darauf hin. Sei das nicht der blutige Abdruck eines Fingers? Nein, man wurde sich schließlich darüber einig, daß es ein Spritzer war.

Die Menschenwoge war näher gekommen, um der Untersuchung besser folgen zu können, und drängte sich, das Verbrechen witternd, hinter dem Stationsvorsteher, den der Ekel eines zartbesaiteten Menschen auf dem Trittbrett zurückgehalten hatte. Plötzlich machte er eine Bemerkung.

»Hören Sie mal, Herr Roubaud, Sie waren ja im Zug ... Nicht wahr, Sie sind doch gestern abend mit dem Schnellzug zurückgekehrt? – Vielleicht könnten Sie selber uns Auskunft geben!«

»Ach ja, richtig«, rief der Polizeikommissar. »Haben Sie irgend etwas bemerkt?«
Drei bis vier Sekunden lang verharrte Roubaud stumm. Er stand in diesem Augenblick gebückt da und musterte die Fußbodenmatte. Aber er richtete sich fast sogleich wieder auf und antwortete mit seiner natürlichen, ein wenig groben Stimme.
»Gewiß, gewiß, ich werde Ihnen sagen . . . Meine Frau war bei mir. Wenn das, was ich weiß, im Protokoll stehen soll, dann wäre es mir lieb, wenn sie herunterkäme, um meine Erinnerungen durch ihre eigenen zu überprüfen.«
Dies schien Herrn Cauche sehr vernünftig, und der soeben eingetroffene Pecqueux erbot sich, Frau Roubaud zu holen. Weit ausschreitend ging er los, man mußte ein Weilchen warten. Verärgert, daß er diesen Auftrag übernahm, hatte ihm die mit dem Heizer herbeigeeilte Philomène nachgeschaut. Nachdem sie aber Frau Lebleu erblickt hatte, die herbeihastete, so schnell es ihre armen geschwollenen Beine erlaubten, stürzte sie hinzu und half ihr; und die beiden Frauen hoben die Hände zum Himmel, schrien laut auf, leidenschaftlich erregt über die Entdeckung eines so scheußlichen Verbrechens. Obgleich man überhaupt noch nichts wußte, waren rings um sie, wie an den bestürzten Gebärden und Gesichtern zu sehen war, schon verschiedene Versionen im Umlauf. Das Stimmengewirr übertönend, versicherte Philomène selber, die den Sachverhalt von niemandem erfahren hatte, auf Ehrenwort, Frau Roubaud habe den Mörder gesehen. Und als Pecqueux in Begleitung von Frau Roubaud wiedererschien, trat Schweigen ein.
»Sehen Sie doch bloß!« flüsterte Frau Lebleu. »Sollte man glauben, daß sie mit ihrem prinzessinnenhaften Aussehen

die Frau eines stellvertretenden Vorstehers ist! Heute morgen vor Tagesanbruch war sie schon gekämmt und geschnürt, als ob sie einen Besuch machen wollte.«
Séverine kam mit kleinen, regelmäßigen Schritten herbei. Sie mußte eine ziemlich lange Strecke auf dem Bahnsteig unter den musternden Blicken der Umstehenden zurücklegen; und ihr war keine Schwäche anzumerken, sie betupfte lediglich mit dem Taschentuch ihre Lider in dem heftigen Schmerz, der sie ergriff, als sie den Namen des Opfers erfuhr. In dem sehr eleganten schwarzen Wollkleid schien sie um ihren Gönner Trauer zu tragen. Ihr schweres, dunkles Haar glänzte in der Sonne, denn trotz der Kälte hatte sie sich nicht einmal die Zeit genommen, etwas aufzusetzen. Ihre so sanften blauen Augen, die angsterfüllt waren und in Tränen schwammen, verliehen ihr einen ganz rührenden Ausdruck.
»Klar, die hat Grund zum Weinen«, sagte Philomène halblaut. »Jetzt, wo man ihren lieben Gott umgebracht hat, sind sie im Eimer!«
Als Séverine inmitten all dieser Leute vor der offenen Abteiltür angelangt war, stiegen Herr Cauche und Roubaud heraus; und sogleich begann der letztere zu sagen, was er wußte.
»Nicht wahr, meine Liebe, gestern früh haben wir gleich nach unserer Ankunft in Paris Herrn Grandmorin besucht... Es kann Viertel zwölf gewesen sein, nicht wahr?«
Er sah sie starr an, sie wiederholte mit folgsamer Stimme: »Ja, Viertel zwölf.«
Aber ihre Augen waren auf dem von Blut schwarzen Polster haftengeblieben, ein Krampf schüttelte sie, ihrer Kehle entrang sich ein tiefes Schluchzen.

Und der Stationsvorsteher griff bewegt und zuvorkommend ein:

»Madame, wenn Sie diesen Anblick nicht ertragen können . . . Wir verstehen Ihren Schmerz sehr gut . . .«

»Oh, bloß ein paar Worte«, fiel der Polizeikommissar ein. »Danach kann Madame sofort wieder in ihre Wohnung gehen.«

Roubaud fuhr eiligst fort:

»Nachdem wir uns über Verschiedenes unterhalten hatten, sagte uns Herr Grandmorin dann, er müsse morgen verreisen, weil er zu seiner Schwester nach Doinville fahren wolle . . . Ich sehe ihn noch an seinem Schreibtisch sitzen. Ich, ich war hier; meine Frau war dort . . . Nicht wahr, meine Liebe, er hat uns gesagt, er wolle morgen verreisen?«

»Ja, morgen.«

Herr Cauche, der sich weiter rasche Bleistiftnotizen machte, hob den Kopf.

»Wieso morgen? Er ist doch aber am Abend abgereist!«

»Warten Sie doch!« entgegnete der stellvertretende Vorsteher. »Als er erfuhr, daß wir am Abend zurückfahren würden, hatte er sogar einen Augenblick den Einfall, mit uns zusammen den Schnellzug zu nehmen, wenn es meiner Frau recht wäre, ihn bis Doinville zu begleiten, wo sie ein paar Tage bei seiner Schwester verbringen sollte, was sie ja schon manchmal getan hatte. Aber meine Frau, die hier viel zu tun hatte, hat abgelehnt . . . Nicht wahr, du hast abgelehnt?«

»Ich habe abgelehnt, ja.«

»Und er ist dann noch sehr nett gewesen . . . Er hat sich für mich eingesetzt, er hat uns bis zur Tür seines Arbeitszimmers geleitet . . . Nicht wahr, meine Liebe?«

»Ja, bis zur Tür.«

»Am Abend sind wir dann abgefahren... Bevor wir es uns in unserem Abteil bequem machten, habe ich mich mit Herrn Vandorpe, dem Stationsvorsteher, unterhalten. Und ich habe gar nichts gesehen. Ich war sehr ärgerlich, weil ich glaubte, wir wären allein, und weil in einer Ecke des Abteils eine Dame saß, die ich nicht bemerkt hatte, zumal dann noch im letzten Augenblick zwei weitere Personen, ein Ehepaar, eingestiegen sind... Bis Rouen war auch nichts Besonderes, ich habe nichts gesehen... Daher waren wir ja auch in Rouen, als wir ausgestiegen waren, um uns die Beine zu vertreten, so überrascht, drei oder vier Wagen von unserem entfernt Herrn Grandmorin zu erblicken, der an der Tür eines Halbabteils stand! ›Wie, Herr Präsident, Sie sind doch gefahren? Na, wir hatten ja keine Ahnung, daß wir mit Ihnen zusammen reisen!‹ Und er hat uns erklärt, er hätte eine Depesche erhalten... Es pfiff, wir sind schnell wieder in unser Abteil gestiegen, wo wir, nebenbei bemerkt, niemand mehr vorgefunden haben, da alle unsere Reisegefährten in Rouen ausgestiegen waren, was wir nicht gerade bedauerten... Na ja, das ist tatsächlich alles, meine Liebe, nicht wahr?«

»Ja, das ist tatsächlich alles.«

Dieser Bericht, so schmucklos er auch sein mochte, hatte starken Eindruck auf die Zuhörer gemacht. Mund und Nase sperrten sie auf und warteten auf mehr, damit sie daraus schlau würden.

Der Polizeikommissar, der zu schreiben aufhörte, brachte die allgemeine Überraschung zum Ausdruck mit seiner Frage:

»Und Sie sind sicher, daß niemand bei Herrn Grandmorin im Abteil war?«

»O ja, völlig sicher.«
Ein Schauder überlief die Umstehenden. Dieses Rätsel, das sich da auftat, ließ Angst einherwehen, eine leichte Kälte, die jeder über seinen Nacken gleiten fühlte. Wenn der Reisende allein gewesen war, von wem konnte er dann drei Meilen von dort entfernt vor einem erneuten Halten des Zuges ermordet und aus dem Abteil geworfen worden sein?
In der Stille hörte man Philomènes böse Stimme:
»Das ist doch immerhin seltsam.«
Als er fühlte, daß er scharf gemustert wurde, schaute Roubaud sie mit einem Kopfschütteln an, als wolle er sagen, auch er fände dies seltsam. Neben ihr gewahrte er Pecqueux und Frau Lebleu, die ebenfalls den Kopf schüttelten. Aller Augen waren auf ihn gerichtet, man wartete auf noch etwas, man suchte an ihm irgendeine Einzelheit, die er vergessen hatte und die Licht in die Angelegenheit bringen könnte. Keinerlei Beschuldigung lag in diesen glühenden neugierigen Blicken; und dennoch glaubte er zu sehen, wie der unbestimmte Verdacht aufkam, jener Zweifel, den die geringste Kleinigkeit zuweilen in Gewißheit verwandelt.
»Ungewöhnlich«, murmelte Herr Cauche.
»Völlig ungewöhnlich«, wiederholte Herr Dabadie.
Da entschloß sich Roubaud:
»Ganz sicher weiß ich noch, daß der Schnellzug, der ohne Halt von Rouen bis Barentin durchfährt, seine vorschriftsmäßige Geschwindigkeit eingehalten hat, ohne daß ich etwas Absonderliches bemerkt habe . . . Ich sage das, weil ich – denn wir waren ja allein – gerade das Fenster heruntergelassen hatte, um eine Zigarette zu rauchen; und ich habe hin und wieder einen Blick hinausgeworfen, ich habe alle Zug-

geräusche deutlich wahrnehmen können. Da ich in Barentin auf dem Bahnsteig Herrn Bessière, den Stationsvorsteher, meinen Nachfolger, erkannt hatte, habe ich ihn sogar herangerufen, und wir haben ein paar Worte gewechselt, während er, der aufs Trittbrett gestiegen war, mir die Hand drückte ... Nicht wahr, meine Liebe, ihn kann man fragen, Herr Bessière kann das bestätigen.«
Immer noch regungslos und blaß, das zarte Gesicht von Kummer ertränkt, bestätigte Séverine einmal mehr die Erklärung ihres Mannes.
»Er kann das bestätigen, ja.«
Von diesem Augenblick an wurde jede Beschuldigung unmöglich, wenn die Roubauds, nachdem sie in Rouen wieder ihr Abteil bestiegen hatten, darin in Barentin von einem Freund begrüßt worden waren. Der Schimmer eines Verdachts, dessen Vorüberhuschen der stellvertretende Vorsteher in den Augen gesehen zu haben meinte, war verschwunden; und jedermanns Verwunderung wuchs. Die Angelegenheit nahm eine immer geheimnisvollere Wendung.
»Nun«, sagte der Polizeikommissar, »sind Sie ganz sicher, daß in Rouen niemand in das Halbabteil steigen konnte, nachdem Sie Herrn Grandmorin verlassen hatten?«
Augenscheinlich hatte Roubaud diese Frage nicht vorausgesehen, denn zum ersten Mal geriet er in Verwirrung, da er zweifellos nicht mehr die im voraus zurechtgelegte Antwort bereit hatte. Unschlüssig blickte er auf seine Frau.
»O nein, ich glaube nicht ... Die Türen wurden geschlossen, es pfiff, wir hatten gerade noch Zeit, wieder unseren Wagen zu erreichen ... Außerdem war das Halbabteil ja reserviert, mir scheint, es konnte niemand einsteigen ...«
Aber die blauen Augen seiner Frau weiteten sich, wurden

so groß, daß er wegen seines entschiedenen Tons erschrak.

»Alles in allem, ich weiß nicht . . . Ja, vielleicht hat doch jemand einsteigen können . . . Es herrschte ja eine richtige Drängelei . . .« Und je länger er sprach, um so sicherer klang seine Stimme wieder, eine ganz neue Geschichte kam zustande und nahm immer bestimmtere Formen an. »Sie wissen ja, wegen des Festes in Le Havre war eine ungeheuer große Menschenmenge da . . . Wir waren gezwungen, unser Abteil gegen Reisende zweiter und sogar dritter Klasse zu verteidigen . . . Obendrein ist der Bahnhof sehr schlecht beleuchtet, man konnte nichts sehen, in dem Gewühl bei der Abfahrt herrschte ein Gestoße, ein Geschrei . . . Du meine Güte, ja, es ist leicht möglich, daß jemand, da er nicht wußte, wie er mitkommen sollte, oder sogar in Ausnutzung der Überfüllung in letzter Sekunde gewaltsam in das Halbabteil eingedrungen ist.« Und sich unterbrechend, sagte er: »Na, meine Liebe, so muß es wohl gewesen sein.«

Séverine, die ganz gebrochen aussah und das Taschentuch auf die blauumränderten Augen preßte, wiederholte lediglich:

»So ist es gewesen, sicherlich.«

Von da an stand es fest, welche Spur man verfolgen mußte; und ohne sich zu äußern, wechselten der Bahnpolizeikommissar und der Stationsvorsteher einen Blick des Einverständnisses.

Lang anhaltende Unruhe hatte die Menge in Wallung gebracht, sie fühlte, daß die Untersuchung beendet war, und wurde von einem Bedürfnis nach Erläuterungen gequält: sogleich machten Vermutungen die Runde, jeder hatte eine Geschichte parat. Seit einer Weile war der Bahnhofsbetrieb so gut wie zum Erliegen gekommen, das gesamte Personal stand hier herum, war wie besessen von diesem Drama; und es gab eine allgemeine Überraschung, als der Zug neun Uhr achtunddreißig in die Halle einlief. Man rannte, die Türen wurden geöffnet, die Woge der Reisenden strömte hinaus. Übrigens waren fast alle Neugierigen rings um den Polizeikommissar stehengeblieben, der mit der Gewissenhaftigkeit eines methodisch zu Werke gehenden Menschen ein letztes Mal das blutbefleckte Halbabteil durchsuchte.

In diesem Augenblick gewahrte der zwischen Frau Lebleu und Philomène mit den Händen herumfuchtelnde Pecqueux seinen Lokomotivführer Jacques Lantier, der soeben aus dem Zug gestiegen war und regungslos von fern dem Menschenauflauf zusah. Ungestüm winkte Pecqueux ihn herbei.

Jacques rührte sich nicht. Schließlich entschloß er sich und kam langsam heran.

»Was ist denn?« fragte er seinen Heizer.

Er wußte genau Bescheid, zerstreut hörte er sich die Neuigkeit von dem Meuchelmord an und die Vermutungen, die hier angestellt wurden. Es überraschte ihn, es erregte ihn seltsam, daß er mitten in diese Untersuchung hereinplatzte, daß er dieses Halbabteil wiedersah, das er flüchtig in der Finsternis geschaut hatte, wie es mit voller Geschwindigkeit dahinbrauste. Er machte einen langen Hals, betrachtete die Lache geronnenen Blutes auf dem Polster; und wieder sah er die Mordszene, wieder sah er vor allem den Leichnam, der dort draußen mit seiner aufgeschnittenen Kehle hingestreckt neben den Gleisen lag. Als er dann die Augen abwandte, bemerkte er die Roubauds, während Pecqueux ihm die Geschichte erzählte und auf welche Art und Weise die letzteren in die Angelegenheit verwickelt seien, ihre

Abreise aus Paris in demselben Zug wie das Opfer, die letzten Worte, die sie in Rouen miteinander gewechselt hätten. Den Mann kannte er, da er ihm manchmal die Hand drückte, seitdem er im Schnellzugverkehr eingesetzt war; die Frau hatte er hin und wieder flüchtig gesehen, in seiner krankhaften Scheu hatte er sie wie die anderen Frauen gemieden. In dieser Minute aber fiel sie ihm auf, wie sie so weinend und blaß, mit der verstörten Sanftmut ihrer blauen Augen unter der schwarzen Last ihres Haars dastand. Er wandte keinen Blick mehr von ihr, und auf einmal war er geistesabwesend, benommen fragte er sich, warum die Roubauds und er hier waren, wie die Ereignisse sie in diesem Wagen des Verbrechens hatten zusammenführen können, wo die Roubauds doch tags zuvor aus Paris heimgekehrt waren und er eben in diesem Augenblick aus Barentin zurück war.

»Oh, ich weiß, ich weiß«, sagte er laut, dem Heizer ins Wort fallend. »Ich war heute nacht gerade dort an der Tunnelausfahrt, und in dem Augenblick, als der Zug vorüberfuhr, glaubte ich wirklich etwas zu sehen.«

Es entstand heftige Aufregung, alle umringten ihn. Und als erster war er, erstaunt, erschüttert über das, was er soeben gesagt hatte, selber zusammengeschauert. Warum hatte er geredet, nachdem er sich so ausdrücklich vorgenommen hatte, den Mund zu halten? So viele gute Gründe rieten ihm zum Stillschweigen! Und während er diese Frau betrachtete, waren die Worte unbewußt seinen Lippen entschlüpft. Jäh hatte sie ihr Taschentuch von den Lidern genommen, um ihre in Tränen schwimmenden Augen, die noch größer wurden, auf ihn zu heften.

Aber der Polizeikommissar war rasch nähergetreten.

»Was? Was haben Sie gesehen!«

Und unter Séverines starrem Blick sagte Jacques, was er gesehen hatte: das mit Volldampf in der Nacht vorüberrasende erleuchtete Halbabteil und die flüchtigen Umrisse der beiden Männer, der eine hintenüber geworfen, der andere mit dem Messer in der Faust.
Roubaud stand neben seiner Frau und hörte zu und heftete seine großen, lebhaften Augen auf ihn.
»Dann würden Sie den Mörder wiedererkennen?« fragte der Polizeikommissar.
»O nein, das glaube ich nicht.«
»Trug er einen Überzieher oder einen Kittel?«
»Behaupten könnte ich nichts. Bedenken Sie doch, ein Zug, der mit achtzig Kilometer Geschwindigkeit gefahren sein muß!«
Séverine, die ihrer selbst nicht mehr mächtig war, wechselte einen kurzen Blick mit Roubaud, der die Kraft hatte zu sagen:
»In der Tat, da müßte man gute Augen haben.«
»Einerlei«, schloß Herr Cauche, »das ist eine wichtige Aussage. Der Untersuchungsrichter wird Ihnen helfen, in alldem klar zu sehen . . . Herr Lantier und Herr Roubaud, geben Sie mir Ihre genauen Namen für die Vorladungen.«
Es war vorbei, nach und nach zerstreute sich die Gruppe der Neugierigen, der Bahnhofsbetrieb nahm wieder seinen Lauf. Besonders Roubaud mußte sich beeilen und den Personenzug neun Uhr fünfzig abfertigen, in den bereits Reisende einstiegen. Kräftiger als sonst hatte er Jacques die Hand gedrückt; und dieser, der hinter Frau Lebleu, Pecqueux und Philomène, die sich flüsternd entfernten, mit Séverine allein zurückgeblieben war, hatte sich bemüßigt gefühlt, die junge Frau in die Halle bis zur Angestelltentreppe zu begleiten; ihm fiel nichts ein, was er zu ihr sagen

könnte, und er fühlte dennoch, daß er von ihrer Seite nicht loskam, als wäre soeben ein Band zwischen ihnen geknüpft worden.

Es hatte sich jetzt aufgeheitert, siegreich stieg die helle Sonne in der leuchtenden, blauen Klarheit des Himmels über die Morgennebel empor, während der Seewind mit der steigenden Flut an Stärke zunahm und seine salzige Frische herüberwehte.

Und als Jacques sich schließlich von Séverine trennte, begegnete er erneut ihren weit offenen Augen, deren schreckensstarre und flehende Sanftmut ihn so tief bewegt hatte.

Aber es ertönte ein leiser Pfiff. Das war Roubaud, der das Signal zur Abfahrt gab. Die Lokomotive antwortete mit einem langgezogenen Pfeifen, und der Zug neun Uhr fünfzig setzte sich in Bewegung, rollte dann schneller dahin, verschwand in der Ferne im goldenen Sonnenstaub.

Kapitel 4

An diesem Tage in der zweiten Märzwoche hatte Herr Denizet, der Untersuchungsrichter, erneut gewisse wichtige Zeugen im Fall Grandmorin in sein Amtszimmer im Justizpalast zu Rouen geladen.

Seit drei Wochen wirbelte dieser Fall ungeheuer viel Staub auf. Er hatte Rouen auf den Kopf gestellt, er versetzte Paris in Leidenschaft, und die Zeitungen der Opposition hatten ihn in der heftigen Kampagne, die sie gegen das Kaiserreich führten, kürzlich aufgegriffen, um ihn als Waffe zu benutzen. Das Nahen der allgemeinen Wahlen, die mit ihrer Unruhe die ganze Politik beherrschten, erregte den Kampf fieberhaft. In der Abgeordnetenkammer hatten sehr stürmische Sitzungen stattgefunden: eine, in der es eine scharfe Diskussion über die Bestätigung der Mandate zweier mit dem Kaiser persönlich in Verbindung stehender Abgeordneter gegeben hatte; eine weitere, in der man sich erbittert gegen die Finanzwirtschaft des Präfekten des Departement Seine gewandt und die Wahl einer Stadtverordnetenversammlung gefordert hatte. Und zur Fortführung der Agitation kam der Fall Grandmorin wie gerufen, es waren die seltsamsten Geschichten im Umlauf, die Zeitungen füllten sich jeden Morgen mit neuen, der Regierung abträglichen Hypothesen. Einerseits ließ man durchblicken, daß das Opfer, ein Vertrauter der Tuilerien, ein ehemaliger Justizbeamter, Kommandeur der Ehrenlegion und Millionär, den schlimmsten Ausschweifungen zu frönen pflegte; andererseits begann man, da die Untersuchung bislang kein Ergebnis gezeitigt hatte, Polizei und Gerichtsbehörden der Willfährigkeit zu beschuldigen, über jenen sagenhaften, unauffindbar gebliebenen Mörder wurden Witze gemacht. Da in diesen Angriffen viel Wahres steckte, wogen sie um so schwerer.

Daher fühlte Herr Denizet auch genau die ganze schwere Verantwortung, die auf ihm lastete. Er nahm ebenfalls leidenschaftlich Anteil daran, zumal er ehrgeizig war und sehnlichst auf einen Fall von dieser Bedeutung wartete, um die großen Fähigkeiten in puncto Scharfsinn und Energie, die er sich zuschrieb, ins rechte Licht rücken zu können. Als Sohn eines großen Viehzüchters aus der Normandie hatte er in Caen Jura studiert und erst ziemlich spät die Justizlaufbahn eingeschlagen, in der seine bäuerliche Herkunft, die durch einen Bankrott seines Vaters als noch schlimmer angesehen wurde, sein Vorwärtskommen erschwert hatte. Als Staatsanwaltsvertreter war er in Bernay, Dieppe und Le Havre tätig gewesen und hatte zehn Jahre gebraucht, um Staatsanwalt in Pont-Audemer zu werden. Nachdem er dann als Staatsanwaltsvertreter nach Rouen versetzt worden war, war er dort seit anderthalb Jahren mit über fünfzig Jahren noch Untersuchungsrichter. Vermögenslos, von Bedürfnissen besessen, die sein mageres Gehalt nicht befriedigen konnte, lebte er in jener Abhängigkeit des schlecht bezahlten Richterstandes, mit der sich allein die Mittelmäßigen abfinden und in der sich die mit Verstand Begabten aufreiben und auf eine Gelegenheit warten, sich bestechen zu lassen. Er selbst hatte einen sehr lebhaften, sehr scharfen Verstand, war sogar redlich, denn er liebte seinen Beruf, berauschte sich an seiner Allmacht, die ihn in seinem richterlichen Amtszimmer zum unumschränkten

Herrn über die Freiheit anderer machte. Allein die Tatsache, daß er auf seinen Vorteil bedacht war, dämpfte seine Leidenschaft, sein Verlangen nach dem Kreuz der Ehrenlegion und nach einer Versetzung nach Paris war so brennend, daß er, nachdem er sich am ersten Tag der Untersuchung von seiner Wahrheitsliebe hatte hinreißen lassen, jetzt mit äußerster Behutsamkeit zu Werke ging und überall Sumpflöcher witterte, in denen seine Zukunft versinken konnte.

Es muß gesagt werden, daß Herr Denizet einen Wink bekommen hatte, denn gleich zu Beginn seiner Untersuchung hatte ihm ein Freund den Rat gegeben, nach Paris ins Justizministerium zu fahren. Dort hatte er sich ausführlich mit dem Generalsekretär, Herrn Camy-Lamotte, unterhalten, einer hochgestellten Persönlichkeit, die maßgebliche Gewalt über das Personal hatte, die Ernennungen ausspracht und ständig mit den Tuilerien in Verbindung stand. Er war ein gutaussehender Mann, der ebenso wie er als Staatsanwaltsvertreter angefangen hatte, der aber durch seine Beziehungen und durch seine Frau zum Abgeordneten berufen und zum Großoffizier der Ehrenlegion ernannt worden war. Der Fall war ganz natürlich in seine Hände gelangt, weil der Staatsanwalt in Rouen in seiner Besorgnis über dieses zwielichtige Drama, in dem, wie sich herausstellte, ein ehemaliger höherer Justizbeamter das Opfer war, vorsichtshalber dem Minister darüber Bericht erstattet hatte, der seinerseits alles auf seinen Generalsekretär abgewälzt hatte. Und da waren verschiedene Umstände zusammengetroffen: Herr Camy-Lamotte war ausgerechnet ein ehemaliger Kommilitone von Präsident Grandmorin, er war einige Jahre jünger, war so eng freundschaftlich mit ihm verbunden geblieben, daß er ihn gründlich, bis in seine La-

ster hinein kannte. So sprach er denn auch mit tiefer Betrübnis vom tragischen Tod seines alten Freundes, und mit Herrn Denizet hatte er nur über sein brennendes Verlangen, den Täter zu ermitteln, geredet. Er verhehlte aber nicht, daß die Tuilerien untröstlich über dieses ganze unverhältnismäßig große Aufsehen waren, er hatte sich erlaubt, ihm viel Takt anzuempfehlen. Alles in allem hatte der Richter begriffen, daß er gut daran tun würde, nicht übereilt vorzugehen, nichts ohne vorherige Genehmigung zu wagen. Nach Rouen war er sogar mit der Gewißheit zurückgekehrt, daß der Generalsekretär in dem Bestreben, den Fall ebenfalls zu untersuchen, seinerseits Beamte angesetzt hatte. Man wollte die Wahrheit kennenlernen, um sie nötigenfalls besser vertuschen zu können.
Unterdessen verstrichen die Tage, und trotz seines Bemühens, Geduld zu bewahren, ärgerte sich Herr Denizet über die Witzeleien der Presse. Dann brach der Polizeibeamte in ihm wieder durch, der wie ein tüchtiger Hund Wind nahm. Der Drang, die richtige Spur zu finden, der Ruhm, sie als erster gewittert zu haben, riß ihn mit, auf die Gefahr hin, sie wieder fahrenlassen zu müssen, wenn er den Befehl dazu erhielt. Und während er so auf einen Brief, auf einen Ratschlag, auf einen bloßen Wink vom Ministerium harrte, der auf sich warten ließ, hatte er seine Untersuchung eifrig wieder aufgenommen. Von zwei oder drei bereits erfolgten Verhaftungen hatte keine aufrechterhalten werden können. Aber die Eröffnung von Präsident Grandmorins Testament weckte jäh einen Verdacht in ihm, der ihm gleich in den ersten Stunden leise gekommen war: die mögliche Täterschaft der Roubauds. Dieses von seltsamen Legaten wimmelnde Testament enthielt eines, durch das Séverine zur Erbin des in der Gegend von La Croix-de-Maufras ge-

legenen Hauses eingesetzt wurde. Demzufolge war das bislang vergebens gesuchte Motiv für den Mord gefunden: die Roubauds konnten, da sie Kenntnis von dem Legat hatten, ihren Wohltäter ermordet haben, um unverzüglich in den Besitz zu kommen. Dieser Gedanke verfolgte ihn um so mehr, als Herr Camy-Lamotte in sonderbarer Weise über Frau Roubaud gesprochen hatte, so als hätte er sie früher noch als junges Mädchen im Hause des Präsidenten gekannt. Aber wie viele Unwahrscheinlichkeiten, wie viele faktische und moralische Unmöglichkeiten! Seitdem er seine Ermittlungen nach dieser Richtung hin betrieb, prallte er bei jedem Schritt auf Tatsachen, die ihn in seiner Auffassung von einer klassisch geführten gerichtlichen Untersuchung in die Irre leiteten. Nichts hellte sich auf, es fehlte die volle zentrale Helligkeit, die alles beleuchtende Grundursache.

Es gab freilich noch eine andere Spur, die Herr Denizet nicht aus den Augen verloren hatte, die von Roubaud selbst aufgezeigte Spur nämlich, die Spur des Mannes, der dank des Gedränges bei der Abfahrt in das Halbabteil gestiegen sein konnte. Es war der berühmte unauffindbare, sagenhafte Mörder, über den alle Zeitungen der Opposition hohnlächelten. Die Bemühungen bei der Untersuchung hatten zunächst auf die Personenbeschreibung dieses Mannes abgezielt, in Rouen, von wo er abgefahren war, in Barentin, wo er ausgestiegen sein mußte; aber etwas Bestimmtes war dabei nicht herausgekommen, manche Zeugen leugneten sogar die Möglichkeit, daß das reservierte Abteil gestürmt worden sein könnte, andere gaben die widersprüchlichsten Auskünfte. Und anscheinend sollte die Spur im Sande verlaufen, als der Richter bei der Vernehmung des Schrankenwärters Misard, ohne es zu wollen, auf das dramatische Abenteuer von Cabuche und Louisette stieß, jenem Kind, das, nachdem der Präsident ihm Gewalt angetan hatte, zu seinem guten Freund gegangen und dort gestorben sein sollte. Da durchzuckte es ihn wie ein Blitz, schlagartig formulierte sich in seinem Kopf die klassische Anklageschrift. In ihr war alles zu finden, Todesdrohungen, die der Steinbrucharbeiter gegen das Opfer ausgestoßen hatte, ein erbärmliches Vorleben, ein Alibi, auf das er sich ungeschickt berief und das unmöglich nachzuweisen war. Heimlich hatte er in einem Augenblick tatkräftiger Inspiration Cabuche am Tage vorher in dem Häuschen, das er tief im Walde bewohnte, einer Art entlegener Höhle, in der man eine blutbefleckte Hose gefunden hatte, in Haft nehmen lassen. Und obwohl er sich noch immer gegen die auf ihn einstürmende Überzeugung wehrte und sich vornahm, die Hypothese Roubaud nicht fallenzulassen, frohlockte er bei dem Gedanken, daß er allein eine hinreichend feine Nase gehabt hatte, um den wirklichen Mörder ausfindig zu machen. In der Absicht, sich Gewißheit zu verschaffen, hatte er an diesem Tage mehrere der bereits am Tage nach dem Verbrechen angehörten Zeugen in sein Amtszimmer geladen.

Das Amtszimmer des Untersuchungsrichters lag nach der Rue Jeanne-d'Arc hinaus in dem alten, baufälligen Gebäude, das an der Seite des heute zum Justizpalast umgestalteten ehemaligen Palastes der Herzöge der Normandie klebte und ihn verunzierte. Dieser im Erdgeschoß gelegene trübselige, große Raum wurde von so fahlem Tageslicht erhellt, daß dort im Winter von drei Uhr an Licht brennen mußte. Er war mit einer alten, verschossenen grünen Tapete versehen, und seine ganze Einrichtung bestand aus zwei Sesseln, vier Stühlen, dem Schreibtisch des Richters, dem Pult des Gerichtsschreibers; und auf dem Kamin, in dem kein Feuer brannte, stand zwischen zwei Bronzeschalen eine Stutzuhr aus schwarzem Marmor. Hinter dem Schreibtisch führte eine Tür in einen zweiten Raum, in dem der Richter zuweilen die Personen verbarg, die er zu seiner Verfügung halten wollte, während die Eingangstür direkt auf den breiten, mit Bänken versehenen Korridor ging, wo die Zeugen zu warten hatten.

Obgleich die Vorladung erst auf zwei Uhr lautete, waren die Roubauds schon seit halb zwei da. Sie kamen aus Le Havre, sie hatten sich kaum die Zeit genommen, in einem kleinen Restaurant in der Grande-Rue zu Mittag zu essen. Beide waren schwarz gekleidet, er im Gehrock, sie in einem seidenen Kleid wie eine Dame, und wahrten den ein wenig müden und kummervollen Ernst eines Ehepaares, das einen Verwandten verloren hat. Sie saß reglos und wortlos auf einer Bank, während er stehengeblieben war und, die Hände auf dem Rücken verschränkt, langsamen Schrittes vor ihr auf und ab ging. Aber jedesmal, wenn er sich umwandte, trafen sich ihre Blicke, und dann glitt ihre geheime Angst wie ein Schatten über ihre stummen Gesichter. Obgleich das Legat von La Croix-de-Maufras sie überglücklich gemacht hatte, hatte es ihre Befürchtungen soeben neu aufleben lassen; denn die Familie des Präsidenten, vor allem seine Tochter, war außer sich über die merkwürdigen Schenkungen, die so zahlreich waren, daß sie die Hälfte des Gesamtvermögens ausmachten, sie sprach davon, das Testament anzufechten; und Frau de Lachesnaye zeigte sich, von ihrem Mann aufgestachelt, besonders hart gegen ihre ehemalige Freundin Séverine, die sie durch schwerste Verdächtigungen belastete. Anderseits plagte Roubaud jetzt mit unablässiger Angst der Gedanke an ein Beweisstück,

an das er zuerst gar nicht gedacht hatte: der Brief, den er seine Frau hatte schreiben lassen, um Grandmorin zur Abreise zu bewegen, jenen Brief, den man wiederfinden würde, wenn der Präsident ihn nicht vernichtet hatte, und in dem man die Handschrift erkennen konnte. Glücklicherweise vergingen die Tage, es hatte sich noch nichts ereignet, der Brief war wohl zerrissen worden. Nichtsdestoweniger brach dem Ehepaar bei jeder neuen Vorladung ins Amtszimmer des Untersuchungsrichters der kalte Schweiß aus, wenn beide auch äußerlich ihre korrekte Haltung von Erben und Zeugen wahrten.
Es schlug zwei Uhr. Nun erschien auch Jacques. Er kam aus Paris.
Sogleich trat Roubaud ganz offenherzig mit ausgestreckter Hand auf ihn zu.
»Ach, hat man Sie auch behelligt . . . Ist doch verdrießlich, diese traurige Angelegenheit, die kein Ende nehmen will, was!«
Jacques war, als er die immer noch regungslos dasitzende Séverine erblickte, plötzlich stehengeblieben. Seit drei Wochen überhäufte ihn der stellvertretende Vorsteher alle zwei Tage bei jeder seiner Fahrten nach Le Havre mit zuvorkommender Freundlichkeit. Einmal hatte er sogar eine Einladung zum Mittagessen annehmen müssen. Und in wachsender Verwirrung hatte er neben der jungen Frau gefühlt, wie er wieder erschauerte. Wollte er die denn auch? Beim bloßen Anblick der weißen Linie ihres Halses rings um den bogenförmigen Miederausschnitt klopfte sein Herz, brannten ihm die Hände. Daher war er nunmehr fest entschlossen, sie zu meiden.
»Und«, begann Roubaud von neuem, »was sagt man in Paris über die Angelegenheit? Nichts Neues, nicht wahr? Se-

hen Sie, man weiß ja nichts, man wird nie etwas wissen . . . Wollen Sie nicht meiner Frau guten Tag sagen?«
Er zog ihn mit sich, Jacques mußte näher treten und die verlegene, wie ein furchtsames Kind aussehende Séverine begrüßen. Er bemühte sich, von gleichgültigen Dingen zu reden, während ihn die Blicke des Mannes und der Frau nicht losließen, als suchten sie noch jenseits seiner Gedanken in den dämmerhaften Träumereien zu lesen, in die hinabzusteigen er selber zögerte. Warum war er so kühl? Warum schien er ihnen aus dem Wege zu gehen? Wurden etwa seine Erinnerungen wach, hatte man sie etwa deshalb noch einmal herbestellt, um sie ihm gegenüberzustellen? Diesen einzigen Zeugen, den sie fürchteten, hätten sie gern für sich gewonnen, hätten ihn gern durch so enge brüderliche Bande an sich gefesselt, daß er nicht mehr den Mut fände, gegen sie auszusagen.
Der stellvertretende Vorsteher kam, von Befürchtungen gepeinigt, wieder auf die Angelegenheit zurück.
»Also Sie haben keine Ahnung, aus welchem Grund wir vorgeladen sind? Vielleicht liegt etwas Neues vor, hm?«
Jacques machte eine gleichgültige Handbewegung.
»Als ich vorhin auf dem Bahnhof ankam, ging ein Gerücht um. Es wurde von einer Verhaftung gesprochen.«
Ganz erregt und bestürzt gaben die Roubauds laut ihrer Verwunderung Ausdruck. Wie, eine Verhaftung? Davon habe ihnen ja niemand ein Sterbenswörtchen gesagt! Eine bereits erfolgte Verhaftung oder eine Verhaftung, die erst erfolgen sollte? Sie überhäuften ihn mit Fragen, aber weiter wußte er nichts.
In diesem Augenblick zog das Geräusch von Schritten im Korridor Séverines Aufmerksamkeit auf sich.
»Da kommen Berthe und ihr Mann«, flüsterte sie.

Es waren tatsächlich die Lachesnayes. Ganz steif gingen sie an den Roubauds vorüber, nicht einmal einen Blick hatte die junge Frau für ihre einstige Gespielin übrig. Und sogleich führte sie ein Gerichtsdiener in das Amtszimmer des Untersuchungsrichters.

»Na ja! Wir müssen uns mit Geduld wappnen«, sagte Roubaud. »Gut zwei Stunden sind wir schon da . . . Setzen Sie sich doch!«

Er selbst hatte links von Séverine Platz genommen, und mit einer Handbewegung forderte er Jacques auf, sich auf der anderen Seite neben sie zu setzen. Jacques blieb noch einen Augenblick stehen. Als sie ihn dann mit ihrer sanften und ängstlichen Miene anblickte, ließ er sich auf die Bank sinken. Ganz zerbrechlich saß sie zwischen ihnen, er fühlte ihre unterwürfige Zärtlichkeit; und die leichte Wärme, die während des langen Wartens von dieser Frau ausging, machte ihn langsam gänzlich benommen.

In Herrn Denizets Amtszimmer sollten nun die Vernehmungen beginnen. Die Untersuchung hatte bereits Material für einen ungeheuren Aktenstoß ergeben, mehrere mit blauen Aktendeckeln versehene Bündel Papiere. Man hatte sich bemüht, das Opfer seit seiner Abreise von Paris zu verfolgen. Herr Vandorpe, der Stationsvorsteher, hatte über die Abfahrt des Schnellzuges sechs Uhr dreißig ausgesagt, über den im letzten Augenblick zusätzlich angekoppelten Wagen 293, über die wenigen mit Roubaud gewechselten Worte, der kurz vor Präsident Grandmorins Eintreffen in sein Abteil gestiegen sei, schließlich darüber, wie der Präsident in seinem Halbabteil, wo er ohne Frage allein gewesen sei, Platz genommen habe. Dann hatte der Zugführer, Henri Dauvergne, darüber vernommen, was während des zehnminütigen Aufenthaltes in Rouen vorgefallen war, nichts beschwören können. Er habe gesehen, wie sich die Roubauds vor dem Halbabteil unterhalten hatten, und er glaube schon, daß sie in ihr Abteil zurückgekehrt seien, dessen Tür ein Aufsichtsbeamter wohl hinter ihnen geschlossen habe; aber inmitten des Gestoßes der Menge und bei dem Halbdunkel auf dem Bahnhof sei dies unklar geblieben. Was seine Meinung darüber sei, ob ein Mann, der berühmte unauffindbare Mörder, im Augenblick des Anfahrens in das Halbabteil gestürzt sein könne, so halte er das jedoch für wenig wahrscheinlich, wenngleich er diese Möglichkeit einräume; denn seines Wissens sei das schon zweimal vorgekommen. Andere Angehörige des Bahnhofspersonals von Rouen hatten, ebenfalls über dieselben Punkte befragt, die Dinge durch ihre widersprüchlichen Antworten eigentlich nur noch verwirrt, statt etwas Licht hineinzubringen. Erwiesene Tatsache jedoch war der Händedruck, den Roubaud aus dem Wagen heraus dem aufs Trittbrett gestiegenen Stationsvorsteher von Barentin gegeben hatte: dieser Stationsvorsteher, Herr Bessière, hatte das ausdrücklich als zutreffend bestätigt, und er hatte hinzugefügt, sein Kollege sei mit seiner Frau, die halb liegend ruhig geschlafen zu haben schien, allein gewesen. Andererseits war man so weit gegangen, die Reisenden zu ermitteln, die in demselben Abteil wie die Roubauds von Paris abgefahren waren. Die dicke Dame und der dicke Herr, die spät in letzter Minute eingetroffen waren, Bürgersleute aus Petit-Couronne, hatten erklärt, da sie sofort eingenickt seien, könnten sie nichts sagen; und was die stumm in ihrer Ecke sitzende Frau in Schwarz betraf, so hatte sie sich wie ein Schemen verflüchtigt, es war völlig unmöglich gewesen, sie wieder ausfindig zu machen. Schließlich gab es noch andere Zeugen, deren unbedeutende Aussagen dazu gedient hatten, die Identität der an diesem Abend in Barentin ausgestiegenen Reisenden festzustellen, weil der Mann dort ausgestiegen sein mußte: man hatte die Fahrkarten gezählt, es war gelungen, alle Reisenden festzustellen außer einem, ausgerechnet einem großen Kerl, der ein blaues Tuch um den Kopf geschlungen hatte und nach Meinung der einen einen Überzieher, nach Meinung der anderen einen Kittel getragen hatte. Allein über diesen verschwundenen, wie ein Traumbild verflogenen Mann waren in den Akten dreihundertzehn Schriftstücke vorhanden, die so verworren waren, daß jede Zeugenaussage in ihnen von einer anderen widerlegt wurde.

Und die Akten wurden noch verwickelter durch die gerichtlichen Unterlagen: die Tatbestandsaufnahme, die der von Staatsanwalt und Untersuchungsrichter an den Tatort geholte Gerichtsschreiber abgefaßt hatte, eine richtige umfangreiche Beschreibung der Stelle bei den Gleisen, wo das Opfer gelegen hatte, der Lage der Leiche, des Anzugs, der in den Taschen gefundenen Gegenstände, die die Feststellung der Identität ermöglicht hatten; das Protokoll des ebenfalls herbeigeholten Arztes, ein Schriftstück, worin in wissenschaftlichen Fachausdrücken ausführlich die Wunde an der Kehle beschrieben wurde, die einzige Wunde, ein gräßlicher, mit einem scharfen Werkzeug, zweifellos einem Messer, herbeigeführter Schnitt; ferner weitere Protokolle, weitere Unterlagen über den Transport der Leiche ins Krankenhaus von Rouen, über die Zeit, die sie dort geblieben war, bevor ihre auffallend schnelle Verwesung die Behörde gezwungen hatte, sie der Familie auszuhändigen. Aber von diesem neuen Haufen Papierkram blieben nur zwei bis drei wichtige Punkte übrig. Zunächst einmal hatte man in den Taschen weder die Uhr noch eine kleine Brieftasche gefunden, in der zehn Tausendfrancsscheine sein mußten, eine Summe, die Präsident Grandmorin seiner Schwester, Frau Bonnehon, schuldete und worauf diese wartete. Es hätte also den Anschein haben können, als sei Raub das Motiv für das Verbrechen gewesen, wäre nicht andererseits ein mit einem großen Brillanten geschmückter Ring am Finger zurückgeblieben. Dies war abermals der Ausgangspunkt einer ganzen Reihe von Hypothesen. Leider hatte man die Nummern der Banknoten nicht; die Uhr aber war bekannt, eine sehr dicke Remontoiruhr mit den beiden verschlungenen Initialen des Präsidenten auf dem Gehäuse und einer Fabriknummer, der Nr. 2516, im Innern. Schließlich hatte die Waffe, das Messer, das der Mörder benutzt hatte, umfangreiche Nachforschungen längs der Strecke, im umliegenden Gestrüpp, überall dort, wo es hingeworfen worden sein konnte, ausgelöst; aber die waren erfolglos geblieben, der Mörder mußte das Messer in demselben Loch wie die Banknoten und die Uhr versteckt haben. Etwa hundert Meter vor dem Bahnhof von Barentin hatte man nur die Reisedecke des Opfers aufgelesen, die dort wie ein belastender Gegenstand zurückgelassen worden war; und sie gehörte zu den Beweisstücken.

Als die Lachesnayes eintraten, las Herr Denizet, an seinem Schreibtisch stehend, gerade noch einmal eines der ersten Vernehmungsprotokolle, das sein Schreiber soeben aus den Akten herausgesucht hatte. Er war ein kleiner und ziemlich beleibter Mann, glattrasiert, mit bereits ergrauendem Haar. Die dicken Wangen, das eckige Kinn, die breite Nase waren von leichenfahler Unbewegtheit, die noch von den über helle, geschwollene Augen halb herabfallenden schweren Lidern gesteigert wurde. Aber der ganze Scharfsinn, die ganze Gewandtheit, die er zu haben glaubte, hatten sich in den Mund geflüchtet, einen Mund, wie ihn Schauspieler haben, einen Mund, der seine Gefühle der Stadt vorzuspielen pflegte, der ungemein beweglich war und sich in den Minuten, da Herr Denizet etwas sehr Schlaues von sich gab, schmal zusammenkniff. Die Schlauheit brachte ihn meistens vom Wege ab, er war zu scharfsinnig, einem Berufsideal zufolge ging er allzu listig mit der einfachen und guten Wahrheit um, weil er sich in seiner Amtsfunktion zum Urbild eines Seelenanatoms gemacht hatte, der über die Gabe des zweiten Gesichts verfügte und höchst geistreich war. Übrigens war er wirklich kein Dummkopf.

Zu Frau de Lachesnaye zeigte er sich sogleich liebenswürdig, denn in ihm steckte auch noch ein weltgewandter Justizbeamter, der in der Gesellschaft von Rouen und Umgebung verkehrte.

»Madame, wollen Sie bitte Platz nehmen.«

Und er schob der jungen Frau selbst einen Sessel hin; sie war eine unscheinbare Blondine, die in ihrer Trauerkleidung verdrießlich und häßlich aussah. Aber er war einfach höflich, setzte dem ebenfalls blonden, schwächlichen Herrn de Lachesnaye gegenüber sogar eine etwas hochmütige Miene auf; denn dieser kleine Mann, der dank dem Einfluß seines Schwiegervaters und den Gefälligkeiten, die sein Vater, ebenfalls ein hoher Justizbeamter, ehemals in den gemischten Ausschüssen erwiesen hatte, schon mit sechsunddreißig Jahren Gerichtsrat und Inhaber des Kreuzes der Ehrenlegion war, verkörperte in seinen Augen den bevorzugten, den reichen Richterstand, die Mittelmäßigen, die sich, durch ihre Verwandtschaft und ihr Vermögen eines schnellen Vorwärtskommens gewiß, auf einen Posten setzten, während er sich, der arm und ohne Protektion war, gezwungen sah, unter dem immer wieder herabrollenden Stein der Beförderung ewig als Bittsteller das Rückgrat zu beugen. So war er denn auch nicht böse, Herrn de Lachesnaye in diesem Amtszimmer seine Allmacht spüren zu lassen, die unumschränkte Gewalt, die er über die Freiheit aller hatte und die so weit reichte, daß er mit einem Wort aus einem Zeugen einen Angeklagten machen und zu seiner sofortigen Verhaftung schreiten konnte, wenn er Lust und Laune dazu bekam.

»Madame«, fuhr er fort, »Sie werden mir verzeihen, daß ich Sie abermals mit dieser schmerzlichen Geschichte quälen muß. Ich weiß, Sie wünschen ebenso sehnlich wie wir, daß Licht hineinkommt und der Täter sein Verbrechen sühnt.«

Er gab dem Gerichtsschreiber, einem großen, gelben Burschen mit knochigem Gesicht, einen Wink, und die Vernehmung begann.

Aber gleich bei den ersten Fragen, die seiner Frau gestellt wurden, bemühte sich Herr de Lachesnaye, der sich gesetzt hatte, da er sah, daß man ihn nicht darum ersuchte, an Stelle seiner Frau zu sprechen. Und er ließ seiner ganzen Verbitterung über das Testament seines Schwiegervaters freien Lauf. Sei das zu fassen? So zahlreiche, so erhebliche Legate, daß sie fast die Hälfte des Vermögens ausmachten, eines Vermögens von drei Millionen siebenhunderttausend Francs! Und an Personen, die man meistenteils nicht kenne, an Frauen aller Schichten! Sogar eine kleine Veilchenhändlerin, die ihren Stand in einem Haustor in der Rue du Rocher habe, sei darunter. Das sei inakzeptabel, er warte, bis die Strafuntersuchung abgeschlossen sei, um zu sehen, ob es nicht Mittel und Wege gebe, dieses unmoralische Testament für ungültig erklären zu lassen.

Während er so mit zusammengebissenen Zähnen daherredete und sich seine ganze Verärgerung anmerken ließ, zeigte er, was für ein Trottel er war, was für ein von verbissenen Leidenschaften beherrschter, in Geiz verrannter Provinzler. Herr Denizet betrachtete ihn mit seinen geschwollenen, halb verborgenen hellen Augen, und sein schlauer Mund drückte mißgünstige Geringschätzung für diesen Unfähigen aus, der mit zwei Millionen nicht zufrieden war und den er dank diesem vielen Geld zweifellos eines Tages in der höchsten Purpurrobe sehen würde.

»Ich glaube, mein Herr, da würden Sie sich im Unrecht befinden«, sagte er schließlich. »Das Testament ließe sich nur dann anfechten, wenn der Gesamtbetrag der Legate die Hälfte des Vermögens überstiege, und das ist nicht der Fall.« Sich zu seinem Schreiber umwendend, sagte er dann: »Hören Sie, Laurent, das schreiben Sie alles nicht auf, denke ich.«

Als ein Mensch, der für alles Verständnis hat, beruhigte ihn dieser mit einem leisen Lächeln.

»Aber«, meinte Herr de Lachesnaye noch verbitterter, »schließlich bildet man sich hoffentlich nicht ein, daß ich La Croix-de-Maufras diesen Roubauds überlassen werde. Solch ein Geschenk für die Tochter eines Dienstboten! Und warum, mit welchem Recht? Außerdem, wenn bewiesen wird, daß sie bei dem Verbrechen die Hand im Spiel gehabt haben . . .«

Herr Denizet kam auf den Fall zurück.

»Glauben Sie das wirklich?«

»Nun ja, wenn sie Kenntnis von dem Testament hatten, ist ihr Interesse am Tode unseres armen Vaters erwiesen . . . Bedenken Sie ferner, daß sie die letzten gewesen sind, die

sich mit ihm unterhalten haben ... Wie gesagt, das alles macht einen recht zwielichtigen Eindruck.«
Ungeduldig und in seiner neuen Hypothese gestört, wandte sich der Untersuchungsrichter an Berthe.
»Und Sie, Madame, halten Sie Ihre ehemalige Freundin eines derartigen Verbrechens für fähig?«
Bevor sie antwortete, schaute sie ihren Mann an. In wenigen Monaten der Ehe hatte sich die ihnen beiden eigene Mißgünstigkeit und Gefühlskälte gegenseitig ergänzt und übersteigert. Sie wurden miteinander schlecht; er hatte sie dermaßen auf Séverine gehetzt, daß sie diese, um das Haus wiederzubekommen, auf der Stelle hätte verhaften lassen.
»Du lieber Gott«, sagte sie schließlich, »mein Herr, die Person, von der Sie sprechen, hatte sehr schlechte Neigungen, als sie noch klein war.«
»Was denn? Beschuldigen Sie sie, sie habe sich in Doinville schlecht aufgeführt?«
»O nein, mein Herr, dann hätte sie mein Vater nicht dabehalten.« In diesem Ausruf empörte sich die Prüderie der ehrbaren Spießbürgerin, die sich niemals einen Fehler vorzuwerfen haben würde und die ihren Stolz darein setzte, eine der untadligsten tugendsamen Frauen von Rouen zu sein, die gegrüßt und überall empfangen wurde. »Allerdings«, fuhr sie fort, »wenn Leichtfertigkeit und Verschwendung zur Gewohnheit geworden sind ... Kurzum, mein Herr, vielerlei, was ich nicht für möglich gehalten hätte, erscheint mir heute gewiß.«
Erneut machte Herr Denizet eine ungeduldige Bewegung. Diese Spur verfolgte er überhaupt nicht mehr, und wer immer an ihr festhielt, wurde zu seinem Gegner, denn er schien die Untrüglichkeit seines Verstandes anzugreifen.

»Nun, man muß doch vernünftig argumentieren«, rief er aus. »Leute wie die Roubauds töten einen Menschen wie Ihren Vater nicht, um schneller zu erben; oder es würde doch zumindest Anhaltspunkte für ihre Eile geben, ich würde auch noch sonst Spuren für diese Besitzgier finden. Nein, das Motiv genügt eben nicht, man müßte ein anderes ermitteln, es ist aber nichts da, Sie selbst steuern beide nichts bei... Außerdem, halten Sie sich noch einmal den Tatbestand vor Augen, stellen Sie da nicht faktische Unmöglichkeiten fest? Niemand hat die Roubauds in das Halbabteil steigen sehen, ein Angestellter glaubt sogar bestätigen zu können, daß sie in ihr Abteil zurückgekehrt sind. Und da sie in Barentin bestimmt in ihrem Abteil waren, müßte man notwendigerweise annehmen, daß sie von ihrem Wagen zu dem des Präsidenten, von dem sie drei andere Wagen trennten, hin und zurück gelangt sind, und zwar während der wenige Minuten dauernden Fahrt, als der Zug mit voller Geschwindigkeit dahinsauste. Ist das wahrscheinlich? Ich habe Lokomotivführer, Schaffner befragt. Alle haben mir gesagt, die dazu notwendige Kaltblütigkeit und Energie könne man nur durch lange Übung erwerben... Die Frau könnte auf keinen Fall dabei beteiligt gewesen sein, der Mann müßte es ohne sie riskiert haben; und wozu, um einen Beschützer umzubringen, der ihnen soeben aus einer schweren Klemme geholfen hatte? Nein, nein, ganz bestimmt nicht! Die Hypothese ist nicht stichhaltig, man muß anderweitig suchen... Hm, wenn nun ein Mann in Rouen eingestiegen und auf der nächsten Station wieder ausgestiegen wäre, wenn er vor kurzem Todesdrohungen gegen das Opfer ausgesprochen hätte...« In seiner Leidenschaft kam er auf sein neues System zu sprechen, eben wollte er schon zuviel darüber sagen, da wurde die Tür

einen Spalt geöffnet, und der Gerichtsdiener steckte den Kopf herein.
Bevor er aber ein Wort herausgebracht hatte, machte eine behandschuhte Hand die Tür weit auf; und herein trat eine blonde Dame in sehr eleganter Trauerkleidung, sie war mit

über fünfzig Jahren noch immer schön, von der üppigen und vollen Schönheit einer gealterten Göttin.
»Ich bin's, mein lieber Richter. Ich habe mich verspätet, und Sie werden mir verzeihen, nicht wahr? Die Wege sind unbefahrbar, aus den drei Meilen von Doinville nach Rouen wurden heute ja gut sechs.«
Galant hatte sich Herr Denizet erhoben.
»Geht es Ihnen seit vergangenem Sonntag gesundheitlich gut, Madame?«
»Sehr gut . . . Und Sie, mein lieber Richter, haben Sie sich von dem Schreck erholt, den Ihnen mein Kutscher eingejagt hat? Der Bursche hat mir erzählt, als er Sie heimfuhr, hätte er Sie knapp zwei Kilometer vom Schloß entfernt beinahe umgeworfen.«
»Oh, bloß ein Stoß, daran dachte ich schon gar nicht mehr . . . Nehmen Sie doch Platz, und wie ich vorhin schon zu Madame de Lachesnaye sagte, verzeihen Sie mir, wenn ich Ihren Schmerz mit dieser entsetzlichen Angelegenheit von neuem wachrufe.«
»Mein Gott, da es nun mal sein muß . . . Guten Tag, Berthe! Guten Tag, Lachesnaye!«
Es war Frau Bonnehon, die Schwester des Opfers. Sie hatte ihre Nichte umarmt und dem Gatten die Hand gedrückt. Seit ihrem dreißigsten Lebensjahr war sie Witwe eines Fabrikbesitzers, der ihr ein beträchtliches Vermögen vermacht hatte, und war an sich schon sehr reich, weil sie bei der Erbteilung mit ihrem Bruder das Besitztum in Doinville erhalten hatte, und so hatte sie ein angenehmes Dasein geführt, ganz voller Herzensabenteuer, wie es hieß, aber dem Anschein nach so korrekt und freimütig, daß sie die unumschränkte Gebieterin über die Gesellschaft von Rouen geblieben war. Aus Gelegenheit und Neigung hatte

sie Angehörige des Richterstands geliebt, seit fünfundzwanzig Jahren empfing sie die Gerichtswelt im Schloß, alle jene Leute aus dem Justizpalast, die von ihren Kutschen aus Rouen herbeigeholt und wieder heimgefahren wurden, denn man war in einem fort am Festefeiern. Sie war noch keineswegs ruhiger geworden, es hieß, sie hege eine zärtliche mütterliche Liebe zu einem jungen Staatsanwaltsvertreter, dem Sohn eines Gerichtsrats, Herrn Chaumette: sie arbeitete auf die Beförderung des Sohnes hin, den Vater überhäufte sie mit Einladungen und Gefälligkeiten. Und einen guten Freund aus früheren Zeiten, der ebenfalls Gerichtsrat war, hatte sie auch behalten, einen Junggesellen, Herrn Desbazeilles, die literarische Zierde des Gerichts von Rouen, dessen fein gedrechselte Sonette man zu zitieren pflegte. Jahrelang hatte er in Doinville sein Zimmer gehabt. Obgleich er die Sechzig überschritten hatte, kam er jetzt noch immer zu Diners dorthin, als alter Freund, dem seine rheumatischen Beschwerden nur noch die Erinnerung vergönnten. Trotz des drohenden Alters wahrte sie so durch ihren feinen Anstand ihre königliche Würde, und niemand dachte daran, sie ihr streitig zu machen; eine Rivalin hatte sie erst während des letzten Winters in Frau Leboucq gespürt, der Frau eines weiteren Gerichtsrats, einer vierunddreißigjährigen großen Brünetten, die wirklich sehr vornehm war und zu der die Richterschaft häufig hinzugehen begann. Dies verlieh ihr in ihrer gewohnten Heiterkeit einen Anflug von Melancholie.

»Nun, Madame, wenn Sie erlauben«, meinte Herr Denizet, »werde ich Ihnen einige Fragen stellen.«

Die Vernehmung der Lachesnayes war beendet, aber er entließ sie nicht: sein so düsteres, so kaltes Amtszimmer verwandelte sich in einen mondänen Salon. Phlegmatisch rüstete sich der Gerichtsschreiber erneut zum Protokollieren.

»Ein Zeuge hat von einer Depesche gesprochen, die Ihr Bruder erhalten haben soll und die ihn sofort nach Doinville rief. Von dieser Depesche haben wir keine Spur gefunden. Haben Sie ihm vielleicht geschrieben, Madame?«

Ganz unbeschwert begann Frau Bonnehon lächelnd im Ton einer freundschaftlichen Plauderei zu antworten.

»Ich habe meinem Bruder nicht geschrieben, ich erwartete ihn, ich wußte, daß er kommen sollte, ohne daß aber ein Zeitpunkt festgesetzt war. Gewöhnlich schneite er so herein, und fast immer kam er mit einem Nachtzug. Da er einen abgelegenen Pavillon im Park bewohnte, der auf ein ödes Gäßchen geht, hörten wir ihn nicht einmal ankommen. Er pflegte in Barentin eine Droschke zu nehmen, sehen ließ er sich erst am Tage darauf, manchmal ziemlich spät am Tage, wie ein zu Besuch kommender Nachbar, der es sich seit langem zu Hause bequem gemacht hat . . . Wenn ich ihn diesmal erwartete, so deshalb, weil er mir eine Summe von zehntausend Francs bringen sollte, eine Abrechnung zwischen uns. Die zehntausend Francs hatte er bestimmt bei sich. Darum habe ich ja immer geglaubt, es sei ganz einfach ein Raubmord.«

Der Richter ließ eine kurze Pause eintreten; dann sah er sie direkt an und fragte:

»Was halten Sie von Frau Roubaud und ihrem Mann?«

Sie erhob mit einer lebhaften Bewegung Einspruch.

»Ach nein, mein lieber Herr Denizet, Sie wollen doch nicht auf Kosten dieser braven Leute schon wieder in die Irre gehen . . . Séverine war ein gutes Mädelchen, sehr sanftmütig, sehr folgsam sogar, und dabei ganz reizend, was ja nichts schadet. Meiner Meinung nach sind sie und ihr Mann, da

Sie ja nun einmal Wert darauf legen, daß ich es wiederhole, einer bösen Tat unfähig.«

Beifällig nickte er ihr zu, er triumphierte und warf einen Blick zu Frau de Lachesnaye hin.

Gereizt erlaubte sich diese einzugreifen:

»Tante, ich finde, du bist recht nachsichtig.«

Da machte sich Frau Bonnehon in ihrer üblichen freimütigen Redeweise Luft.

»Laß nur, Berthe, darin werden wir uns nie verstehen . . . Sie war fröhlich, sie lachte gern, und das war ganz in Ordnung . . . Ich weiß genau, was ihr denkt, dein Mann und du. Aber euch muß wahrlich der Eigennutz den Kopf verwirren, daß ihr euch so sehr über dieses Legat von La Croix-de-Maufras wundert, das dein Vater der guten Séverine vermacht hat . . . Großgezogen hat er sie, eine Mitgift hatte er ihr gegeben, da war es ganz natürlich, daß er sie in seinem Testament bedachte. Betrachtete er sie nicht ein wenig als seine Tochter, na? – Ach, meine Liebe, Geld zählt ja so wenig, wenn man glücklich ist.« Da sie stets sehr reich gewesen war, pflegte sie sich in der Tat gänzlich uneigennützig zu zeigen. Mit der Raffiniertheit einer angebeteten schönen Frau tat sie sogar so, als läge der einzige Grund zu leben in Schönheit und Liebe.

»Von der Depesche hat nämlich Roubaud gesprochen«, bemerkte Herr de Lachesnaye trocken. »Wenn eine Depesche nicht existiert hat, dann hat der Präsident nicht zu ihm sagen können, er hätte eine erhalten. Warum hat Roubaud gelogen?«

»Aber«, rief Herr Denizet in leidenschaftlichem Eifer aus, »diese Depesche kann der Präsident sehr wohl erfunden haben, um den Roubauds seine plötzliche Abreise zu erklären. Nach ihrer eigenen Aussage beabsichtigte er, erst am nächsten Tage abzureisen; und da er sich in demselben Zug befand wie sie, brauchte er irgendeinen Grund, wenn er ihnen nicht den wahren Grund nennen wollte, den wir übrigens alle nicht kennen . . . Das ist belanglos, das führt zu nichts.«

Abermals trat Stille ein. Als der Richter weitersprach, war er ganz ruhig, legte eine große Behutsamkeit an den Tag.

»Madame, ich muß jetzt ein besonders heikles Thema berühren, und ich bitte Sie, mir die Art meiner Fragen zu verzeihen. Niemand achtet das Andenken Ihres Herrn Bruders mehr als ich . . . Es waren da Gerüchte im Umlauf, nicht wahr, man sagte, er habe Liebschaften gehabt.«

Frau Bonnehon hatte mit ihrer unendlichen Duldsamkeit wieder zu lächeln begonnen.

»Ach, mein Lieber, in seinem Alter! – Mein Bruder ist früh Witwer gewesen, ich habe mich nie für berechtigt gehalten, das für schlecht zu erachten, was er selbst für gut erachtete. Er hat also gelebt, wie es ihm beliebte, ohne daß ich mich in irgend etwas in seinem Dasein hineingemischt habe. Was ich weiß, ist, daß er sich nie etwas vergeben hat und bis zum Ende ein Mann der besten Gesellschaft geblieben ist.«

Berthe, der die Luft wegblieb, weil in ihrer Gegenwart von den Geliebten ihres Vaters gesprochen wurde, hatte die Augen niedergeschlagen, während sich ihr Mann, ebenso verlegen wie sie, vor dem Fenster aufgepflanzt hatte und den anderen den Rücken zukehrte.

»Verzeihen Sie, wenn ich noch weiter frage«, sagte Herr Denizet. »War da bei Ihnen nicht eine Geschichte mit einer jungen Zofe gewesen?«

»Ach ja. Louisette . . . Aber, mein Lieber, das war ein lasterhaftes Ding, das mit vierzehn Jahren Beziehungen zu einem vorbestraften Mann hatte. Ihren Tod hat man gegen meinen Bruder ausschlachten wollen. Das ist eine Niederträchtigkeit, ich werde Ihnen das erzählen.« Ohne Zweifel war sie guten Glaubens. Obgleich sie wußte, was sie vom Lebenswandel des Präsidenten zu halten hatte, und obgleich sein tragischer Tod sie nicht überrascht hatte, empfand sie das Bedürfnis, die hohe gesellschaftliche Stellung der Familie zu verteidigen. Wenn sie übrigens in dieser unglückseligen Geschichte mit Louisette auch durchaus glaubte, daß er die Kleine hatte haben wollen, so war sie in gleichem Maße von deren früher Verderbtheit überzeugt. »Stellen Sie sich eine Göre vor, oh, so klein, so zart, blond und rosig wie ein Engelchen, und sanftmütig dazu, so sanftmütig wie eine heilige Rührmichnichtan, der man die Kommunion ohne Beichte gegeben hätte ... Nun, sie war erst vierzehn Jahre alt, als sie schon die Liebste von so einem viehischen Kerl war, von einem Steinbrucharbeiter namens Cabuche, der gerade fünf Jahre Gefängnis verbüßt hatte, weil er in einem Wirtshaus einen Mann umgebracht hatte. Dieser Bursche lebte wie ein Wilder am Rande des Waldes von Bécourt, wo ihm sein vor Gram gestorbener Vater eine aus Baumstämmen und Erde bestehende Hütte hinterlassen hatte. Dort baute er hartnäckig eine Ecke in den verlassenen Steinbrüchen ab, die früher, wie ich wohl glaube, die Hälfte der Steine geliefert haben, mit denen Rouen erbaut wurde. Und eben in diesem versteckt liegenden Bau pflegte die Kleine ihren Werwolf aufzusuchen, vor dem die ganze Gegend so große Angst hatte, daß er völlig einsam wie ein Pestkranker lebte. Oft traf man sie zusammen, wie sie, sich an der Hand haltend, in den Wäldern umherstreiften, sie so allerliebst, er massig und tierisch. Kurzum, eine unglaubliche Verderbtheit ... Natürlich sind mir diese Dinge erst später zu Ohren gekommen. Louisette hatte ich fast aus Nächstenliebe, um ein gutes Werk zu tun, zu mir genommen. Ihre Familie, diese Misards, die, wie ich wußte, arm waren, hatten sich wohlweislich gehütet, mir zu sagen, daß sie das Mädchen krumm und lahm geschlagen hatten, ohne es davon abhalten zu können, daß es zu Cabuche lief, sobald eine Tür unverschlossen blieb ... Und da ist das Unglück eben passiert. Mein Bruder hatte in Doinville keine eigenen Bediensteten. Louisette und eine andere Frau besorgten den Haushalt in dem entlegenen Pavillon, den er bewohnte. Eines Morgens, als sie sich allein dorthin begeben hatte, verschwand sie plötzlich. Meiner Meinung nach plante sie ihre Flucht seit langem, vielleicht wartete ihr Liebhaber auf sie und hatte sie mitgenommen ... Das Entsetzliche aber war, daß sich fünf Tage später das Gerücht von Louisettes Tod verbreitete und Einzelheiten über einen Vergewaltigungsversuch erzählt wurden, den mein Bruder unter so scheußlichen Umständen unternommen haben sollte, daß das Kind kopflos zu Cabuche gerannt und, wie es hieß, an einer Gehirnhautentzündung gestorben sei. Was war wirklich geschehen? Es sind so viele Versionen in Umlauf gewesen, daß es schwierig ist, das zu sagen. Ich für mein Teil glaube, daß Louisette, die tatsächlich an einer bösen fieberhaften Entzündung gestorben ist, denn das hat ein Arzt festgestellt, irgendeiner Unvorsichtigkeit zum Opfer gefallen ist, die auf die unter freiem Himmel verbrachten Nächte, auf die Herumstrolchereien in den Sümpfen zurückzuführen ist ... Nicht wahr, mein Lieber, Sie sind doch nicht der Ansicht, daß mein Bruder diese Göre zu Tode gequält hat. Das ist widerwärtig, das ist unmöglich.«

Während dieses Berichtes hatte Herr Denizet aufmerksam zugehört, ohne Billigung oder Mißbilligung zu bekunden.

Und Frau Bonnehon war leicht verlegen, wie sie zum Schluß kommen sollte; dann sagte sie kurz entschlossen: »Mein Gott, ich sage ja gar nicht, daß mein Bruder nicht seinen Scherz mit ihr hätte treiben wollen. Er liebte die Jugend, er war unter seinem strengen Äußeren sehr fröhlich. Kurzum, nehmen wir an, er hätte sie geküßt.«
Bei diesem Wort erhob sich bei den Lachesnayes schamhafte Empörung.
»Aber Tante, Tante!«
Aber sie zuckte die Achseln: warum sollte sie die Justiz belügen?
»Er hat sie geküßt, vielleicht auch gekitzelt. Da ist doch kein Verbrechen dabei ... Und was mich zu dieser Annahme bringt, ist der Umstand, daß die erdichtete Geschichte nicht von dem Steinbrucharbeiter stammt. Die Lügnerin muß also Louisette sein, die lasterhafte Göre, die die Dinge aufgebauscht hat, damit ihr Liebster sie vielleicht bei sich behielt, so daß dieser, ein viehischer Kerl, wie ich Ihnen sagte, sich schließlich guten Glaubens eingebildet hat, man habe ihm seine Geliebte getötet ... Er war tatsächlich verrückt vor Wut, in allen Wirtshäusern sagte er immer wieder, wenn der Präsident ihm in die Hände gerate, dann werde er ihn abstechen wie ein Schwein ...«
Der Richter, der bis dahin schweigsam geblieben war, unterbrach sie lebhaft.
»Das hat er gesagt, können Zeugen es bestätigen?«
»Oh, mein Lieber, deren finden Sie, so viele Sie wollen ... Wie gesagt, eine recht traurige Angelegenheit, wir haben viel Scherereien gehabt. Zum Glück machte die Stellung meines Bruders ihn über jeden Verdacht erhaben.« Soeben hatte Frau Bonnehon begriffen, welche neue Spur Herr Denizet verfolgte; und darüber war sie ziemlich besorgt, sie

zog es vor, sich da nicht durch weiteres Fragenstellen noch mehr einzulassen.

Er hatte sich erhoben, er sagte, er wolle die schmerzliche Bereitwilligkeit der Familie nicht länger über Gebühr in Anspruch nehmen. Auf seine Anweisung las der Gerichtsschreiber die Vernehmungsprotokolle vor, bevor er sie von den Zeugen unterzeichnen ließ. Sie waren von tadelloser Korrektheit, diese Vernehmungsprotokolle, von überflüssigen und kompromittierenden Worten so gut gereinigt, daß Frau Bonnehon, die Feder noch in der Hand, einen Blick voll wohlwollender Überraschung auf diesen fahlen, knochigen Laurent warf, den sie noch nicht angeschaut hatte.

Als der Richter dann sie sowie ihren Neffen und ihre Nichte zur Tür geleitete, drückte sie ihm die Hände.

»Auf baldiges Wiedersehen, nicht wahr? Sie wissen ja, Sie werden in Doinville immer erwartet ... Und danke, Sie sind einer meiner letzten Getreuen.«

Ihr Lächeln hatte sich wehmutsvoll verschleiert, während ihre Nichte, die mit frostiger Miene als erste hinausgegangen war, nur einen flüchtigen Gruß übrig gehabt hatte.

Als Herr Denizet allein war, holte er eine Minute Atem. Er war stehengeblieben und überlegte. Für ihn wurde der Fall klar, von seiten Grandmorins, dessen Ruf bekannt war, war sicherlich Gewalt im Spiel gewesen. Dies machte die Untersuchung heikel, er nahm sich vor, doppelt vorsichtig zu sein, bis die Winke aus dem Ministerium, auf die er wartete, eingetroffen waren. Aber nichtsdestoweniger triumphierte er. Endlich hatte er den Täter. Er nahm seinen Platz am Schreibtisch wieder ein und läutete dem Gerichtsdiener.

»Lassen Sie den Jacques Lantier herein.«

Auf der Bank im Korridor warteten noch immer die Roubauds mit ihren verschlossenen, gleichsam vor Geduld schläfrigen Gesichtern, die mitunter von einem nervösen Zucken bewegt wurden. Und die Stimme des Gerichtsdieners, der Jacques aufrief, schien sie zu wecken, denn sie fuhren leicht zusammen. Sie schauten ihn mit ihren weit aufgerissenen Augen nach, sie sahen ihn im Zimmer des Richters verschwinden. Dann sanken sie, noch blasser geworden, schweigsam in ihr Warten zurück.

Bei diesem ganzen Fall wurde Jacques seit drei Wochen ein Unbehagen nicht los, als könnte er sich am Ende gegen ihn wenden. Das war wider alle Vernunft, denn er hatte sich ja nichts vorzuwerfen, nicht einmal, daß er geschwiegen hatte; und dennoch trat er bei dem Richter nur mit dem leisen Schaudern des Schuldigen ein, der fürchtet, sein Verbrechen könnte aufgedeckt werden; und er war vorsichtig bei jeder Frage, er gab auf sich acht, aus Furcht, zu viel zu sagen. Auch er war ja zu töten fähig: stand das nicht in seinen Augen zu lesen? Nichts war ihm unangenehmer als diese gerichtlichen Vorladungen, er empfand eine Art Zorn darüber, denn er sehne sich danach, wie er sagte, nicht mehr mit Geschichten belästigt zu werden, die ihn nichts angingen.

Übrigens bestand Herr Denizet an diesem Tage nur auf der Personenbeschreibung des Mörders. Nur Jacques könne genaue Angaben machen, weil er der einzige Zeuge sei, der den Mörder flüchtig gesehen habe.

Aber Jacques ging von seiner ersten Aussage nicht ab, er sagte immer wieder, die Mordszene sei für ihn eine kaum sekundenlange Vision geblieben, ein so schnell vorüberhuschendes Bild, daß es ihm gleichsam formlos, unwirklich im Gedächtnis hafte. Es sei nur ein Mann gewesen, der gerade einem anderen die Kehle durchschnitt, und weiter nichts.

Eine halbe Stunde lang setzte ihm der Richter mit schleppender Hartnäckigkeit zu, stellte ihm dieselbe Frage in jeder nur erdenklichen Hinsicht: Sei er groß, sei er klein gewesen? Habe er einen Bart, habe er langes oder kurzes Haar gehabt? Welche Art Kleidungsstücke habe er getragen? Welchem Stand habe er wohl angehört? Und verwirrt gab Jacques immer nur nichtssagende Antworten.

»Kurzum«, fragte Herr Denizet jäh und sah ihm in die Augen, »würden Sie ihn wiedererkennen, wenn man ihn Ihnen zeigte?«

Jacques zuckte leicht mit den Augenlidern, Beklemmung befiel ihn bei diesem Blick, der seinen Schädel durchwühlte. Er erforschte laut sein Gewissen.

»Ihn wiedererkennen ... ja ... vielleicht.« Aber schon trieb ihn seine seltsame Angst vor einer unbewußten Mitschuld zu seiner ausweichenden Methode zurück. »Nein, doch nicht, ich glaube nicht, nie würde ich das zu behaupten wagen. Bedenken Sie doch! Bei einer Geschwindigkeit von achtzig Stundenkilometern!«

Entmutigt wollte ihn der Richter eben mit einer Handbewegung in den Nebenraum hinübergehen lassen, um ihn sich zur Verfügung zu halten, als er sich plötzlich anders besann.

»Bleiben Sie, setzen Sie sich.« Und nachdem er erneut dem Gerichtsdiener geläutet hatte, sagte er: »Führen Sie Herrn und Frau Roubaud herein.«

Schon an der Tür trübten sich bei Jacques' Anblick die Augen der beiden vor unruhigem Flackern. Hatte er geredet? Behielt man ihn da, um ihn ihnen gegenüberzustellen? Ihre ganze Sicherheit schwand dahin, weil sie wußten, daß er da war; und sie antworteten anfangs mit ein wenig tonloser Stimme. Aber der Richter hatte lediglich ihr erstes Vernehmungsprotokoll wieder vorgenommen, sie brauchten nur dieselben, fast gleichlautenden Sätze zu wiederholen, während er ihnen mit gesenktem Kopf zuhörte, ohne sie auch nur anzusehen.

Dann wandte er sich mit einemmal Séverine zu:

»Madame, zu dem Bahnpolizeikommissar, dessen Protokoll ich hier habe, haben Sie gesagt, Ihrer Ansicht nach sei in Rouen ein Mann in das Halbabteil gestiegen, als der Zug anfuhr.«

Sie war ganz betroffen. Warum erinnerte er daran? War das eine Falle? Wollte er sie dadurch veranlassen, sich selber zu widersprechen, indem er ihre Aussagen verglich? Daher blickte sie ihren Mann ratsuchend an, und er griff klugerweise ein.

»Ich glaube nicht, mein Herr, daß meine Frau sich so bestimmt ausgedrückt hat.«

»Verzeihung... Als Sie diese Möglichkeit äußerten, hat Ihre Frau gesagt: ›So ist es sicherlich gewesen‹... Nun, Madame, ich möchte wissen, ob Sie besondere Gründe hatten, so zu reden.«

Sie wurde vollends verwirrt, denn sie war überzeugt, daß er sie, wenn sie nicht auf der Hut war, Antwort für Antwort zu Geständnissen bringen würde. Doch sie durfte nicht schweigen.

»O nein, mein Herr, keinerlei Grund... Das muß ich infolge einer einfachen Überlegung gesagt haben, weil es wirklich schwierig ist, sich die Dinge auf andere Art und Weise zu erklären.«

»Also, Sie haben den Mann nicht gesehen, Sie können uns nichts über ihn mitteilen?«

»Nein, nein, mein Herr, nichts!«
Herr Denizet schien diesen Punkt der Untersuchung aufzugeben. Aber bei Roubaud kam er sofort wieder darauf zurück.
»Und Sie, wie kommt es, daß Sie den Mann nicht gesehen haben, wenn er tatsächlich eingestiegen ist, denn aus Ihrer Aussage selbst geht doch hervor, daß Sie sich noch mit dem Opfer unterhielten, als zur Abfahrt gepfiffen wurde?«
Diese Beharrlichkeit erfüllte den stellvertretenden Stationsvorsteher schließlich mit Schrecken, denn in seiner Angst wußte er nicht, wie er sich entscheiden sollte: den erfundenen Mann fallenlassen oder darauf beharren. Hatte man Beweise gegen ihn, so war die Hypothese mit dem unbekannten Mörder schwerlich aufrechtzuerhalten und

konnte seine Lage sogar verschlimmern. Er wollte abwarten, um dahinterzukommen, worum es ging, er antwortete umständlich mit verworrenen Erklärungen.

»Es ist wirklich ärgerlich«, fuhr Herr Denizet fort, »daß Ihre Erinnerungen so unklar sind, denn Sie würden uns helfen, die Verdachtsmomente, die sich auf verschiedene Personen hin verirrt haben, aus der Welt zu schaffen.«

Dies schien so auf Roubaud gemünzt zu sein, daß er ein unwiderstehliches Bedürfnis empfand, seine Unschuld zu beteuern. Er sah sich entdeckt, sein Entschluß war sogleich gefaßt.

»Es ist eine so große Gewissensfrage damit verbunden! Man zögert, Sie verstehen, nichts ist natürlicher. Wenn ich Ihnen gestehen würde, daß ich ihn tatsächlich gesehen zu haben glaube, den Mann . . .«

Der Richter machte eine triumphierende Gebärde, in der Meinung, diese beginnende Offenheit sei seiner Geschicklichkeit zu verdanken. Er pflegte zu sagen, aus Erfahrung kenne er das seltsame Widerstreben, mit dem manche Zeugen das bekennen, was sie wissen; und er schmeichle sich, das aus ihnen gegen ihren Willen herauszuholen.

»So reden Sie doch . . . Wie sieht er aus? Klein, groß, ungefähr Ihre Figur?«

»O nein, nein, viel größer . . . Jedenfalls hatte ich diesen Eindruck, denn es ist ja bloß ein Eindruck, ein Mensch, den ich fast mit Sicherheit gestreift habe, als ich zu meinem Wagen zurücklief.«

»Warten Sie«, sagte Herr Denizet. Und sich zu Jacques wendend, fragte er ihn: »War der Mann, den Sie flüchtig mit dem Messer in der Faust gesehen haben, größer als Herr Roubaud?«

Der Lokomotivführer, der ungeduldig wurde, denn er begann zu fürchten, er könnte den Fünf-Uhr-Zug nicht mehr erreichen, blickte auf, musterte Roubaud; und er schien ihn nie betrachtet zu haben, er wunderte sich, ihn untersetzt zu finden, kräftig, mit sonderbarem Profil, das er anderswo gesehen, von dem er vielleicht geträumt hatte.

»Nein«, murmelte er, »größer nicht, ungefähr dieselbe Figur.«

Aber der stellvertretende Stationsvorsteher erhob lebhaft Einspruch:

»Oh, viel größer, mindestens einen ganzen Kopf größer.«

Jacques hielt die Augen weit geöffnet auf ihn gerichtet; und Roubaud bewegte sich unter diesem Blick, in dem er wachsende Überraschung las, unruhig hin und her, als wolle er der Ähnlichkeit mit sich selbst entgehen, während auch seine Frau, zu Eis erstarrt, das dumpfe Arbeiten des Gedächtnisses verfolgte, das sich im Gesicht des jungen Mannes widerspiegelte. Offensichtlich hatte sich dieser zuerst über gewisse Übereinstimmungen zwischen Roubaud und dem Mörder gewundert; dann war ihm soeben die jähe Gewißheit gekommen, daß Roubaud der Mörder war, wie man schon gemunkelt hatte; jetzt schien er nun ganz im Banne dieser Entdeckung zu stehen, er sperrte Mund und Augen auf, aber unmöglich konnte man herausbekommen, was er tun würde, weil er es selbst nicht wußte. Redete er, so war das Ehepaar verloren. Roubauds Augen waren seinen Augen begegnet, beide sahen einander bis auf den Grund der Seele. Es trat Schweigen ein.

»Nun, Sie sind also nicht ein und derselben Meinung«, meinte Herr Denizet. »Wenn Sie ihn eben kleiner gesehen haben, so kommt es zweifellos daher, daß er beim Kampf mit seinem Opfer gebückt dastand.« Auch er sah die beiden Männer an. Er hatte nicht daran gedacht, diese Gegen-

überstellung so auszunutzen; aber aus Berufsinstinkt fühlte er in dieser Minute, daß die Wahrheit in der Luft schwebte. Dadurch wurde sogar sein Vertrauen auf die Spur Cabuche erschüttert. Sollten die Lachesnayes etwa recht gehabt haben? Sollten die Schuldigen wider alle Wahrscheinlichkeit dieser rechtschaffene Angestellte und seine so sanftmütige junge Frau sein?
»Hatte der Mann einen Vollbart wie Sie?« fragte er Roubaud.
Dieser hatte die Kraft zu antworten, ohne daß seine Stimme zitterte: »Einen Vollbart, nein, nein! Überhaupt keinen Bart, glaube ich.«
Jacques begriff, daß ihm gleich dieselbe Frage gestellt werden würde. Was sollte er sagen? Denn er selber hätte gut und gern geschworen, daß der Mann einen Vollbart trug. Eigentlich interessierten ihn diese Leute gar nicht, warum sollte er nicht die Wahrheit sagen? Als er aber die Augen von dem Ehemann abwandte, begegnete er dem Blick der Frau; und in diesem Blick las er ein so heißes Flehen, ein so völliges Sichschenken ihres ganzen Wesens, daß es ihn umwarf. Der Schauder von einst überlief ihn wieder: liebte er sie denn, würde er sie denn lieben können, wie man aus Liebe liebt, ohne jene ungeheuerliche Gier zu töten? Und in diesem Augenblick war ihm durch eine seltsame Gegenwirkung seiner Verwirrung so, als trübe sich sein Gedächtnis, er erkannte in Roubaud nicht mehr den Mörder wieder. Die Vision verblaßte wieder, ihn überkam so starker Zweifel, daß er es tödlich bereut haben würde, wenn er geredet hätte.
Herr Denizet stellte die Frage:
»Hatte der Mann einen Vollbart wie Herr Roubaud?«
Und Lantier erwiderte guten Glaubens:

»Mein Herr, ich kann es wirklich nicht sagen. Ich wiederhole, es ging zu schnell. Ich weiß nichts, ich kann nichts behaupten.«

Aber Herr Denizet ließ nicht locker, denn er wünschte den auf dem stellvertretenden Vorsteher ruhenden Verdacht aus der Welt zu schaffen. Er setzte ihm zu, und er setzte dem Lokomotivführer zu, es gelang ihm, von dem ersteren eine vollständige Personenbeschreibung des Mörders zu bekommen: groß, stark, bartlos, mit einem Kittel bekleidet, in allem das Gegenteil seiner eigenen Personenbeschreibung; aus dem zweiten dagegen holte er nur noch ausweichende einsilbige Äußerungen heraus, die die Behauptungen des anderen untermauerten. Und der Richter kehrte wieder zu seiner ersten Überzeugung zurück: er war auf der richtigen Spur, das Bild, das der Zeuge von dem Mörder entwarf, erwies sich als so genau, daß jeder neue Zug die Gewißheit verstärkte. Eben dieses zu Unrecht verdächtigte Ehepaar würde durch seine vernichtende Aussage bewirken, daß der Kopf des Schuldigen rollte.

»Gehen Sie dort hinein«, sagte er zu den Roubauds und zu Jacques und ließ sie in den Nebenraum hinüber gehen, als sie ihre Vernehmungsprotokolle unterschrieben hatten. »Warten Sie, bis ich Sie rufe.« Unverzüglich ordnete er die Vorführung des Häftlings an; und er war so glücklich, daß er sich seinem Schreiber gegenüber gutgelaunt zu den Worten verstieg: »Laurent, wir haben ihn.«

Die Tür ging auf, zwei Gendarmen erschienen, die einen großen Kerl von fünfundzwanzig bis dreißig Jahren hereinführten. Auf einen Wink des Richters zogen sie sich zurück, und verdutzt, mit raubtierhaft gesträubtem Haar wie ein gestelltes Wild, blieb Cabuche allein in der Mitte des Amtszimmers stehen. Er war ein Kerl mit mächtigem Hals, ungeheuren Fäusten, blond, sehr hellhäutig, mit spärlichem Bart, nur eben einem goldigen, seidenweich sich kräuselnden Flaum. Das massige Gesicht, die niedrige Stirn verrieten die Gewalttätigkeit des beschränkten Wesens, das sich ganz von der unmittelbaren Empfindung leiten läßt; aber in dem breiten Mund und der eckigen Nase eines guten Hundes lag gleichsam ein Bedürfnis nach zärtlicher Unterwürfigkeit. Da er brutal in aller Frühe aus seinem Bau, aus seinem Wald gerissen und erbittert war über die Anschuldigungen, die er nicht begriff, hatte er in seiner Verstörtheit und in seinem zerrissenen Kittel bereits das verdächtige Aussehen eines Angeklagten, eines tückischen Banditen, das das Gefängnis auch dem ehrlichsten Menschen verleiht. Die Nacht brach an, der Raum war düster, und Cabuche verkroch sich in das Dunkel, da brachte der Gerichtsdiener eine große Lampe mit kahler Glocke, deren grelles Licht sein Gesicht beschien. Entdeckt verharrte er nun regungslos.

Sogleich hatte Herr Denizet seine hellen, geschwollenen Augen mit den schweren Lidern auf ihn geheftet. Und er sprach nicht, es war das stumme Vorgefecht, die erste Probe seiner Macht vor dem Krieg mit dem Wilden, einem Krieg mit Listen, Fallen, seelischen Foltern. Dieser Mann war der Täter, gegen ihn war fortan alles erlaubt, er hatte nur noch das Recht, sein Verbrechen zu gestehen.

Ganz langsam begann die Vernehmung.

»Wissen Sie, welchen Verbrechens Sie beschuldigt werden?«

Die Stimme war teigig, vor ohnmächtigem Zorn brummte Cabuche:

»Gesagt hat man mir's nicht, aber ich kann mir's schon denken. Es ist ja genug darüber gesprochen worden!«

»Kannten Sie Herrn Grandmorin?«
»Ja, ja, ich kannte ihn nur zu gut!«
»Ein Mädchen namens Louisette, Ihre Geliebte, ist als Zofe bei Frau Bonnehon in Stellung gewesen.«
Vor Wut auffahrend, ließ der Steinbrucharbeiter sich hinreißen. Wenn er zornig war, dann sah er rot.
»Gottverdammt! Die das sagen, sind verfluchte Lügner. Louisette war nicht meine Geliebte.«
Neugierig hatte der Richter zugesehen, wie er böse wurde. Und in der Vernehmung einen Haken schlagend, sagte er:
»Sie sind sehr gewalttätig, Sie sind zu fünf Jahren Gefängnis verurteilt worden, weil Sie bei einem Streit einen Mann erschlagen haben.«
Cabuche senkte den Kopf. Diese Verurteilung war die Schande seines Lebens. Er murmelte:
»Er hatte zuerst zugeschlagen... Ich habe nur vier Jahre abgesessen, ein Jahr hat man mir erlassen.«
»Also«, meinte Herr Denizet, »Sie behaupten, das Mädchen Louisette sei nicht Ihre Geliebte gewesen?«
Erneut ballte Cabuche die Fäuste. Dann sagte er mit leiser, stockender Stimme:
»Verstehen Sie doch, sie war ja ein kleines Mädchen, noch keine vierzehn Jahre alt, als ich rausgekommen bin... Damals ging mir jeder aus dem Wege, mit Steinen hätte man mich beworfen. Und im Wald, wo ich sie immer getroffen habe, kam sie näher, sie unterhielt sich mit mir, sie war nett, oh, so nett... So sind wir denn eben Freunde geworden. Beim Spazierengehen haben wir uns bei der Hand gehalten. Es war so schön damals, so schön! – Sicher, sie wurde größer, und ich habe mir auch so meine Gedanken über sie gemacht. Ich kann nicht das Gegenteil behaupten, wie ein Verrückter war ich, so sehr liebte ich sie. Sie liebte mich

ebenfalls heftig, und am Ende wäre wohl das eingetroffen, was Sie sagen, da hat man sie von mir getrennt und zu dieser Dame nach Doinville gesteckt ... Als ich dann eines Abends aus dem Steinbruch zurückkam, habe ich sie vor meiner Tür gefunden, halb verrückt, so fix und fertig, daß sie vor Fieber glühte. Zu ihren Eltern heimzukehren hatte sie nicht gewagt, sie kam zu mir, um bei mir zu sterben ... Ach, gottverdammt, dieses Schwein! Sofort hätte ich hinrennen sollen und ihn abstechen!«

Erstaunt über den aufrichtigen Tonfall dieses Mannes, kniff der Richter die schlauen Lippen zusammen. Man mußte entschieden vorsichtig zu Werke gehen, er hatte es mit einem stärkeren Gegner zu tun, als er geglaubt hatte.

»Ja, ich kenne die entsetzliche Geschichte, die Sie und dieses Mädchen sich ausgedacht haben. Bedenken Sie doch bloß, daß Herr Grandmorin durch sein ganzes Leben über Ihre Anschuldigungen erhaben war.«

Bestürzt, mit runden Augen, zitternden Händen, stammelte der Steinbrucharbeiter:

»Was? Was haben wir uns ausgedacht? – Lügen tun die anderen, und uns beschuldigt man der Lügereien!«

»Allerdings, tun Sie doch nicht so unschuldig ... Misard, den Mann, der die Mutter Ihrer Geliebten geheiratet hat, habe ich bereits vernommen. Nötigenfalls werde ich ihn Ihnen gegenüberstellen. Sie werden ja sehen, was gerade er von Ihrer Geschichte hält ... Und geben Sie gut auf Ihre Antworten acht. Wir haben Zeugen, wir wissen alles, Sie täten besser daran, die Wahrheit zu sagen.« Das war seine übliche Einschüchterungstaktik, selbst wenn er nichts wußte und keine Zeugen hatte. »So wollen Sie leugnen, daß Sie öffentlich überall herumgeschrien haben, Sie würden Herrn Grandmorin abstechen?«

»Ach ja, das habe ich gesagt. Und zwar aus voller Überzeugung, das können Sie mir glauben! Denn mir juckte verdammt die Hand!«

Überrascht horchte Herr Denizet auf, der darauf gefaßt war, Cabuche würde systematisch alles ableugnen. Wie, der Angeklagte gab seine Drohungen zu? Welche List verbarg sich dahinter? In der Furcht, zu rasch vorgegangen zu sein, sammelte er sich einen Augenblick, sah ihn dann scharf an und stellte ihm jäh die Frage:

»Was haben Sie in der Nacht vom 14. zum 15. Februar gemacht?«

»Ich bin gegen sechs Uhr schlafen gegangen... Mir war nicht ganz wohl, und mein Cousin Louis hat mir sogar den Gefallen getan, eine Ladung Steine nach Doinville zu fahren.«

»Ja, Ihr Cousin ist mit dem Wagen gesehen worden, wie er beim Bahnübergang die Gleise überquerte. Aber bei der Vernehmung hat Ihr Cousin nur eins sagen können: daß Sie sich nämlich gegen Mittag von ihm getrennt haben und daß er Sie nicht mehr wiedergesehen hat... Beweisen Sie mir, daß Sie um sechs Uhr im Bett gelegen haben.«

»Na, hören Sie mal, das ist dumm, das kann ich nicht beweisen. Ich wohne in einem ganz einsamen Haus am Waldrand... Dort war ich, ich sag's ja, und das ist alles.«

Da entschloß sich Herr Denizet, zum entscheidenden Schlag auszuholen und die sich aufdrängende Behauptung vorzubringen. Vor Willensanspannung wurde sein Gesicht unbeweglich, während sein Mund die Szene spielte.

»Dann werde ich es Ihnen sagen, was Sie am 14. Februar abends gemacht haben... Um drei Uhr haben Sie in Barentin den Zug nach Rouen genommen, zu welchem Zweck, hat die Untersuchung noch nicht ermitteln können.

Sie hatten vor, mit dem Pariser Zug zurückzukommen, der um neun Uhr drei in Rouen eintrifft; und Sie standen in der Menge auf dem Bahnsteig, als Sie Herrn Grandmorin in seinem Halbabteil erblickten. Wohlgemerkt, ich lasse durchaus gelten, daß Sie ihm nicht aufgelauert haben, daß Ihnen erst da der Gedanke an das Verbrechen gekommen ist... In dem allgemeinen Gedrängel sind Sie eingestiegen, dann haben Sie gewartet bis zum Tunnel von Malaunay, aber Sie haben die Zeit schlecht berechnet, denn als Sie die Tat ausführten, verließ der Zug gerade den Tunnel... Und sie haben die Leiche hinausgeworfen, und nachdem Sie sich auch der Reisedecke entledigt hatten, sind Sie in Barentin ausgestiegen... So, das haben Sie gemacht.«

Er spähte nach den geringsten Wellen auf Cabuches rosigem Gesicht, und als dieser nach anfänglicher gespannter Aufmerksamkeit schließlich laut in herzliches Lachen ausbrach, geriet er in Zorn.

»Was erzählen Sie da... Wenn ich die Tat begangen hätte, dann würde ich es sagen.« Dann meinte Cabuche seelenruhig: »Ich habe es nicht getan, aber ich hätte es tun sollen. Gottverdammt! Ja, es tut mir leid, daß ich es nicht getan habe.«

Und etwas anderes konnte Herr Denizet nicht aus ihm herausbringen. Vergebens begann er mit seinen Fragen wieder von vorn, kam, verschiedene Taktiken anwendend, zehnmal auf dieselben Punkte zurück.

Nein! Immerzu nein! Er sei es nicht gewesen. Er zuckte die Achseln, fand das dumm. Bei seiner Verhaftung hatte man seine Hütte durchsucht, ohne die Waffe, die zehn Banknoten oder die Uhr zu entdecken; man hatte aber eine mit einigen Tröpfchen Blut befleckte Hose beschlagnahmt, ein

vernichtendes Beweisstück. Von neuem hatte er zu lachen begonnen: auch so eine schöne Geschichte, ein in der Schlinge gefangenes Kaninchen, von dem ihm Blut auf die Beine getropft sei!
Und in seiner fixen Idee, die er von dem Verbrechen hatte, verlor nun der Richter durch übermäßige berufliche Schläue den Boden unter den Füßen, denn er komplizierte, ging über die einfache Wahrheit hinaus. Dieser beschränkte Mensch, der unfähig war, mit List zu kämpfen, der von unbezwinglicher Stärke war, wenn er nein, immerzu nein sagte, brachte ihn allmählich außer sich; denn für ihn war er der Schuldige, jedes neue Abstreiten brachte ihn wie verbohrtes Verharren in Wildheit und Lüge noch mehr auf. Er würde ihn schon zwingen, sich zu widersprechen.
»Sie streiten das also ab?«
»Sicher, wo ich's doch nicht gewesen bin . . . Wenn ich's gewesen wäre, na, dann würde ich ja zu stolz darauf sein, dann würde ich es sagen.«
Mit einer jähen Bewegung stand Herr Denizet auf, ging selber die Tür des kleinen Nebenraumes öffnen. Und als er Jacques hereingerufen hatte, sagte er:
»Erkennen Sie diesen Mann wieder?«
»Ich kenne ihn«, erwiderte der Lokomotivführer überrascht. »Ich habe ihn früher bei den Misards gesehen.«
»Nein, nein . . . Erkennen Sie ihn als den Mann aus dem Eisenbahnwagen, als den Mörder wieder?«
Mit einem Schlag wurde Jacques wieder vorsichtig. Außerdem erkannte er ihn nicht wieder. Der andere war ihm untersetzter, schwarzhaariger vorgekommen. Eben wollte er das angeben, da fand er, daß er sich zu weit vorwage. Und er blieb bei seinen ausweichenden Antworten:

»Ich weiß nicht, ich kann es nicht sagen ... Ich versichere Ihnen, mein Herr, daß ich es nicht sagen kann.«
Ohne zu warten, rief Herr Denizet nun auch die Roubauds herein. Und er stellte ihnen die Frage:
»Erkennen Sie diesen Mann wieder?«
Cabuche lächelte noch immer. Er wunderte sich nicht, er nickte Séverine, die er als junges Mädchen gekannt hatte, als sie in La Croix-de-Maufras wohnte, leicht zu.
Aber sie und ihr Mann waren soeben, als sie ihn hier sahen, zusammengefahren. Sie begriffen: dies war der Verhaftete, von dem Jacques ihnen gesprochen hatte, der Angeklagte, der Anlaß für ihre erneute Vernehmung. Und Roubaud war verblüfft, erschrocken über die Ähnlichkeit dieses Burschen mit dem vermeintlichen Mörder, dessen Personenbeschreibung, das Gegenteil seiner eigenen, er erfunden hatte. Dies hatte sich rein zufällig so ergeben, er war darüber so verwirrt, daß er mit der Antwort zögerte.
»Nun, erkennen Sie ihn wieder?«
»Mein Gott, Herr Richter, ich wiederhole es Ihnen, es ist lediglich ein Eindruck gewesen, ein Mensch, der mich gestreift hat ... Freilich, dieser Mann ist groß wie der andere, und er ist blond, und er hat keinen Bart ...«
»Also erkennen Sie ihn wieder?«
In die Enge getrieben, zitterte der stellvertretende Vorsteher über und über bei diesem dumpfen inneren Ringen. Der Selbsterhaltungstrieb gewann die Oberhand.
»Ich kann es nicht behaupten. Aber etwas ist dran, es ist viel dran, ohne Frage.«
Diesmal begann Cabuche zu fluchen. So langsam öde man ihn mit diesen Geschichten an. Da er es nun mal nicht gewesen sei, wolle er hier weg. Und unter der Woge Blut, die ihm in den Schädel stieg, schlug er mit den Fäusten um sich,

wurde er so fürchterlich, daß die hereingerufenen Gendarmen ihn abführten. Aber angesichts dieser Gewalttätigkeit des angegriffenen Tieres, das zum Sprung ansetzt, das vorwärtsstürzt, triumphierte Herr Denizet. Jetzt stand seine Überzeugung fest, und er ließ es durchblicken.
»Haben Sie seine Augen bemerkt? An den Augen erkenne ich sie nämlich . . . Na, mit dem ist es aus, er gehört uns!«
Regungslos sahen sich die Roubauds an. Was denn? War es vorbei, waren sie gerettet, da die Justiz ja nun den Schuldigen hatte? Sie standen ein wenig benommen da, das Gewissen peinigte sie wegen der Rolle, die zu spielen die Ereignisse sie soeben gezwungen hatten. Aber Freude überflutete sie, schwemmte ihre Skrupel hinweg, und sie lächelten Jacques zu. Erleichtert und nach freier Luft dürstend, warteten sie, daß der Richter sie alle drei entließ, da brachte der Gerichtsdiener diesem einen Brief.
Rasch hatte sich Herr Denizet wieder an seinen Schreibtisch gesetzt, um den Brief aufmerksam zu lesen, wobei er die drei Zeugen ganz vergaß. Es war der Brief aus dem Ministerium, die Winke, auf die er geduldig hätte warten sollen, bevor er die Untersuchung erneut weiter vorantrieb. Und was er las, mußte seinen Triumph wohl dämpfen, denn sein Gesicht wurde allmählich eisig, nahm seine düstere Regungslosigkeit wieder an. Nach einem Weilchen hob er den Kopf, warf einen scheelen Blick auf die Roubauds, als wären sie ihm bei einem der Sätze wieder in Erinnerung gebracht worden.
Ihre kurze Freude war dahin, in ihr Unbehagen zurückgesunken, fühlten sie sich wieder ertappt. Warum hatte er sie nur angesehen? Hatte man in Paris die drei handgeschriebenen Zeilen wiedergefunden, jenes ungeschickte Briefchen, dessentwegen sie von Furcht geplagt wurden? Séve-

rine kannte Herrn Camy-Lamotte gut, da sie ihn oft bei dem Präsidenten gesehen hatte, und sie wußte, daß er damit betraut war, die Papiere des Toten zu ordnen. Roubaud quälte heißes Bedauern, das Bedauern darüber, daß er nicht auf den Gedanken gekommen war, seine Frau nach Paris zu schicken; sie hätte nützliche Besuche machen können, hätte sich zumindest der Protektion des Generalsekretärs versichern können für den Fall, daß die Gesellschaft in ihrem Verdruß über das üble Gerede beabsichtigen sollte, ihn abzusetzen. Und beide wandten keinen Blick mehr von dem Richter, denn sie fühlten, wie ihre Unruhe um so mehr zunahm, je mißmutiger er wurde, weil ihn dieser Brief, der seine ganze Tagesarbeit durcheinanderwarf, sichtlich aus der Fassung brachte.

Endlich ließ Herr Denizet den Brief sinken, und einen Augenblick verweilte er gedankenverloren, die Augen auf die Roubauds und Jacques gerichtet. Resigniert sagte er dann laut zu sich selbst:

»Nun, wir werden ja sehen, wir werden mit all dem noch mal von vorn beginnen . . . Sie können gehen.«

Als die drei aber hinausgingen, konnte er dem Drang, Bescheid zu wissen, den wichtigen Punkt aufzuklären, der sein neues System zunichte machte, nicht widerstehen, obgleich man ihm nahelegte, nichts mehr ohne vorherige Absprache zu tun.

»Nein, bleiben Sie einen Augenblick, Herr Lantier, ich habe Ihnen noch eine Frage zu stellen.«

Auf dem Korridor blieben die Roubauds stehen. Die Türen standen offen, aber sie konnten nicht weg: irgend etwas hielt sie hier fest, die Angst vor dem, was sich im Amtszimmer des Richters abspielte, das physische Unvermögen fortzugehen, solange sie nicht von Jacques die Frage, die

ihm noch gestellt wurde, erfahren hatten. Sie gingen auf und ab, traten von einem Fuß auf den anderen, die Beine wie zerschlagen. Und Schulter an Schulter fanden sie sich auf der Bank wieder, wo sie schon stundenlang gewartet hatten, schweigend hockten sie sich dort schwerfällig hin.
Als der Lokomotivführer wiedererschien, stand Roubaud mühsam auf.
»Wir haben auf Sie gewartet, wir können zusammen zum Bahnhof zurückkehren... Nun?«
Aber Jacques wandte verlegen den Kopf ab, als wolle er Séverines Blick, der sich auf ihn heftete, ausweichen.
»Er weiß sich keinen Rat mehr, er tappt im dunkeln«, sagte er schließlich. »Jetzt hat er mich doch gefragt, ob es nicht zwei gewesen seien, die die Tat begangen hätten. Und da ich in Le Havre von einer schwarzen Masse gesprochen habe, die auf den Beinen des Alten lastete, hat er mich darüber ausgeholt... Er scheint nämlich zu glauben, das sei nur die Decke gewesen. Dann hat er die Decke holen lassen, und ich habe mich äußern müssen... Mein Gott, ja, vielleicht war es die Decke.«
Die Roubauds erbebten. Man war ihnen auf der Spur, ein Wort von diesem Burschen konnte sie ins Verderben stürzen. Sicherlich wußte er Bescheid, am Ende würde er doch reden. Und schweigend, die Frau zwischen den beiden Männern, verließen alle drei den Justizpalast, da meinte der stellvertretende Vorsteher auf der Straße:
»Übrigens, Kumpel, meine Frau wird geschäftehalber nach Paris fahren und einen Tag dort verbringen müssen. Wenn sie was braucht, wäre es sehr nett von Ihnen, wenn Sie's ihr besorgen würden.«

Kapitel 5

Punkt elf Uhr fünfzehn meldete das Stellwerk an der Pont de l'Europe mit den vorschriftsmäßigen zwei Signalhorntönen den Schnellzug aus Le Havre, der aus dem Tunnel unter dem Boulevard des Batignolles hervorstürmte; und gleich darauf wurden die Drehscheiben erschüttert, mit einem kurzen Signalpfiff lief der Zug, mit seinen Bremsen kreischend, qualmend, triefend und klatschnaß vom strömenden Regen, dessen Sintflut seit Rouen nicht aufgehört hatte, in den Bahnhof ein.

Noch hatte das Personal die Wagentüren nicht geöffnet, als eine von innen aufgestoßen wurde und Séverine, noch bevor der Zug zum Halten kam, rasch auf den Bahnsteig sprang. Ihr Wagen befand sich am Ende, inmitten der jähen Woge der aus den Abteilen gestiegenen Reisenden, in einem Wirrwarr von Kindern und Paketen mußte sie sich beeilen, um zur Lokomotive zu gelangen. Dort stand Jacques auf dem Führerstand, wartete darauf, ins Betriebswerk zurückfahren zu können, während Pecqueux mit einem Tuch die Kupferteile abwischte.

»Also abgemacht«, sagte sie und stellte sich auf die Zehenspitzen. »Ich bin um drei Uhr in der Rue Cardinet, und Sie tun mir den Gefallen und stellen mich Ihrem Chef vor, damit ich mich bei ihm bedanke.«

Das hatte sich Roubaud als Vorwand ausgedacht, dieses Dankabstatten beim Vorsteher des Bahnbetriebswerkes von Les Batignolles für irgendeine Gefälligkeit, die er ihr

erwiesen hatte. Auf diese Weise war sie der Fürsorge des Lokomotivführers anvertraut und würde die Bande noch enger knüpfen, würde auf ihn einwirken können.
Aber schwarz von der Kohle, naß, erschöpft vom Kampf gegen Regen und Wind, schaute er sie mit seinen harten Augen an, ohne zu antworten. Bei der Abfahrt aus Le Havre hatte er dem Ehemann die Bitte nicht abschlagen können; doch jene Vorstellung, mit ihr allein zu sein, wühlte ihn auf, denn er fühlte genau, daß er sie jetzt begehrte.
»Nicht wahr«, fuhr sie lächelnd mit ihrem sanften, liebkosenden Blick fort, trotz des Befremdens und des leisen Widerwillens, den sie spürte, als sie ihn so schmutzig sah, daß er kaum wiederzuerkennen war, »nicht wahr, ich kann mich doch auf Sie verlassen.«
Da sie sich noch höher emporgereckt hatte und ihre behandschuhte Hand auf einen eisernen Griff lehnte, warnte Pecqueux sie freundlich:
»Geben Sie acht, Sie werden sich schmutzig machen.«
Nun mußte Jacques antworten. Er tat es in mürrischem Ton:
»Ja, in der Rue Cardinet . . . Wenn dieser verdammte Regen mich nicht gänzlich auflöst. So ein Hundewetter!«
Sie war gerührt über den erbärmlichen Zustand, in dem er sich befand, sie setzte hinzu, als habe er einzig und allein ihretwegen gelitten:
»Oh, sehen Sie aber aus, und ich habe doch so bequem gesessen! – Wissen Sie, ich habe an Sie gedacht, diese Sintflut, die brachte mich zur Verzweiflung . . . Dabei war ich doch so froh bei dem Gedanken, daß Sie mich heute früh herbrachten und heute abend mit dem Schnellzug wieder mit zurücknehmen würden!«

Aber diese nette, so zärtliche Vertrautheit schien ihn nur noch mehr zu verwirren. Er sah erleichtert aus, als eine Stimme »Zurück!« schrie. Rasch betätigte er den Zug der Dampfpfeife, während der Heizer der jungen Frau winkte, beiseite zu treten.
»Um drei Uhr!«
»Ja, um drei Uhr!«
Und während die Lokomotive wieder anfuhr, verließ Séverine den Bahnsteig als letzte. Als sie draußen in der Rue d'Amsterdam ihren Regenschirm aufspannen wollte, war sie froh, daß es nicht mehr regnete. Sie ging bis zum Place du Havre hinunter, besann sich einen Augenblick, entschied sich schließlich, daß sie besser daran tun würde, sofort zu Mittag zu essen. Es war fünf Minuten vor halb zwölf, sie betrat ein Speiselokal an der Ecke der Rue Saint-Lazare, wo sie Spiegeleier und ein Kotelett bestellte. Während sie dann ganz langsam aß, verfiel sie, das Gesicht bleich und umdüstert, ohne ihr fügsames, verführerisches Lächeln, wieder in die Überlegungen, die sie seit Wochen plagten.
Tags zuvor, zwei Tage nach ihrer Vernehmung in Rouen, hatte Roubaud, da er längeres Abwarten für gefährlich erachtete, beschlossen, sie zu Herrn Camy-Lamotte zu schikken, nicht ins Ministerium, sondern zu ihm nach Hause in die Rue de Rocher, wo er ein vornehmes Stadthaus bewohnte, das gerade dem Grandmorins benachbart war. Sie wußte, daß sie ihn um ein Uhr dort antreffen würde, und sie beeilte sich nicht, sie legte sich zurecht, was sie sagen wollte, bemühte sich vorauszusehen, was er antworten würde, um sich durch nichts in Verwirrung bringen zu lassen. Gerade hatte am Tage zuvor ein neuer Anlaß zur Besorgnis ihre Reise beschleunigt: durch den Bahnhofsklatsch

hatten sie erfahren, daß Frau Lebleu und Philomène überall herumerzählten, die Gesellschaft wolle Roubaud entlassen, weil sie ihn für kompromittierend hielt; und das schlimmste war, daß Herr Dabadie auf direktes Befragen nicht nein gesagt hatte, was der Nachricht starkes Gewicht verlieh. Demzufolge wurde es dringlich, daß sie nach Paris eilte, um beider Sache zu vertreten und um vor allem den vielvermögenden Herrn zu bitten, er möge ihnen seine Protektion zukommen lassen, so wie einst der Präsident. Hinter dieser Bitte aber, die zumindest zur Erklärung des Besuches dienen konnte, steckte ein zwingenderes Motiv, ein brennender und unersättlicher Drang, Bescheid zu wissen, jener Drang, der den Verbrecher dazu treibt, sich lieber auszuliefern, als in Unkenntnis zu bleiben. Jetzt, wo sie sich entdeckt fühlten, seitdem Jacques ihnen von dem Verdacht erzählt hatte, wonach ein zweiter des Mordes beschuldigt zu sein schien, brachte die Ungewißheit sie schier um. Sie erschöpften sich in Mutmaßungen, der Brief könnte aufgefunden worden sein, der Tatbestand könnte auf einer neuen Grundlage aufgebaut werden; stündlich waren sie auf Haussuchungen, auf eine Verhaftung gefaßt; und ihre Seelenqual verschlimmerte sich derart, die geringsten Vorkommnisse in ihrer Umgebung gewannen den Anschein einer so besorgniserregenden Drohung, daß sie schließlich die Katastrophe diesen fortwährenden Angstzuständen vorzogen. Gewißheit haben und nicht mehr leiden.

Séverine war, während sie ihr Kotelett aufaß, so in Gedanken versunken, daß sie aufschreckte wie aus dem Schlaf und sich wunderte, in diesem Restaurant zu sein. Alles hatte jetzt einen bitteren Geschmack, sie bekam die Bissen kaum herunter, und sie hatte nicht einmal auf einen Kaffee Appetit. Aber wenn sie auch noch so langsam gegessen hatte, es war kaum Viertel eins, als sie das Restaurant verließ. Noch eine Dreiviertelstunde totzuschlagen! Sie, die für Paris schwärmte, die so selten dorthin kam und dann so gern durch seine Straßen schlenderte, sie fühlte sich dort verloren, war furchtsam und konnte es kaum erwarten, damit zum Ende zu kommen und sich dann zu verstecken. Die Bürgersteige trockneten bereits, ein lauer Wind fegte die Wolken weg. Sie ging die Rue Tronchet hinunter, befand sich auf dem Blumenmarkt an der Madeleine-Kirche, einem jener Märkte, die schon im März, an den bleichen Tagen des zu Ende gehenden Winters, mit ihren Primeln und Azaleen in Blüte stehen. Eine halbe Stunde lang wanderte sie inmitten dieses vorzeitigen Frühlings umher, wieder überkamen sie unbestimmte Träumereien, sie dachte an Jacques wie an einen Feind, den sie entwaffnen mußte. Ihr war so, als liege ihr Besuch in der Rue du Rocher bereits hinter ihr, als ginge nach dieser Seite hin alles gut, als bliebe ihr nichts weiter übrig, als das Stillschweigen dieses Burschen zu erwirken; und dies war ein verwickeltes Unterfangen, bei dem sie sich verlor und ihr Kopf von wunderlichen Plänen geplagt wurde. Aber es war keine Mühe, kein Schrecken damit verbunden, es war von einlullender Süße. Dann sah sie jäh auf der Uhr eines Kioskes, wie spät es war: zehn Minuten nach eins. Ihr Besuch lag noch nicht hinter ihr, schroff sank sie wieder in die Angst vor der Wirklichkeit zurück, eilends ging sie wieder nach der Rue du Rocher hinauf.

Herrn Camy-Lamottes vornehmes Haus lag an der Ecke dieser Straße und der Rue de Naples; und Séverine mußte am Haus von Grandmorin vorübergehen, das stumm, leer, mit geschlossenen Fensterläden dalag. Sie blickte empor, sie beschleunigte den Schritt. Die Erinnerung an ihren letz-

ten Besuch war wieder in ihr aufgetaucht, schrecklich reckte sich dieses große Haus in die Höhe. Und als sie sich in einiger Entfernung mit einer instinktiven Bewegung umwandte und zurückblickte wie jemand, der von der lauten Stimme einer Menschenmenge verfolgt wird, gewahrte sie auf dem gegenüberliegenden Bürgersteig den Untersuchungsrichter von Rouen, Herrn Denizet, der ebenfalls die Straße hinaufging. Sie erschrak. Hatte er sie bemerkt, wie sie einen Blick auf das Haus warf? Aber er schritt ruhig dahin, sie ließ sich überholen, folgte ihm in heftiger Verwirrung. Und als sie ihn an der Ecke der Rue de Naples bei Herrn Camy-Lamotte läuten sah, gab es ihr von neuem einen Stich ins Herz.
Entsetzen hatte sie gepackt. Jetzt würde sie sich nie hineinwagen. Sie kehrte um, wandte sich in die Rue d'Edimbourg, ging bis zur Pont de l'Europe hinunter. Erst dort wähnte sie sich in Sicherheit. Und da sie in ihrer Kopflosigkeit nicht mehr wußte, wo sie hingehen oder was sie tun sollte, stand sie regungslos an eins der Brückengeländer gelehnt da, schaute durch das Metallgerüst hindurch unter sich auf das weite Bahnhofsgelände, wo unablässig Züge hin und her manövrierten. Mit ihren verstörten Augen blickte sie ihnen nach, sie dachte, daß der Richter sicherlich wegen dieser Angelegenheit bei Herrn Camy-Lamotte war und daß sich die beiden Männer über sie unterhielten, daß ihr Schicksal sich in eben dieser Minute entschied. Von Verzweiflung überwältigt, quälte sie da das Verlangen, sich lieber sofort unter einen Zug zu werfen, als in die Rue du Rocher zurückzukehren. Eben verließ ein Zug die Fernbahnhalle, und sie sah zu, wie er herankam und unter ihr vorüberfuhr, wobei er ihr einen lauen Wirbel weißen Dampfes ins Gesicht blies. Dann kamen ihr die törichte Nutzlosigkeit ihrer

Reise, die abscheuliche Angst, die sie mit nach Hause nehmen würde, wenn sie nicht die Energie aufbrachte, sich Gewißheit zu verschaffen, mit solcher Gewalt in den Sinn, daß sie sich fünf Minuten Zeit gab, um ihren Mut wiederzufinden. Lokomotiven gaben Signalpfiffe, sie schaute einer kleinen nach, die einen Vorortzug zerlegte; und als ihre Blicke nach links emporgewandert waren, erkannte sie über dem Hof der Gepäckabfertigung ganz oben im Haus in der Impasse d'Amsterdam das Fenster bei Mutter Victoire, jenes Fenster, in dem sie sich wieder mit ihrem Mann lehnen sah vor dem scheußlichen Auftritt, der beider Unglück verursacht hatte. Dies rief ihr die Gefährlichkeit ihrer Lage ins Bewußtsein, und sie verspürte einen so heftigen stechenden Schmerz, daß sie sich plötzlich bereit fühlte, allem die Stirn zu bieten, um der Sache ein Ende zu machen. Signalhorntöne, ein langgezogenes Brummen betäubten sie, während dichte, über dem weiten, hellen Himmel von Paris aufgeflogene Qualmwolken den Horizont versperrten. Und sie schlug wieder den Weg nach der Rue du Rocher ein, ging dorthin, so wie man Selbstmord verübt, überstürzte ihre Schritte in der jähen Furcht, niemand mehr anzutreffen.

Als Séverine geläutet hatte, ließ ein neuer Schrecken sie zu Eis erstarren. Aber schon hieß ein Diener sie in einem Vorzimmer Platz nehmen, nachdem er sich nach ihrem Namen erkundigt hatte. Und durch die sacht angelehnten Türen hörte sie ganz deutlich die lebhafte Unterhaltung zweier Stimmen. Abermals war tiefes, vollkommenes Schweigen herabgesunken. Sie unterschied nur noch das dumpfe Hämmern ihrer Schläfen, sie sagte sich, der Richter nehme noch Rücksprache, zweifellos werde man sie lange warten lassen; und dieses Warten wurde ihr unerträglich. Dann rief

der Diener sie plötzlich zu ihrer Überraschung und führte sie hinein. Sicherlich war der Richter nicht weggegangen. Sie ahnte, daß er da war, hinter einer Tür verborgen.
Es war ein großes Arbeitszimmer mit schwarzen Möbeln, mit einem dicken Teppich, schweren Portieren, so streng und abgeschlossen, daß keinerlei Geräusch von draußen

hereindrang. Aber Blumen standen da, blasse Rosen in einem bronzenen Korb. Und dies deutete darauf hin, daß hinter jener Strenge so etwas wie eine verborgene Anmut, eine Vorliebe für ein angenehmes Leben vorhanden war. Ganz korrekt in seinen Gehrock gezwängt, stand der Hausherr da, ebenfalls streng mit seinem schmalen Gesicht, das der graumelierte Backenbart ein wenig breiter erscheinen ließ, aber elegant wie ein alter Geck, schlank geblieben und von einer Vornehmheit, die, wie man fühlte, unter der gewollten Steifheit der amtlichen Haltung hervorlächelte. Im Halbdunkel des Raumes sah er sehr würdevoll aus.

Beim Eintreten rief die laue, unter den Behängen stickig gewordene Luft bei Séverine Beklemmung hervor; und sie sah nur Herrn Camy-Lamotte, der zusah, wie sie näher trat. Er machte keine Anstalten, sie zum Platznehmen aufzufordern, er war deutlich bestrebt, nicht als erster den Mund aufzutun, er wartete, daß sie den Anlaß ihres Besuches darlegte. Dadurch zog sich das Schweigen in die Länge; und aus einer heftigen Reaktion heraus war sie in der Gefahr plötzlich selbstbeherrscht, ganz ruhig, ganz vorsichtig.

»Mein Herr«, sagte sie, »Sie werden entschuldigen, wenn ich so kühn bin, hierherzukommen und mich Ihrem Wohlwollen in Erinnerung zu bringen. Sie kennen den unersetzlichen Verlust, den ich erlitten habe, und so verlassen, wie ich jetzt bin, habe ich an Sie zu denken gewagt, Sie könnten uns vielleicht in Schutz nehmen, uns weiterhin ein wenig von der Protektion Ihres Freundes, meines so schmerzlich vermißten Gönners, erhalten.«

Nun konnte Herr Camy-Lamotte nicht anders, als sie mit einer Handbewegung aufzufordern, Platz zu nehmen, denn dies war in vortrefflichem Ton gesagt, ohne übertriebene Demut oder Grämlichkeit, mit der angeborenen Kunst weiblicher Heuchelei. Er aber sprach noch immer nicht, er hatte sich nun selber gesetzt und wartete noch.

Da sie sah, daß sie deutlicher werden mußte, fuhr sie fort: »Ich erlaube mir, Ihre Erinnerungen aufzufrischen und Ihnen ins Gedächtnis zu rufen, daß ich die Ehre hatte, Sie in Doinville zu sehen. Ach, das war eine glückliche Zeit für mich! – Heute sind böse Tage gekommen, und ich habe nur Sie, mein Herr, ich flehe Sie im Namen dessen an, den wir verloren haben. Vollenden Sie, der Sie ihn geliebt haben, sein gutes Werk, nehmen Sie seine Stelle mir gegenüber ein.«

Er hörte ihr zu, er schaute sie an, und sein ganzer Verdacht war ins Wanken geraten, so natürlich, so reizend erschien sie ihm mit ihren Klagen und flehentlichen Bitten. Das von ihm unter Grandmorins Papieren entdeckte Briefchen, diese beiden Zeilen ohne Unterschrift, konnte, so war es ihm vorgekommen, nur von ihr stammen, von deren Willfährigkeit dem Präsidenten gegenüber er wußte; und vorhin hatte ihn die bloße Anmeldung ihres Besuches vollends von ihrer Schuld überzeugt. Seine Unterhaltung mit dem Richter hatte er soeben nur deshalb unterbrochen, um sich in dieser Gewißheit zu bestärken. Aber wie sollte er sie für schuldig halten, wenn er sie so ruhig und sanftmütig vor sich sah? Er wollte in der Sache klarsehen. Und während seine Miene weiterhin streng blieb, sagte er:

»Erklären Sie sich näher, Madame ... Ich erinnere mich ausgezeichnet, ich wünsche nichts sehnlicher, als Ihnen gefällig zu sein, wenn dem nichts im Wege steht.«

Da erzählte Séverine ganz unumwunden, daß ihrem Mann die Entlassung drohe. Seines Verdienstes und der hohen Protektion wegen, die ihm bislang zuteil geworden, werde er stark beneidet. Jetzt, wo man ihn für schutzlos halte, hoffe man zu siegen und verdoppele die Anstrengungen. Übrigens nannte sie niemand beim Namen; trotz der drohenden Gefahr sprach sie in gemäßigten Ausdrücken. Wenn sie sich so zu der Reise nach Paris entschlossen hatte, mußte sie von der Notwendigkeit, so schnell wie möglich zu handeln, schon sehr überzeugt gewesen sein. Vielleicht würde morgen keine Zeit mehr dazu bleiben: unverzüglich begehrte sie Hilfe und Beistand. All dies mit einer solchen Fülle von logischen Tatsachen und guten Gründen, daß es in der Tat unmöglich schien, sie hätte sich in anderer Absicht herbemüht.

Herr Camy-Lamotte musterte selbst das leise, unmerkliche Zucken ihrer Lippen; und er führte den ersten Hieb:

»Aber warum sollte die Gesellschaft Ihren Mann denn entlassen? Sie hat ihm ja nichts Ernstliches vorzuwerfen.«

Auch sie wandte den Blick nicht von ihm, spähte nach den geringsten Falten in seinem Gesicht, denn sie fragte sich, ob er den Brief gefunden hatte; und trotz der Harmlosigkeit der Frage herrschte bei ihr jäh die Überzeugung, daß der Brief hier war, in einem Möbelstück dieses Arbeitszimmers: er wußte Bescheid, denn er stellte ihr eine Falle, weil er gern sehen wollte, ob sie es wagen würde, über die wahren Gründe der Entlassung zu sprechen. Im übrigen hatte er zu betont gesprochen, und sie hatte gespürt, wie diese glanzlosen Augen eines müden Mannes sie bis in die Seele durchforschten.

Tapfer trat sie der Gefahr entgegen.

»Mein Gott, es ist ganz ungeheuerlich, mein Herr, aber man hat uns verdächtigt, unseren Wohltäter wegen dieses unglückseligen Testaments umgebracht zu haben. Es hat uns keinerlei Mühe gekostet, unsere Unschuld zu beweisen. Nur, etwas bleibt von diesen abscheulichen Beschuldi-

gungen immer hängen, und die Gesellschaft fürchtet ohne Zweifel einen Skandal.«
Durch diese Offenheit, vor allem durch die Aufrichtigkeit des Tonfalls wurde er aufs neue überrascht, aus der Fassung gebracht. Da er zudem auf den ersten Blick ihr Gesicht mittelmäßig gefunden hatte, begann er sie nun äußerst verführerisch zu finden mit der willfährigen Unterwürfigkeit ihrer blauen Augen unter der schwarzen Wucht ihrer Haare. Und von eifersüchtiger Bewunderung gepackt, dachte er an seinen Freund Grandmorin: wie zum Teufel hatte dieser Kerl, der zehn Jahre älter war als er, bis zu seinem Tode derartige Geschöpfe gekriegt, wo er selber doch bereits auf diese Spielzeuge verzichten mußte, um sich dabei nicht das letzte bißchen Mark aus den Knochen saugen zu lassen? Sie war wirklich ganz reizend, ganz zart, und unter seiner vornehmen, kalten Miene des Beamten, der eine so leidige Angelegenheit auf dem Halse hat, ließ er das Lächeln des heute selbstlosen, ihr sehr zugetanen Mannes durchscheinen.
In der herausfordernden Kühnheit einer Frau, die ihre Stärke fühlt, beging Séverine aber den Fehler hinzuzusetzen:
»Menschen wie wir töten nicht des Geldes wegen. Dazu wäre ein anderer Beweggrund nötig gewesen, und ein Beweggrund war eben nicht vorhanden.«
Er blickte sie an, sah ihre Mundwinkel zucken. Sie war es gewesen. Von nun an stand seine Überzeugung unumstößlich fest. Und wie er mit nervös verkniffenem Kinn aufgehört hatte zu lächeln, da begriff sie selber unverzüglich, daß sie sich ausgeliefert hatte. Sie fühlte sich einer Ohnmacht nahe, als lasse ihr ganzes Sein sie im Stich. Dennoch hielt sie sich aufrecht auf ihrem Stuhl, sie hörte ihre Stimme wei-

ter in demselben gleichförmigen Ton plaudern, die Worte sagen, die zu sagen waren. Das Gespräch wurde fortgesetzt, aber nunmehr hatten sie einander nichts mehr mitzuteilen; und mit gleichgültigen Worten redeten beide nur noch von Dingen, die sie nicht aussprachen. Er hatte den Brief, sie war es, die ihn geschrieben hatte. Dies ging sogar aus beider Schweigen hervor.

»Madame«, sagte er schließlich, »ich weigere mich nicht, bei der Gesellschaft zu vermitteln, wenn Sie wirklich Anteilnahme verdienen. Gerade heute abend erwarte ich den Betriebsleiter wegen einer anderen Angelegenheit ... Allerdings brauchte ich ein paar Notizen. Hier, schreiben Sie mir Namen, Alter, Dienstjahre Ihres Mannes auf, kurzum, alles, was mir über Ihre Lage Aufschluß geben kann.«

Und er schob ein Tischchen vor sie hin und wandte seine Blicke ab, damit sie nicht allzusehr erschrecke.

Sie war zusammengezuckt: er wollte ihre Handschrift haben, um sie mit der des Briefes zu vergleichen. Einen Augenblick suchte sie verzweifelt nach einem Vorwand, war entschlossen, nicht zu schreiben. Dann überlegte sie: Was würde das nützen? Er wußte ja ohnehin Bescheid. Ein paar Zeilen würde man ja doch immer von ihr bekommen. Ohne jede sichtbare Verwirrung schrieb sie mit der arglosesten Miene von der Welt, was er verlangte, während er hinter ihr stand und ausgezeichnet die Handschrift wiedererkannte, die steiler, weniger zittrig war als die des Briefchens. Und am Ende fand er sie doch sehr tapfer, diese schmächtige kleine Frau, jetzt, wo sie ihn nicht sehen konnte, lächelte er von neuem, das Lächeln eines Mannes, den in seiner abgeklärten Unbekümmertheit um alle Dinge nur noch der Liebreiz rührte. Im Grunde lohnte sich die

Mühe nicht, gerecht zu sein. Er war einzig und allein auf das Dekor des Regimes bedacht, dem er diente.
»Nun, Madame, übergeben Sie mir das, ich werde mich erkundigen, ich werde tun, was ich kann.«
»Ich bin Ihnen sehr dankbar, mein Herr . . . Dann werden Sie also durchsetzen, daß man meinen Mann in der Stellung beläßt, kann ich die Angelegenheit als bereinigt betrachten?«
»Aber beileibe nicht! Ich verpflichte mich zu nichts . . . Ich muß zusehen, muß überlegen.« Er schwankte in der Tat, er wußte nicht, welchen Entschluß er hinsichtlich des Ehepaares fassen sollte.
Und seitdem sie sich ihm auf Gnade oder Ungnade ausgeliefert fühlte, kannte sie nur noch eine Angst: dieses Schwanken, das Entweder-Oder, von ihm gerettet oder ins Verderben gestürzt zu werden, ohne die Gründe erraten zu können, die bei ihm den Ausschlag geben würden.
»Oh, mein Herr, denken Sie an unsere Qual. Sie können mich doch nicht abreisen lassen, bevor Sie mir nicht Gewißheit verschafft haben.«
»Mein Gott, doch, Madame. Ich kann nichts dafür. Warten Sie ab.«
Er schob sie auf die Tür zu.
Sie schickte sich an zu gehen, in ihrer Verzweiflung und Bestürzung war sie drauf und dran, ihn dazu zu zwingen, unumwunden zu sagen, was er mit ihnen zu tun gedenke. Um noch eine Minute bleiben zu können, weil sie hoffte, doch noch einen Ausweg zu finden, rief sie:
»Ich habe ja ganz vergessen, ich wollte Sie um einen Rat wegen dieses unglückseligen Testaments bitten . . . Meinen Sie, wir sollten das Legat ausschlagen?«

»Das Gesetz ist auf Ihrer Seite«, erwiderte er vorsichtig. »Das ist eine Sache des Ermessens und der Umstände.«
Sie stand auf der Schwelle, sie wagte einen letzten Versuch.
»Mein Herr, ich flehe Sie an, lassen Sie mich nicht so weggehen, sagen Sie mir, ob ich hoffen darf.«
Mit einer hingebungsvollen Gebärde hatte sie seine Hand ergriffen.
Er machte sich los.
Aber sie schaute ihn mit ihren schönen Augen an, die ihn so inbrünstig baten, daß es ihn rührte.
»Nun gut, kommen Sie um fünf Uhr wieder. Vielleicht werde ich Ihnen dann etwas sagen können.«
Sie brach auf, sie verließ das vornehme Haus noch angsterfüllter, als sie es betreten hatte. Die Lage war nun klar, und über ihrem Schicksal schwebte weiter die Drohung einer unverzüglichen Verhaftung. Wie sollte sie das bis fünf Uhr aushalten? Der Gedanke an Jacques, den sie vergessen hatte, erwachte mit einem Schlag in ihr: auch noch einer, der sie ins Verderben stürzen konnte, wenn sie verhaftet würde! Obgleich es kaum halb drei war, ging sie eilig die Rue du Rocher hinauf in Richtung der Rue Cardinet.
Als Herr Camy-Lamotte wieder allein war, blieb er vor seinem Schreibtisch stehen. Da er sich in den Tuilerien auskannte, in die er durch sein Amt als Generalsekretär des Justizministeriums fast täglich gerufen wurde, ebenso mächtig war wie der Minister und sogar für vertraulichere Aufgaben verwendet wurde, wußte er, wie sehr man höheren Orts durch diesen Fall Grandmorin verärgert und beunruhigt war. Die Zeitungen der Opposition führten weiterhin eine lautstarke Kampagne, die einen beschuldigten die Polizei, sie sei so sehr mit der politischen Überwa-

chung beschäftigt, daß sie zur Verhaftung von Mördern keine Zeit mehr habe, die anderen durchwühlten das Leben des Präsidenten, gaben zu verstehen, daß er dem Hofe angehört habe, wo die gemeinste Ausschweifung herrsche; und diese Kampagne wurde wahrhaftig unheilvoll, je näher die Wahlen heranrückten. Daher hatte man dem Generalsekretär den ausdrücklichen Wunsch nahegelegt, der Sache so schnell wie möglich ein Ende zu machen, ganz gleich wie. Da der Minister die heikle Angelegenheit auf ihn abgewälzt hatte, stand es einzig und allein bei ihm, welche Entscheidung er zu treffen gedachte, auf seine Verantwortung freilich: das alles wollte gründlich erwogen sein, denn er zweifelte nicht daran, daß er für all und jeden würde büßen müssen, wenn er sich ungeschickt anstellte.

Immer noch nachdenklich, ging Herr Camy-Lamotte die Tür zum Nebenraum öffnen, wo Herr Denizet wartete. Und dieser, der gehorcht hatte, rief, als er wieder hereinkam:

»Ich hab's Ihnen ja gesagt, es war falsch, diese Leute zu verdächtigen... Offensichtlich denkt diese Frau nur daran, ihren Mann vor einer möglichen Entlassung zu retten. Nicht ein verdächtiges Wort hat sie gesagt.«

Der Generalsekretär antwortete nicht sogleich. In Gedanken versunken, die Blicke auf den Richter geheftet, dessen plumpes Gesicht mit den schmalen Lippen ihm auffiel, dachte er jetzt an diese Richterschaft, die er als geheimer Personalchef in der Hand hatte, und er wunderte sich, daß sie bei ihrer Armut noch so würdevoll, bei ihrer beruflichen Erstarrung so klug war. Dieser hier aber, so schlau er sich auch vorkommen mochte mit seinen von dicken Lidern verschleierten Augen, verfügte wirklich über eine zähe Leidenschaft, wenn er die Wahrheit zu wissen glaubte.

»Also«, meinte Herr Camy-Lamotte, »Sie bleiben dabei, den Täter in diesem Cabuche zu sehen?«
Herr Denizet fuhr erstaunt auf.
»Aber gewiß! – Alles spricht vernichtend gegen ihn. Ich habe Ihnen die Beweise ja aufgezählt, sie sind, wie ich zu sagen wage, klassisch, denn es fehlt nicht einer ... Ich habe ausdrücklich danach geforscht, ob ein Komplize, eine Frau im Halbabteil dabei war, wie Sie mir zu verstehen gaben. Dies schien mit der Aussage eines Lokomotivführers übereinzustimmen, eines Mannes, der die Mordszene flüchtig gesehen hat; aber dieser Mann, den ich geschickt vernommen habe, ist nicht bei seiner ersten Erklärung geblieben, und er hat sogar die Reisedecke als die schwarze Masse wiedererkannt, von der er gesprochen hatte ... O ja, gewiß, der Täter ist Cabuche, zumal wir ja, wenn wir ihn nicht haben, gar keinen Täter haben.«
Bisher hatte der Generalsekretär gezögert, ihn von dem schriftlichen Beweisstück, das er besaß, in Kenntnis zu setzen; und jetzt, da seine Überzeugung feststand, beeilte er sich noch weniger, die Wahrheit darzulegen. Wozu die Untersuchung von der falschen Spur abbringen, wenn die richtige Spur zu größeren Ungelegenheiten führen mußte? All dies wollte zunächst einmal erwogen sein.
»Mein Gott«, meinte er mit dem ihm eigenen Lächeln eines müden Mannes, »ich will durchaus einräumen, daß Sie auf dem richtigen Weg sind ... Ich habe Sie nur hergebeten, um mit Ihnen gewisse bedenkliche Punkte durchzusprechen. Dieser Fall ist ein Ausnahmefall, und nun ist er ganz aufs politische Gleis geraten: das sehen Sie doch ein, nicht wahr? Wir werden uns daher vielleicht gezwungen sehen, als Männer der Regierung zu handeln ... Also ganz offen heraus, ist diesem Mädchen, der Geliebten dieses Cabuche,

Ihren Vernehmungen zufolge Gewalt angetan worden?«

Der Richter verzog als schlauer Mann den Mund, während seine Augen halb hinter den Lidern verschwanden.

»Je nun, ich glaube, der Präsident hatte sie gemein zugerichtet, und das wird sicher bei dem Prozeß herauskommen . . . Dazu kommt noch, daß man sich, sollte die Verteidigung einem Anwalt der Opposition anvertraut werden, auf das Auspacken fataler Geschichten gefaßt machen kann, denn an solchen Geschichten herrscht ja dort in unserer Gegend wahrhaftig kein Mangel.«

Dieser Denizet war gar nicht so dumm, wenn er sich nicht mehr von der beruflichen Routine leiten ließ und in der Unumschränktheit seines Scharfsinns und seiner Allmacht thronte. Er hatte verstanden, warum man ihn nicht ins Justizministerium, sondern in die Privatwohnung des Generalsekretärs bestellte.

»Mit einem Wort«, schloß er, da er sah, daß der letztere mit keiner Wimper zuckte, »wir werden eine ziemlich unsaubere Affäre bekommen.«

Herr Camy-Lamotte begnügte sich mit einem Kopfnicken. Er berechnete gerade, was bei dem anderen Prozeß, dem Prozeß Roubaud, herauskommen würde. Kam der Ehemann vor das Schwurgericht, so würde er todsicher alles sagen, würde sagen, wie auch seine Frau als junges Mädchen zu Ausschweifungen verführt worden war, würde von dem Ehebruch darauf sprechen, von der eifersüchtigen Wut, die ihn zu dem Mord getrieben haben mußte; ganz abgesehen davon, daß es sich nicht mehr um ein Dienstmädchen und einen Vorbestraften handelte, daß dieser mit dieser hübschen Frau verheiratete Angestellte einen ganzen Teil der Bourgeoisie und der Eisenbahnwelt mit hineinziehen würde. Wußte man außerdem jemals, worauf man bei einem Mann wie dem Präsidenten stieß? Womöglich auf unvorhergesehene Schandtaten. Nein, ohne Frage, der Prozeß der Roubauds, der wirklichen Täter, war noch schmutziger. Es war also beschlossene Sache, er schob diesen Prozeß ein für allemal beiseite. Wenn man bei einem Prozeß bleiben wollte, so war er dafür, daß man dem unschuldigen Cabuche den Prozeß machte.

»Ich füge mich Ihrem System«, sagte er schließlich zu Herrn Denizet. »Es liegen in der Tat starke Indizien gegen den Steinbrucharbeiter vor, da er ja eine legitime Rache zu üben hatte . . . Aber wie betrüblich ist das alles doch, mein Gott, und wieviel Schmutz müßte man da aufrühren! – Ich weiß freilich, daß die Justiz gleichgültig gegen die Folgen bleiben muß und daß sie, da sie über den Interessen schwebt . . .«

Er redete nicht zu Ende, schloß mit einer Handbewegung, während der Richter, der ebenfalls schwieg, mit düsterer Miene der Befehle harrte, die, wie er fühlte, gleich kommen würden. Sobald man seine eigene Wahrheit, diese Schöpfung seines Verstandes, akzeptierte, war er bereit, die Idee der Gerechtigkeit den politischen Erwägungen zu opfern. Aber der Generalsekretär ging trotz seines gewohnten Geschicks bei derlei Transaktionen ein wenig zu eilig vor, sprach zu schnell, ganz wie ein Herr und Gebieter, dem man zu gehorchen hatte:

»Kurz und gut, man wünscht eine Einstellung des Verfahrens . . . Richten Sie es so ein, daß der Fall ad acta gelegt wird.«

»Verzeihung, mein Herr«, erklärte Herr Denizet, »ich bin nicht mehr Herr über den Fall, er hängt von meinem Gewissen ab.«

Sogleich lächelte Herr Camy-Lamotte, wurde wieder korrekt und setzte jene enttäuschte und höfliche Miene auf, die sich über die Leute lustig zu machen schien.

»Allerdings. Daher wende ich mich auch an Ihr Gewissen. Ich lasse Sie die Entscheidung treffen, die es Ihnen vorschreiben wird, in der Gewißheit, daß Sie das Für und Wider mit Rücksicht auf den Triumph der gesunden Grundsätze unseres Staates und der öffentlichen Moral in gerechter Weise abwägen werden . . . Sie wissen besser als ich, daß es zuweilen heroisch ist, ein Übel hinzunehmen, wenn man nicht ein noch schlimmeres anrichten will . . . Kurzum, man appelliert nur an den guten Staatsbürger, an den Ehrenmann in Ihnen. Niemand denkt daran, einen Druck auf Ihre Unabhängigkeit auszuüben, und darum wiederhole ich, daß Sie unumschränkter Herr über diesen Fall sind, wie es das Gesetz im übrigen gewollt hat.«

Eifersüchtig auf diese unbegrenzte Gewalt bedacht, besonders wenn er im Begriff war, Mißbrauch mit ihr zu treiben, nahm der Richter jeden dieser Sätze mit einem befriedigten Kopfnicken auf.

»Außerdem«, fuhr der andere mit verdoppelter Gewogenheit fort, die in ihrer Übertreibung wie Ironie wirkte, »wissen wir, an wen wir uns wenden. Seit langem verfolgen wir nun schon Ihre Bemühungen, und ich kann mir erlauben, Ihnen zu sagen, daß wir Sie schon jetzt nach Paris berufen würden, wenn eine Stelle frei wäre.«

Herr Denizet machte eine Bewegung. Was denn? Wenn er den verlangten Dienst leistete, würde man seinen großen Ehrgeiz, seinen Traum von einem Richterstuhl in Paris nicht gleich erfüllen?

Aber schon setzte Herr Camy-Lamotte, der begriffen hatte, hinzu:

»Ihre Stellung dort ist vorgemerkt, das ist eine Frage der Zeit . . . Aber da ich nun einmal begonnen habe, indiskret zu sein, kann ich Ihnen auch sagen, daß ich glücklich bin, Ihnen mitteilen zu können, daß Sie zum nächsten 15. August für das Kreuz der Ehrenlegion vorgeschlagen worden sind.«

Einen Augenblick überlegte der Richter bei sich. Die Beförderung wäre ihm lieber gewesen, denn er überschlug, daß es am Ende monatlich ungefähr hundertsechsundsechzig Francs Gehaltszulage gab; und in der verschämten Armut, in der er lebte, bedeutete das größeren Wohlstand, er könnte seine Garderobe erneuern, könnte sein Dienstmädchen Mélanie besser beköstigen, so daß sie weniger zänkisch sein würde. Aber dennoch ließ sich das Kreuz der Ehrenlegion durchaus mitnehmen. Außerdem hatte er ja eine Zusage. Und er, der sich nicht verkauft hätte, weil er in der Tradition dieses ehrenhaften und mittelmäßigen Richterstandes großgeworden war, er gab sofort einer bloßen Hoffnung nach, der nichtssagenden Verpflichtung, ihn zu begünstigen, die die Behörde einging. Das Richteramt war nur noch ein Handwerk wie jedes andere, und er schleifte die Sträflingskugel der Beförderung wie ein hungriger Bittsteller nach, jederzeit bereit, sich den Befehlen der herrschenden Macht zu beugen.

»Ich bin sehr gerührt«, murmelte er, »würden Sie dies bitte dem Herrn Minister übermitteln.« Er hatte sich erhoben, da er fühlte, daß alles, was sie beide hinzufügen könnten, sie jetzt verlegen machen würde. »Also«, schloß er mit erloschenen Augen und totem Gesicht, »ich werde meine Untersuchung abschließen und dabei Ihren Bedenken Rechnung tragen. Natürlich wird es, wenn wir keine unumstößlichen, erwiesenen Tatsachen gegen Cabuche haben,

besser sein, nicht den unnötigen Skandal eines Prozesses zu riskieren . . . Man wird ihn wieder auf freien Fuß setzen und ihn weiterhin überwachen.«
Auf der Schwelle zeigte sich der Generalsekretär zum Schluß vollends liebenswürdig.
»Herr Denizet, dies stellen wir völlig Ihrem großen Takt und Ihrer hohen Ehrenhaftigkeit anheim.«
Als Herr Camy-Lamotte wieder allein war, überkam ihn die jetzt übrigens überflüssige Neugier, die von Séverine geschriebene Seite mit dem Briefchen ohne Unterschrift, das er in den Papieren Präsident Grandmorins entdeckt hatte, zu vergleichen. Die Ähnlichkeit war eindeutig. Er faltete den Brief wieder zusammen, schloß ihn sorgfältig

weg, denn wenn er dem Untersuchungsrichter auch kein Sterbenswörtchen darüber gesagt hatte, so war er doch der Ansicht, daß eine solche Waffe aufgehoben zu werden verdiente. Und als das Profil dieser so zerbrechlichen und in ihrem nervigen Widerstand so starken kleinen Frau in seiner Erinnerung auftauchte, zuckte er nachsichtig und spöttisch die Achseln. Ach, diese Geschöpfe, wenn die etwas erreichen wollen!

Zehn Minuten nach halb drei traf Séverine noch zu früh zu der Verabredung, die sie mit Jacques getroffen hatte, in der Rue Cardinet ein. Er bewohnte dort ganz oben in einem großen Haus ein schmales Zimmer, in das er fast nur abends zum Schlafen hinaufging; und dazu schlief er noch zweimal in der Woche außer Hause, die beiden Nächte, die er zwischen dem Abend- und dem Morgenschnellzug in Le Havre zubrachte. Doch an diesem Tage war er, von Wasser triefend, vor Müdigkeit zerschlagen, heimgegangen und hatte sich auf sein Bett geworfen. So hätte Séverine vielleicht vergebens auf ihn gewartet, wäre er nicht von dem Streit der Nachbarsleute, wo der Mann seine heulende Frau halb totschlug, geweckt worden. Da er sie, aus seinem Mansardenfenster schauend, unten auf dem Bürgersteig erkannt hatte, hatte er sich ganz mißmutig gewaschen und angezogen.

»Da sind Sie ja endlich!« rief sie aus, als sie ihn aus dem Torweg hervorkommen sah. »Ich fürchtete, ich hätte mich verhört . . . Sie hatten mir doch an der Ecke der Rue Saussure gesagt . . .« Und ohne seine Antwort abzuwarten, sagte sie, zu dem Haus emporblickend: »Dort wohnen Sie also?«

Ohne es ihr zu sagen, hatte er die Verabredung so vor seiner Haustür festgesetzt, weil das Bahnbetriebswerk, wo sie zusammen hinzugehen beabsichtigten, fast gegenüber lag. Aber ihre Frage brachte ihn in Verlegenheit, er bildete sich ein, sie werde die gute Kameradschaft so weit treiben, daß sie ihn bat, sein Zimmer sehen zu wollen. Dies war so spärlich möbliert und in einer solchen Unordnung, daß er sich dessen schämte.

»Oh, ich wohne nicht da oben, ich sitze da oben wie ein Vogel auf dem Ast«, erwiderte er. »Wir wollen uns beeilen, ich fürchte, der Vorsteher ist schon weg.«

Als sie bei dem Häuschen erschienen, das der Vorsteher hinter dem Bahnbetriebswerk auf dem Bahnhofsgelände bewohnte, trafen sie ihn tatsächlich nicht mehr an; und umsonst gingen sie von Schuppen zu Schuppen: überall wurde ihnen gesagt, wenn sie sicher sein wollten, ihn in den Ausbesserungswerkstätten zu treffen, sollten sie gegen halb fünf wiederkommen.

»Also gut, wir kommen wieder«, erklärte Séverine. Als sie dann von neuem draußen mit Jacques allein zusammen war, sagte sie: »Wenn Sie weiter nichts vorhaben, macht es Ihnen doch nichts aus, wenn ich bleibe und mit Ihnen warte?«

Er konnte nicht ablehnen, und außerdem übte sie trotz der dumpfen Unruhe, die sie in ihm hervorrief, einen wachsenden und so starken Reiz auf ihn aus, daß die selbstgewählte Mißmutigkeit, in der er sich, wie er sich vorgenommen hatte, verschließen wollte, unter ihren sanften Blicken dahinschwand. Diese Frau mit ihrem zärtlichen und furchtsamen länglichen Gesicht mußte lieben wie ein treuer Hund, den man nicht einmal zu schlagen vermag.

»Natürlich, ich verlasse Sie nicht«, erwiderte er in weniger barschem Ton. »Allerdings haben wir mehr als eine Stunde herumzubringen . . . Wollen Sie in ein Café gehen?«

Glücklich darüber, endlich Herzlichkeit bei ihm zu spüren, lächelte sie ihn an. Lebhaft erhob sie Einspruch.
»Oh, nein, nein, ich will mich nicht einschließen ... Ich gehe lieber an Ihrem Arm durch die Straßen, wohin Sie wollen.«
Und artig nahm sie von sich aus seinen Arm. Jetzt, wo er nicht mehr schwarz von der Fahrt war, fand sie ihn vornehm mit seiner Neigung, sich wie ein wohlhabender Angestellter zu kleiden, seinem bürgerlichen Aussehen, das durch eine Art freien Stolzes, durch den gewohnten Aufenthalt im Freien und die Vertrautheit mit der Gefahr, der er jeden Tag trotzte, noch hervorgehoben wurde. Niemals hatte sie so sehr bemerkt, daß er ein gutaussehender junger Mann war, mit rundem und regelmäßigem Gesicht und dem tiefbraunen Schnurrbart auf der weißen Haut; und nur seine scheuen Augen, seine mit goldenen Punkten übersäten Augen, die sich immer von ihr abwandten, flößten ihr weiterhin Mißtrauen ein. Wenn er es vermied, ihr ins Gesicht zu blicken, wollte er sich dann etwa nicht festlegen, wollte er weiterhin frei nach seinem Belieben handeln können, selbst gegen sie? Von diesem Augenblick an hatte sie in der Ungewißheit, in der sie noch schwebte, und bei dem Schauder, der sie jedesmal überlief, wenn sie an dieses Arbeitszimmer in der Rue du Rocher dachte, in dem sich ihr Leben entschied, nur noch ein Ziel: zu fühlen, daß der Mann, der ihr den Arm reichte, ihr gehörte, ganz ihr gehörte, zu erreichen, daß er, wenn sie den Kopf hob, seine Augen tief in ihren Augen ruhen ließ. Dann würde er ihr eigen sein. Sie liebte ihn gar nicht, daran dachte sie nicht einmal. Sie bemühte sich lediglich, ihn zu ihrem Besitz zu machen, um ihn nicht mehr fürchten zu müssen.
Einige Minuten gingen sie, ohne zu sprechen, in der unab-

lässigen Woge von Passanten dahin, die dieses dicht bevölkerte Stadtviertel überfüllt. Zuweilen waren sie gezwungen, vom Bürgersteig herunterzutreten; und inmitten der Wagen überquerten sie den Fahrdamm. Dann befanden sie sich vor dem Square des Batignolles, der zu dieser Jahreszeit fast ausgestorben dalag. Doch der vom strömenden Regen am Vormittag reingewaschene Himmel war von einem sehr sanften Blau; und in der lauen Märzsonne trieben die Fliederbüsche Knospen.
»Gehen wir hinein?« fragte Séverine. »Diese vielen Menschen machen mich ganz benommen.«
Gerade wollte Jacques von sich aus hineingehen, da er unbewußt das Bedürfnis hatte, sie mehr für sich, fern von der Menge zu haben.
»Ob hier oder sonst irgendwo«, sagte er. »Gehen wir also hinein.«
Langsam wanderten sie weiter längs der Rasenflächen zwischen den laublosen Bäumen. Einige Frauen trugen Wickelkinder spazieren, und manche Passanten durchquerten beschleunigten Schrittes die Anlage, um sich den Weg abzukürzen. Sie schritten über den großen Bach, stiegen zwischen den Felsen umher; dann kamen sie müßig wieder zurück und gingen auf einmal zwischen Gruppen von Tannen hindurch, deren bleibendes Nadelkleid dunkelgrün in der Sonne glänzte. Und da dort in diesem den Blicken entzogenen, abgelegenen Winkel eine Bank stand, setzten sie sich, ohne diesmal erst einander zu befragen, gleichsam durch eine Verabredung hierher geführt.
»Es ist doch noch schön geworden heute«, sagte sie nach einem Schweigen.
»Ja«, erwiderte er, »die Sonne ist wieder hervorgekommen.«

Aber beide waren mit ihren Gedanken ganz woanders. Er, der die Frauen mied, hatte soeben an die Ereignisse gedacht, die ihn dieser Frau hier nähergebracht hatten. Sie war hier, sie berührte ihn, sie drohte in sein Dasein einzubrechen, und darüber empfand er anhaltende Verwunderung. Seit der letzten Vernehmung in Rouen zweifelte er nicht mehr daran, diese Frau war Mitwisserin des Mordes bei La Croix-de-Maufras. Wie? Infolge welcher Umstände? Durch welche Leidenschaft oder welches Interesse getrieben? Diese Fragen hatte er sich gestellt, ohne sie eindeutig entscheiden zu können. Dennoch hatte er sich schließlich eine Geschichte zurechtgelegt: ein eigennütziger, gewalttätiger Ehemann, der schleunigst in den Besitz des Legats gelangen wollte; vielleicht die Furcht, daß das Testament zu ihren Ungunsten geändert werden könnte; vielleicht die Berechnung, seine Frau durch blutige Bande an sich zu fesseln. Und bei dieser Geschichte, deren dunkle Stellen ihn lockten, ihn interessierten, ohne daß er sie aufzuhellen suchte, ließ er es bewenden. Der Gedanke, daß es eigentlich seine Pflicht sei, alles der Justiz zu melden, hatte ihn auch geplagt. Dieser Gedanke beschäftigte ihn sogar ausschließlich, seitdem er neben ihr auf dieser Bank saß, so dicht neben ihr, daß er die laue Wärme ihrer Hüfte an seiner Hüfte spürte.

»Es ist erstaunlich«, meinte er, »daß man sich im März so draußen aufhalten kann wie im Sommer.«

»Oh«, sagte sie, »sobald die Sonne höher steigt, macht sich das schon bemerkbar.«

Und nun überlegte auch sie, daß dieser junge Mann doch wirklich dumm hätte sein müssen, wenn er nicht erraten hätte, daß sie und ihr Mann schuldig waren. Sie hatten sich ihm ja zu sehr an den Hals geworfen, eben in diesem

Augenblick drängte sie sich zu sehr an ihn heran. So folgte sie in dem von leeren Worten unterbrochenen Schweigen denn auch den Überlegungen, die er anstellte. Eben hatte sie, als sich ihre Augen trafen, gelesen, daß er sich bald fragen würde, ob nicht sie es gewesen sei, die er wie eine schwarze Masse mit ihrem ganzen Gewicht auf den Beinen des Opfers lasten gesehen hatte. Was sollte sie tun, was sollte sie wagen, um ihn durch ein unzerreißbares Band an sich zu binden?
»Heute früh«, setzte sie hinzu, »war es sehr kalt in Le Havre.«
»Abgesehen von dem ganzen Wasser«, sagte er, »das wir abbekommen haben.«
Und in diesem Augenblick hatte Séverine eine jähe Eingebung. Sie stellte keine vernünftigen Überlegungen, keine Erörterungen an: dies überkam sie wie ein instinktiver Impuls aus den dunklen Tiefen ihres Verstandes und ihres Herzens; denn hätte sie Überlegungen angestellt, so würde sie nichts gesagt haben. Aber sie fühlte, daß dies sehr gut war und daß sie ihn durch Reden für sich gewann.
Sacht ergriff sie seine Hand, schaute ihn an. Die grünen Baumgruppen verbargen sie vor den Passanten in den benachbarten Straßen; sie hörten nur fernes Wagenrollen, das in dieser sonnigen Einsamkeit des Squares gedämpft klang, und allein an der Biegung der Allee war ein Kind, das still für sich spielte und ein Eimerchen mit Sand vollschippte.
Und ohne Übergang sagte sie mit leiser Stimme, in die sie ihre ganze Seele legte: »Sie halten mich für schuldig?«
Er erbebte leicht, er ließ seine Augen in den ihren ruhen.
»Ja«, erwiderte er mit derselben leisen und erregten Stimme.

Da preßte sie seine Hand, die sie nicht losgelassen hatte, mit noch innigerem Druck; und sie sprach nicht gleich weiter, sie fühlte, wie ihr Fieber und sein Fieber miteinander verschmolzen.
»Sie irren sich, ich bin nicht schuldig.« Und dies sagte sie nicht, um ihn selber zu überzeugen, sondern einzig und allein, um ihn zu warnen, daß sie in den Augen der anderen unschuldig sein müsse. Es war das Geständnis der Frau, die nein sagt in dem Wunsch, daß es nein sei, was auch immer kommen möge. »Ich bin nicht schuldig . . . Sie werden mir nicht mehr weh tun und glauben, ich sei schuldig.«
Und als sie sah, daß er seine Augen tief in den ihren ruhen ließ, war sie sehr glücklich. Was sie da soeben getan hatte, war zweifellos die Hingabe ihrer selbst; denn sie gab sich preis, und später würde sie sich, falls er sie begehrte, nicht mehr weigern können. Aber das Band zwischen ihnen war unzertrennbar geknüpft: sie hätte wahrhaftig gewettet, daß er jetzt nicht mehr reden würde; er gehörte ihr, wie sie ihm gehörte. Das Geständnis hatte sie vereint.
»Sie werden mir nicht mehr weh tun, Sie glauben mir.«
»Ja, ich glaube Ihnen«, erwiderte er lächelnd.
Warum hätte er sie zwingen sollen, brutal über diese gräßliche Sache zu sprechen? Später würde sie ihm ja alles erzählen, wenn sie das Bedürfnis dazu verspürte. Diese Art, sich dadurch zu beruhigen, daß sie ihm beichtete, ohne etwas zu sagen, rührte ihn sehr wie ein Zeichen unendlicher Zärtlichkeit. Sie war so vertrauensvoll, so zerbrechlich mit ihren sanften Immortellenaugen! Sie kam ihm so fraulich vor, ganz dem Manne ergeben, jederzeit bereit, ihn zu erdulden, um glücklich zu sein! Und was ihn besonders entzückte, während ihre Hände vereint blieben und ihre Blicke sich nicht mehr trennten, war, daß er das Unbehagen in sei-

nem Innern nicht wiederfand, jenes schreckliche Schaudern, das ihn sonst in der Nähe einer Frau beim Gedanken, sie zu besitzen, in Aufruhr versetzte. Bei den anderen hätte er nicht ihr Fleisch anrühren dürfen, ohne die Begierde zu spüren, in entsetzlicher Mordlust hineinzubeißen. Würde er denn diese hier lieben können, ohne sie töten zu müssen?

»Sie wissen genau, daß ich Ihr Freund bin und daß Sie von mir nichts zu befürchten haben«, flüsterte er ihr ins Ohr. »Von Ihren Angelegenheiten will ich nichts wissen, es soll ganz so sein, wie Sie wollen . . . Verstehen Sie mich? Sie können ganz über mich verfügen.«

Er war ihrem Gesicht so nahe gekommen, daß er ihren heißen Atem in seinem Schnurrbart spürte. Noch am Morgen hätte er dabei in der wilden Furcht vor einem Anfall gezittert. Was war los, daß kaum ein Erschauern in ihm nachwirkte und er die glückliche Mattigkeit eines Genesenden spürte? Dieser zur Gewißheit gewordene Gedanke, daß sie getötet hatte, ließ sie ihm ganz anders, größer geworden, abseitig erscheinen. Vielleicht hatte sie nicht nur geholfen, sondern selber zugestoßen. Ohne jeglichen Beweis war er davon überzeugt. Und in der ihm unbewußten entsetzten Begierde, die sie ihm einflößte, schien sie ihm von nun an heilig zu sein, schien sich jeder vernünftigen Erwägung zu entziehen.

Beide unterhielten sich jetzt heiter wie ein zufällig zusammengekommenes Paar, bei dem die Liebe zu keimen beginnt.

»Sie sollten mir Ihre andere Hand geben, damit ich sie wärme.«

»Oh, nein, nicht hier. Es könnte uns jemand sehen.«

»Wer denn? Wo wir doch allein sind . . . Und außerdem

wäre ja nichts weiter dabei. So werden ja keine Kinder gemacht.«
»Das will ich hoffen.« In der Freude über ihre Rettung lachte sie freimütig. Sie liebte ihn nicht, diesen Burschen; dessen glaubte sie ganz sicher zu sein; und wenn sie Hoffnungen in ihm erweckt hatte, so sann sie bereits über Mittel und Wege, sie nicht einlösen zu müssen. Er sah nett aus, er würde sie nicht quälen, alles würde sich sehr gut regeln.
»Also abgemacht, wir sind gute Freunde, ohne daß die anderen oder auch nur mein Mann etwas dabei finden könnten ... Jetzt lassen Sie meine Hand los und sehen Sie mich nicht mehr so an, sonst verderben Sie sich noch die Augen.«
Aber er behielt ihre zarten Finger in den seinen. Ganz leise stammelte er:
»Sie wissen, daß ich Sie liebe.«
Rasch hatte sie sich mit einem leichten Ruck befreit. Und vor der Bank stehend, auf der er sitzenblieb, sagte sie:
»So etwas Törichtes, ist denn das die Möglichkeit! Seien Sie vernünftig, es kommt jemand.«
Tatsächlich kam eine Amme mit ihrem schlafenden pausbäckigen Säugling in den Armen. Dann ging ganz geschäftig ein junges Mädchen vorüber. Die Sonne sank, ertrank am Horizont in den blaßvioletten Dünsten, und die Strahlen schwanden von den Rasenflächen, erstarben in den grünen Spitzen der Tannen im Goldstaub. Im ununterbrochenen Rollen der Wagen trat gleichsam ein plötzlicher Stillstand ein. Von einer Uhr in der Nähe hörte man es fünf schlagen.
»Ach, mein Gott!« rief Séverine aus. »Fünf Uhr, und ich bin ja in der Rue du Rocher verabredet!«

Ihre Freude ließ nach, als ihr wieder einfiel, daß sie noch nicht gerettet war. Angst überkam sie wieder vor dem Unbekannten, das sie dort erwartete. Sie wurde ganz blaß, ihre Lippen zitterten.
»Aber der Leiter des Bahnbetriebswerks, den Sie aufsuchen wollten?« sagte Jacques, der von der Bank aufgestanden war, um sich wieder unterfassen zu lassen.
»Na wenn schon! Dann suche ich ihn ein andermal auf... Hören Sie, mein Freund, ich brauche Sie im Augenblick nicht, lassen Sie mich schnell meinen Gang erledigen. Und vielen Dank noch, von ganzem Herzen vielen Dank.«
Sie drückte ihm die Hände, sie eilte davon.
»Bis nachher am Zug.«
»Ja, bis nachher.«
Schon entfernte sie sich schnellen Schrittes, sie verschwand zwischen dem dichten Gebüsch des Squares, während er langsam zur Rue Cardinet ging.
Herr Camy-Lamotte hatte soeben bei sich zu Hause eine lange Unterredung mit dem Betriebsleiter der Westbahngesellschaft gehabt. Er war unter einem anderen Vorwand hinbestellt worden und hatte schließlich eingestanden, wieviel Ärger der Fall Grandmorin der Bahngesellschaft bereitete. Da seien zunächst die Klagen der Zeitungen wegen der geringen Sicherheit für die Reisenden in den Wagen erster Klasse. Dann sei das ganze Personal in die Geschichte verwickelt, mehrere Angestellte würden verdächtigt, ganz abgesehen von diesem Roubaud, auf den am meisten Verdacht fiel und der jeden Augenblick verhaftet werden könne. Schließlich schienen die Gerüchte über die sittliche Verworfenheit, die über den Präsidenten, dieses Mitglied des Aufsichtsrats, in Umlauf waren, auf den gesamten Aufsichtsrat zurückzufallen. Und so steige das vermutete Ver-

brechen eines kleinen stellvertretenden Stationsvorstehers, irgendeine anrüchige, gemeine und unsaubere Geschichte, quer durch das komplizierte Getriebe wieder nach oben, bringe diese ungeheure Maschine eines Eisenbahnbetriebs ins Wanken, lasse selbst dessen obere Verwaltung aus den Fugen geraten. Die Erschütterung gehe sogar höher, greife auf das Ministerium über, bedrohe in dem augenblicklichen politischen Unbehagen den Staat: eine kritische Stunde, ein großer sozialer Körper, bei dem das geringste Fieber die Auflösung beschleunige.

So lehnte sich Herr Camy-Lamotte, als er von seinem Gesprächspartner erfuhr, daß die Gesellschaft am Vormittag Roubauds Entlassung beschlossen hatte, denn auch lebhaft gegen diese Maßnahme auf. Nein, nein! Nichts würde ungeschickter sein, es würde den Spektakel in der Presse verdoppeln, sollte sie es sich einfallen lassen, den stellvertretenden Stationsvorsteher als Opfer der Politik hinzustellen. Von unten bis oben würde alles nur noch mehr zum Krachen kommen, und Gott wisse, auf was für unangenehme Entdeckungen für die einen und anderen man noch stoßen werde. Der Skandal habe zu lange gedauert, man müsse so bald wie möglich Ruhe schaffen.

Und überzeugt hatte sich der Betriebsleiter verpflichtet, Roubaud in der Stellung zu belassen, ihn nicht einmal aus Le Havre zu versetzen. Man werde schon merken, daß es hier keine unanständigen Elemente gebe. Es war erledigt, der Fall würde ad acta gelegt werden.

Als Séverine außer Atem und mit heftig klopfendem Herzen wieder in dem strengen Arbeitszimmer in der Rue du Rocher vor Herrn Camy-Lamotte saß, betrachtete sie dieser einen Augenblick schweigend, ganz gefesselt von der außerordentlichen Anstrengung, die sie unternahm, um

ruhig zu wirken. Entschieden sympathisch war sie ihm, diese zarte Verbrecherin mit den Immortellenaugen.
»Nun, Madame . . .«
Und er hielt inne, um ihre Ängstlichkeit noch ein paar Sekunden zu genießen. Aber ihr Blick war so tief, er fühlte, wie sie ihm in einem so starken Bedürfnis, Bescheid zu wissen, stürmisch entgegendrängte, daß er Mitleid empfand.
»Nun, Madame, ich bin mit dem Betriebsleiter zusammengekommen, ich habe erreicht, daß Ihr Mann nicht entlassen worden ist . . . Die Angelegenheit ist beigelegt.«
Da verließen sie die Kräfte unter der Woge allzu lebhafter Freude, die sie überschwemmte. Ihre Augen hatten sich mit Tränen gefüllt, und sie sagte nichts, sie lächelte.
Den Satz betonend, um ihr dessen ganze Bedeutung darzulegen, wiederholte er:
»Die Angelegenheit ist beigelegt . . . Sie können ganz beruhigt nach Le Havre zurückfahren.«
Sie verstand genau: er meinte, sie würden nicht verhaftet werden, man lasse ihnen Gnade angedeihen. Das hieß nicht nur, daß die Stellung erhalten blieb, das hieß, daß das entsetzliche Drama vergessen, begraben war. In einer instinktiven Anwandlung, ihn zu liebkosen, wie ein hübsches Haustier, das dankbar ist und schmeichelt, beugte sie sich über seine Hände, küßte sie, hielt sie an ihre Wangen gepreßt.
Und diesmal hatte er die Hände nicht zurückgezogen, denn von dem zärtlichen Zauber dieser Dankbarkeit war er selber sehr gerührt.
»Allerdings«, fuhr er fort und bemühte sich dabei, wieder streng zu werden, »denken Sie daran und führen Sie sich gut auf.«
»Oh, mein Herr!«

Aber er wünschte, daß sie, die Frau und der Mann, ihm auf Gnade oder Ungnade ausgeliefert blieben. Er spielte auf den Brief an.
»Denken Sie daran, daß die Akten hierbleiben und daß beim geringsten Vergehen alles wieder aufgerollt werden kann ... Schärfen Sie vor allem Ihrem Mann ein, daß er sich nicht mehr um Politik kümmern soll. In diesem Punkt würden wir unbarmherzig sein. Ich weiß, daß er sich bereits Unannehmlichkeiten ausgesetzt hat, man hat mir von ei-

nem ärgerlichen Streit mit dem Unterpräfekten erzählt; kurzum, Ihr Mann gilt als Republikaner, das ist abscheulich . . . Nicht wahr, er soll ja vernünftig sein, sonst setzen wir ihn ganz einfach hinaus.«
Sie war aufgestanden, da sie es jetzt eilig hatte, fortzukommen, um der Freude, an der sie schier erstickte, freien Lauf zu lassen.
»Mein Herr, wir werden Ihnen gehorchen, wir werden alles machen, wie Sie wollen . . . Ganz gleich wann, ganz gleich wo, Sie brauchen nur zu befehlen: ich gehöre Ihnen.«
Mit seiner müden Miene, mit dem Anflug von Geringschätzung eines Menschen, der ausgiebig von der Nichtigkeit aller Dinge gekostet hat, hatte er wieder zu lächeln begonnen.
»Oh, ich werde das nicht mißbrauchen, Madame, ich pflege nichts mehr zu mißbrauchen.«
Und er öffnete ihr selbst die Tür des Arbeitszimmers.
Auf dem Treppenflur drehte sie sich mit ihrem strahlenden Gesicht, das ihm noch immer dankte, zweimal um.
In der Rue du Rocher schritt Séverine wie von Sinnen dahin. Sie merkte, daß sie ohne Grund die Straße wieder hinaufging; und sie ging die abschüssige Straße wieder hinunter, überquerte ohne Anlaß den Fahrdamm, auf die Gefahr hin, überfahren zu werden. Sie hatte das Bedürfnis zu laufen, sich zu bewegen, zu schreien. Schon begriff sie, warum man ihnen Gnade angedeihen ließ, und sie überraschte sich dabei, wie sie laut sagte:
»Donnerwetter! Sie haben Angst, es besteht keine Gefahr, daß sie diese Dinge aufrühren, schön dumm bin ich gewesen, mich zu quälen. Das liegt ja klar zutage . . . Ach, so ein Glück! Gerettet, gerettet, diesmal ganz im Ernst! – Und es kann nichts schaden, ich werde meinem Mann einen

Schreck einjagen, damit er sich ruhig verhält ... Gerettet, gerettet, so ein Glück!«
Als sie in die Rue Saint-Lazare einbog, sah sie auf der Uhr eines Juweliers, daß es zehn nach halb sechs war.
»Halt, ich werde mir ein gutes Abendessen leisten, ich habe ja Zeit.«
Gegenüber vom Bahnhof wählte sie das luxuriöseste Restaurant aus; und nachdem sie es sich allein an einem ganz weißen Tischchen an der Spiegelglasscheibe des Schaufensters bequem gemacht hatte, freute sie sich über den Betrieb auf der Straße, bestellte sie sich ein auserlesenes Diner, Austern, Seezungenfilets, einen Brathuhnflügel. Es war doch das mindeste, daß sie sich für ihr schlechtes Mittagessen schadlos hielt. Sie aß gierig, fand das Brot aus feinstem Weizenmehl köstlich, ließ sich noch einen Leckerbissen machen, einen Apfelauflauf. Nachdem sie dann ihren Kaffee getrunken hatte, beeilte sie sich, denn sie hatte nur noch ein paar Minuten Zeit, um den Schnellzug zu erreichen.
Nachdem Jacques sich von ihr getrennt, nach Hause gegangen war und seine Arbeitssachen wieder angezogen hatte, war er sofort zum Bahnbetriebswerk gegangen, wo er gewöhnlich erst eine halbe Stunde vor Inbetriebnahme seiner Lokomotive eintraf. Wegen der Überprüfungsarbeiten verließ er sich jetzt ganz auf Pecqueux, obgleich der Heizer von drei Tagen zwei betrunken war. An diesem Tage aber waren Jacques in seiner zärtlichen Erregung soeben unbewußt Bedenken gekommen, er wollte sich eigenhändig vom einwandfreien Funktionieren aller Teile überzeugen, zumal er morgens auf der Herfahrt von Le Havre einen höheren Dampfmengenverbrauch bei niedrigerer Leistung festgestellt zu haben glaubte.

In dem weiten, geschlossenen Schuppen, der kohlengeschwärzt war und von hohen, staubigen Fenstern erhellt wurde, stand unter den anderen abgestellten Lokomotiven die von Jacques bereits am Kopf eines Gleises, weil sie als erste die Fahrt antreten sollte. Ein Schuppenheizer hatte soeben die Feuerbüchse beschickt, rotglühende, halbverbrannte Kohlestücke fielen in die Löschgrube hinab. Es war eine jener Schnellzuglokomotiven mit zwei gekuppelten Achsen, von feiner und riesiger Eleganz mit ihren großen, leichten, durch stählerne Arme verbundenen Rädern, ihrer breiten Pferdebrust, ihren langgezogenen und mächtigen Lenden, all dieser Logik und all dieser Zuverlässigkeit, die die souveräne Schönheit der metallenen Wesen, die Präzision in der Kraft ausmachen. Wie die anderen Lokomotiven der Westbahngesellschaft führte sie außer ihrer Kennnummer noch den Namen eines Bahnhofs, nämlich Lison, einer Station im Cotentin. Jacques aber hatte aus Zärtlichkeit daraus einen Frauennamen gemacht, die Lison, wie er liebkosend und sanft zu sagen pflegte.
Und wirklich, seiner Lokomotive war er seit vier Jahren, da er sie fuhr, in Liebe zugetan. Er hatte auch andere geführt, fügsame und widerspenstige, tüchtige und faule; er wußte genau, daß jede ihren Charakter hatte, daß gar manche nicht viel wert waren, wie man von Frauen aus Fleisch und Blut sagt, so daß es, wenn er diese hier liebte, in Wirklichkeit daher kam, daß sie die seltenen Qualitäten einer rechtschaffenen Frau hatte. Sie war sanft, gehorsam, fuhr leicht an, lief dank ihrer guten Verdampfung gleichmäßig und stetig. Es wurde zwar behauptet, wenn sie so mühelos anfahre, so komme das von den ausgezeichneten Radreifen und vor allem von der einwandfreien Einstellung der Schieber; desgleichen, wenn sie mit wenig Brennstoff viel

verdampfe, so sei das auf die Kupferqualität der Rohre und auf die günstige Anordnung des Kessels zurückzuführen. Er aber wußte, daß es etwas anderes war, denn andere Lokomotiven genau der gleichen Bauart, die ebenso sorgfältig montiert waren, wiesen keine dieser Qualitäten auf. Es war die Seele, das Geheimnis bei der Fabrikation, dieses Etwas, das der Zufall des Hämmerns dem Metall beimischt, das die Fertigkeit des Monteurs den Teilen verleiht: die Persönlichkeit der Lokomotive, das Leben.

Daher liebte er sie als dankbares Mannestier, seine Lison, die schnell wie eine kräftige und folgsame Stute abging und hielt; er liebte sie, weil sie ihm außer dem festen Gehalt dank der Kohleprämien noch ein paar Sous einbrachte. Sie verdampfte so gut, daß sie tatsächlich erhebliche Mengen Kohle einsparte. Und er hatte ihr nur einen Vorwurf zu machen, einen zu großen Ölbedarf: vor allem die Zylinder verschlangen unvernünftig hohe Mengen an Zylinderöl, ein unablässiger Hunger, ein wahres Prassen. Vergebens hatte er sich bemüht, ihr Mäßigung aufzuerlegen. Aber dann kam sie gleich außer Atem, für ihr Temperament war das eben erforderlich. Er hatte sich damit abgefunden, diese gefräßige Leidenschaft bei ihr zu dulden, genau wie man bei Menschen, die sonst voller Qualitäten stecken, über ein Laster hinwegsieht; und wie sein Heizer begnügte er sich, im Scherz zu sagen, nach dem Vorbild schöner Frauen habe sie das Bedürfnis, allzuoft geölt zu werden.

Während die Feuerbüchse bullerte und die Lison nach und nach unter Druck kam, ging Jacques um sie herum, prüfte jedes einzelne Teil, versuchte zu entdecken, warum sie am Vormittag mehr Schmieröl als gewöhnlich verbraucht hatte. Und er fand nichts, sie war blitzsauber, von der mitunter anzutreffenden heiteren Sauberkeit, die von der zärtlichen, guten Pflege eines Lokomotivführers kündet. Man sah, wie er sie unaufhörlich abwischte, putzte; vor allem bei der Ankunft, genau wie man die von einem langen Rennen dampfenden Tiere mit einem Strohwisch trockenreibt, pflegte er sie kräftig abzureiben, er machte es sich zunutze, daß sie heiß war, um sie besser von Flecken und Geifer reinigen zu können. Er hetzte sie auch niemals ab, hielt eine gleichmäßige Fahrt ein, vermied es, sich zu verspäten, weil dann eine unnötige Steigerung der Geschwindigkeit erforderlich wird. So hatten die beiden denn auch stets in so guter Ehe miteinander gelebt, daß er sich in vier Jahren nicht ein einziges Mal im Ausbesserungsbuch des Bahnbetriebswerks beklagt hatte, in das die Lokomotivführer ihre Reparaturanträge eintragen, die schlechten Lokführer, die faul oder trunksüchtig sind und mit ihren Maschinen unaufhörlich im Streit liegen. An diesem Tage aber konnte er ihre Prasserei an Schmieröl wahrhaftig nicht verwinden; und da war auch noch etwas anderes, etwas Unbestimmtes und Tieferliegendes, was er noch nicht gespürt hatte, eine Unruhe, ein Mißtrauen ihr gegenüber, als zweifle er an ihr und habe sich überzeugen wollen, daß sie sich unterwegs nicht schlecht aufführen werde.

Pecqueux war noch gar nicht da, und als er endlich mit schwerer Zunge nach einem mit einem Freund veranstalteten Mittagessen erschien, brauste Jacques auf. Gewöhnlich verstanden sich die beiden Männer sehr gut auf diesen langen Reisen fahrender Gesellen, die sie, Schulter an Schulter durchgeschüttelt, schweigsam, durch dieselbe Arbeit und dieselben Gefahren verbunden, von einem Ende der Bahnlinie zum anderen führten. Obgleich der Lokomotivführer zehn Jahre jünger als der Heizer war, gab er sich ihm gegenüber väterlich, deckte seine Laster, ließ ihn, wenn er zu betrunken war, eine Stunde schlafen; und dieser vergalt ihm diese Gefälligkeit mit der Hingabe eines guten Hundes, denn er war sonst ein ausgezeichneter Arbeiter und, von seiner Trunksucht abgesehen, sehr tüchtig in seinem Handwerk. Es muß gesagt werden, daß auch er die Lison liebte, was für das gute Einvernehmen genügte. Sie beide und die Lokomotive führten eine richtige Ehe zu dritt, ohne sich jemals zu streiten. So schaute Pecqueux, über einen so schlechten Empfang befremdet, Jacques denn auch doppelt erstaunt an, als er ihn seine Zweifel über die Lokomotive brummen hörte.

»Was denn? Sie läuft doch wie eine Fee!«

»Nein, nein, ich habe keine Ruhe.«

Und trotz der einwandfreien Beschaffenheit jedes Teils schüttelte er nach wie vor den Kopf. Er ließ die Handgriffe spielen, überzeugte sich vom Funktionieren des Sicherheitsventils. Er stieg auf den Umlauf, füllte eigenhändig die Zylinderschmiergefäße, während der Heizer den Dampfdom abwischte, der mit leichten Rostspuren behaftet war. Der Sandkastenzug funktionierte gut, alles hätte ihn beruhigen müssen. Aber in seinem Herzen war die Lison nicht mehr allein. Darin wuchs eine andere zärtliche Liebe heran, dieses schmächtige, so zerbrechliche Geschöpf, das er immer wieder neben sich auf der Bank des Squares sah, mit seiner schmeichlerischen Schwäche, die der Liebe und des Schutzes bedurfte. Niemals hatte er, wenn er aus einem unfreiwilligen Anlaß Verspätung gehabt, wenn er seine Lokomotive auf achtzig Kilometer Stundengeschwindigkeit heraufschraubte, an die Gefahren gedacht, denen er die Reisenden aussetzte. Und nun quälte ihn der bloße Gedanke, diese am Morgen fast verabscheute, mit Verdruß hergebrachte Frau nach Le Havre zurückzufahren, voller

Besorgnis, voller Furcht vor einem Unglück, bei dem sie, wie er sich einbildete, durch seine Schuld verletzt werden, sterbend in seinen Armen liegen könnte. Von jetzt an verrichtete er seinen Dienst aus Liebe. Die beargwöhnte Lison würde gut daran tun, sich einwandfrei aufzuführen, wollte sie ihren Ruf als gute Läuferin behalten.

Es schlug sechs Uhr, Jacques und Pecqueux stiegen auf die kleine Tenderbrücke, die Tender und Lokomotive verband; und als Pecqueux auf ein Zeichen seines Vorgesetzten den Zylinderhahn öffnete, füllte ein Wirbel weißen Dampfes den schwarzen Schuppen. Dem Reglerhandgriff gehorchend, den der Lokomotivführer langsam umlegte, fuhr die Lison dann an, verließ das Bahnbetriebswerk, gab ein Pfeifsignal, um freie Fahrt zu erhalten. Fast sogleich konnte sie in den Tunnel unter dem Boulevard des Batignolles einfahren. Aber an der Pont de l'Europe mußte sie warten; und erst zur vorgeschriebenen Zeit leitete sie der Weichenwärter zu dem Schnellzug sechs Uhr dreißig weiter, an den zwei Rangierer sie fest ankuppelten.

Gleich würde man abfahren, es war nur noch fünf Minuten Zeit, und Jacques beugte sich hinaus, erstaunt, Séverine nicht inmitten des Gedränges der Reisenden zu sehen. Er war ganz sicher, daß sie nicht einsteigen würde, ohne zuvor bis zu ihm gekommen zu sein.

Endlich tauchte sie verspätet auf und rannte fast. Und tatsächlich lief sie den ganzen Zug entlang, blieb mit lebhaft gerötetem Gesicht, vor Freude frohlockend, erst bei der Lokomotive stehen.

Sie reckte sich auf ihren Füßchen in die Höhe, lachend wandte sich ihr Gesicht empor.

»Machen Sie sich keine Sorgen, da bin ich.«

Glücklich, daß sie da war, begann er ebenfalls zu lachen.

»Gut, gut! Alles in Ordnung.«
Aber sie reckte sich noch höher empor, meinte mit leiserer Stimme:
»Mein Freund, ich bin froh, sehr froh . . . Das ist ein großes Glück für mich . . . Alles, was ich mir wünschte.«
Und er begriff vollkommen, er freute sich darüber.
Als sie dann wieder loslief, drehte sie sich um und fügte scherzend hinzu:
»Hören Sie, daß Sie mir jetzt ja nicht die Knochen brechen!«
Er erhob mit fröhlicher Stimme Einspruch:
»Oh, das fehlte noch! Haben Sie keine Angst!«
Aber die Türen klappten, Séverine hatte gerade noch Zeit einzusteigen; und auf das Signal des Oberzugführers zog Jacques die Dampfpfeife, öffnete dann den Regler. Man fuhr ab. Es war dieselbe Abfahrt wie die bei dem tragischen Zug im Februar, zu derselben Zeit, inmitten desselben Betriebs auf dem Bahnhof, mit demselben Lärm, denselben Rauchwolken. Nur war es noch Tag, eine helle Dämmerung von unendlicher Lieblichkeit. Den Kopf an der Tür, schaute Séverine hinaus.
Und auf der Lison ließ Jacques, der rechts aufgestiegen war, sich mit seiner wollenen Hose und seiner wollenen kurzen Jacke warm angezogen und eine Brille mit Schutzklappen aus Tuch hinten am Kopf unter der Mütze befestigt hatte, die Strecke nicht mehr aus den Augen, beugte sich alle Sekunden aus dem Fenster des Führerstandes, um besser sehen zu können. Derb durchgerüttelt von den Erschütterungen, was ihm nicht einmal zu Bewußtsein kam, hatte er die rechte Hand auf dem Steuerungshandrad wie ein Lotse am Steuerrad; er bediente es mit einer unmerklichen und stetigen Bewegung, verminderte und erhöhte die Ge-

schwindigkeit; und mit der linken Hand betätigte er unaufhörlich den Zug der Dampfpfeife, denn die Ausfahrt aus Paris ist schwierig, voller Tücken. Er gab Pfeifsignale an den Bahnübergängen, an den Bahnhöfen, bei den Tunneln, an den großen Kurven. Da in der Ferne im zur Neige gehenden Tageslicht ein rotes Signallicht aufgetaucht war, verlangte er lange freie Fahrt, fuhr donnernd vorüber. Kaum warf er dann und wann einen Blick auf das Manometer, drehte das kleine Handrad der Dampfstrahlpumpe, sobald der zulässige Druck zehn Atmosphären erreichte. Und immer wieder wanderte sein Blick auf die vorausliegende Strecke, war ganz mit der Überwachung der geringsten Einzelheiten beschäftigt, mit so großer Aufmerksamkeit, daß er nichts anderes sah und nicht einmal den stürmisch wehenden Wind spürte. Das Manometer fiel, er öffnete durch Anheben der Zahnstange die Feuertür; und der an diese Bewegung gewöhnte Pecqueux begriff, zerkleinerte mit einem Hammer Kohle, die er mit der Schaufel ganz gleichmäßig über die ganze Rostbreite verteilt aufschichtete. Glühende Hitze versengte beiden die Beine; nachdem die Tür dann wieder geschlossen war, wehte von neuem die eisige Zugluft.

Die Nacht brach herein, Jacques war nun doppelt vorsichtig. Selten hatte er die Lison so gehorsam gefühlt; er beherrschte sie, ritt sie, wie es ihm gefiel, mit dem unumschränkten Willen des Herrn und Gebieters; und dennoch ließ er in seiner Strenge nicht nach, behandelte sie wie ein gezähmtes Tier, dem man immer mißtrauen muß. Dort hinter seinem Rücken, in dem mit hoher Geschwindigkeit dahinbrausenden Zug, sah er ein zartes Gesicht, das sich ihm vertrauensvoll, lächelnd hingab. Das ließ ihn leicht zusammenschaudern, mit rauherer Faust umschloß er das

Steuerungshandrad, auf der Suche nach roten Signallichtern durchbohrte er mit stierem Blick die zunehmende Finsternis. Hinter den Abzweigungen nach Asnières und Colombes hatte er ein wenig aufgeatmet. Bis Mantes ging alles gut, die Strecke war glatt und eben, und der Zug rollte mühelos dahin. Hinter Mantes mußte Jacques die Lison antreiben, damit sie eine ziemlich starke Steigung von nahezu einer halben Meile Länge erklomm. Ohne sie zu drosseln, jagte er sie über das sanfte Gefälle zum Tunnel von Rolleboise, einem zweieinhalb Kilometer langen Tunnel, den sie in kaum drei Minuten durchfuhr. Dann kam nur noch ein weiterer Tunnel, der von Le Roule bei Gaillon, vor dem Bahnhof von Sotteville, einem gefürchteten Bahnhof, den das Gleisgewirr, das unausgesetzte Rangieren, die ständige Verstopfung sehr gefährlich machen. Alle Kräfte seines Seins lagen in seinen wachenden Augen, in seiner führenden Hand; und die pfeifende und rauchende Lison fuhr mit Volldampf durch Sotteville, hielt erst in Rouen, von wo sie dann, etwas ruhiger geworden, wieder abfuhr und langsamer die bis Malaunay reichende Steigung erklomm.

Sehr hell war der Mond aufgegangen mit seinem weißen Licht, das es Jacques erlaubte, die kleinsten Büsche, ja sogar die Steine auf den Wegen in ihrem schnellen Dahinfliegen zu unterscheiden. Als er an der Ausfahrt des Tunnels von Malaunay, besorgt über den Schlagschatten eines großen Baumes, der die Strecke versperrte, einen Blick nach rechts warf, erkannte er den entlegenen Winkel, das Feld mit dem Gestrüpp, von wo aus er den Mord gesehen hatte. Öde und wild zog das Land mit seinen nicht abreißenden Hängen, seinen von kleinen Gehölzen bestandenen schwarzen Mulden, seiner wüsten Trostlosigkeit vorüber. Dann kam in La Croix-de-Maufras unter dem regungslo-

sen Mond die jähe Vision des schräg hingepflanzten Hauses in seiner Verlassenheit und Hilflosigkeit, mit den ewig geschlossenen Fensterläden und seiner gräßlichen Schwermut. Und ohne zu wissen warum, war Jacques, diesmal noch mehr als die vorhergehenden Male, beklommen ums Herz, als fahre er an seinem Unglück vorüber.

Aber gleich darauf nahmen seine Augen ein anderes Bild mit. Neben dem Haus der Misards stand Flore an der Schranke des Bahnübergangs. Bei jeder Fahrt sah er sie jetzt an diesem Platz auf ihn warten, nach ihm ausspähen. Sie rührte sich nicht, sie drehte lediglich den Kopf, um ihm im Blitz, der ihn davontrug, länger nachblicken zu können. Schwarz hob sich ihre hochragende Silhouette im weißen Licht ab, nur ihr goldenes Haar entzündete sich am bleichen Gold des Gestirns.

Und Jacques, der die Lison angetrieben hatte, damit sie die Steigung von Motteville überwand, ließ sie längs der Hochebene von Bolbec ein wenig verschnaufen, jagte sie dann schließlich auf das stärkste Gefälle der Linie von Saint-Romain bis Harfleur, drei Meilen, die die Lokomotiven, galoppierend wie tolle Tiere, die den Stall wittern, verschlingen. Und in Le Havre war er vor Müdigkeit wie zerschlagen, und da kam Séverine, bevor sie wieder in ihre Wohnung hinaufging, in der vom Lärm und Rauch der Ankunft erfüllten Halle herbeigelaufen und sagte mit ihrer heiteren und zärtlichen Miene zu ihm:

»Danke, bis morgen.«

Kapitel 6

Es verging ein Monat, und in die Wohnung, die die Roubauds im ersten Stock des Bahnhofs über den Wartesälen innehatten, war wieder große Ruhe eingekehrt. Bei ihnen, bei den Flurnachbarn, in dieser kleinen Welt von Angestellten, die in der gleichförmigen Wiederkehr der durch die Dienstordnung geregelten Stunden einem Dasein nach der Uhr unterworfen war, hatte das Leben wieder eintönig dahinzufließen begonnen. Und es war, als habe sich nichts Gewalttätiges, nichts Abnormes ereignet.
Der aufsehenerregende und skandalöse Fall Grandmorin geriet ganz allmählich in Vergessenheit, würde bald zu den Akten gelegt werden, weil die Justiz ganz offensichtlich unfähig war, den Täter ausfindig zu machen. Nach einer noch etwa vierzehn Tage dauernden Untersuchungshaft hatte der Untersuchungsrichter Denizet eine Anordnung zur Einstellung des Verfahrens gegen Cabuche mit der Begründung erlassen, gegen ihn lägen keine ausreichenden Belastungspunkte vor; und es war eine wunderliche Kriminal-Legende im Entstehen begriffen: die Legende von einem unbekannten, nicht zu fassenden Mörder, einem Abenteurer des Verbrechens, der überall zugleich war, dem man alle Morde zur Last legte und der sich beim bloßen Auftauchen der Polizisten in Rauch auflöste. Kaum tauchten dann und wann wieder mal ein paar Witze über diesen sagenhaften Mörder in der Oppositionspresse auf, die durch das Herannahen der allgemeinen Wahlen fieber-

haft beschäftigt war. Der Druck der herrschenden Macht, die Gewaltakte der Präfekten lieferten ihr täglich andere Stoffe für entrüstete Artikel, so daß der Fall, da sich die Zeitungen nicht mehr darum kümmerten, aus der leidenschaftlichen Neugier der Menge geschwunden war. Man redete nicht einmal mehr über ihn.

Was vollends wieder Ruhe bei den Roubauds geschaffen hatte, war die glückliche Art und Weise, wie soeben die andere Schwierigkeit, diejenige nämlich, welche Präsident Grandmorins Testament aufzuwirbeln drohte, aus dem Wege geräumt worden war. Auf Frau Bonnehons Anraten hatten die Lachesnayes in der Furcht, dem Skandal neue Nahrung zu geben, und in der Ungewißheit über den Ausgang eines Prozesses, schließlich eingewilligt, das Testament nicht anzufechten. Und in den Besitz ihres Legates gesetzt, waren die Roubauds seit einer Woche Eigentümer von La Croix-de-Maufras, des Hauses und des Gartens, was beides auf ungefähr vierzigtausend Francs geschätzt wurde. Sie hatten sogleich beschlossen, das Anwesen zu verkaufen, dieses Haus der Lust und des Blutes, das sie wie ein Alpdruck plagte und in dem sie im Entsetzen vor den Gespenstern der Vergangenheit gar nicht zu schlafen gewagt hätten; und zwar wollten sie alles verkaufen, das Haus samt den Möbeln, so wie es war, ohne es instand zu setzen oder auch nur zu säubern. Da es aber auf einer öffentlichen Versteigerung zu sehr an Wert verloren hätte, denn Käufer, die einwilligen würden, sich in diese Einsamkeit zurückzuziehen, waren rar, hatten sie beschlossen, auf einen Liebhaber zu warten, hatten sich damit begnügt, eine von den unablässig vorüberfahrenden Zügen aus leicht zu lesende riesige Tafel an die Vorderfront zu hängen. Diese Aufforderung in großen Buchstaben, diese zum Verkauf stehende Trostlosigkeit, machte die Traurigkeit der geschlossenen Fensterläden und des von Brombeersträuchern überwucherten Gartens noch größer. Da sich Roubaud entschieden geweigert hatte, auch nur für ein paar Tage hinzufahren, um gewisse notwendige Vorkehrungen zu treffen, hatte sich Séverine eines Nachmittags dorthin begeben; und sie hatte die Schlüssel den Misards übergeben und sie beauftragt, das Besitztum zu zeigen, falls sich Käufer einstellen sollten. In zwei Stunden hätte man sich dort einrichten können, denn sogar Wäsche war in den Schränken vorhanden.

Und da von nun an die Roubauds nichts mehr beunruhigte, ließen sie folglich jeden Tag in der trägen Erwartung des folgenden verstreichen. Das Haus würde schließlich doch verkauft werden, das Geld dafür würden sie anlegen, alles würde ausgezeichnet klappen. Im übrigen vergaßen sie es, sie lebten, als sollten sie die drei Räume, die sie bewohnten, niemals verlassen: das Eßzimmer, dessen Tür direkt auf den Flur ging; das ziemlich geräumige Schlafzimmer zur Rechten; die ganz kleine und luftlose Küche zur Linken. Selbst das Bahnhofshallendach vor ihren Fenstern, diese Schräge aus Zink, die ihnen wie eine Gefängnismauer die Aussicht versperrte, schien sie zu beruhigen, statt sie wie früher zu erbittern, steigerte die Empfindung unendlicher Stille, tröstenden Friedens, in dem sie einschliefen. Man wurde wenigstens nicht von den Nachbarn gesehen, man hatte nicht immerzu die Augen von Spionen vor sich, die bei einem herumschnüffelten; und da der Frühling gekommen war, klagten sie nur noch über die stickige Hitze, über die blendenden Widerspiegelungen des Zinks, das von den ersten Sonnentagen erwärmt wurde. Nach dem entsetzlichen Schock, der sie fast zwei Monate lang in einem unab-

lässigen Schaudern hatte leben lassen, genossen sie selig
diese Benommenheit, die über alles kam. Ihr Wunsch war,
sich nicht mehr rühren zu müssen, sich einfach ihres Daseins
ohne Bangen und Leiden zu erfreuen. Nie hatte sich Roubaud als so pünktlicher, so gewissenhafter Angestellter gezeigt: in der Woche, da er Tagesdienst hatte, kam er, nachdem er um fünf Uhr morgens zum Bahnsteig hinuntergegangen war, erst um zehn Uhr wieder hinauf frühstücken,
ging um elf wieder hinunter, hielt bis fünf Uhr abends aus,
elf volle Stunden Dienst; die Woche, da er Nachtdienst
hatte und von fünf Uhr abends bis fünf Uhr morgens beschäftigt war, hatte er nicht einmal die kurze Ruhepause für
eine Mahlzeit in der Wohnung, denn zu Abend aß er in seinem Dienstraum; und diese harte Fron ertrug er mit einer
Art Befriedigung, er schien Gefallen daran zu finden, befaßte sich mit den unwichtigsten Angelegenheiten, wollte
alles selber sehen, alles selber machen, als habe er bei dieser Strapaze Vergessen, den Neubeginn eines ausgeglichenen, normalen Lebens gefunden. Séverine ihrerseits, die
fast stets allein war, die jede zweite Woche Strohwitwe war,
die ihn in der anderen Woche nur zum Frühstück und zum
Mittagessen sah, schien vom Hausfrauenfieber befallen zu
sein. Sonst pflegte sie dazusitzen und zu sticken, weil sie es
verabscheute, im Haushalt etwas anzurühren, den eine alte
Frau, Mutter Simon, von neun Uhr bis Mittag besorgte.
Seitdem sie aber wieder seelenruhig zu Hause sein konnte
und die Gewißheit hatte, dort bleiben zu können, ließ sie
der Gedanke an Reinemachen und Aufräumen nicht los.
Erst nachdem sie überall herumgestöbert hatte, setzte sie
sich wieder auf ihren Stuhl. Im übrigen schliefen sie beide
ganz ruhig. Bei ihren seltenen Gesprächen während der
Mahlzeiten und in den Nächten, in denen sie zusammen

schliefen, sprachen sie nie wieder über die Angelegenheit; und sie mußten glauben, alles sei erledigt und begraben. Besonders für Séverine wurde so das Dasein wieder sehr angenehm. Wieder überkamen sie ihre Anwandlungen von Trägheit, von neuem überließ sie wie eine höhere Tochter, die nur für die feinen Nadelarbeiten da ist, Mutter Simon den Haushalt. Sie hatte eine Arbeit angefangen, die kein Ende nahm, eine über und über zu bestickende Fußdecke, die ihr ganzes Leben in Anspruch zu nehmen drohte. Sie pflegte ziemlich spät aufzustehen, weil sie glücklich war, allein im Bett bleiben zu können und von den abfahrenden und ankommenden Zügen gewiegt zu werden, die ihr genau wie eine Uhr das Vorrücken der Stunden anzeigten. In der ersten Zeit ihrer Ehe hatte sie dieser gewaltige Bahnhofslärm, die Signalpfiffe, Drehscheibengerumpel, donnerartiges Rollen, diese jähen, erdbebengleichen Erschütterungen, die sie mitsamt den Möbeln durchrüttelten, schier um den Verstand gebracht. Dann war nach und nach die Gewohnheit gekommen, der widerhallende und erschauernde Bahnhof trat in ihr Leben; und jetzt fand sie Gefallen an ihm, ihre Ruhe bestand aus diesem Aufruhr und diesem Krach. Bis zum Mittagessen wanderte sie von einem Raum in den anderen, unterhielt sich, ohne selbst zuzugreifen, mit der Aufwartefrau. Dann saß sie die langen Nachmittage über vor dem Fenster des Eßzimmers, wobei ihr die Handarbeit meistens auf die Knie herabgesunken war, und freute sich ihres Nichtstuns. In den Wochen, da ihr Mann beim Morgengrauen wieder heraufkam, um sich schlafen zu legen, hörte sie ihn bis zum Abend schnarchen; und dies waren übrigens die guten Wochen für sie geworden, diese Wochen, in denen sie wie einst vor ihrer Heirat lebte, das ganze breite Bett für sich allein hatte, sich sodann nach ihrem Belieben erholen konnte, weil sie mit ihrem ganzen Tag machen konnte, was sie wollte. Sie ging fast niemals aus dem Haus, von Le Havre gewahrte sie nur die Rauchwolken der benachbarten Fabriken, deren dicke, schwarze Wirbel den Himmel über dem zinkgedeckten Dachstuhl befleckten, der einige Meter von ihren Augen entfernt den Horizont abschnitt. Dort hinter dieser ewigen Mauer lag die Stadt; stets spürte sie ihre Gegenwart, ihr Verdruß, die Stadt nicht sehen zu können, war mit der Zeit milder geworden; fünf oder sechs Töpfe mit Levkojen und Eisenkraut, die sie in der Dachrinne des Hallendaches zog, schufen ihr einen kleinen Garten, der ihre Einsamkeit mit Blumen schmückte. Manchmal sprach sie von sich wie von einer Einsiedlerin in der Tiefe eines Waldes. Nur Roubaud stieg, wenn er nichts zu tun hatte, durch das Fenster, an der Dachrinne entlang ging er dann bis ans Ende, stieg die Zinkschräge hinauf, setzte sich oben auf den Giebel über dem Cours Napoléon; und dort rauchte er schließlich mitten im Himmel seine Pfeife und überschaute die zu seinen Füßen ausgebreitete Stadt, die mit dem Hochwald der Masten bepflanzten Hafenbecken, das unermeßliche, blaßgrüne, sich unendlich erstreckende Meer.

Es schien so, als hätte dieselbe Schläfrigkeit die anderen Eisenbahnhaushalte, die Nachbarn der Roubauds, angesteckt. Auch dieser Flur, auf dem gewöhnlich ein so schrecklicher Wind von Klatschereien wehte, schlief ein. Machte Philomène Frau Lebleu einen Besuch, so war kaum das leise Murmeln ihrer Stimmen zu hören. Da sie beide überrascht darüber waren, welchen Verlauf die Dinge nahmen, sprachen sie nur noch mit geringschätzigem Mitleid über den stellvertretenden Bahnhofsvorsteher: sicher sei seine Gattin, um ihm die Stelle zu erhalten, nach Paris gefahren und habe dort schöne Sachen angestellt; kurzum, er sei jetzt ein mit einem Makel behafteter Mann, der sich von gewissen Verdachtsmomenten nicht werde reinwaschen können. Und da die Frau des Kassenverwalters davon überzeugt war, daß ihre Nachbarn künftighin nicht imstande seien, ihr die Wohnung wieder wegzunehmen, legte sie ihnen gegenüber ganz einfach große Verachtung an den Tag, ging stocksteif vorüber, ohne zu grüßen, so daß sie sogar Philomène verstimmte, die immer seltener kam: sie fand sie zu hochmütig, es machte ihr keinen Spaß mehr. Doch um eine Beschäftigung zu haben, belauerte Frau Lebleu weiter die Liebschaft Fräulein Guichons mit dem Stationsvorsteher, Herrn Dabadie, ohne die beiden übrigens jemals erwischen zu können. Auf dem Flur war nur noch das unmerkliche Schlurren ihrer Filzpantoffeln zu hören. Nachdem so nach und nach alles eingeschlummert war, verging ein Monat uneingeschränkten Friedens, wie jener große Schlaf, der auf große Katastrophen folgt.

Bei den Roubauds aber blieb ein schmerzhafter, beunruhigender Punkt zurück, ein Punkt im Parkett des Eßzimmers, auf den ihre Augen nicht zufällig fallen durften, ohne daß sie erneut Unbehagen beschlich. Links vom Fenster hatten sie den eichenen Fries verschoben, dann wieder zurechtgerückt, um darunter die Uhr und die zehntausend Francs zu verstecken, die sie, abgesehen von etwa dreihundert Francs in Gold im Portemonnaie, Grandmorins Leiche abgenommen hatten. Diese Uhr und dieses Geld hatte Roubaud nur deshalb aus den Taschen entwendet, um einen Raub vorzutäuschen. Er war kein Dieb, lieber würde er, wie er sagte, daneben verhungern, als einen Centime zu nehmen oder die Uhr zu verkaufen. Das Geld dieses Alten, der sich an seiner Frau vergriffen und an dem er Gerechtigkeit geübt hatte, dieses schmutz- und blutbefleckte Geld, nein, nein, dieses Geld war nicht sauber genug, als daß ein ehrlicher Mensch es angerührt hätte. Und an das Haus in La Croix-de-Maufras, das er als Geschenk annahm, dachte er nicht einmal: allein die Tatsache, daß er das Opfer durchsucht, daß er bei allem Abscheu vor dem Mord diese Banknoten mitgenommen hatte, empörte ihn, wühlte sein Gewissen auf, und er schreckte zurück und bekam Angst vor dem, was er getan. Indessen hatte er nicht die Willenskraft aufgebracht, die Banknoten zu verbrennen und die Uhr und das Portemonnaie eines Abends ins Meer zu werfen. Wenn ihm auch die bloße Vorsicht dazu riet, so begehrte doch ein dumpfer Instinkt in ihm gegen dieses Vernichten auf. Er hegte eine unbewußte Ehrfurcht vor einer solchen Summe, und niemals würde er sich dazu hergeben, sie zu vernichten. In der ersten Nacht hatte er sie zunächst unter seinem Kopfkissen vergraben, da er keinen Winkel für sicher genug erachtete. An den nächsten Tagen hatte er darüber nachgegrübelt, wie er Verstecke ausfindig machen könnte, jeden Morgen wechselte er sie, beim geringsten Geräusch in Aufruhr versetzt, in der Furcht vor einer Haussuchung. Nie zuvor hatte er soviel Phantasie aufgebracht. Als er dann mit seinen Listen am Ende war und das Bangen satt hatte, war er eines Tages zu faul gewesen, die Uhr und das Geld, die er am Tage zuvor unter dem Fries versteckt hatte, wieder hervorzuholen; und jetzt hätte er um nichts auf der Welt dort herumgewühlt: dies war gleichsam eine Schädelstätte, ein Loch des Entsetzens und des Todes, wo Gespenster seiner harrten. Er vermied es sogar, auf diesen Parkettstab zu treten; denn das Gefühl war ihm unangenehm, er bildete sich ein, seine Beine erhielten dabei einen leichten Stoß. Setzte sich Séverine nachmittags ans Fenster, so rückte sie ihren Stuhl beiseite, um nicht genau über der Leiche zu sitzen, die sie da in ihrem Fußboden aufbewahrten. Untereinander sprachen sie nicht darüber, bemühten sich zu glauben, sie würden sich daran gewöhnen, waren schließlich doch gereizt, daß sie sie wiederfanden, sie zu jeder Stunde immer lästiger unter ihren Sohlen spürten. Und dieses Unbehagen war um so merkwürdiger, als ihnen keineswegs das Messer Schmerzen machte, das schöne, neue Messer, das die Frau gekauft und der Mann dem Liebhaber in die Kehle gestoßen hatte. Lediglich abgewaschen, lag es hinten in einer Schublade herum, Mutter Simon nahm es zuweilen zum Brotschneiden.

Roubaud hatte in diesem Frieden, in dem er lebte, übrigens vor kurzem einen weiteren, sich allmählich immer mehr auswirkenden Anlaß zu Besorgnis geschaffen, indem er Jacques nötigte, sie häufig zu besuchen. Der Dienstablauf ließ den Lokomotivführer dreimal in der Woche in Le Havre sein: montags von zehn Uhr fünfunddreißig vormittags bis sechs Uhr zwanzig abends, donnerstags und sonnabends von elf Uhr fünf abends bis sechs Uhr vierzig morgens. Und am ersten Montag nach Séverines Reise hatte ihm der stellvertretende Stationsvorsteher hartnäckig zugesetzt.

»Sehen Sie mal, Kumpel, Sie dürfen es nicht abschlagen, einen Bissen mit uns zu essen . . . Zum Teufel! Sie sind sehr nett zu meiner Frau gewesen, ich bin Ihnen doch einen Dank schuldig.«

Zweimal in einem Monat hatte Jacques so eine Einladung zum Mittagessen angenommen. Es schien so, als empfände Roubaud in dem Unbehagen über das tiefe Schweigen, das jetzt immer einsetzte, wenn er mit seiner Frau allein aß, Erleichterung, sobald er einen Gast zwischen sie beide setzen konnte. Sofort fielen ihm dann wieder Geschichten ein, er plauderte und scherzte.

»Kommen Sie doch so oft wie möglich wieder! Sie sehen ja, Sie stören uns nicht.«

Als Jacques an einem Donnerstagabend, nachdem er sich gewaschen hatte, eben zu Bett gehen wollte, hatte er den um das Bahnbetriebswerk herumbummelnden stellvertretenden Vorsteher getroffen; und trotz der späten Stunde hatte sich dieser, da es ihn verdroß, allein heimzukehren, bis zum Bahnhof begleiten lassen, hatte den jungen Mann dann in seine Wohnung mitgeschleppt. Séverine war noch auf und las. Man hatte ein Gläschen getrunken, man hatte sogar bis nach Mitternacht Karten gespielt.

Und hinfort wurden die Mittagessen am Montag, die kurzen Abendbesuche am Donnerstag und Sonnabend zur Gewohnheit. Blieb der Kumpel einen Tag aus, so hielt Roubaud selber nach ihm Ausschau, um ihn zu holen, und machte ihm Vorwürfe, daß er sie beide vernachlässige. Er wurde immer mißmutiger, wirklich fröhlich war er nur mit seinem neuen Freund zusammen. Dieser Bursche, der ihn anfangs so grausam beunruhigt hatte, der ihm als der Zeuge, als die lebendige Heraufbeschwörung der abscheulichen Dinge, die er vergessen wollte, jetzt ein Greuel hätte sein müssen, war ihm im Gegenteil unentbehrlich geworden, vielleicht gerade weil er Bescheid wußte und nicht geredet hatte. Dies blieb wie ein sehr festes Band, wie eine Mitwisserschaft zwischen ihnen bestehen. Oft schaute der stellvertretende Stationsvorsteher den anderen mit einer Miene geheimen Einverständnisses an, drückte ihm in einer plötzlichen Aufwallung, deren Ungestüm den einfachen Ausdruck ihrer Kameradschaft überstieg, die Hand.

Vor allem aber blieb Jacques' Anwesenheit für das Ehepaar ein Anlaß zu Zerstreuung. Auch Séverine empfing ihn fröhlich, stieß gleich bei seinem Eintreten einen leichten Schrei aus wie eine Frau, die von einem Vergnügen geweckt wird. Sie ließ alles stehen und liegen, ihre Stickerei, ihr Buch, streifte in Worten und Gelächter die graue Schläfrigkeit ab, in der sie die Tage verbrachte.
»Ach, wie nett, daß Sie kommen! Ich habe den Schnellzug gehört, ich habe an Sie gedacht.«
Kam er zum Mittagessen, so war es ein Fest. Sie kannte seinen Geschmack bereits, ging selber aus, um frische Eier für ihn zu besorgen, dies alles in sehr netter Weise, wie eine gute Hausfrau, die den Freund des Hauses empfängt, ohne daß er darin noch etwas anderes sehen konnte als das Verlangen, liebenswürdig zu sein, und das Bedürfnis, sich zu zerstreuen.
»Sie wissen ja, kommen Sie am Montag wieder her! Es gibt Sahne.«
Als er allerdings nach einem Monat dort heimisch geworden war, trat allmählich zwischen den Roubauds eine Entfremdung ein. Die Frau fand immer größeren Gefallen daran, ganz allein im Bett zu liegen, richtete es so ein, daß sie so wenig wie möglich mit ihrem Mann im Bett war; und dieser, der in der ersten Zeit ihrer Ehe so feurig, so brutal gewesen war, unternahm nichts, sie darin zurückzuhalten. Er hatte sie ohne Zartgefühl geliebt, sie hatte sich mit der Unterwürfigkeit einer willfährigen Frau in der Meinung, die Dinge müßten so sein, darein gefügt, hatte im übrigen keinerlei Genuß dabei gehabt. Seit dem Verbrechen aber war ihr dies alles, ohne daß sie wußte warum, sehr zuwider. Es entnervte sie, erschreckte sie. Eines Abends, als die Kerze nicht aus war, schrie sie auf: über ihr, in diesem ro-

ten, zuckenden Gesicht, hatte sie das Gesicht des Mörders wiederzusehen geglaubt; und von da an zitterte sie jedesmal, sie hatte das gräßliche Empfinden, es geschehe ein Mord, er habe sie zu Boden gerissen und ein Messer in der Faust. Es war töricht, aber ihr Herz klopfte vor Entsetzen. Übrigens mißbrauchte er sie immer weniger, da er zu große Widerspenstigkeit bei ihr fühlte, um Gefallen daran zu finden. Ermüdung, Gleichgültigkeit, was das Alter so mit sich bringt, das schien die scheußliche Krise, das vergossene Blut zwischen ihnen hervorgerufen zu haben. In den Nächten, da sie das gemeinsame Bett nicht vermeiden konnten, blieben sie jeder an seiner Kante liegen. Und sicherlich trug Jacques dazu bei, diese endgültige Trennung zu vollziehen, indem er beide durch seine Gegenwart aus der Besessenheit riß, in der sie von sich aus befangen waren. Er erlöste sie voneinander.

Roubaud indessen lebte ohne Gewissensbisse. Angst vor den Folgen hatte er nur so lange gehabt, bis der Fall ad acta gelegt worden war; und seine große Besorgnis war vor allem gewesen, er könnte seine Stelle verlieren. Jetzt tat ihm nichts leid. Vielleicht jedoch würde er seine Frau nicht mit hineingezogen haben, hätte er die Angelegenheit noch einmal von vorn beginnen müssen; denn Frauen geraten gleich außer sich, die seine entglitt ihm, weil er ihr eine zu schwere Last aufgebürdet hatte. Hätte er sich mit ihr nicht bis in die schreckenserfüllte und streitgeladene Kumpanei des Verbrechens eingelassen, so wäre er der Herr geblieben. Aber die Dinge lagen nun einmal so, man mußte sich darein schicken, zumal er sich wirklich zwingen mußte, um sich wieder in die Geistesverfassung zu versetzen, in der er war, als er nach dem Geständnis den Mord als lebensnotwendig für sich angesehen hatte. Ihm schien es damals, als hätte er

nicht leben können, wenn er den Mann nicht tötete. Heute, da seine Eifersuchtsflamme erloschen war, da er die davon herrührende unerträgliche Brandwunde nicht wiederfand, denn ihn hatte eine Erstarrung befallen, als hätte sich sein Herzblut von all dem vergossenen Blut verdickt, erschien ihm diese Notwendigkeit des Mordes nicht mehr so einleuchtend. Es kam so weit, daß er sich fragte, ob es sich wahrhaftig lohne, jemanden zu töten. Übrigens war es nicht einmal Reue, höchstens Ernüchterung, die Vorstellung, die man sich, um glücklich zu sein, oft von den Dingen macht, die man nicht eingestehen kann, ohne allerdings durch diese Vorstellung glücklicher zu werden. Er, der so geschwätzig war, pflegte in langes Schweigen zu verfallen, in wirre Überlegungen, aus denen er noch mißmutiger hervorging. Um zu vermeiden, daß er nach den Mahlzeiten mit seiner Frau allein zusammensaß, stieg er jetzt alle Tage auf das Hallendach und setzte sich oben auf den Giebel; und in dem von der offenen See wehenden Wind, eingewiegt von unbestimmten Träumereien, rauchte er mehrere Pfeifen, wobei er über die Stadt hinweg zusah, wie sich die Passagierdampfer fernen Meeren zu am Horizont verloren.

Eines Abends erwachte bei Roubaud wieder die wilde Eifersucht von einst. Als er Jacques vom Bahnbetriebswerk abgeholt hatte und ihn mit heimbrachte, um bei sich zu Hause ein Gläschen zu trinken, traf er Henri Dauvergne, den Oberzugführer, als dieser die Treppe herunterkam. Er sah verwirrt aus, erklärte, er habe soeben wegen eines Auftrags, den seine Schwestern ihm erteilt hätten, Frau Roubaud besucht. In Wirklichkeit stellte er Séverine seit einiger Zeit in der Hoffnung nach, sie sich gefügig zu machen.

Gleich an der Tür herrschte der stellvertretende Stationsvorsteher seine Frau heftig an.

»Was ist denn der schon wieder raufgekommen? Du weißt doch, daß er mich anödet!«

»Aber, mein Freund, wegen eines Stickmusters . . .«

»Dem werd' ich was von wegen sticken! Hältst du mich für so dumm, daß ich nicht kapiere, was der hier sucht? – Und du, nimm dich in acht!« Er ging mit geballten Fäusten auf sie los, und sie wich ganz weiß zurück, erstaunt über seinen

lauten Zornesausbruch, wo sie doch jetzt beide in ruhiger Gleichgültigkeit dahinlebten. Aber schon besänftigte er sich, er wandte sich an seinen Kollegen. »Ist doch wahr, Kerle, die in eine Ehe hereinplatzen und zu glauben scheinen, die Frau werde sich ihnen gleich an den Hals werfen und der Mann werde sich sehr geehrt fühlen und die Augen zudrücken! Mir bringt so was das Blut zum Kochen ... Sehen Sie, in solch einem Fall würde ich meine Frau erwürgen, jawohl, auf der Stelle! Und dieses Herrchen soll mir ja nicht wiederkommen, sonst verpasse ich ihm eins ... Nicht wahr, das ist ja widerlich.«
Ganz verlegen über den Auftritt, wußte Jacques nicht, wie er sich verhalten sollte. War dieser übertriebene Zorn auf ihn gemünzt? Wollte ihm der Ehemann eine Warnung erteilen? Er beruhigte sich wieder, als dieser mit heiterer Stimme meinte: »Du Dummchen, ich weiß doch, du würdest ihn ja selber rausschmeißen ... Komm, gib uns Gläser, stoß mit uns an.«
Er klopfte Jacques auf die Schulter, und Séverine, die sich ebenfalls wieder gefaßt hatte, lächelte die beiden Männer an. Dann tranken sie zusammen, verbrachten eine sehr angenehme Stunde.
So brachte Roubaud mit seinem gutfreundschaftlichen Gehabe seine Frau und den Kumpel einander näher, ohne anscheinend an die möglichen Folgen zu denken. Diese Frage der Eifersucht wurde die eigentliche Ursache einer noch engeren Verbundenheit, einer ungeteilten, geheimen, durch vertrauliche Geständnisse noch innigeren zärtlichen Zuneigung zwischen Jacques und Séverine; denn als dieser sie am übernächsten Tag wiedersah, bedauerte er sie, daß ihr Mann sie so roh behandelt hatte, während sie mit in Tränen schwimmenden Augen durch die unfreiwillige Flut

ihrer Klagen eingestand, wie wenig Glück sie in ihrer Ehe gefunden hatte. Von diesem Augenblick an hatten sie einen Gesprächsstoff für sich allein, eine aus Freundschaft geborene Mitwisserschaft, bei der sie sich schließlich auf ein Zeichen hin verstanden. Bei jedem Besuch blickte er sie fragend an, um zu erfahren, ob sie keinen neuen Anlaß zur Traurigkeit gehabt habe. Sie antwortete ebenso mit einem bloßen Bewegen der Lider. Dann suchten sich ihre Hände hinter dem Rücken des Ehemannes, sie wurden kühner, durch langes Händedrücken blieben sie miteinander in Verbindung, wobei sie sich mit ihren feuchtwarmen Fingerspitzen das wachsende Interesse bekundeten, das der eine für die geringsten Kleinigkeiten im Dasein des anderen hegte. Selten hatten sie das Glück, sich eine Minute treffen zu können, wenn Roubaud einmal nicht zugegen war. Immer wieder fanden sie ihn hier zwischen ihnen beiden in diesem trübsinnigen Eßzimmer; und sie taten nichts, um ihm zu entgehen, kamen nicht einmal auf den Gedanken, sich hinten in irgendeinem abgelegenen Winkel auf dem Bahnhof zu verabreden. Bis dahin war es echte freundschaftliche Zuneigung, ein Mitgerissensein voller lebhafter Sympathie, dem Roubaud kaum im Wege war, weil ihnen ja ein Blick, ein Händedruck noch immer genügte, um einander zu verstehen.

Als Jacques Séverine das erste Mal ins Ohr flüsterte, er werde am nächsten Donnerstag um Mitternacht hinter dem Bahnbetriebswerk auf sie warten, empörte sie sich, zog ihre Hand ungestüm zurück. Es war ihre Woche der Freiheit, die Woche des Nachtdienstes. Aber bei dem Gedanken, ihre Wohnung zu verlassen, so weit mitten durch die Finsternis des Bahnhofsgeländes zu gehen, um mit diesem Burschen zusammenzukommen, packte sie heftige Verwirrung. Sie war so verstört, wie sie es noch niemals gewesen, war voller Angst wie eine unwissende Jungfrau, der das Herz klopft; und sie gab nicht sogleich nach, fast vierzehn Tage lang mußte er sie bitten, ehe sie trotz des glühenden Verlangens, das sie selber nach diesem nächtlichen Spaziergang verspürte, einwilligte. Es war Anfang Juni, die Abende wurden brennend heiß, die vom Meer wehende Brise brachte kaum Abkühlung. Dreimal hatte er bereits auf sie gewartet, weil er noch immer hoffte, daß sie sich trotz ihrer Weigerung mit ihm treffen würde. An diesem Abend hatte sie abermals nein gesagt; aber die Nacht war ohne Mond, eine Nacht mit bedecktem Himmel, auf dem nicht ein Stern in dem glühenden Dunst blinkte, der den Himmel taub machte. Und als er da im Dunkeln stand, sah er sie endlich schwarz gekleidet, lautlosen Schrittes daherkommen. Es war so finster, daß sie ihn gestreift hätte, ohne ihn zu erkennen, hätte er sie nicht in seinen Armen aufgefangen und ihr einen Kuß gegeben. Zusammenschauernd schrie sie leicht auf. Dann ließ sie lachend ihre Lippen auf seinen Lippen ruhen. Dies war allerdings alles, niemals ging sie darauf ein, sich in einen der Schuppen ringsum zu setzen. Sie wanderten umher, sie plauderten ganz leise, dicht aneinandergedrängt. Dort war eine weite Fläche, die vom Bahnbetriebswerk und seinen Nebengebäuden eingenommen wurde, das ganze Gelände zwischen der Rue Verte und der Rue François-Mazeline, die jede die Eisenbahnlinie durch einen Bahnübergang kreuzen; eine Art unermeßlichen, unbebauten Geländes voller Nebengleise, Wasserbehälter, Wasserkräne, Bauten aller Art, den beiden großen Lokomotivschuppen, dem Häuschen der Sauvagnats, das von einem kaum handbreiten Gemüsegarten umgeben war, den alten Gemäuern, in denen die Ausbesserungswerkstätten untergebracht waren, dem Wachgebäude, in dem die Lokomotivführer und Heizer schliefen; und nichts war leichter, als sich zwischen diesen öden Gäßchen mit den unentwirrbaren Biegungen zu verbergen, zu verlieren wie in der Tiefe eines Waldes. Eine Stunde lang genossen sie hier eine köstliche Einsamkeit, wobei sich ihre Herzen Erleichterung verschafften durch die schon so lange angestauten freundschaftlichen Worte; denn sie wollte nur etwas von freundschaftlicher Zuneigung wissen, sie hatte ihm sofort erklärt, sie werde ihm niemals gehören, es wäre zu häßlich, diese reine Freundschaft, auf die sie so stolz sei, zu besudeln, denn sie habe das Bedürfnis nach gegenseitiger Achtung. Dann begleitete er sie bis zur Rue Verte, sie fanden sich abermals in einem innigen Kuß. Und sie ging nach Hause.

Eben zu dieser Stunde begann Roubaud im Dienstraum der stellvertretenden Stationsvorsteher in der Tiefe des alten Klubsessels zu schlummern, aus dem er zwanzigmal in der Nacht mit zerschlagenen Gliedern aufstand. Bis neun Uhr hatte er die Abendzüge in Empfang zu nehmen und abzufertigen. Ganz besonders wurde er von dem Seefischzug in Anspruch genommen: da waren das Rangieren, das Ankuppeln, die Frachtpapiere genau zu überwachen. War dann der Schnellzug aus Paris angekommen und zerlegt, so aß er im Dienstraum auf einer Tischecke allein zu Abend, ein Stück kaltes Fleisch, das er aus seiner Wohnung mit heruntergebracht hatte, zwischen zwei Scheiben Brot. Der letzte Zug, ein Personenzug aus Rouen, lief um halb eins in den Bahnhof ein. Und die menschenleeren Bahnsteige sanken in tiefes Schweigen, man ließ nur spärliche Gaslaternen brennen, der ganze Bahnhof schlief in diesem Erschauern des Halbdunkels ein. Von dem ganzen Personal blieben nur zwei Betriebsaufseher und vier bis fünf Bahnarbeiter unter dem Befehl des stellvertretenden Stationsvorstehers zurück. Sie schliefen fest wie die Murmeltiere auf den Dielen des Wachgebäudes und schnarchten, während Roubaud, gezwungen, sie beim geringsten Alarm zu wecken, nur leise schlummerte, aber auf alles horchte, was um ihn vorging. Aus Furcht, die Müdigkeit könnte ihn gegen Tagesanbruch überwältigen, pflegte er seinen Wecker auf fünf Uhr zu stellen, eine Stunde, zu der er auf sein mußte, um den ersten Zug aus Paris in Empfang zu nehmen. Manchmal aber, besonders seit einiger Zeit, konnte er, von Schlaflosigkeit befallen, nicht einschlafen und drehte sich in seinem Sessel hin und her. Dann ging er hinaus, machte eine Runde, drang bis zum Stellwerk vor, wo er sich einen Augenblick mit dem Kollegen vom Dienst unterhielt. Der weite, schwarze Himmel, der erhabene Frieden der Nacht linderten schließlich sein Fieber. Im Anschluß an einen Kampf mit Plünderern hatte man ihn mit einem Revolver bewaffnet, den er geladen in der Tasche trug. Und so spazierte er oft bis zur Morgendämmerung umher, blieb stehen, sobald er zu sehen glaubte, es rege sich etwas in der Nacht, nahm seinen Gang mit dem unbestimmten Bedauern wieder auf, daß er keinen Schuß abzugeben brauchte, war erleichtert, wenn der Himmel licht wurde und das große, bleiche Gespenst des Bahnhofs aus dem Dunkel zog. Jetzt, da der Tag schon um drei Uhr anbrach, pflegte er wieder zurückzukehren und sich in seinen Sessel zu werfen, wo er in einen bleiernen Schlaf fiel, bis ihn sein Wecker verstört auf die Beine brachte.

Alle vierzehn Tage traf sich Séverine donnerstags und sonnabends wieder mit Jacques; und als sie ihm eines Nachts von dem Revolver erzählte, mit dem ihr Mann bewaffnet war, erfüllte sie das beide mit Besorgnis. Freilich ging Roubaud niemals bis zum Bahnbetriebswerk. Nichtsdestoweniger verlieh dies ihren Spaziergängen einen Schein von Gefahr, der ihren Reiz erhöhte. Vor allem hatten sie einen herrlichen Winkel gefunden: es war eine Art Gang hinter dem Haus der Sauvagnats zwischen ungeheuren Steinkohlenhaufen, die ihn in die einsame Straße einer seltsamen Stadt mit großen, quadratischen Palästen aus schwarzem Marmor verwandelten. Dort war man völlig verborgen, und am Ende befand sich ein kleiner Werkzeugschuppen, in dem ein Stapel leerer Säcke ein ganz weiches Lager abgegeben hätte. Eines Sonnabends aber, als ein jäher Platzregen sie beide zwang, dort Zuflucht zu suchen, hatte sie sich darauf versteift, stehenzubleiben, denn noch immer überließ sie ihm nur ihre Lippen in endlosen Küssen. Darin kannte sie keine Scham, gierig, gleichsam aus Freundschaft gab sie ihren Atem zu trinken. Und als er, von dieser Flamme brennend, sie zu nehmen versuchte, wehrte sie sich, weinte sie, wobei sie jedesmal wieder dieselben Gründe vorbrachte. Warum wollte er ihr so großen Kummer bereiten? Es kam ihr so zart vor, sich ohne all diese Schmutzigkeit des Geschlechts zu lieben! Mit sechzehn Jahren von der Ausschweifung dieses Alten besudelt, dessen blutiges Schreckbild sie verfolgte, später von den brutalen Gelüsten ihres Mannes vergewaltigt, hatte sie eine kindliche Unschuld bewahrt, eine Jungfräulichkeit, das ganz reizende Schamgefühl der sich selbst unbewußten Leidenschaft. Was sie bei Jacques entzückte, war seine Sanftmut, sein Gehorsam, daß er seine Hände nicht an ihr umherirren ließ, sobald sie sie einfach zwischen ihre doch so schwachen Hände nahm. Zum ersten Mal liebte sie, und sie gab sich nicht preis, weil ihre Liebe gerade davon verdorben worden wäre, wenn sie sofort auf dieselbe Art auch diesem Manne hier gehört hätte, wie sie den beiden anderen gehört hatte. Unbewußt verlangte sie danach, dieses so köstliche Empfinden auf immer auszudehnen, wieder ganz jung wie vor der Besudelung zu werden, einen guten Freund zu haben, wie man ihn mit fünfzehn Jahren hat, wo man sich mit gierigem Mund hinter den Türen küßt. Abgesehen von den Augenblicken, da das Fieber ihn packte, verlangte er nichts, fand er sich ab mit diesem wollüstig hinausgezögerten Glück. So wie sie schien er zur Kindheit zurückzukehren, er begann mit der Liebe, die bis dahin für ihn ein Entsetzen geblieben war. Wenn er sich fügsam zeigte und seine Hände zurückzog, sobald sie sie beiseite schob, dann war es deshalb, weil auf dem Grund seiner zärtlichen Liebe eine dumpfe Angst zurückblieb, eine heftige Verwirrung, bei der er die Begierde mit seinem früheren Mordbedürfnis zu verwechseln fürchtete. Diese hier, die getötet hatte, war gleichsam der Traum seines Fleisches. Seine Genesung schien ihm mit jedem Tag gewisser zu sein, weil er sie doch stundenlang an seinem Hals gehabt hatte, weil sein Mund ihre Seele von ihrem Munde trank, ohne daß seine wütende Lust, Herr über sie zu sein, indem er ihr die Kehle durchschnitt, wieder erwachte. Aber noch immer wagte er nichts; und es war so gut, zu warten, es ihrer Liebe zu überlassen, sie zu vereinen, wenn die Stunde gekommen wäre und sie in der Ohnmacht ihres Willens einander in die Arme sinken würden. So folgte ein glückliches Stelldichein auf das andere, sie wurden nicht müde, immer wieder für einen Augenblick zusammenzukommen, miteinander durch die Finsternis zwischen den großen Kohlenhaufen zu gehen, die die Nacht um sie her noch düsterer erscheinen ließen.

In einer Julinacht mußte Jacques, um um elf Uhr fünf, der vorschriftsmäßigen Zeit, in Le Havre anzukommen, die Lison antreiben, als hätte die stickige Hitze sie faul gemacht. Von Rouen an begleitete ihn das Seinetal entlang zu seiner Linken ein Gewitter mit breiten, blendenden Blitzen; und von Zeit zu Zeit drehte er sich um, von Unruhe erfaßt, denn an diesem Abend sollte sich Séverine wieder mit ihm treffen. Er hatte Angst, dieses Gewitter könnte sie, wenn es zu früh losbrach, davon abhalten, aus dem Hause zu gehen. So wurde er, als es ihm gelungen war, vor Einsetzen des Regens in den Bahnhof einzulaufen, denn auch ungeduldig gegen die Reisenden, die nicht fertig werden wollten, die Wagen zu räumen. – Auf dem Bahnsteig stand Roubaud wie festgenagelt für die ganze Nacht.
»Teufel!« sagte er lachend. »Sie haben es ja recht eilig, ins Bett zu kommen . . . Schlafen Sie gut.«
»Danke.«
Und nachdem Jacques den Zug zurückgeschoben hatte, pfiff er und fuhr zum Bahnbetriebswerk. Die Flügel des ungeheuren Tors standen offen, wie in einen Abgrund stürzte sich die Lison in den Lokschuppen, eine Art zweigleisigen Stollens, der ungefähr siebzig Meter lang war und sechs Lokomotiven aufnehmen konnte. Darin war es sehr düster, vier Gaslaternen erhellten kaum die Finsternis, die sie durch große, sich bewegende Schatten noch finsterer zu machen schienen; und mitunter entzündeten nur die breiten Blitze die Dachverglasung und die hohen Fenster rechts und links: dann unterschied man wie in der Lohe einer Feuersbrunst die rissigen Mauern, das kohlengeschwärzte Gebälk, das ganze baufällige Elend dieses unzulänglich gewordenen Gemäuers. Zwei Lokomotiven standen bereits kalt, eingeschlafen dort.

Sogleich begann Pecqueux die Feuerung herauszureißen. Er schürte ungestüm darin herum, und aus dem Aschkasten entweichende Glut fiel in die Grube hinunter.

»Ich habe ja zu großen Hunger, ich geh einen Bissen essen«, sagte er. »Machen Sie mit?«

Jacques antwortete nicht. Trotz seiner Eile wollte er die Lison nicht verlassen, bevor nicht die Signallaternen umgesetzt waren und der Kessel geleert war. Das war die Gewissenhaftigkeit, die Gewohnheit eines guten Lokomotivführers, von der er niemals abwich. Hatte er Zeit, so ging er sogar erst weg, nachdem er sie überprüft und mit der Sorgfalt abgewischt hatte, die man beim Striegeln seines Lieblingstieres aufwendet.

Sprudelnd floß das Wasser in die Grube, und nun erst sagte er: »Rasch, rasch.«

Ein furchtbarer Donnerschlag schnitt ihm das Wort ab. Diesmal hatten sich die hohen Fenster so deutlich von dem in Flammen stehenden Himmel abgehoben, daß man ihre zahlreichen zerbrochenen Scheiben hätte zählen können. Links, längs der Schraubstöcke, die zu Reparaturen gebraucht wurden, hallte eine aufrecht stehengelassene Blechtafel mit dem anhaltenden Dröhnen einer Glocke wider. Das ganze uralte Gebälk des Dachstuhls hatte gekracht.

»Zum Henker!« sagte der Heizer lediglich.

Der Lokomotivführer machte eine verzweifelte Gebärde. Es war aus, zumal jetzt ein sintflutartiger Regen auf den Schuppen niederprasselte. Das Trommeln des Wolkenbruchs drohte die Dachverglasung zu sprengen. Dort oben mußten ebenfalls Scheiben entzwei sein, denn es regnete dicke Tropfen in Sturzwellen auf die Lison. Durch die offen gelassenen Torflügel fauchte wütender Wind herein, man

hätte meinen können, das Gerippe des alten Gemäuers würde hinweggetragen werden.
Pecqueux verrichtete die letzten Handgriffe an der Lokomotive.
»So! Morgen sehen wir schon klar ... Überflüssig, noch länger Toilette bei ihr zu machen ...« Und wieder auf seinen Gedanken zurückkommend: »Muß essen ... Es regnet ja zu sehr, als daß man losgehen und sich auf seinen Strohsack hinhauen kann.«
Die Kantine befand sich in der Tat hier beim Bahnbetriebswerk selbst, während die Gesellschaft ein Haus in der Rue François-Mazeline hatte mieten müssen, wo für die Lokführer und Heizer, die in Le Havre übernachteten, Betten aufgestellt waren. Bei einer solchen Sintflut würde man bis dahin bis auf die Knochen durchgeweicht sein.
Jacques mußte sich entschließen, Pecqueux zu folgen, der das Körbchen seines Vorgesetzten genommen hatte, um ihm gleichsam die Mühe abzunehmen, es zu tragen. Er wußte, daß dieser Korb noch zwei Scheiben kaltes Kalbfleisch, Brot, eine kaum angebrochene Flasche enthielt; und dies machte ihn ganz einfach hungrig. Der Regen wurde stärker, soeben hatte ein Donnerschlag abermals den Schuppen erschüttert. Als die beiden Männer nach links durch die zur Kantine führende kleine Tür weggingen, erkaltete die Lison bereits. Unter den dicken Tropfen, die ihre Lenden durchnäßten, schlief sie verlassen in der Finsternis ein, die von den heftigen Blitzen erleuchtet wurde. Neben ihr lief ein schlecht geschlossener Wasserkran und speiste eine Lache, die zwischen ihren Rädern in die Grube abfloß.
Bevor Jacques aber die Kantine betrat, wollte er sich waschen. Es gab hier in einem Raum stets warmes Wasser und

Zuber. Er holte ein Stück Seife aus seinem Korb, er säuberte sich Hände und Gesicht, die schwarz von der Fahrt waren; und da er, was den Lokomotivführern nahegelegt worden war, vorsichtigerweise Kleidung zum Wechseln mitzunehmen pflegte, konnte er sich von Kopf bis Fuß umziehen, so wie er es übrigens aus Eitelkeit jeden Abend bei der Ankunft in Le Havre tat, wenn er ein Stelldichein hatte. Pecqueux wartete bereits in der Kantine, er hatte sich nur die Nasenspitze und die Fingerspitzen gewaschen.

Diese Kantine bestand lediglich aus einem gelb gestrichenen, kahlen, kleinen Saal, in dem nur ein Ofen zum Wärmen der Speisen und ein in den Boden eingelassener Tisch standen, der an Stelle eines Tischtuchs mit Zinkblech belegt war. Zwei Bänke vervollständigten das Mobiliar. Die Männer mußten ihre Verpflegung mitbringen und aßen mit der Messerspitze vom Papier. Ein breites Fenster sorgte für die Beleuchtung des Raumes.

»So ein dreckiger Regen!« rief Jacques und pflanzte sich am Fenster auf.

Pecqueux hatte sich auf eine Bank an den Tisch gesetzt.

»Dann essen Sie wohl nicht?«

»Nein, alter Junge, essen Sie mein Brot und mein Fleisch auf, wenn Sie Appetit darauf haben ... Ich habe keinen Hunger.«

Der andere fiel, ohne sich nötigen zu lassen, über das Kalbfleisch her, trank die Flasche aus. Solch ein gefundenes Fressen gab es oft für ihn, denn sein Vorgesetzter war ein schwacher Esser; und in seiner hündischen Ergebenheit liebte er ihn noch mehr für all die Krümel, die er hinter ihm auflas. Mit vollem Mund meinte er nach einem Schweigen:

»Der Regen, was der uns schon juckt, wo wir doch hier im

Trockenen sind. Wenn das so weiterregnet, dann verlasse ich Sie allerdings, ich gehe nach nebenan.«
Er begann zu lachen, denn er verheimlichte nichts, er hatte Jacques sein Verhältnis mit Philomène Sauvagnat anvertrauen müssen, damit dieser sich nicht darüber wunderte, daß er so oft woanders schlief, weil er in den Nächten zu ihr ging. Da sie bei ihrem Bruder einen Raum im Erdgeschoß neben der Küche bewohnte, brauchte er nur an den Fensterladen zu klopfen: sie öffnete und er stieg ganz einfach hinein. Dort, so hieß es, seien alle Rangierkolonnen hineingesprungen. Aber jetzt ließ sie es bei dem Heizer bewenden, der ihr genügte, wie es schien.
»Himmelherrgottverdammt noch mal!« fluchte Jacques

dumpf, als er sah, daß die Sintflut, die etwas nachgelassen hatte, mit noch größerer Heftigkeit wieder einsetzte.
Pecqueux, der den letzten Happen Fleisch an seiner Messerspitze hatte, lachte von neuem gutmütig auf.
»Sagen Sie, hatten Sie denn heute abend was vor? Na, uns beiden kann man ja kaum vorwerfen, daß wir die Matratzen da hinten in der Rue François-Mazeline abnutzen.«
Rasch trat Jacques vom Fenster weg.
»Wieso denn?«
»Na ja, seit diesem Frühjahr kommen Sie doch ebenso wie ich erst gegen zwei bis drei Uhr morgens da rein.«
Er mußte etwas wissen, vielleicht hatte er von einem Stelldichein etwas aufgeschnappt. In jedem Schlafraum standen die Betten paarweise, das Bett des Heizers neben dem des Lokführers; denn das Dasein dieser beiden Männer, die zu einem so innigen Einvernehmen bei der Arbeit ausersehen waren, wurde so eng wie möglich miteinander verbunden. So war es denn auch kein Wunder, daß Pecqueux den unregelmäßigen Lebenswandel seines bis dahin sehr soliden Vorgesetzten merkte.
»Ich habe oft Kopfschmerzen«, sagte der Lokführer aufs Geratewohl. »Es tut mir gut, wenn ich nachts ein Stückchen gehe.«
Aber schon erhob der Heizer laut Einspruch.
»Oh, wissen Sie, Sie sind doch Ihr eigener Herr . . . Ich sage das ja bloß so zum Spaß . . . Wenn Sie eines Tages mal Ärger haben sollten, dann brauchen Sie sich gar nicht mal zu genieren, sich an mich zu wenden; denn da bin ich ganz groß drin, für alles, was Sie wollen.« Ohne sich deutlicher auszudrücken, nahm er es sich heraus, seine Hand zu ergreifen, drückte sie zum Zermalmen mit der ganzen Hingabe seiner Person. Dann knüllte er das fettige Papier, in dem das

Fleisch eingewickelt gewesen war, zusammen und warf es weg, legte die leere Flasche in den Korb zurück, verrichtete diese kleine Hausarbeit wie ein sorgsamer Diener, der an Besen und Schwamm gewöhnt ist. Und da der Regen, obgleich die Donnerschläge aufgehört hatten, hartnäckig anhielt, sagte er:
»Also, ich haue ab, ich störe Sie nicht mehr.«
»Oh«, sagte Jacques, »da es doch weiterregnet, lege ich mich auf dem Feldbett lang.«
Neben dem Bahnbetriebswerk war ein Saal mit Matratzen, die durch Leinenüberzüge geschützt waren und auf denen die Männer sich angekleidet ausruhten, wenn sie nur drei bis vier Stunden in Le Havre zu warten brauchten. Sobald Jacques den Heizer beim Rauschen des Regens in Richtung des Hauses der Sauvagnats hatte verschwinden sehen, wagte er sich tatsächlich nun selber hinaus, lief zum Wachgebäude. Er legte sich aber nicht hin, blieb, weil er in der drückenden Hitze dort keine Luft bekam, auf der Schwelle der weit offenen Tür stehen. Im Hintergrund schnarchte, auf den Rücken hingestreckt, ein Lokführer mit breit aufgerissenem Mund.
Es vergingen noch einige Minuten, und Jacques konnte sich nicht damit abfinden, daß er seine Hoffnung aufgeben sollte. In seiner Wut auf diese blöde Sintflut wurde das tolle Verlangen immer größer, trotzdem zum Stelldichein zu gehen, wenigstens die Freude zu haben, selbst dort zu sein, wenn er schon nicht mehr damit rechnete, Séverine dort anzutreffen. Es war ein Vorwärtsdrängen seines ganzen Körpers, er trat schließlich in den Platzregen hinaus, er gelangte zu ihrem Lieblingswinkel, ging den schwarzen Gang entlang, der von den Kohlehaufen gebildet wurde. Und da ihm die von vorn heranpeitschenden dicken Tropfen die

Sicht benahmen, drang er bis zum Werkzeugschuppen vor, wo er sich schon einmal mit ihr untergestellt hatte. Ihm schien, als würde er dort weniger allein sein.
Jacques trat in die tiefe Dunkelheit dieses verborgenen Plätzchens, als zwei leichte Arme ihn umfingen und heiße Lippen sich auf seine Lippen legten. Séverine war da.
»Mein Gott! Sie sind gekommen?«
»Ja, ich habe das Gewitter aufziehen sehen, ich bin hierher geeilt, bevor es anfing zu regnen . . . Wie spät Sie gekommen sind!«
Sie seufzte mit ersterbender Stimme, niemals hatte sie so hingegeben an seinem Hals gehangen. Sie glitt nieder und saß dann auf den leeren Säcken, auf jenem weichen Lager, das eine ganze Ecke ausfüllte. Und er, der neben ihr hingesunken war, ohne daß ihre Arme sich gelöst hätten, fühlte, daß seine Beine quer über ihren lagen. Sie konnten einander nicht sehen, ihr Atem hüllte sie gleichsam mit einem Taumel ein, alles, was sie umgab, sank ins Nichts zurück.
Bei dem glühenden Ruf ihres Kusses aber drängte sich das Du auf ihre Lippen wie das sich mischende Blut ihrer Herzen.
»Du hast auf mich gewartet . . .«
»Oh, ich habe so auf dich gewartet, so auf dich gewartet . . .«
Und sogleich in der ersten Minute zog sie ihn fast wortlos mit einem Ruck an sich, der ihn zwang, sie zu nehmen. Das hatte sie gar nicht vorausgesehen. Als er endlich gekommen war, rechnete sie schon nicht einmal mehr damit, ihn noch zu sehen; und in der unverhofften Freude, ihn bei sich zu haben, in einem jähen und unwiderstehlichen Bedürfnis, ihm ohne Berechnung oder vernünftige Überlegung zu ge-

hören, hatte es sie hingerissen. Dies war so, weil es so sein mußte.

Der Regen prasselte stärker auf das Schuppendach, der letzte Zug aus Paris, der noch in den Bahnhof einlief, raste donnernd und pfeifend vorüber und erschütterte den Erdboden.

Als Jacques sich wieder aufrichtete, horchte er überrascht auf das Trommeln des Platzregens. Wo war er nur? Und als er an der Erde unter seiner Hand den Stiel eines Hammers wiederfand, den er beim Hinsetzen gefühlt hatte, überschwemmte ihn Glückseligkeit. Nun war es geschehen, er hatte Séverine besessen, und er hatte diesen Hammer nicht gepackt, um ihr den Schädel einzuschlagen. Sie gehörte ihm ohne Kampf, ohne dieses triebhafte Verlangen, sie sich tot über den Rücken zu werfen wie eine Beute, die man den anderen entreißt. Seinen Durst nach Rache für uralte Schmach, an die er sich wohl nicht mehr genau erinnern konnte, jenen seit dem ersten Betrug in der Tiefe der Höhlen von Mannestier zu Mannestier angestauten Groll spürte er nicht mehr. Nein, vom Besitz dieser Frau ging ein gewaltiger Zauber aus, sie hatte ihn geheilt, weil er sie anders sah, gewalttätig bei all ihrer Schwäche, besudelt mit dem Blut eines Menschen, das ihr gleichsam einen Panzer des Grauens anlegte. Sie beherrschte ihn, ihn, der es nicht gewagt hatte. Und mit gerührter Dankbarkeit, mit dem Wunsch, in ihr aufzugehen, nahm er sie wieder in die Arme.

Auch Séverine gab sich überglücklich hin, von einem Ringen erlöst, dessen Ursache sie nicht mehr begriff. Warum hatte sie sich bloß so lange verweigert? Sie hatte sich ihm versprochen, sie hätte sich hingeben sollen, weil darin ja nur Wonne und Süße liegen mußte. Jetzt begriff sie genau,

daß sie immer danach verlangt hatte, selbst als es ihr so gut vorkam, noch damit zu warten. Ihr Herz, ihr Leib lebten nur in dem einen Bedürfnis nach unbedingter, immerwährender Liebe, und jene Ereignisse, die sie verstört in all jene Abscheulichkeiten gestürzt hatten, waren eine scheußliche Grausamkeit. Bis dahin hatte das Dasein in Schmutz und Blut Mißbrauch mit ihr getrieben, so gewaltsam, daß ihre kindlich gebliebenen, schönen blauen Augen unter ihrem tragischen Helm schwarzen Haars groß schauten, als habe sie sie vor Entsetzen weit aufgerissen. Trotz allem war sie jungfräulich geblieben, zum erstenmal hatte sie sich diesem Burschen, den sie anbetete, hingegeben in dem Wunsch, in ihm aufzugehen, seine Magd zu sein. Sie gehörte ihm, er konnte nach seinem Belieben über sie verfügen.
»Oh, mein Geliebter, nimm mich, behalte mich, ich will nur, was du willst.«
»Nein, nein, Geliebte, du bist doch die Herrin, ich bin nur da, um dich zu lieben und dir zu gehorchen.«
Stunden vergingen. Längst hatte der Regen aufgehört, tiefes Schweigen hüllte den Bahnhof ein, das nur von einer fernen, undeutlichen, von der See heraufsteigenden Stimme gestört wurde. Noch immer lagen sie einander in den Armen, da riß ein Schuß sie angstzitternd in die Höhe. Gleich mußte der Tag anbrechen, ein fahler Fleck bleichte den Himmel über der Seinemündung. Was bedeutete bloß dieser Schuß? Ihre Unvorsichtigkeit, diese Torheit, daß sie sich so lange aufgehalten hatten, spiegelte ihnen in jäh erwachter Phantasie vor, wie ihr Mann sie mit Revolverschüssen verfolgte.
»Geh nicht hinaus! Warte, ich werde nachsehen.«
Vorsichtig war Jacques bis zur Tür vorgegangen. Und dort

im noch immer undurchdringlichen Dunkel hörte er, wie
Männer heranjagten, er erkannte die Stimme Roubauds,
der die Aufseher antrieb und ihnen zuschrie, es seien drei
Plünderer, er habe sie einwandfrei beim Kohlestehlen gesehen.
Besonders seit einigen Wochen verging keine Nacht, ohne
daß er auf diese Weise in seinen Wahnvorstellungen Räuber sah. Diesmal hatte er in einem plötzlichen Schrecken
blindlings in die Finsternis hinein geschossen.
»Schnell! Schnell! Nicht hierbleiben«, flüsterte der junge
Mann. »Sie werden den Schuppen durchsuchen . . . Bring
dich in Sicherheit!«
Mit heftigem Ungestüm hatten sie sich wieder gepackt,
drückten einander mit beiden Armen und voll aufeinandergepreßten Lippen, daß sie schier erstickten. Dann eilte
Séverine leichtfüßig im Schutz der langen Mauer am Bahnbetriebswerk dahin, während er sich leise inmitten der
Kohlenhaufen verbarg. Und es war wirklich höchste Zeit,
denn Roubaud wollte tatsächlich den Schuppen durchsuchen. Er schwor, die Plünderer müßten dort stecken. Die
Laternen der Aufseher tanzten in Bodenhöhe umher. Es
erhob sich ein Streit. Schließlich machten sich alle, über
diese fruchtlose Verfolgung verärgert, wieder auf den Weg
zum Bahnhof. Und als sich Jacques beruhigt entschloß,
endlich in die Rue François-Mazeline schlafen zu gehen,
war er überrascht, als er beinahe mit Pecqueux zusammenstieß, der mit dumpfen Flüchen seine Kleider wieder zurechtnestelte.
»Was ist denn, alter Junge?«
»Ach, gottverdammt! Hören Sie bloß auf! Haben diese
Schwachköpfe doch Sauvagnat geweckt. Er hat mich mit
seiner Schwester gehört, er ist im Nachthemd runterge-

kommen, und ich bin schleunigst aus dem Fenster gesprungen... Da! Hören Sie mal.«
Es wurden Schreie laut, das Schluchzen einer Frau, die Prügel bekommt, während eine grobe Männerstimme Schimpfworte brüllte.
»He, da haben wir's, er verabreicht ihr ihre Tracht Prügel. Ob sie zweiunddreißig Jahre alt ist oder nicht, wenn er sie erwischt, dann kriegt sie von ihm die Rute wie ein kleines Mädchen... Na, von mir aus, da mische ich mich nicht ein: es ist ja ihr Bruder!«
»Aber«, sagte Jacques, »ich dachte, Sie würde er dulden, er würde nur böse werden, wenn er sie mit einem anderen fände.«
»Oh, das kann man nie wissen. Manchmal tut er so, als ob er mich nicht sieht. Dann, Sie hören's ja, drischt er manchmal los... Dabei liebt er seine Schwester trotzdem. Es ist eben seine Schwester, lieber würde er alles hinwerfen, als sich von ihr zu trennen. Nur, er verlangt eben einen guten Lebenswandel... Gottverdammt! Ich glaube, für heute hat sie ihr Teil weg.«
Die Schreie verebbten in laut klagenden Seufzern, und die beiden Männer entfernten sich. Zehn Minuten später schliefen sie fest Schulter an Schulter im Hintergrund des kleinen, gelb getünchten Schlafraums, dessen Einrichtung lediglich aus vier Betten, vier Stühlen und einem Tisch bestand und in dem nur eine Zinkwaschschüssel vorhanden war.
Nun genossen Jacques und Séverine bei jedem nächtlichen Stelldichein ihre große Glückseligkeit. Nicht immer tobte rings um sie ein Unwetter, das sie schützte. Sternklarer Himmel, hellglänzender Mondschein waren ihnen hinderlich, aber bei so einem Stelldichein drückten sie sich in die

Schattenstreifen, suchten die dunklen Winkel, wo man sich so gut aneinanderschmiegen konnte. Und so gab es im August und im September anbetungswürdige Nächte von solcher Lieblichkeit, daß sie sich erschlafft von der Sonne hätten überraschen lassen, hätte sie nicht das Erwachen des Bahnhofs mit seinem fernen Lokomotivenfauchen getrennt. Selbst die ersten kalten Oktobernächte bereiteten ihnen keinen Verdruß. Sie kam wärmer angezogen, in einen großen Mantel gehüllt, in dem er selber zur Hälfte verschwand. Dann verbarrikadierten sie sich im Hintergrund des Werkzeugschuppens, denn er hatte es zuwege gebracht, ihn von innen mit Hilfe einer Eisenstange zu versperren. Dort waren sie wie zu Hause, die Novemberstürme, die Windböen konnten die Schieferplatten von den Dächern reißen, ohne daß sie ihnen auch nur den Nacken streiften. Indessen gelüstete es ihn seit dem ersten Abend nach einem, sie nämlich bei ihr zu Hause zu besitzen, in jener engen Wohnung, wo sie ihm mit ihrer lächelnden Ruhe einer ehrbaren Bürgersfrau anders, noch begehrenswerter erschien; und dort hatte sie sich stets geweigert, weniger aus Furcht vor dem Nachspionieren auf dem Korridor als aus einem letzten Rest von Tugend und Gewissensbedenken heraus, mit denen sie das Ehebett davor bewahren wollte. Eines Montags aber, am hellichten Tage, als er dort Mittag essen sollte und der Ehemann auf sich warten ließ, weil er vom Stationsvorsteher aufgehalten wurde, schäkerte er mit ihr, trug sie in verwegener Tollheit, über die sie beide lachten, zu diesem Bett, so daß sie dort alles vergaßen. Von nun an sträubte sie sich nicht mehr, donnerstags und sonnabends kam er, nachdem es Mitternacht geschlagen hatte, zu ihr herauf. Das war ungeheuer gefährlich: wegen der Nachbarn wagten sie sich nicht zu rühren; hier erwuchsen

ihnen doppelte Zärtlichkeiten, neue Genüsse. Oft führte sie ein launisches Verlangen nach nächtlichen Streifzügen, ein Bedürfnis, wie ausgebrochene Tiere zu fliehen, wieder ins Freie hinaus, in die schwarze Einsamkeit der eisigen Nächte. Dort liebten sie sich im Dezember bei furchtbarem Frost.
Seit vier Monaten bereits lebten Jacques und Séverine so in wachsender Leidenschaft. Beide waren sie wirklich unverbraucht, standen in der Kindheit ihres Herzens, jener verwunderten Unschuld der ersten Liebe, die über die geringsten Liebkosungen entzückt ist. In ihnen wurde weiter der Kampf ausgetragen, wer von beiden sich unterwerfen, mehr für den anderen opfern dürfe. Für ihn bestand kein Zweifel mehr, daß er Heilung von dem scheußlichen ererbten Übel gefunden hatte; denn seit er Séverine besessen, hatte ihn der Gedanke an Mord nicht mehr verwirrt. Kam es denn daher, daß körperliches Besitzen dieses Bedürfnis zu töten befriedigte? Besitzen, töten – wog in der düsteren Tiefe des Tieres im Menschen eines das andere auf? Er stellte keine Überlegungen an, weil er zu unwissend war, und versuchte nicht, die Tür des Schreckens einen Spalt weit zu öffnen. Manchmal fand er in ihren Armen die jähe Erinnerung an das wieder, was sie getan hatte, an jenen Mord, den sie auf der Bank des Square des Batignolles nur mit dem Blick eingestanden hatte; und er verspürte nicht einmal Verlangen, die näheren Umstände kennenzulernen. Sie hingegen schien immer mehr von dem Bedürfnis, alles zu sagen, gequält zu werden. Drückte sie ihn in einer Umarmung an sich, so fühlte er genau, daß sie so keuchte, weil ihr Geheimnis schwoll, daß sie so nur in ihn eingehen wollte, um das loszuwerden, woran sie erstickte. Es war ein heftiger Schauder, der von ihren Lenden ausging und unter

der wirren Woge von Seufzern, die ihr auf die Lippen stiegen, ihren Busen eines liebenden Weibes in Wallung brachte. Würde sie nicht gleich mit ersterbender Stimme mitten in einem Krampf reden? Aber schnell pflegte er ihren Mund mit einem Kuß zu verschließen, versiegelte, von Unruhe ergriffen, das Geständnis auf ihm. Warum dieses Unbekannte zwischen sie bringen? Konnte man behaupten, daß dies nichts an ihrem Glück ändern würde? Er witterte Gefahr, ihn überlief bei dem Gedanken, diese blutigen Geschichten mit ihr aufzurühren, immer wieder ein Zittern. Und zweifellos erriet sie das, schmiegte sich an ihn, wurde wieder schmeichlerisch und fügsam wie ein Geschöpf der Liebe, das einzig und allein dafür geschaffen ist, zu lieben und geliebt zu werden. Eine irre Gier, einander zu besitzen, riß sie beide hin, zuweilen lagen sie einander lange ohnmächtig in den Armen.

Roubaud war seit dem Sommer noch schwerfälliger geworden, und je mehr seine Frau zur Fröhlichkeit und Frische ihrer zwanzig Jahre zurückkehrte, um so mehr alterte er, um so finsterer sah er aus. In vier Monaten hatte er sich, wie sie zu sagen pflegte, sehr verändert. Immer noch drückte er Jacques herzlich die Hand, lud ihn ein, war erst glücklich, wenn er ihn bei sich am Tisch hatte. Nur genügte ihm diese Zerstreuung nicht mehr, oft ging er gleich nach dem letzten Bissen aus dem Haus, ließ den Kumpel zuweilen mit seiner Frau allein unter dem Vorwand, er kriege keine Luft und müsse frische Luft schnappen gehen. In Wahrheit suchte er jetzt häufig ein kleines Café auf dem Cours Napoléon auf, wo er Herrn Cauche traf, den Bahnpolizeikommissar. Er trank wenig, hier und da ein Gläschen Rum; aber er hatte am Spiel Geschmack gefunden, das zur Leidenschaft wurde. Er lebte erst wieder auf, vergaß erst alles, wenn er die Karten in der Hand hielt und in endlose Partien Pikett vertieft war. Herr Cauche, ein hemmungsloser Spieler, hatte beschlossen, man sollte den einzelnen Partien durch Geldeinsätze mehr Anreiz verleihen; sie waren dahin gekommen, bei jeder Partie um hundert Sous zu spielen; und von da an brannte Roubaud, der sich zu seiner Verwunderung selbst nicht mehr wiederkannte, in der tollen Sucht, zu gewinnen, in jenem hitzigen Fieber nach gewonnenem Geld, das einen Menschen so verheerend verzehren kann, daß es ihn seine Stellung, sein Leben auf einen Wurf aufs Spiel setzen läßt. Bis dahin hatte sein Dienst nicht darunter gelitten: er entwischte, sobald er dienstfrei hatte, kehrte in den Nächten, da er keine Schicht hatte, erst gegen zwei bis drei Uhr morgens heim. Seine Frau beklagte sich nicht darüber, sie warf ihm einzig und allein vor, daß er mit noch schlechterer Laune als sonst heimkomme; denn er hatte außerordentliches Pech, er geriet schließlich in Schulden.

Eines Abends brach ein erster Streit zwischen Séverine und Roubaud aus. Obwohl sie ihn bis jetzt noch nicht haßte, war sie allmählich so weit, daß sie ihn nur noch mühsam ertrug, denn sie fühlte, daß er auf ihrem Leben lastete, sie würde so unbeschwert, so glücklich gewesen sein, hätte er sie durch seine Gegenwart nicht niedergedrückt! Übrigens empfand sie keinerlei Gewissensbisse, ihn zu betrügen: war es nicht seine Schuld, hatte er sie nicht fast dazu getrieben? Während ihrer langsamen Entzweiung verschaffte sich jeder nach seinem Belieben Trost und Aufheiterung, um von diesem Unbehagen zu genesen, das sie zerrüttete. Da er ja das Spiel hatte, konnte sie doch wohl einen Geliebten haben. Was sie aber besonders ärgerte, was sie nicht ohne Aufbegehren hinnahm, war die Geldnot, in die sein ständi-

ges Verlieren sie gestürzt hatte. Seitdem die Hundertsousstücke aus dem Haushalt ins Café auf dem Cours Napoléon verdufteten, wußte sie manchmal nicht, wie sie ihre Waschfrau bezahlen sollte. Alle möglichen Annehmlichkeiten, alle möglichen kleinen Toilettensachen mußte sie entbehren. Und an jenem Abend kam es gerade wegen des notwendigen Kaufs von einem Paar Damenstiefeln zwischen ihnen zum Streit. Er war im Begriff auszugehen und hatte, da er kein Messer auf dem Tisch fand, um sich ein Stück Brot abzuschneiden, das große Messer genommen, die Mordwaffe, die in einer Schublade des Büfetts herumlag. Sie schaute ihn an, während er ihr die fünfzehn Francs für die Stiefel abschlug, weil er sie nicht hatte, weil er nicht wußte, wo er sie hernehmen sollte; hartnäckig wiederholte sie ihre Bitte, zwang ihn, seine Weigerung allmählich immer aufgebrachter zu wiederholen; aber auf einmal deutete sie mit dem Finger auf die Stelle im Parkett, wo die Geister schliefen, sie sagte zu ihm, da wäre ja Geld und sie wolle welches haben.

Er wurde ganz blaß, er ließ das Messer los, das in die Schublade zurückfiel. Einen Augenblick glaubte sie, er werde sie schlagen, denn er war nähergetreten und stammelte, dieses Geld könne ruhig verfaulen, lieber wolle er sich die Hand abhacken, als es noch mal zu nehmen; und er ballte die Fäuste, er drohte, er werde sie totschlagen, wenn sie sich unterstehe, in seiner Abwesenheit den Fries abzuheben, um auch nur einen Centime zu stehlen. Niemals, niemals! Das sei tot und begraben! Sie aber war ohnehin leichenfahl geworden, denn bei dem Gedanken, dort herumzuwühlen, verließen sie ebenfalls die Kräfte. Mochte das Elend kommen, beide würden vor Hunger daneben verrecken.

In der Tat sprachen sie nicht mehr darüber, selbst an den Tagen nicht, an denen große Geldverlegenheit herrschte. Traten sie auf diesen Fleck, so hatten sie noch stärker und so unerträglich das Gefühl, sich zu verbrennen, daß sie schließlich darum herum gingen.

Dann kam es zu weiteren Streitigkeiten wegen La Croix-de-Maufras. Warum verkauften sie das Haus nicht? Und sie beschuldigten sich gegenseitig, nichts zu tun, was zur Beschleunigung dieses Verkaufs erforderlich gewesen wäre. Noch immer weigerte er sich heftig, sich darum zu kümmern, während sie die seltenen Male, da sie an Misard schrieb, nur unbestimmte Antworten von ihm erhielt: es stelle sich kein Käufer ein, das Obst sei abgefallen, das Gemüse wachse nicht, weil nicht gegossen werde. Nach und nach wurde so die große Ruhe, in die das Ehepaar nach der

Krise gesunken war, gestört, schien durch ein schreckliches Wiederaufflackern des Fiebers vertrieben zu werden. Alle Keime des Unbehagens, das versteckte Geld, der ins Haus geholte Liebhaber, waren aufgegangen, trennten sie jetzt, reizten sie gegeneinander auf. Und in dieser zunehmenden Unruhe wurde das Leben zur Hölle.

Wie durch einen verhängnisvollen Rückschlag nahm übrigens auch in der Umgebung der Roubauds alles eine schlimme Wendung. Im Korridor wehte ein neuer Sturmwind von Klatsch und Streit. Philomène hatte soeben auf Knall und Fall mit Frau Lebleu gebrochen, nachdem diese sie fälschlich beschuldigt hatte, sie habe ihr ein an einer Krankheit verendetes Huhn verkauft. Der wahre Grund des Bruches aber lag in einer Annäherung Philomènes und Séverines. Da Pecqueux diese eines Nachts an Jacques' Arm erkannt hatte, hatte sie ihre Skrupel von einst zum Verstummen gebracht, hatte sich zu der Geliebten des Heizers liebenswürdig gezeigt; und Philomène fühlte sich sehr geschmeichelt über diese Verbindung mit einer Dame, die unbestritten die schönste und vornehmste vom ganzen Bahnhof war, und hatte sich von der Frau des Kassenverwalters abgewandt, von dieser alten Schlange, wie sie sagte, die imstande sei, selbst Berge zum Wackeln zu bringen. Auf sie schob sie alle Schuld, sie schrie jetzt überall herum, die Wohnung nach der Straße hinaus gehöre den Roubauds, es sei eine Gemeinheit, sie ihnen nicht zurückzugeben. Für Frau Lebleu begannen die Dinge also eine sehr schlechte Wendung zu nehmen, um so mehr als die Versessenheit, mit der sie Fräulein Guichon auflauerte, um sie mit dem Stationsvorsteher zu erwischen, ihr ebenfalls ernste Scherereien zu verursachen drohte: noch immer erwischte sie die beiden nicht, sie beging aber den Fehler, sich selber dabei erwischen zu lassen, wie sie gespannt an den Türen horchte, so daß Herr Dabadie, ganz aufgebracht darüber, daß man ihm so nachspionierte, zum stellvertretenden Stationsvorsteher Moulin gesagt hatte, wenn Roubaud die Wohnung noch immer beanspruche, dann sei er bereit, das Schreiben gegenzuzeichnen. Und da der sonst wenig geschwätzige Moulin dies weitererzählt hatte, hätte man sich beinahe von Tür zu Tür, von einem Ende des Korridors zum anderen geprügelt, so sehr waren die Leidenschaften wieder aufgeflammt.

Inmitten dieser immer größer werdenden Aufregungen hatte Séverine nur einen guten Tag, den Freitag. Seit Oktober hatte sie in aller Seelenruhe die Kühnheit gehabt, einen Vorwand zu erfinden, den ersten besten, Knieschmerzen, die eine Behandlung durch einen Spezialisten erforderlich machten; und jeden Freitag fuhr sie mit dem Schnellzug sechs Uhr vierzig morgens ab, den Jacques führte; sie verbrachte den Tag mit ihm in Paris, kehrte dann mit dem Schnellzug sechs Uhr dreißig abends wieder zurück. Anfangs hatte sie sich für verpflichtet gehalten, ihrem Mann mitzuteilen, wie es mit ihrem Knie stand: es gehe besser, es gehe schlechter. Dann hatte sie, da sie merkte, daß er ihr nicht einmal zuhörte, rundweg aufgehört, mit ihm darüber zu reden. Und zuweilen schaute sie ihn an, fragte sich, ob er Bescheid wisse. Wieso brachte dieser wild Eifersüchtige, dieser Mann, der von Blut verblendet, in irrer Wut getötet hatte, es fertig, einen Liebhaber bei ihr zu dulden? Das konnte sie nicht glauben, sie dachte ganz einfach, er stumpfe ab.

In den ersten Dezembertagen wartete Séverine in einer eisigen Nacht sehr spät auf ihren Mann. Am folgenden Tag, einem Freitag, beabsichtigte sie, vor dem Morgengrauen mit dem Schnellzug zu fahren; und an so einem Abend machte sie gewöhnlich sorgfältig Toilette, legte ihre Kleidungsstücke zurecht, um sofort nach dem Aufstehen angezogen zu sein. Endlich legte sie sich hin, schlief schließlich gegen ein Uhr ein. Roubaud war nicht nach Hause gekommen. Zweimal bereits hatte er sich erst bei Tagesanbruch wieder blicken lassen, denn er war ganz seiner wachsenden Leidenschaft verfallen, konnte sich von dem Café nicht mehr losreißen, wo sich ein hinten gelegener, kleiner Raum allmählich in eine wahre Spielhölle verwandelte: dort spielte man jetzt um hohe Summen Ecarté. Übrigens war sie glücklich, daß sie allein schlafen konnte, und eingewiegt von der Erwartung des angenehmen morgigen Tages, schlief die junge Frau fest in der wohligen Wärme der Bettdecken.

Aber als es drei Uhr schlug, weckte sie ein seltsames Geräusch. Zunächst konnte sie nicht klug daraus werden, glaubte zu träumen, schlief wieder ein. Es war ein dumpfes Stemmen, ein Krachen von Holz, als wolle man eine Tür aufbrechen. Bei einem Splittern, einem noch heftigeren Reißen setzte sie sich im Bett auf. Und Angst packte sie: sicherlich brach jemand das Schloß der Korridortür auf. Eine Minute lang wagte sie sich nicht zu rühren, lauschte mit summenden Ohren. Dann war sie so mutig und stand auf, um nachzusehen; sie ging lautlos, mit bloßen Füßen, leise öffnete sie ihre Schlafzimmertür einen Spalt, von solcher Kälte durchschauert, daß sie ganz blaß und noch schmächtiger wurde unter dem Nachthemd; und bei dem Anblick, der sich ihr im Eßzimmer bot, blieb sie vor Überraschung und Entsetzen wie angewurzelt stehen.

Auf den Bauch hingesielt, auf die Ellbogen aufgestützt, lag Roubaud auf dem Fußboden und hatte mit einem Meißel den Fries losgestemmt. Eine neben ihm stehende Kerze beschien ihn und warf seinen ungeheuren Schatten bis an die Decke. Und in dieser Minute starrte er hin mit weit aufgerissenen Augen, das Gesicht über das Loch gebeugt, das im Parkett einen tiefen schwarzen Spalt bildete. Das Blut färbte seine Wangen violett, er hatte sein Mördergesicht. Brutal fuhr er mit der Hand hinein, fand nichts bei dem Schauder, der ihn schüttelte, und mußte die Kerze näher rücken. Unten kamen das Portemonnaie, die Banknoten, die Uhr zum Vorschein.

Séverine schrie unwillkürlich auf, und Roubaud drehte sich schreckensstarr um. Für einen Augenblick erkannte er sie nicht, glaubte zweifellos an ein Gespenst, als er sie ganz weiß mit ihren entsetzten Blicken sah.

»Was machst du denn?« fragte sie.

Da begriff er und stieß, einer Antwort ausweichend, nur ein dumpfes Brummen aus. Ihre Gegenwart störte ihn, er wollte sie ins Bett zurückschicken, und er sah sie an. Aber es fiel ihm nicht ein vernünftiges Wort ein, er fand sie einfach zum Backpfeifen, wie sie so bibbernd, ganz nackt dastand.

»Na also«, fuhr sie fort, »mir schlägst du Stiefel ab, und du nimmst das Geld für dich, weil du verloren hast.«

Dies brachte ihn mit einem Schlag in Wut. Wollte sie ihm schon wieder das Leben vergällen, sein Vergnügen durchkreuzen, diese Frau, die er nicht mehr begehrte, deren Besitz nur noch ein unangenehmes Schütteln war? Da er sich ja anderswo amüsierte, brauchte er sie in keiner Weise. Von neuem wühlte er herum, nahm nur das Portemonnaie, das die dreihundert Goldfrancs enthielt. Und als er den Fries mit dem Absatz wieder zurechtgerückt hatte, schleuderte er ihr mit zusammengebissenen Zähnen ins Gesicht:

»Du ödest mich an, ich mache, was ich will. Frage ich dich denn, was du nachher in Paris machst?«

Dann kehrte er mit einem wütenden Achselzucken ins Café zurück und ließ die Kerze auf dem Fußboden stehen.

Séverine hob sie auf, und bis zum Herzen zu Eis erstarrt, ging sie wieder ins Bett; und sie ließ die Kerze brennen, denn sie konnte nicht wieder einschlafen, sie wartete, während ihr nach und nach brennend heiß wurde, mit weit geöffneten Augen auf die Stunde der Abfahrt des Schnellzuges. Jetzt war es gewiß, ein fortschreitender Verfall, gleichsam ein Einsickern des Verbrechens, das diesen Mann zersetzte und das jedes Band zwischen ihnen hatte vermodern lassen. Roubaud wußte Bescheid.

Kapitel 7

Die Reisenden, die an diesem Freitag in Le Havre mit dem Schnellzug sechs Uhr vierzig zu fahren beabsichtigten, stießen beim Erwachen einen Schrei der Überraschung aus: seit Mitternacht fiel der Schnee in so dichten, so großen Flocken, daß er auf den Straßen dreißig Zentimeter hoch lag.
Schon fauchte die Lison in der überdachten Halle, dampfend vor einen Zug von sieben Wagen gekuppelt, drei zweiter und vier erster Klasse. Als Jacques und Pecqueux gegen halb sechs zur Vornahme der Überprüfung im Bahnbetriebswerk eingetroffen waren, hatten sie angesichts dieses hartnäckigen Schneefalls, von dem der schwarze Himmel barst, besorgt in sich hinein gebrummt. Und jetzt warteten sie auf ihrem Posten auf das Abfahrtssignal, die Augen in die Ferne, jenseits des gähnenden Portals der Bahnhofshalle gerichtet, schauten, wie das stumme und endlose Fallen der Flocken die Finsternis mit einem fahlen Schauer streifig machte.
Der Lokführer murmelte: »Der Teufel soll mich holen, wenn man da ein Signal sieht!«
»Wenn man wenigstens noch durchkommt!« sagte der Heizer.
Auf dem Bahnsteig stand Roubaud mit seiner Handlaterne, er war genau auf die Minute nach Hause gekommen, um seinen Dienst antreten zu können. Zeitweise schlossen sich seine fleckigen Lider vor Müdigkeit, ohne

daß er seine Aufsicht unterbrach. Da Jacques ihn gefragt hatte, ob er nichts über den Zustand der Strecke wisse, war er näher getreten und hatte ihm die Hand geschüttelt und erwidert, er habe noch keine Depesche; und als Séverine, in einen großen Mantel gehüllt, herunterkam, geleitete er sie selber zu einem Abteil erster Klasse, in dem er sie unterbrachte. Zweifellos hatte er den von besorgter Zärtlichkeit erfüllten Blick aufgefangen, den die beiden Liebenden gewechselt, er hatte aber nicht einmal Interesse daran, seiner Frau zu sagen, daß es unklug sei, bei solchem Wetter zu fahren, und daß sie besser daran täte, ihre Reise zu verschieben.

Reisende trafen ein, eingemummelt, mit Handkoffern beladen, eine regelrechte Drängelei in der schrecklichen Kälte des Morgens. Nicht einmal an den Schuhen schmolz der Schnee; und die Türen wurden sogleich wieder geschlossen, jeder verbarrikadierte sich; verödet, schlecht beleuchtet vom trüben Schimmer einiger Gaslaternen, lag der Bahnsteig da, während nur die am Fuß des Schornsteins hängende Laterne der Lokomotive wie ein riesiges Auge flakkerte und ihren feurigen Teppich weit in die Dunkelheit hinein erstreckte.

Aber Roubaud hob seine Handlaterne in die Höhe, gab das Abfahrtssignal. Der Oberzugführer pfiff, und Jacques antwortete, nachdem er den Regler geöffnet und das kleine Steuerungshandrad auf vorwärts gestellt hatte. Man fuhr ab. Eine Minute lang blickte der stellvertretende Vorsteher noch dem Zug, der sich im Unwetter entfernte, ruhig nach.

»Und aufgepaßt!« sagte Jacques zu Pecqueux. »Keinen Quatsch heute!« Er hatte wohl bemerkt, daß auch sein Gefährte vor Müdigkeit umzufallen schien: sicherlich die Folge irgendeiner Feierei vom Abend vorher.

»Oh, werd mich hüten, werd mich hüten!« lallte der Heizer.

Sofort nach Verlassen der überdachten Halle waren die beiden Männer in den fallenden Schnee hineingefahren. Der Wind wehte von Ost, die Lokomotive hatte also Gegenwind, die Böen peitschten ihr von vorn entgegen; und auf dem Führerstand hatten die beiden anfangs nicht allzusehr darunter zu leiden, da sie dickes Wollzeug trugen und die Augen durch eine Brille geschützt hatten. In der Nacht aber wurde das blendende Licht des Spitzensignals von diesen herabfallenden bleifarbenen, dichten Massen gleichsam verschluckt. Während die Strecke sonst zwei- bis dreihundert Meter weit erhellt war, wurde sie heute in einer Art milchigem Nebel sichtbar, in dem die Dinge erst aus großer Nähe wie aus der Tiefe eines Traumes auftauchten. Und die Besorgnis des Lokführers steigerte sich aufs höchste, als er, wie er befürchtet hatte, gleich beim Signallicht der ersten Blockstelle feststellen mußte, daß er das rote Licht der Signale, die die Strecke sperrten, auf die vorschriftsmäßige Entfernung bestimmt nicht sehen würde. Infolgedessen fuhr er mit äußerster Vorsicht weiter, ohne jedoch die Geschwindigkeit verringern zu können, denn der Wind setzte ihm ungeheuren Widerstand entgegen, und jede Verspätung hätte zu einer ebenso großen Gefahr werden können.

Bis zum Bahnhof Harfleur sauste die Lison in stetiger, guter Fahrt dahin. Noch beunruhigte Jacques die Schneedecke nicht, denn es waren höchstens sechzig Zentimeter, und der Schneepflug räumte mühelos einen Meter hohen Schnee. Seine ganze Sorge war, die Geschwindigkeit einzuhalten, weil er genau wußte, daß neben Enthaltsamkeit und Liebe zu seiner Maschine der wahre Wert eines Lokführers darin bestand, gleichmäßig, stoßfrei, bei höchstmöglichem Druck zu fahren. Darin, in der Verbissenheit, nicht halten zu wollen, lag sogar sein einziger Fehler, er schenkte den Signalen keine Beachtung, glaubte immer, er werde noch Zeit haben, die Lison zu bändigen: so fuhr er denn manchmal zu weit, überrollte die Knallkapseln, die sogenannten »Hühneraugen«, was ihm zweimal einen achttägigen Strafurlaub eingetragen hatte. In diesem Augenblick aber, in der großen Gefahr, in der er sich fühlte, verzehnfachte der Gedanke, daß Séverine im Zug war, daß er die Verantwortung für dieses teuere Leben hatte, die Kraft seines Willens, der bis nach Paris gespannt war, diese doppelte eiserne Linie entlang, inmitten der Hindernisse, die er überwinden mußte.

Und auf der Tenderbrücke stehend, die Lokomotive und Tender verband, ständig von der Erschütterung hin und her gestoßen, beugte sich Jacques trotz des Schnees rechts hinaus, um besser sehen zu können. Durch die vom Wasser getrübte Scheibe des Führerstandes konnte er nichts unterscheiden; und das Gesicht den Böen ausgesetzt, stand er da, die Haut von Tausenden von Nadeln gegeißelt, von so starker Kälte zerbissen, daß er Schnitte wie von einem Rasiermesser auf ihr spürte. Von Zeit zu Zeit zog er sich zurück, um wieder Atem zu schöpfen; er nahm seine Brille ab, wischte sie ab; dann kehrte er auf seinen Beobachtungsposten mitten im Orkan zurück, mit starr blickenden Augen in Erwartung roter Lichter, so von seinem Wollen besessen, daß er zweimal nacheinander die Halluzination jäher blutiger Funken hatte, die den vor ihm zitternden bleichen Vorhang befleckten.

Aber mit einem Schlag warnte ihn in der Finsternis ein Gefühl, daß sein Heizer nicht mehr da war. Der Wasserstand

am Kessel wurde nur von einer kleinen Laterne beleuchtet, damit den Lokführer keinerlei Licht blendete; und auf der Skala des Manometers, deren Emaille ein eigentümlicher Schimmer anzuhaften schien, hatte er gesehen, daß der zitternde blaue Zeiger schnell zurückging. Das Feuer brannte also herunter. Der Heizer hatte sich, vom Schlaf übermannt, auf dem Werkzeugkasten ausgestreckt.
»Verdammter Suffkopp!« schrie Jacques wütend und schüttelte ihn.
Pecqueux erhob sich wieder, entschuldigte sich mit einem unverständlichen Grunzen. Er konnte sich kaum auf den Beinen halten; aber die Macht der Gewohnheit brachte ihn sofort wieder zu seinem Feuer zurück, mit dem Hammer in der Hand zerkleinerte er die Kohle, schichtete sie mit der Schaufel ganz gleichmäßig über den Rost verteilt auf; dann fegte er auf dem Tender auf. Und während die Feuertür offenblieb, hatte rückwärts über dem Zug ein schmelzofengleicher Widerschein wie ein flammender Kometenschweif den in breiten, goldenen Tropfen quer hindurchregnenden Schnee in Brand gesetzt.
Hinter Harfleur begann die drei Meilen lange, bis Saint-Romain führende Steigung, die stärkste der ganzen Linie. Daher machte sich der Lokführer sehr aufmerksam wieder an die Steuerung, denn er war darauf gefaßt, daß es sich kräftig ins Geschirr zu legen galt, um diese Anhöhe hinaufzukommen, die schon bei schönem Wetter schwierig zu bewältigen war. Die Hand am Steuerungsrad, schaute er auf die dahinfliehenden Telegraphenmasten, versuchte sich über die Geschwindigkeit klar zu werden. Diese verringerte sich stark, die Lison kam außer Atem, während am wachsenden Widerstand die Reibung der Schneeräumer zu erraten war. Mit der Fußspitze öffnete er wieder die Feuer-

tür; und verschlafen begriff der Heizer, schürte das Feuer abermals, um den Druck zu erhöhen. Jetzt glühte die Tür, beleuchtete ihnen beiden die Beine mit violettem Schimmer. Aber in dem eisigen Luftstrom, der sie einhüllte, spürten sie ihre Gluthitze nicht. Auf einen Wink seines Vorgesetzten hatte der Heizer soeben auch die Aschkastenklappe hochgezogen, was den Luftzug förderte. Schnell war der Zeiger des Manometers wieder auf zehn Atmosphären gestiegen, die Lison gab alle Kraft her, über die sie verfügte. Einen Augenblick mußte der Lokführer, da er den Wasserstand am Kessel sinken sah, sogar das kleine Handrad der Dampfstrahlpumpe betätigen, obgleich dadurch der Druck herabgesetzt wurde. Er stieg übrigens wieder an, die Lokomotive schnaubte, spuckte wie ein überanstrengtes Tier, plötzlich aufspringend, mit den Lenden zuckend, wobei man meinen konnte, das Knacken der Glieder zu hören. Und er schnauzte sie an wie eine gealterte und nicht mehr so tüchtige Frau, war nicht mehr so zärtlich wie früher zu ihr.

»Die kommt nie rauf, diese faule Liese!« sagte er mit zusammengebissenen Zähnen, er, der sonst während der Fahrt nie sprach.

Verwundert schaute ihn Pecqueux in seiner Schlaftrunkenheit an. Was hatte er jetzt bloß gegen die Lison? War sie denn nicht immer noch die brave, gehorsame Lokomotive, die so leicht anfuhr, daß es ein Vergnügen war, sie in Betrieb zu setzen, und deren Verdampfung so gut war, daß sie von Paris bis Le Havre ein Zehntel an Kohle einsparte? Wenn eine Lokomotive solche Schieber hatte wie sie, die einwandfrei eingestellt waren und den Dampf ausgezeichnet absperrten, dann durfte man ihr alle Mängel nachsehen, wie etwa einer rappeligen Hausfrau, die einen guten

Lebenswandel und Sparsamkeit für sich verbuchen kann. Zweifellos verbrauchte sie zuviel Schmieröl. Na und? Sie wurde eben geschmiert, und damit basta!
Gerade wiederholte Jacques aufgebracht:
»Die kommt nie hoch, wenn sie nicht geschmiert wird.«
Und was er keine dreimal in seinem Leben getan hatte, er nahm die Ölkanne, um die Lison während der Fahrt zu schmieren. Über das Geländer hinwegkletternd, stieg er auf den Umlauf, den er am Kessel ganz entlangging. Aber das war ein höchst gefährliches Manöver: auf dem schmalen, vom Schnee nassen eisernen Streifen glitt seine Füße aus; und er wurde geblendet, und der fürchterliche Wind drohte ihn wie einen Strohhalm hinwegzufegen. Die Lison setzte mit diesem an ihrer Flanke angeklammerten Mann ihren keuchenden Lauf in die Nacht hinein fort, zwischen der unermeßlichen weißen Decke hindurch, in der sie sich tief eine Furche bahnte. Sie schüttelte ihn durch, trug ihn mit sich fort. Auf der vorderen Traverse angelangt, hockte er sich vor dem Schmiergefäß des rechten Zylinders nieder, es kostete ihn die größte Mühe von der Welt, es zu füllen, indem er sich mit einer Hand an der Stange festhielt. Dann mußte er, um den linken Zylinder schmieren zu können, wie ein kriechendes Insekt herumgehen. Und als er erschöpft zurückkam, war er ganz blaß, denn er hatte gefühlt, wie der Tod vorüberstrich.
»Dreckige Schindmähre!« brummelte er.
Von dieser ungewohnten Heftigkeit gegen die Lison betroffen, konnte sich Pecqueux nicht enthalten, etwas zu sagen und dabei wieder einmal seinen üblichen Scherz anzubringen:
»Hätten mich hingehen lassen sollen! Damen schmieren, in so was kenne ich mich doch aus.«

Er war ein bißchen munterer geworden und hatte sich auch wieder auf seinen Posten begeben, von wo er die linke Seite der Strecke überwachte. Gewöhnlich hatte er gute Augen, bessere als sein Vorgesetzter. In diesem Unwetter aber war alles verschwunden, kaum konnten sie, denen doch jeder Kilometer der Route so vertraut war, die Ortschaften erkennen, die sie durchfuhren: die Gleise gingen im Schnee unter, die Hecken, ja selbst die Häuser schienen zu versinken, es war nur noch eine flache und endlose Ebene, ein Chaos aus schemenhaften weißen Massen, worin die Lison, von Tollheit gepackt, dahinzugaloppieren schien, wie es ihr gefiel. Und niemals hatten die beiden Männer so innig das Band der Brüderlichkeit gefühlt, das sie auf dieser in Fahrt befindlichen, mitten durch alle Gefahren dahinsausenden Lokomotive vereinte, auf der sie einsamer, von der Welt verlassener waren als in einem abgeschlossenen Zimmer, und dazu die erschwerende, erdrückende Verantwortung für die Menschenleben, die sie hinter sich herzogen.
So lächelte denn Jacques, den Pecqueux' Scherz vollends in Harnisch gebracht hatte, schließlich auch darüber, unterdrückte den Zorn, der ihn hinriß. Dies war wahrlich nicht der Augenblick, sich zu streiten. Es schneite stärker, der Vorhang am Horizont wurde dichter. Man fuhr nach wie vor bergan, als nun auch der Heizer plötzlich glaubte, in der Ferne ein rotes Licht funkeln zu sehen. Mit einem Wort unterrichtete er seinen Vorgesetzten. Aber schon fand er es nicht mehr wieder, seine Augen hatten geträumt, wie er zuweilen sagte. Und der Lokführer, der nichts gesehen hatte, stand mit klopfendem Herzen da, durch diese Halluzination eines anderen verwirrt, und verlor sein Vertrauen in sich selbst. Was er jenseits des bleichen Flockengewimmels zu unterscheiden wähnte, waren unermeßliche, schwarze

Formen, gewaltige Massen, gleichsam riesige Stücke der Nacht, die sich fortzubewegen und der Lokomotive entgegenzukommen schienen. Waren dies denn Erdrutsche, die Strecke versperrende Berge, an denen der Zug zerschellen würde? Da betätigte er, von Angst gepackt, den Zug der Dampfpfeife, er pfiff langanhaltend, verzweifelt; und dieses Wehklagen zog schauerlich durch den Sturm dahin. Dann war er ganz erstaunt, daß er zur rechten Zeit gepfiffen hatte, denn der Zug raste mit hoher Geschwindigkeit durch den Bahnhof von Saint-Romain, von dem er zwei Kilometer entfernt zu sein glaubte.

Inzwischen begann die Lison, die die schreckliche Steigung bewältigt hatte, gemächlicher dahinzurollen, und Jacques konnte einen Augenblick aufatmen. Von Saint-Romain bis Bolbec steigt die Strecke unmerklich an, zweifellos würde bis zum anderen Ende der Hochebene alles gut gehen. Nichtsdestoweniger rief er, als er in Beuzeville war, während des dreiminütigen Aufenthaltes den Stationsvorsteher, den er auf dem Bahnsteig gewahrte, weil er ihm angesichts dieser immer höher werdenden Schneedecke unbedingt seine Befürchtungen mitteilen wollte: er werde niemals in Rouen ankommen, es werde das beste sein, die Bespannung durch Vorsetzen einer zweiten Lokomotive zu verdoppeln, und hier beim Bahnbetriebswerk stünden stets verfügbare Maschinen bereit. Aber der Stationsvorsteher erwiderte, er habe keine Anweisung, und er glaube nicht, die Verantwortung für diese Maßnahme auf sich nehmen zu dürfen. Alles, was er anbot, war, daß er fünf bis sechs Holzschaufeln hergab, um nötigenfalls die Schienen freilegen zu können. Und Pecqueux nahm die Schaufeln, die er in einer Ecke des Tenders verstaute.

Auf der Hochebene setzte die Lison ihre Fahrt tatsächlich

mit guter Geschwindigkeit ohne allzu große Mühe fort. Sie ermüdete jedoch. Alle Minuten mußte der Lokführer zupacken, die Feuertür öffnen, damit der Heizer Kohle nachschaufelte; und jedesmal flammte über dem Zug, der in all diesem von einem Leichentuch bedeckten Weiß düster und schwarz war, der blendende, die Nacht durchbohrende Kometenschweif auf. Es war drei Viertel acht; der Tag graute; die Blässe am Himmel aber war in dem unermeßlichen, weißlichen Wirbel, der den Raum von einem Ende des Horizonts zum anderen erfüllte, kaum zu erkennen. Diese trübe Helle, in der noch nichts zu unterscheiden war, beunruhigte die beiden Männer noch mehr, die mit trotz ihrer Schutzbrille tränenden Augen angestrengt in die Ferne sahen. Ohne das Steuerungshandrad loszulassen, nahm der Lokführer die Hand nicht mehr vom Zug der Dampfpfeife, er pfiff vorsichtshalber fast ununterbrochen, ein Pfeifen wie ein Notsignal, das in der Tiefe dieser Schneewüste weinte.

Ungehindert wurde Bolbec, dann Yvetot durchfahren. In Motteville aber fragte Jacques erneut beim stellvertretenden Stationsvorsteher nach, der ihm keine genaue Auskunft über den Zustand der Strecke geben konnte. Es sei noch kein Zug gekommen, eine Depesche melde lediglich, daß der Personenzug aus Paris in Rouen festsitze und dort in Sicherheit sei. Und die Lison brach wieder auf, fuhr in ihrer schwerfällig gewordenen und müden Gangart das drei Meilen lange, nach Barentin führende sanfte Gefälle hinab. Nun zog ganz bleich der Tag herauf; und es war, als rühre dieser fahle Schimmer vom Schnee selber her. Er fiel noch dichter, diesig und kalt brach die Morgendämmerung herein und ertränkte die Erde mit den Trümmern des Himmels. Mit dem zunehmenden Tag verdoppelte der Wind seine Gewalt, die Flocken jagten wie Geschosse daher, alle Augenblicke mußte der Heizer seine Schaufel nehmen, um die Kohle hinten im Tender zwischen den Wänden des Wasserbehälters freizulegen. Rechts und links kam das Land zum Vorschein, dermaßen unkenntlich, daß die beiden Männer das Gefühl hatten, in einem Traum dahinzufliehen: die weiten, flachen Felder, die von Hecken umsäumten fetten Weiden, die mit Apfelbäumen bestandenen Höfe waren nur noch ein unter kurzen Wellen kaum sich bauschendes weißes Meer, eine leichenblasse und bebende Unermeßlichkeit, darin in diesem Weiß alles hinschwand. Und der aufrecht stehende Lokführer, dem die Böen ins Gesicht schnitten und der die Hand am Steuerungsrad hatte, begann schrecklich unter der Kälte zu leiden.

Beim Aufenthalt in Barentin trat schließlich der Stationsvorsteher, Herr Bessière, selber an die Lokomotive heran, um Jacques davor zu warnen, daß in Richtung nach La Croix-de-Maufras erhebliche Schneemassen gemeldet worden seien.

»Ich glaube, man kommt noch durch«, setzte er hinzu. »Aber Sie werden Mühe haben.«

Da brauste der junge Mann auf.

»Himmeldonnerwetter! Das habe ich doch in Beuzeville gesagt! Was konnte denen das schon ausmachen, die Bespannung zu verdoppeln? — Na, das kann ja heiter werden!«

Soeben war der Oberzugführer aus seinem Packwagen gestiegen, und auch er wurde ärgerlich. Er war in seinem Bremserhäuschen fast erfroren, er erklärte, er sei außerstande, ein Signal von einem Telegraphenmast zu unterscheiden. Eine richtige Fahrt ins Ungewisse, in all diesem Weiß!

»Wie gesagt, Sie sind gewarnt!« meinte Herr Bessière. Inzwischen wunderten sich die Reisenden bereits über diesen ausgedehnten Aufenthalt inmitten des tiefen Schweigens der in ein Leichentuch gehüllten Station, wo kein Rufen eines Angestellten, kein Türenschlagen zu hören war. Einige Fenster wurden heruntergelassen, Köpfe zeigten sich: eine sehr beleibte Dame mit zwei blonden, reizenden jungen Mädchen, ihren Töchtern zweifellos, alle drei ganz gewiß Engländerinnen; und weiter entfernt eine sehr hübsche, brünette junge Frau, die ein älterer Herr wieder hereinnötigte, während sich zwei Männer, ein junger und ein alter, mit halb aus den Türen heraushängendem Oberkörper von einem Wagen zum anderen unterhielten. Als Jacques aber einen Blick nach hinten warf, gewahrte er nur Séverine, die sich ebenfalls hinauslehnte und mit ängstlicher Miene zu ihm hinschaute. Ach, das liebe Geschöpf, wie besorgt mußte sie sein, und welch Herzeleid bereitete es ihm, sie dort, so nah und doch fern von ihm, in dieser Gefahr zu wissen! All sein Blut würde er hingegeben haben, hätte er schon in Paris sein und sie dort gesund und wohlbehalten absetzen können.

»Los, fahren Sie ab«, schloß der Stationsvorsteher. »Es ist überflüssig, die Leute zu erschrecken.« Er selbst hatte das Abfahrtssignal gegeben.

Nachdem der Oberzugführer wieder in seinen Packwagen gestiegen war, pfiff er; und ein weiteres Mal fuhr die Lison an, nachdem sie mit einem langen, klagenden Schrei geantwortet hatte.

Gleich darauf fühlte Jacques, daß sich der Zustand der Strecke änderte. Das war nicht mehr die Ebene, das sich ins Unendliche fortsetzende Entrollen des dicken Schneeteppichs, auf dem die Lokomotive wie ein Passagierdampfer mit seinem Kielwasser hinter sich dahinzog. Man kam in das zerklüftete Land mit Hängen und Talmulden, deren ungeheuere Dünung bis Malaunay den Boden wellte; und hier türmte sich der Schnee in unregelmäßigen Haufen, stellenweise war die Strecke freigelegt, während manche Abschnitte von erheblichen Massen verstopft waren. Der Wind, der die Bahndämme leerfegte, verwehte dagegen die Einschnitte. So war eine ununterbrochene Folge von Hindernissen zu überwinden, kurze Enden freier Strecke, die von regelrechten Wällen abgesperrt wurden. Es war jetzt heller Tag, und die verödete Gegend, diese engen Schluchten, diese steilen Abhänge nahmen unter ihrer Schneedecke die Trostlosigkeit eines im Sturm reglos gewordenen Ozeans aus Eis an.

Noch nie war Jacques so durchgefroren gewesen. Unter den tausend Nadeln des Schnees kam ihm sein Gesicht blutüberströmt vor; und er war sich seiner Hände nicht mehr bewußt, die durch das Erstarren der Fingerspitzen gelähmt und so empfindungslos geworden waren, daß er erzitterte, als er merkte, wie er zwischen den Fingern das Gefühl für das kleine Steuerungshandrad verlor. Wenn er den Ellbogen hob, um den Zug der Dampfpfeife zu betätigen, war ihm der Arm an der Schulter so schwer wie der Arm eines Toten. Da er unausgesetzt so durchgerüttelt wurde, daß es ihm schier die Eingeweide herausriß, hätte er nicht sagen können, ob ihn seine Beine noch trugen. Eine unendliche Müdigkeit war über ihn gekommen mit dieser Kälte, bei der ihm der Schädel gefror, und seine Angst war, er könnte nicht mehr dasein, nicht mehr wissen, ob er den Zug noch führte, denn schon drehte er das Handrad nur noch mit einer mechanischen Bewegung, stumpfsinnig sah er zu, wie das Manometer fiel. Alle bekannten Geschichten über Sin-

nestäuschung fuhren ihm durch den Kopf. War das da hinten quer über den Gleisen nicht ein umgestürzter Baum? Hatte er nicht eine rote Fahne bemerkt, die über diesem Busch flatterte? Zerbarsten im Grollen der Räder nicht alle Augenblicke Knallkapseln? Er hätte es nicht sagen können, immer wieder dachte er bei sich selbst, er müßte halten, und er brachte den klaren Willen dazu nicht auf. Einige Minuten lang folterte ihn dieser Nervenanfall; dann brachte ihn der Anblick des Heizers, der, hingeschmettert von dieser überwältigenden Kälte, unter der er selber litt, schläfrig wieder auf den Werkzeugkasten gesunken war, jäh so in Zorn, daß ihn dies gleichsam wieder erwärmte.
»Ach, gottverdammtes Miststück!«
Und so nachsichtig er sonst gegenüber den Lastern dieses Säufers war, jetzt weckte er ihn mit Fußtritten, stieß zu, bis er ihn auf die Beine gebracht hatte.
Träge begnügte sich der andere mit einem Knurren und nahm seine Schaufel wieder auf.
»Gut, gut! Ich mach ja schon!«
Als die Feuerbüchse beschickt war, stieg der Kesseldruck wieder an; und es war höchste Zeit, soeben war die Lison tief in einen Böschungseinschnitt eingedrungen, wo sie eine mehr als meterhohe Schneedecke zu durchpflügen hatte. Vor äußerster Anstrengung über und über zitternd kam sie voran. Einen Augenblick ermattete sie, es schien, als werde sie gleich unbeweglich verharren wie ein Schiff, das auf eine Sandbank gelaufen ist. Die Schneelast machte ihr zu schaffen, mit der sich die Wagendächer nach und nach überzogen hatten. So fuhren die Wagen mit diesem über sie gebreiteten weißen Tuch schwarz im weißen Kielwasser dahin; und die Lison selber hatte nur eine Hermelinverbrämung, die ihre düsteren Lenden umkleidete, auf denen die Flocken

schmolzen und als Regen herunterrannen. Noch einmal machte sie sich trotz des Gewichtes frei, sie kam durch. In einer weiten Kurve auf einem Bahndamm konnte man den Zug noch verfolgen, der gleich einem schemenhaften, inmitten eines weiß erglänzenden Märchenlandes verlorenen Band gemächlich vorankam.

Etwas weiter aber begannen wieder die Böschungseinschnitte, und Jacques und Pecqueux, die gespürt hatten, wie die Lison auflief, stemmten sich gegen die Kälte, standen aufrecht auf diesem Posten, den sie selbst sterbend nicht verlassen durften. Von neuem verlor die Lokomotive an Geschwindigkeit. Sie war zwischen zwei Böschungen eingedrungen, und langsam, ohne zu rucken, kam sie zum Stehen. Es schien, als bleibe sie, mit allen Rädern festgefahren, immer mehr eingeengt, außer Atem, an einer Leimrute kleben. Sie rührte sich nicht mehr. Es war geschehen, der Schnee hielt sie machtlos fest.

»Da haben wir's«, brummte Jacques. »Himmeldonnerwetter!«

Einige Sekunden blieb er noch auf seinem Posten, die Hand am Regler, den er voll öffnete, um zu sehen, ob das Hindernis nicht nachgäbe. Dann schloß er den Regler, weil er die Lison vergeblich spucken und keuchen hörte, wütend fluchte er kräftiger.

Der Oberzugführer beugte sich aus der Tür seines Packwagens heraus und rief, als Pecqueux sich zeigte, diesem seinerseits zu:

»Da haben wir's, wir sitzen fest!«

Rasch sprang der Oberzugführer in den Schnee, der ihm bis zu den Knien reichte. Er kam herbei, die drei Männer beratschlagten.

»Wir können es nur mit Freilegen versuchen«, sagte der

Lokführer schließlich. »Zum Glück haben wir ja Schaufeln. Rufen Sie Ihren hinteren Zugschaffner, und wir vier werden die Räder doch schließlich freikriegen.«
Man winkte dem hinteren Zugschaffner, der ebenfalls aus dem Packwagen gestiegen war. Er arbeitete sich mit großer Mühe zur Lokomotive vor und versank dabei dann und wann. Aber dieser Halt auf freiem Feld, inmitten dieser weißen Einöde, dieser helle Lärm der Stimmen, die berieten, was zu tun sei, dieser mit mühseligen, weiten Schritten am Zug entlang springende Angestellte, das alles hatte die Reisenden beunruhigt. Fenster wurden heruntergelassen. Man schrie, man fragte, eine regelrechte Verwirrung, die noch unbestimmt war, aber immer mehr zunahm.
»Wo sind wir denn?«
»Warum wird eigentlich gehalten?«
»Was ist denn los?«
»Mein Gott! Ist ein Unglück passiert?«
Der Oberzugführer hielt es für notwendig, die Reisenden zu beruhigen. Als er am Zug entlangging, fragte ihn die englische Dame, deren plumpes, rotes Gesicht von den beiden reizenden Antlitzen ihrer Töchter eingerahmt wurde, mit starkem Akzent:
»Mein Herr, ist es auch nicht gefährlich?«
»Nein, nein, Madame«, erwiderte er. »Bloß ein bißchen Schnee. Wir fahren gleich wieder weiter.«
Und unter dem frischen Gezwitscher der jungen Mädchen, jener Musik der auf rosigen Lippen so lebhaften englischen Silben, wurde das Fenster wieder hochgezogen. Beide lachten höchstvergnügt.
Weiter entfernt aber rief der ältere Herr den Oberzugführer, während sich seine junge Frau hinter ihm mit ihrem hübschen brünetten Kopf hervorwagte.

»Wieso sind keine Vorsichtsmaßregeln getroffen worden? Das ist ja unerträglich . . . Ich komme aus London zurück, meine Geschäfte rufen mich heute vormittag nach Paris, und ich mache Sie darauf aufmerksam, daß ich die Gesellschaft für jede Verspätung verantwortlich machen werde.«

»Mein Herr«, konnte der Angestellte nur wiederholen, »wir fahren doch in drei Minuten wieder weiter.«

Die Kälte war fürchterlich, es schneite herein, und die Köpfe verschwanden, die Fenster wurden wieder hochgezogen. Aber tief im Innern der geschlossenen Wagen herrschte weiterhin Aufregung und Angst, deren dumpfes Summen zu spüren war. Nur zwei Fenster blieben heruntergelassen; und auf die Ellbogen gestützt, unterhielten sich über drei Abteile hinweg zwei Reisende, ein etwa vierzigjähriger Amerikaner und ein in Le Havre wohnender junger Mann, die dem Freischaufeln beide mit großem Interesse zusahen.

»In Amerika, mein Herr, steigen alle Leute aus und greifen zu den Schaufeln.«

»Oh, das ist noch gar nichts, vergangenes Jahr habe ich zweimal festgesessen. Ich muß beruflich jede Woche nach Paris.«

»Und ich ungefähr alle drei Wochen, mein Herr.«

»Wie, von New York?«

»Ja, mein Herr, von New York.«

Jacques leitete die Arbeit. Als er Séverine an einer Tür des ersten Wagens gewahrt hatte, in den sie sich immer setzte, um näher bei ihm zu sein, hatte er sie flehend angeblickt; und verstehend hatte sie sich zurückgezogen, um sich nicht diesem eisigen Wind auszusetzen, der ihr ins Gesicht biß. Nun arbeitete er tüchtig drauflos und dachte dabei an sie.

Er bemerkte aber, daß die Ursache für das Steckenbleiben, das Festpappen im Schnee, nicht von den Rädern herrührte: diese pflegten die stärksten Schneedecken zu durchschneiden; der zwischen ihnen angebrachte Aschkasten bildete das Hindernis, weil er den Schnee vor sich her wälzte, der sich in ungeheuren Packen davor hart zusammenballte. Und ihm kam ein Gedanke.
»Der Aschkasten muß abgeschraubt werden.«
Dem widersetzte sich zunächst der Oberzugführer. Dienstlich unterstand ihm der Lokführer, er wollte ihn nicht dazu ermächtigen, Veränderungen an der Lokomotive vorzunehmen. Dann ließ er sich überzeugen.
»Sie übernehmen die Verantwortung dafür, also gut!«
Das war allerdings eine harte Arbeit. Unter der Lokomotive auf dem Rücken im schmelzenden Schnee liegend, mußten Jacques und Pecqueux nahezu eine halbe Stunde lang arbeiten. Zum Glück hatten sie im Werkzeugkasten Schraubenschlüssel vorrätig. Auf die Gefahr hin, unzählige Male verbrannt und zerquetscht zu werden, gelang es ihnen endlich, den Aschkasten zu lösen. Aber noch hatten sie ihn nicht, er war noch von dort unten hervorzuholen. Da er ein ungeheures Gewicht hatte, blieb er an Rädern und Zylindern hängen. Doch zu viert zogen sie ihn hervor, schleiften ihn vom Gleis weg bis zur Böschung.
»Jetzt können wir fertig freilegen«, sagte der Zugführer.
Seit fast einer Stunde lag der Zug fest, und die Angst der Reisenden hatte zugenommen. Jede Minute wurde ein Fenster heruntergelassen, fragte eine Stimme, warum man denn nicht weiterfahre. Es gab eine Panik, Geschrei, Tränen bei dieser um sich greifenden Kopflosigkeit.
»Nein, nein, es ist genug freigelegt«, erklärte Jacques.
»Steigen Sie ein, das andere mache ich schon.«

Er war mit Pecqueux wieder auf seinem Posten, und als der Zugführer und der Schaffner ihre Packwagen erreicht hatten, drehte er selber das Zylinderventil auf. Gedämpft zischend schmolz der siedendheiße Dampfstrahl die noch an den Schienen haftenden Schneepacken weg. Die Hand am Steuerungsrad, drückte Jacques dann zurück. Langsam fuhr er ungefähr dreihundert Meter rückwärts, um Anlauf zu nehmen. Und nachdem er das Feuer geschürt hatte, wobei er sogar den zulässigen Druck etwas überschritt, fuhr er gegen die Mauer zurück, die die Strecke versperrte, er warf die Lison mit ihrer ganzen Masse, dem ganzen Gewicht des Zuges, den sie zog, hinein. Sie stieß ein schreckliches »Hauruck!« aus, wie ein Holzfäller, der die Axt tief hineintreibt, dabei krachte ihr kräftiges Gerippe aus Eisen und Stahl. Aber sie kam noch nicht durch, dampfend, von dem Anprall über und über bebend, war sie stehengeblieben. Da mußte er das Manöver noch zweimal nacheinander von vorn beginnen, er fuhr zurück, stürzte sich auf den Schnee, um ihn hinwegzureißen; und jedesmal stieß die Lison, die Lenden straffend, mit der Brust auf, wobei sie wütend wie eine Riesin schnaubte. Endlich schien sie wieder zu Atem zu kommen, in einer äußersten Anstrengung spannte sie ihre metallenen Muskeln, und sie kam durch, und schwerfällig folgte ihr der Zug zwischen den beiden auseinandergestemmten Schneemauern. Sie war frei.

»Bist doch trotz allem ein braves Tier!« brummte Pecqueux. Da Jacques nichts mehr sehen konnte, nahm er seine Schutzbrille ab und putzte sie. Sein Herz klopfte heftig, er spürte die Kälte nicht mehr. Aber jäh mußte er an einen tiefen Böschungseinschnitt denken, der ungefähr dreihundert Meter von La Croix-de-Maufras entfernt war: er lag offen zur Windrichtung, darin mußte sich der Schnee

in beträchtlicher Menge angehäuft haben; und sogleich überkam ihn die Gewißheit, daß dort die Klippe war, an der er stranden würde. Er beugte sich hinaus. In der Ferne tauchte nach einer letzten Kurve der Böschungseinschnitt als gerade Linie wie eine lange, mit Schnee zugeschüttete Grube vor ihm auf. Es war heller Tag, im ununterbrochenen Fallen der Flocken glänzte grenzenlos das Weiß. Inzwischen zog die Lison, da sie auf kein Hindernis mehr gestoßen war, mit mittlerer Geschwindigkeit dahin. Vorsichtshalber hatte man Spitzen- und Schlußlichter brennen lassen; und das weiße Spitzensignal am Fuß des Schornsteins leuchtete im Tageslicht wie ein lebendes Zyklopenauge. Mit diesem weit geöffneten Auge rollte die Lison dahin, näherte sich dem Böschungseinschnitt. Da schien es, als begänne sie zu schnauben, ein schwaches, kurzes Schnauben wie bei einem Pferd, das Angst hat. Ein tiefgehendes Zittern schüttelte sie mehrmals, sie bäumte sich, setzte ihren Lauf nur unter der willensstarken Hand des Lokführers fort. Mit einer Handbewegung hatte dieser die Feuertür geöffnet, damit der Heizer das Feuer schürte. Und jetzt war das nicht mehr der Schweif eines die Nacht in Brand setzenden Gestirns, das war eine dicke, schwarze Qualmwolke, die den großen, bleichen Schauer des Himmels beschmutzte.

Die Lison kam voran. Schließlich mußte sie in den Böschungseinschnitt einfahren. Die Böschungen rechts und links waren ertrunken, und von den Gleisen hinten war nichts mehr zu erkennen. Es war gleichsam die Kluft eines Wildbachs, in der randvoll der Schnee schlief. Sie drang hinein, rollte mit bestürztem, immer langsamer werdendem Atem etwa fünfzig Meter weit. Der Schnee, den sie zurückdrängte, bildete eine Schranke vor ihr, schäumte auf und stieg in einer empörten Woge empor, die sie zu verschlingen drohte. Einen Augenblick schien sie überflutet, überwältigt zu sein. Aber mit einem letzten Lendenstoß befreite sie sich, fuhr noch um dreißig Meter weiter. Das war das Ende, das Zucken im Todeskampf. Schneepacken fielen wieder herab, bedeckten die Räder vollständig, alle Teile des Triebwerks wurden überschwemmt, eines nach dem anderen mit Ketten aus Eis gefesselt. Und endgültig blieb die Lison in der großen Kälte stehen und hauchte ihr Leben aus. Ihr Atem erlosch, sie war regungslos und tot.

»So, da haben wir die Bescherung«, sagte Jacques. »Das habe ich kommen sehen.«

Er wollte sogleich zurückdrücken, um das Manöver abermals zu versuchen. Aber diesmal rührte sich die Lison nicht. Sie weigerte sich, rückwärts wie vorwärts zu fahren, von allen Seiten war sie eingeschlossen, am Erdboden festgeklebt, bewegungsunfähig, unempfindlich. Hinter ihr der

Zug, auch er tot, bis zu den Türen in der dichten Decke versunken. Das Schneien hörte nicht auf, es schneite dichter, in langanhaltenden Böen. Und es war ein Einsinken wie im Triebsand, in dem Lokomotive und Wagen, die bereits zur Hälfte bedeckt waren, im schaudernden Schweigen dieser weißen Einsamkeit verschwinden würden. Nichts rührte sich mehr, der Schnee webte sein Leichentuch.
»Na, geht's wieder von vorn los?« fragte der Oberzugführer und beugte sich aus dem Packwagen heraus.
»Aufgeschmissen!« schrie Pecqueux lediglich.
Diesmal wurde es in der Tat kritisch. Der hintere Zugschaffner lief die Knallkapseln auslegen, die den Zug von hinten sichern sollten, während der Lokführer außer sich in dichter Folge Pfeifsignale ertönen ließ, wobei die Dampfpfeife in höchster Not keuchte und schauerlich klang. Aber der Schnee machte die Luft taub, der Ton verlor sich, sollte nicht einmal bis Barentin gelangen. Was tun? Sie waren nur vier, derartige Verwehungen würden sie niemals wegräumen können. Dazu wäre eine ganze Rotte erforderlich gewesen. Es erwies sich als notwendig, schnell Hilfe herbeizuholen. Und das schlimmste war, daß unter den Reisenden erneut Panik ausbrach.
Eine Tür öffnete sich, die hübsche brünette Dame sprang kopflos heraus, da sie an einen Unfall glaubte. Ihr Mann, der ältere Großhändler, der ihr folgte, schrie:
»Ich werde an den Minister schreiben, das ist eine Niederträchtigkeit!«
Weinen von Frauen, wütende Stimmen von Männern drangen aus den Wagen, deren Fenster ungestüm heruntergelassen wurden. Und nur die beiden kleinen Engländerinnen hatten ihren Spaß daran, schauten seelenruhig drein und lächelten. Da der Oberzugführer sich bemühte, jeder-

mann zu beruhigen, fragte ihn die jüngere auf Französisch mit leichtem britischem Lispeln:
»Nun, mein Herr, wird denn hier gehalten?«
Trotz der dichten Schneedecke, in der man bis zum Bauch einsank, waren mehrere Männer ausgestiegen. So war der Amerikaner wieder mit dem jungen Mann aus Le Havre zusammen, weil beide zur Lokomotive vorgegangen waren, um nachzusehen. Sie schüttelten den Kopf.
»Das dauert vier bis fünf Stunden, bevor man sie da rausklaubt.«
»Mindestens, und dazu wären noch an die zwanzig Arbeiter nötig.«
Soeben hatte Jacques den Oberzugführer dazu gebracht, den hinteren Zugschaffner nach Barentin zu schicken, um Hilfe anzufordern. Weder er noch Pecqueux konnten die Lokomotive verlassen.
Der Angestellte entfernte sich, bald verlor man ihn am Ende des Böschungseinschnitts aus den Augen. Vier Kilometer hatte er zurückzulegen, vor zwei Stunden würde er womöglich nicht zurück sein. Und verzweifelt verließ Jacques einen Augenblick seinen Posten, lief zum ersten Wagen, wo er Séverine gewahrte, die das Fenster heruntergelassen hatte.
»Haben Sie keine Angst«, sagte er schnell. »Sie haben nichts zu befürchten.«
Sie antwortete ebenso, ohne ihn zu duzen, aus Furcht, es könnte sie jemand hören:
»Ich habe keine Angst. Allerdings bin ich Ihretwegen sehr in Sorge gewesen.«
Und dies war von beiden so sanft gesagt, daß sie getröstet waren und einander zulächelten. Als sich Jacques aber umdrehte, sah er zu seiner Überraschung Flore an der Bö-

schung, dann Misard, dem zwei weitere Männer folgten, die er zunächst nicht erkannte. Sie hatten das Notsignal gehört, und Misard, der dienstfrei hatte, kam mit den beiden Kumpel, die er gerade zu Weißwein eingeladen hatte, herbeigeeilt; der eine war der Steinbrucharbeiter Cabuche, der infolge des Schneefalls keine Arbeit hatte, und der andere der Weichenwärter Ozil, der durch den Tunnel von Malaunay gekommen war, um Flore den Hof zu machen, der er immer noch nachlief, obwohl er schlecht bei ihr ankam. Sie, die groß, beherzt und stark wie ein Bursche war, streifte ohnehin umher und kam neugierig mit den beiden mit. Und für sie, für ihren Vater war dieser so vor ihrer Tür haltende Zug ein bedeutsames Ereignis, ein außergewöhnliches Abenteuer. Wie viele Züge hatten sie seit den fünf Jahren, die sie hier wohnten, zu jeder Tages- und Nachtstunde, bei schönem Wetter, bei Gewittern, im Sturmwind ihrer Geschwindigkeit vorüberbrausen sehen! Von diesem Wind, der sie heranwehte, schienen alle wieder fortgeweht zu werden, niemals hatte ein einziger seine Fahrt auch nur verlangsamt; sie schauten zu, wie sie entflohen, sich verloren und entschwanden, bevor man etwas über sie hatte erfahren können. Die ganze Welt zog vorüber, der mit Volldampf herangeschwemmte Menschenhaufe, ohne daß sie etwas anderes als blitzartig gesehene Gesichter herauskannten, Gesichter, die sie niemals wiedersehen sollten, Gesichter zuweilen, die ihnen dadurch vertraut wurden, daß sie ihnen an bestimmten Tagen immer wieder begegneten, und die namenlos für sie blieben. Und nun landete im Schnee ein Zug vor ihrer Tür: die natürliche Ordnung war umgestoßen, sie faßten diese unbekannten Leute ins Auge, die ein Unfall auf die Strecke warf, sie betrachteten sie mit den großen Augen von Wilden, die an eine Küste geeilt waren, an der Europäer Schiffbruch erlitten haben sollten. Diese geöffneten Türen, in denen in Pelze gehüllte Frauen zu sehen waren, diese ausgestiegenen Männer in dicken Überziehern, dieser ganze behagliche, inmitten dieses Eismeeres gestrandete Luxus ließ die drei erstarren vor Staunen.

Aber Flore hatte Séverine erkannt. Sie, die jedesmal auf Jacques' Zug lauerte, hatte seit einigen Wochen die Anwesenheit dieser Frau im Schnellzug am Freitagmorgen bemerkt, zumal diese, wenn sie sich dem Bahnübergang näherte, mit dem Kopf an die Tür zu kommen pflegte, um einen Blick auf ihr Besitztum in La Croix-de-Maufras zu werfen. Als Flore sie halblaut mit dem Lokführer plaudern sah, verfinsterten sich ihre Augen.

»Oh, Madame Roubaud!« rief Misard aus, der sie ebenfalls gerade erkannt hatte und der unverzüglich seine kriecherische Miene aufsetzte. »So ein Pech! – Aber Sie werden doch nicht hier bleiben, Sie müssen bei uns einkehren.«

Nachdem Jacques dem Schrankenwärter die Hand gedrückt hatte, unterstützte er dessen Anerbieten.

»Er hat recht . . . Es dauert womöglich Stunden, Sie würden ja inzwischen erfrieren.«

Séverine lehnte ab, da sie, wie sie sagte, warm angezogen sei. Außerdem schreckten sie die dreihundert Meter im Schnee ein wenig.

Nähertretend sagte nun Flore, die sie mit ihren großen, starren Augen anblickte, schließlich:

»Kommen Sie, Madame, ich werde Sie tragen.«

Und bevor diese angenommen hatte, hatte sie sie mit ihren kräftigen Burschenarmen gepackt und hob sie wie ein kleines Kind empor. Dann setzte sie sie auf der anderen Seite des Bahnkörpers an einer bereits festgetretenen Stelle ab,

wo die Füße nicht mehr einsanken. Aufs höchste verwundert, hatten einige Reisende zu lachen begonnen. So ein Mordsweib! Hätte man ein Dutzend wie die zur Stelle, dann würde das Freischaufeln keine zwei Stunden dauern.
Inzwischen sprach sich Misards Vorschlag, daß man im Schrankenwärterhaus Zuflucht suchen, Feuer, vielleicht auch Brot und Wein finden konnte, von einem Wagen zum anderen herum. Als man eingesehen hatte, daß keinerlei unmittelbare Gefahr bestand, legte sich die Panik; allerdings blieb die Lage nichtsdestoweniger jämmerlich: die Wärmröhren kühlten ab, es war neun Uhr, man würde Hunger und Durst bekommen, sollte die Hilfsmannschaft auch nur im geringsten auf sich warten lassen. Und das konnte ewig dauern; wer wußte, ob man hier nicht werde übernachten müssen? Es bildeten sich zwei Lager: diejenigen, die die Wagen aus Verzweiflung nicht verlassen wollten und sich in ihnen einrichteten, als gelte es, darin zu sterben, in ihre Decken eingehüllt, ingrimmig auf den Bänken ausgestreckt; und diejenigen, die lieber den Gang quer durch den Schnee wagen wollten, weil sie es dort drüben besser anzutreffen hofften und weil sie vor allem bestrebt waren, dem Alpdruck dieses gestrandeten, erfrorenen Zuges zu entrinnen. Es bildete sich eine ganze Gruppe, der ältere Großhändler und seine junge Frau, die englische Dame mit ihren beiden Töchtern, der junge Mann aus Le Havre, der Amerikaner, ein Dutzend anderer, die abmarschbereit waren.
Jacques hatte Séverine mit leiser Stimme überredet und geschworen, ihr Nachricht zu geben, wenn er wegkommen könne. Und als Flore sie beide mit ihren düsteren Augen immer noch anblickte, sprach er sanft als alter Freund mit ihr:

»Also abgemacht, du wirst die Damen und Herren führen ... Ich, ich behalte Misard mit den anderen hier. Wir machen uns gleich an die Arbeit, wir tun inzwischen, was wir können.«

In der Tat hatten Cabuche, Ozil und Misard sogleich Schaufeln ergriffen, um sich Pecqueux und dem Oberzugführer anzuschließen, die dem Schnee bereits zu Leibe rückten. Die kleine Rotte bemühte sich, die Lokomotive freizuschippen, sie grub unter den Rädern, schleuderte die vollen Schaufeln nach hinten gegen die Böschung. Niemand sagte mehr ein Wort, in der düsteren Beklemmung des weißen Landes war nur dieses schweigende Schaffen zu hören. Und als sich die kleine Schar der Reisenden entfernte, warf sie einen letzten Blick auf den Zug, der einsam zurückblieb und von dem nur noch eine dünne schwarze Linie unter der dichten Schneedecke, die ihn erdrückte, zu sehen war. Man hatte die Türen wieder geschlossen, die Fenster wieder hochgezogen. Noch immer fiel der Schnee, hüllte ihn langsam und sicher mit stummer Hartnäckigkeit in ein Leichentuch.

Flore hatte Séverine wieder auf die Arme nehmen wollen. Aber dagegen hatte diese sich gesträubt, weil sie Wert darauf legte, zu gehen wie die anderen. Die dreihundert Meter waren sehr mühsam zu überwinden: besonders im Böschungseinschnitt sank man bis zu den Hüften ein; und zweimal nacheinander mußte man zur Rettung der dicken englischen Dame schreiten, die halb untergetaucht war. Ihre Töchter lachten noch immer entzückt. Die junge Frau des alten Herrn mußte, da sie ausgerutscht war, die Hand des jungen Mannes aus Le Havre annehmen, während ihr Mann mit dem Amerikaner auf Frankreich schimpfte. Als man aus dem Böschungseinschnitt heraus war, konnte man bequemer gehen; aber man ging nun einen Damm entlang, die kleine Schar bewegte sich, vom Wind gepeitscht, in einer Reihe hintereinander vorwärts, wobei sie sorgsam die unter dem Schnee undeutlichen und gefährlichen Ränder mied. Schließlich gelangte man an, und Flore brachte die Reisenden in der Küche unter, wo sie nicht einmal jedem einen Stuhl bringen konnte, denn es waren immerhin etwa zwanzig, die sich in dem zum Glück ziemlich großen Raum drängten. Flore kam auf den Gedanken, Bretter zu holen und mit Hilfe der vorhandenen Stühle zwei Bänke herzurichten. Dann warf sie ein Reisigbündel in den Herd und machte eine Gebärde, als wolle sie sagen, mehr dürfe man von ihr nicht verlangen. Sie hatte nicht ein Wort gesprochen, sie blieb stehen und sah sich diese Leute an mit ihren großen, grünlichen Augen, mit ihrer scheuen und kühnen Miene einer großen blonden Barbarin. Nur zwei Gesichter waren ihr bekannt, weil sie diese seit Monaten oft an den Fenstern bemerkt hatte: das des Amerikaners und das des jungen Mannes aus Le Havre; und sie musterte sie, wie man das summende Insekt betrachtet, das sich endlich gesetzt hat und das man während des Fluges nicht verfolgen konnte. Sie kamen ihr merkwürdig vor, so hatte sie sie sich gerade nicht vorgestellt, ohne daß sie außer ihren Gesichtszügen sonst etwas von ihnen kannte. Was die anderen Leute anging, so schienen sie ihr einer anderen Rasse anzugehören, Bewohner einer unbekannten Welt, die vom Himmel gefallen waren und Kleidungsstücke, Sitten, Anschauungen zu ihr in die Abgeschiedenheit ihrer Küche hineinbrachten, die sie niemals dort zu sehen geglaubt hätte. Die englische Dame vertraute der jungen Frau des Großhändlers an, sie wolle zu ihrem ältesten Sohn, einem hohen Beamten, nach Indien fahren; und diese scherzte über ihr Pech beim ersten Mal, da sie ihren Mann, der zweimal jährlich nach London fahre, aus einer Laune heraus dorthin habe begleiten wollen. Alle jammerten bei dem Gedanken, in dieser Einöde eingeschlossen zu sein; man würde doch essen, würde doch schlafen gehen müssen, wie sollte man das anstellen, mein Gott! Und Flore, die ihnen regungslos zuhörte, machte der auf einem Stuhl vor dem Feuer sitzenden Séverine, da sie deren Blick begegnet war, ein Zeichen, um sie zu veranlassen, ins Nebenzimmer hinüberzugehen.

»Mama«, verkündete sie, als sie dort eintrat, »Madame Roubaud ist hier . . . Hast du ihr nichts zu sagen?«

Phasie lag mit gelb gewordenem Gesicht und geschwollenen Beinen im Bett und war so krank, daß sie es seit vierzehn Tagen nicht mehr verließ; und in dem ärmlichen Zimmer, in dem ein gußeiserner Ofen eine stickige Hitze verbreitete, verbrachte sie die Stunden damit, die fixe Idee ihrer Verbohrtheit zu wälzen, weil sie keine andere Zerstreuung hatte als die Erschütterung des Häuschens durch die mit hoher Geschwindigkeit vorüberbrausenden Züge.

»Ach, Madame Roubaud«, flüsterte sie, »gut, gut.«

Flore erzählte ihr von dem Unfall, sprach zu ihr von diesen Leuten, die sie hergeführt hatte und die nun hier waren. Aber all dies berührte die Alte nicht mehr.

»Gut, gut!« wiederholte sie mit derselben müden Stimme.

Doch sie erinnerte sich, sie hob einen Augenblick den Kopf, um zu sagen: »Wenn Madame ihr Haus besuchen will, du weißt ja, die Schlüssel hängen neben dem Schrank.«

Aber Séverine lehnte ab. Der Gedanke, bei diesem Schnee und in diesem fahlen Tageslicht wieder nach La Croix-de-Maufras zu kommen, hatte sie erschaudern lassen. Nein,

nein, sie habe dort nichts nachzusehen, sie wolle lieber hierbleiben und hübsch im Warmen warten.

»Nehmen Sie doch Platz, Madame«, meinte Flore. »Hier ist's immer noch angenehmer als nebenan. Und außerdem können wir ja nie genug Brot für alle diese Leute auftreiben; für Sie dagegen wird immer noch ein Stück dasein, wenn Sie Hunger haben.«

Sie hatte einen Stuhl vorgeschoben, sie gab sich weiterhin zuvorkommend, indem sie eine sichtliche Anstrengung unternahm, ihre gewöhnliche Schroffheit zu mildern. Aber ihre Augen ließen die junge Frau nicht los, als wolle sie in ihr lesen, sich Gewißheit über eine Frage verschaffen, die sie sich seit einiger Zeit stellte; und unter ihrer Dienstfertigkeit verbarg sich dieses Verlangen, ihr näher zu kommen, sie genau zu mustern, sie zu berühren, um endlich Bescheid zu wissen.

Séverine bedankte sich, ließ sich neben dem Ofen nieder, weil sie in der Tat lieber mit der Kranken in diesem Zimmer allein sein wollte und hoffte, Jacques werde Mittel und Wege finden, um sie hier zu treffen. Es vergingen zwei Stunden, sie ließ sich von der großen Wärme überwältigen und schlief gerade ein, nachdem sie über die Gegend geplaudert hatte, als plötzlich Flore, die alle Augenblicke in die Küche gerufen wurde, erneut die Tür öffnete und mit ihrer rauhen Stimme sagte:

»Komm rein, hier ist sie!«

Es war Jacques, der sich fortgestohlen hatte, um gute Nachrichten zu bringen. Der nach Barentin gesandte Mann hatte soeben einen ganzen Trupp von etwa dreißig Soldaten hergebracht, die die Verwaltung in Voraussicht von Unfällen an die bedrohten Punkte beordert hatte; und alle waren mit Hacken und Schaufeln an der Arbeit. Allerdings würde es

lange dauern, vor Einbruch der Nacht würde man vielleicht nicht wieder abfahren.
»Allzu schlecht haben Sie es hier ja schließlich nicht, gedulden Sie sich«, setzte er hinzu. »Nicht wahr, Tante Phasie, Sie werden doch Madame Roubaud nicht verhungern lassen?«
Phasie hatte sich beim Anblick ihres großen Jungen, wie sie ihn zu nennen pflegte, mühsam aufgesetzt, und sie betrachtete ihn, sie lebte wieder auf und hörte ihm glücklich zu. Als er an ihr Bett trat, sagte sie:
»Bestimmt nicht, bestimmt nicht! Ach, mein großer Junge, da bist du ja! Du also hast dich vom Schnee erwischen lassen! – Und diese dumme Person sagt mir nicht mal Bescheid!« Sie drehte sich zu ihrer Tochter um, sie fuhr sie an: »Sei wenigstens höflich, geh wieder zu den Herren und Damen zurück, kümmere dich um sie, damit sie der Verwaltung nicht sagen, wir hätten uns wie die Wilden benommen.«

Flore hatte sich zwischen Jacques und Séverine aufgepflanzt. Einen Augenblick schien sie zu zögern und fragte sich, ob sie ihrer Mutter zum Trotze nicht starrköpfig dableiben solle. Aber sehen würde sie ja doch nichts, die Anwesenheit ihrer Mutter würde die beiden anderen hindern, sich zu verraten; und sie ging ohne jedes Wort hinaus, wobei sie die beiden mit einem langen Blick umfing.
»Was? Tante Phasie«, begann Jacques wieder mit bekümmerter Miene, »jetzt sind Sie ganz bettlägerig. Steht es denn schlimm?«
Sie zog ihn zu sich heran, nötigte ihn sogar, sich auf den Rand der Matratze zu setzen, und ohne sich weiter um die junge Frau zu kümmern, die taktvoll beiseite getreten war, machte sie sich mit sehr leiser Stimme Luft.
»O ja, schlimm! Es ist ein Wunder, daß du mich noch lebend antriffst . . . Ich habe dir nicht schreiben wollen, denn solche Sachen, die schreibt man doch nicht . . . Beinahe wäre ich draufgegangen; aber jetzt geht's schon besser, und ich glaube, diesmal werde ich's noch glücklich überstehen.«
Erschrocken über das Fortschreiten der Krankheit, musterte er sie, fand nichts mehr von dem schönen und gesunden Geschöpf von einst an ihr wieder.
»Also immer noch Ihre Krämpfe und Schwindelanfälle, arme Tante Phasie.«
Aber sie drückte ihm die Hand zum Zerspringen, die Stimme noch mehr senkend, fuhr sie fort:
»Stell dir vor, ich habe ihn ertappt . . . Du weißt ja, ich hatte es schon aufgegeben, jemals rauszukriegen, wo er mir sein Zeug reinmacht. Nichts von dem, was er anrührte, habe ich getrunken oder gegessen, und trotzdem brannte mir der Bauch jeden Abend wie Feuer . . . Nun, ins Salz hat er mir's

reingemischt, sein Zeug! Eines Abends habe ich es gesehn . . . Wo ich doch solche Mengen Salz auf alles tat, um richtig alles zu reinigen!«
Seitdem Jacques durch Séverines Besitz geheilt zu sein schien, dachte er manchmal voller Zweifel an diese Geschichte einer langsamen und hartnäckigen Vergiftung, wie man an einen Alptraum denkt. Nun drückte er der Kranken zärtlich die Hände, er wollte sie beruhigen.
»Na, na, ist das denn alles möglich? – Um solche Dinge sagen zu können, muß man wirklich ganz sicher sein . . . Außerdem zieht sich das ja zu lange hin! Ach was, das ist eher eine Krankheit, aus der die Ärzte nicht schlau werden.«
»Eine Krankheit«, versetzte sie hohnlächelnd, »eine Krankheit, die er mir verpaßt hat, jawohl! – Was die Ärzte betrifft, so hast du recht: es sind zwei gekommen, die nichts verstanden haben und sich nicht mal einig geworden sind. Ich will nicht, daß ein einziger von diesen Vögeln noch mal den Fuß hier hereinsetzt . . . Hörst du, ins Salz hat er mir das reingemischt. Wenn ich dir doch schwöre, daß ich es gesehen habe! Und zwar wegen meiner tausend Francs, der tausend Francs, die Papa mir hinterlassen hat. Wenn er mich erst um die Ecke gebracht hat, wird er sie schon finden, sagt er sich. Na, da wette ich mit ihm: sie stecken da, wo sie niemals jemand entdeckt, niemals! – Ich kann von hinnen gehen, ich bin unbesorgt, meine tausend Francs, die soll nie jemand kriegen!«
»Aber, Tante Phasie, ich an Ihrer Stelle, ich würde die Gendarmen holen lassen, wenn ich da so sicher wäre.«
Sie machte eine Gebärde des Widerwillens.
»Oh, nein, nicht die Gendarmen . . . Diese Angelegenheit, die geht nur uns an; das wird zwischen ihm und mir ausgemacht. Ich weiß, daß er mich umbringen will, und ich, ich

will natürlich nicht, daß er mich umbringt. Also bleibt mir nichts weiter, als mich zu wehren und nicht so dumm zu sein, wie ich es bei seinem Salz gewesen bin, nicht wahr? – Wer würde das auch glauben, was? Solche Mißgeburt, ein kleines Männchen, das man sich in die Tasche stecken könnte, der sollte am Ende mit einer dicken Frau wie mir fertig werden, wenn man ihn mit seinen Rattenzähnen gewähren ließe?«

Ein leichter Schauder hatte sie gepackt. Sie atmete mühsam, bevor sie zu Ende redete. »Na, wenn schon, diesmal ist es noch nicht so weit. Mir geht's besser, ehe vierzehn Tage um sind, bin ich wieder auf den Beinen . . . Und diesmal muß er schon sehr schlau sein, wenn er mich wieder reinlegen will. Ach ja, das möchte ich denn doch sehen. Wenn er es fertigbringt, mir wieder etwas von seinem Zeug einzugeben, so ist er eben entschieden der stärkere, und dann will ich abkratzen, da kann ich mir auch nicht helfen! – Da soll sich keiner reinmischen!«

Jacques dachte, infolge der Krankheit spukten ihr diese düsteren Phantasien durchs Gehirn; und um sie abzulenken, versuchte er zu scherzen, da begann sie plötzlich unter der Decke zu zittern.

»Da ist er«, hauchte sie. »Ich fühle es, wenn er in die Nähe kommt.«

In der Tat trat Misard ein paar Sekunden später ein. Sie war leichenfahl geworden, wurde von jenem unwillkürlichen Schrecken gezeichnet, den riesige Tiere vor dem Insekt verspüren, das an ihnen nagt, denn in ihrer Verbohrtheit, sich allein wehren zu wollen, empfand sie ein immer größer werdendes Entsetzen vor ihm, das sie nicht eingestand. Schon an der Tür hatte Misard übrigens beide, sie und den Lokomotivführer, mit einem raschen Blick umfangen,

schien sie aber nicht einmal so Seite an Seite gesehen zu haben; und mit trüben Augen, dünnem Mund, mit seiner sanften Miene eines schwächlichen Mannes zerfloß er vor Zuvorkommenheit gegenüber Séverine.
»Ich habe gedacht, Madame möchte vielleicht die Gelegenheit nutzen, um einen Blick auf Ihr Besitztum zu werfen. Da bin ich einen Augenblick entwischt... Wünscht Madame, daß ich Sie begleite...« Und da die junge Frau abermals ablehnte, fuhr er mit wehleidiger Stimme fort: »Madame hat sich vielleicht wegen des Obstes gewundert... Es war alles wurmstichig, und das lohnte wahrhaftig nicht das Verpacken... Dazu ist ein Sturm gekommen, der sehr großen Schaden angerichtet hat... Ach, es ist traurig, daß Madame das Haus nicht verkaufen kann! Es hat ein Herr vorgesprochen, aber der wollte, daß erst alles instand gesetzt wird... Wie gesagt, ich stehe Madame zur Verfügung, und Madame kann sich darauf verlassen, daß ich Sie hier so gut vertrete, als wäre Ihr zweites Ich hier.«
Dann wollte er ihr unbedingt Brot und Birnen auftischen, Birnen aus seinem eigenen Garten, die nun gar nicht wurmstichig waren. Sie nahm an.
Als Misard durch die Küche ging, hatte er den Reisenden verkündet, das Freischaufeln gehe zügig voran, vier bis fünf Stunden werde es aber noch dauern. Es hatte zwölf Uhr geschlagen, und es gab neues Gejammer, denn großer Hunger begann sich einzustellen. Eben erklärte Flore, für alle werde ihr Brot nicht reichen. Wein hatte sie allerdings, sie war mit zehn Literflaschen aus dem Keller wieder heraufgekommen, die sie in einer Reihe auf den Tisch gestellt hatte. Nur fehlte es auch an Gläsern: man mußte gruppenweise trinken, die englische Dame mit ihren beiden Töch-

tern, der alte Herr mit seiner jungen Frau. Diese fand übrigens in dem jungen Mann aus Le Havre einen eifrigen, einfallsreichen Diener, der auf ihr Wohlbefinden achtgab. Er verschwand, kam mit Äpfeln und einem Brot zurück, das er hinten im Holzstall entdeckt hatte. Flore wurde böse, sagte, das sei Brot für ihre kranke Mutter. Aber schon schnitt er es, verteilte es an die Damen, wobei er bei der jungen Frau anfing, die ihm geschmeichelt zulächelte. Ihr Mann konnte sich immer noch nicht beruhigen, kümmerte sich überhaupt nicht mehr um sie, denn er war gerade dabei, mit dem Amerikaner die Geschäftsgepflogenheiten von New York zu preisen. Niemals hatten die jungen Engländerinnen mit so gutem Appetit Äpfel verschlungen. Ihre Mutter, die sehr müde war, schlummerte halb. Auf dem Fußboden vor dem Herd saßen, vom Warten übermüdet, zwei Damen. Männer, die vors Haus hinausgegangen waren, um zu rauchen und so eine Viertelstunde totzuschlagen, kamen halb erfroren und bibbernd wieder herein. Nach und nach wuchs das Unbehagen, der schlecht gestillte Hunger, die durch Zwang und Ungeduld verdoppelte Müdigkeit. Das Ganze glich immer mehr dem Lager von Schiffbrüchigen, der trostlosen Lage einer von einer stürmischen See auf eine öde Insel geworfenen Schar zivilisierter Menschen.

Und da infolge von Misards Kommen und Gehen die Tür offenblieb, konnte Tante Phasie von ihrem Krankenbett aus in den Nebenraum sehen. Das also waren diese Leute, die auch sie seit bald einem Jahr, also seit sie sich von ihrer Matratze nur noch bis zu ihrem Stuhl schleppen konnte, in einem Blitzstrahl vorüberbrausen sah. Auf den Bahnsteig konnte sie nur noch selten gehen, sie verlebte ihre Tage und Nächte allein, hier festgenagelt, die Augen aufs Fenster gerichtet, ohne andere Gesellschaft als diese so schnell vorüberrasenden Züge. Immer hatte sie über diese gottverlassene Gegend geklagt, wo man niemals Besuch bekam; und da landete nun eine ganze Schar aus dem Unbekannten. Wenn man bedachte, daß unter diesen Leuten da drinnen, die es so eilig hatten, rasch zu ihren Geschäften zu kommen, nicht einer etwas von dem Zeug, von dieser Schweinerei ahnte, die man ihr ins Salz getan hatte! Was sich Misard da ausgedacht hatte, lag ihr schwer auf dem Herzen, sie fragte sich, ob man denn bei Gott so hinterhältig schuftig sein dürfe, ohne daß es jemand merkt. Es fuhren doch schließlich genug Leute bei ihnen vorbei, Tausende und aber Tausende; aber die jagten alle vorüber, nicht einer hätte sich vorstellen können, daß in diesem niedrigen Häuschen bequem und lautlos jemand umgebracht wurde. Und Tante Phasie betrachtete sie nacheinander, diese vom Mond gefallenen Leute, und dachte dabei, wenn man so beschäftigt ist, dann ist es ja kein Wunder, wenn man in unsaubere Dinge hineingerät und nichts davon bemerkt.

»Gehen Sie mit zurück?« fragte Misard Jacques.

»Ja, ja«, erwiderte dieser, »ich komme gleich nach.«

Misard schloß die Tür hinter sich und ging.

Und Phasie, die den jungen Mann an der Hand festhielt, flüsterte ihm noch ins Ohr:

»Wenn ich abkratze, wirst du ja sehen, was er für ein Gesicht macht, wenn er das versteckte Geld nicht findet ... Gerade das macht mir ja Spaß, wenn ich daran denke. Da kann ich trotz alledem zufrieden von hinnen gehen.«

»Und dann, Tante Phasie, ist es für jedermann verloren. Hinterlassen Sie es denn nicht Ihrer Tochter?«

»Flore? Damit er es ihr abnimmt! O nein! – Nicht einmal dir, mein Junge, weil du ebenfalls zu dumm bist: er würde etwas abkriegen ... Niemandem, nur der Erde, wo ich wieder mit dem Geld vereint sein werde!«

Sie ermattete, und Jacques bettete sie zurück, beruhigte sie, indem er ihr einen Kuß gab und ihr versprach, sie bald wieder zu besuchen. Als sie dann einzuschlummern schien, trat er hinter Séverine, die immer noch neben dem Ofen saß; lächelnd hob er seinen Finger, um ihr einzuschärfen, vorsichtig zu sein; und mit einer hübschen, geräuschlosen Bewegung bog sie den Kopf zurück, bot ihre Lippen dar, und er beugte sich hinab, preßte seinen Mund in einem innigen und verschwiegenen Kuß auf den ihren. Beider Augen hatten sich geschlossen, sie tranken ihren Atem. Aber als sie sie ganz benommen wieder öffneten, stand Flore, die die Tür geöffnet hatte, vor ihnen und schaute sie an.

»Braucht Madame kein Brot mehr?« fragte sie mit heiserer Stimme.

Séverine stammelte verwirrt und sehr verdrossen einige undeutliche Worte:

»Nein, nein, danke.«

Einen Augenblick starrte Jacques Flore mit flammenden Augen an. Er war unschlüssig, seine Lippen bebten, als wolle er sprechen; mit einer heftigen, wütenden Gebärde drohte er ihr und zog es dann vor, wegzugehen. Hinter ihm schlug derb die Tür zu.

Flore war mit ihrer hochgewachsenen Gestalt einer kriegerischen Jungfrau, bedeckt mit ihrem schweren Helm blonden Haars, stehengeblieben. Ihre Angst, jeden Freitag, wenn sie diese Dame in dem Zug sah, den er führte, hatte sie also nicht getrogen. Die Gewißheit, nach der sie strebte, seitdem sie die beiden zusammen hier hatte, die hatte sie nun endlich unumstößlich. Niemals würde der Mann, den sie liebte, sie lieben: diese dünne Frau, diese halbe Portion hatte er erwählt. Und ihr Bedauern darüber, daß sie sich in der Nacht gesträubt, da er brutal versucht hatte, sie zu nehmen, wurde noch heftiger und so schmerzlich, daß sie darüber hätte schluchzen mögen; denn in ihrem einfachen Gedankengang war sie zu dem Schluß gekommen, daß er jetzt sie küssen würde, wenn sie sich ihm früher als die andere hingegeben hätte. Wo sollte sie ihn nun allein treffen, um sich ihm mit dem Schrei an den Hals zu werfen: »Nimm mich, ich bin dumm gewesen, weil ich nicht Bescheid wußte!« Aber in ihrer Machtlosigkeit stieg Wut auf das gebrechliche Geschöpf in ihr auf, das verlegen und stotternd dort stand. Mit einer Umschlingung ihrer harten Ringkämpferinnenarme konnte sie sie erwürgen wie ein Vögelchen. Warum wagte sie es denn nicht? Sie schwor, sich dennoch zu rächen, da sie Dinge über diese Nebenbuhlerin wußte, die sie ins Gefängnis gebracht hätten, sie, die man in Freiheit ließ wie alle Weibsbilder, die sich an mächtige und reiche Greise verkaufen. Und von Eifersucht gefoltert, von Zorn geschwellt, begann sie mit den weitausholenden Gebärden eines schönen, wilden Mädchens abzuräumen, was von Brot und Birnen übriggeblieben war.

»Da Madame doch nichts mehr möchte, werde ich das den anderen geben.«

Es schlug drei Uhr, dann vier Uhr. Unendlich schleppte sich die Zeit dahin in der allgemeinen Niedergedrücktheit, die aus zunehmender Müdigkeit und Gereiztheit erwuchs. Nun kehrte über dem weiten, weißen Land fahl die Nacht wieder; und alle zehn Minuten kamen die Männer, die hinausgingen, um von fern nachzusehen, wie weit man mit der Arbeit war, wieder herein und sagten, die Lokomotive scheine noch immer nicht freigeschaufelt zu sein. Selbst die beiden kleinen Engländerinnen waren so weit, daß sie anfingen, überreizt zu weinen. In einer Ecke war die hübsche brünette Frau an der Schulter des jungen Mannes aus Le Havre eingeschlafen, was der alte Ehemann inmitten des allgemeinen Sichgehenlassens, das über die Schicklichkeit siegte, nicht einmal sah. Es wurde kühler im Raum, man fröstelte, ohne auch nur daran zu denken, Holz nachzulegen, so daß der Amerikaner wegging, weil er fand, er könne es bequemer haben, wenn er sich auf eine Wagenbank langlegte. Der Gedanke, das Bedauern aller war jetzt: man hätte dort draußen bleiben sollen, da würde man wenigstens nicht in Unkenntnis dessen, was sich ereignete, vor lauter Ungeduld umkommen. Man mußte die englische Dame zurückhalten, die ebenfalls davon sprach, wieder ihr Abteil aufzusuchen und sich dort schlafen zu legen. Als man eine Kerze auf eine Ecke des Tisches gestellt hatte, damit die Leute hinten in dieser schwarzen Küche etwas Licht hatten, kannte die Mutlosigkeit keine Grenzen mehr, alles versank in düsterer Verzweiflung.

Da draußen wurde man indessen mit dem Schaufeln fertig; und während der Trupp Soldaten, der die Lokomotive ausgegraben hatte, das Gleis vor ihr fegte, hatten Lokführer und Heizer soeben wieder ihren Führerstand bestiegen.

Als Jacques sah, daß es endlich aufhörte zu schneien, wurde er wieder zuversichtlich. Der Weichenwärter Ozil hatte ihm versichert, daß jenseits des Tunnels in Richtung Malaunay bedeutend weniger Schnee gefallen sei. Er fragte ihn erneut:

»Sind Sie zu Fuß durch den Tunnel gekommen, haben Sie ungehindert rein- und rausgekonnt?«

»Wenn ich es Ihnen doch sage! Sie kommen durch, dafür verbürge ich mich.«

Cabuche, der mit dem Eifer eines gutmütigen Riesen gearbeitet hatte, zog sich schon zurück, denn durch seine letzten Zwistigkeiten mit der Justiz war er noch schüchterner und menschenscheuer geworden; und Jacques mußte ihn heranrufen.

»Hören Sie mal, Kumpel, geben Sie uns doch die Schaufeln da an der Böschung rüber, die uns gehören. Notfalls müssen wir sie wieder vorholen.« Und als ihm der Steinbrucharbeiter diesen letzten Gefallen getan hatte, drückte er ihm kräftig die Hand, um ihm zu zeigen, daß er ihn trotz allem achtete, weil er ihn arbeiten gesehen hatte. »Sie sind wirklich ein rechtschaffener Mensch!«

Dieser Freundschaftsbeweis rührte Cabuche ungemein.

»Danke«, sagte er bloß und würgte seine Tränen herunter.

Misard, der sich wieder mit ihm versöhnt, nachdem er ihn vor dem Untersuchungsrichter belastet hatte, nickte beifällig und verkniff die Lippen zu einem dünnen Lächeln. Die Hände in den Taschen, arbeitete er schon lange nicht mehr, umfing den Zug mit einem tückischen Blick, mit einer Miene, als warte er ab, um unter den Rädern nachzusehen, ob er nicht verlorene Gegenstände auflesen könne.

Soeben hatte der Oberzugführer endlich mit Jacques beschlossen, daß man versuchen sollte, wieder abzufahren, da rief Pecqueux, der nochmals auf den Bahnkörper hinuntergestiegen war, den Lokführer.

»Sehen Sie mal. Ein Zylinder hat einen Knacks abgekriegt.«

Jacques trat näher, bückte sich nun auch. Bei der sorgfältigen Untersuchung der Lison hatte er bereits festgestellt, daß sie dort verwundet war. Bei der Freilegung hatte man bemerkt, daß von Bahnarbeitern längs der Böschung liegengelassene Eichenschwellen unter Einwirkung von

Schnee und Wind herabgerutscht waren und die Schienen versperrten; und selbst der Halt mußte teilweise durch dieses Hindernis verursacht worden sein, denn die Lokomotive war auf die Schwellen aufgefahren. Man sah die Schramme auf dem Gehäuse des Zylinders, in dem der Kolben leicht verbogen zu sein schien. Aber dies war der ganze sichtbare Schaden, was den Lokführer zunächst beruhigt hatte. Vielleicht waren schwere innere Störungen vorhanden, nichts ist ja empfindlicher als der komplizierte Mechanismus der Schieber, weil darin das Herz, die lebendige Seele schlägt. Er stieg wieder auf, gab ein Pfeifsignal, öffnete den Regler, um die Gelenke der Lison auszuprobieren. Sie brauchte lange, bis sie sich in Bewegung setzte, wie ein von einem Sturz zerschundener Mensch, der kein Gefühl mehr in seinen Gliedern hat. Endlich fuhr sie mit einem mühsamen Schnaufen an, machte, noch ganz benommen, schwerfällig einige Radumdrehungen. Es würde gehen, sie würde laufen können, würde die Fahrt schaffen. Allein, er schüttelte den Kopf, denn er, der sie gründlich kannte, hatte soeben gespürt, daß sie unter seiner Hand so seltsam war, verändert, gealtert, irgendwo von einem tödlichen Stoß getroffen. Das mußte sie sich in diesem Schnee geholt haben, einen Stich ins Herz, eine tödliche Erkältung, wie jene kräftig gebauten jungen Frauen, die schwindsüchtig dahinsterben, weil sie eines Abends bei eisigem Regen von einem Ball heimgegangen sind.

Von neuem gab Jacques ein Pfeifsignal, nachdem Pecqueux das Zylinderventil geöffnet hatte. Die beiden Zugbegleiter waren auf ihrem Posten. Misard, Ozil und Cabuche stiegen aufs Trittbrett des an der Spitze befindlichen Packwagens. Und langsam fuhr der Zug zwischen den mit ihren Schaufeln bewaffneten Soldaten, die sich längs der Böschung rechts und links aufgestellt hatten, aus dem Einschnitt heraus. Dann hielt er vor dem Schrankenwärterhaus, um die Reisenden aufzunehmen.

Flore stand draußen. Ozil und Cabuche traten zu ihr, blieben neben ihr, während Misard jetzt eifrig bemüht war und die Damen und Herren, die sein Haus verließen, grüßte und Silbermünzen einsammelte. Das war also endlich die Erlösung! Man hatte doch zu lange gewartet, all diese Menschen bibberten vor Kälte, vor Hunger und Erschöpfung. Die englische Dame führte ihre beiden halb schlafenden Töchter mit sich, der junge Mann aus Le Havre stieg in dasselbe Abteil wie die ganz entkräftete, hübsche brünette Frau und stellte sich dem Gatten zur Verfügung. Und man hätte meinen können, es handle sich im Matsch des zertrampelten Schnees um die Verladung einer in wilder Flucht befindlichen Truppe, die sich herumstieß, sich gehen ließ, der sogar der Reinlichkeitstrieb verlorengegangen war. Für einen Augenblick tauchte am Stubenfenster hinter den Scheiben Tante Phasie auf, die die Neugier von ihrer Matratze heruntergetrieben und die sich hergeschleppt hatte, um zuzusehen. Mit den großen, tiefliegenden Augen einer Kranken betrachtete sie diese unbekannte Menge, diese dahinwandernden Durchreisenden aus der vornehmen Welt, die sie niemals wiedersehen würde, die vom Sturm herangeweht und von ihm wieder fortgerissen wurden.

Séverine aber war als letzte hinausgegangen. Sie wandte den Kopf, sie lächelte Jacques zu, der sich herausbeugte, um ihr bis zu ihrem Wagen nachzublicken. Und Flore, die auf die beiden wartete, wurde bei diesem ruhigen Austausch ihrer zärtlichen Liebe abermals leichenblaß. Mit einer jähen Bewegung trat sie zu Ozil, den sie bislang ab-

gewiesen hatte, als verspüre sie jetzt in ihrem Haß das Bedürfnis nach einem Mann.

Der Oberzugführer gab das Abfahrtsignal, die Lison antwortete mit einem klagenden Pfiff, und diesmal fuhr Jacques an, um nur noch in Rouen zu halten. Es war sechs Uhr, die Nacht sank vollends vom schwarzen Himmel auf das weiße Land herab; aber in Höhe des Erdbodens hielt sich ein bleicher Widerschein von gräßlicher Schwermut, der die Trostlosigkeit dieser öden Gegend erhellte. Und dort in diesem trüben Schimmer erhob sich, verfallen und inmitten des Schnees ganz schwarz, schräg das Haus von La Croix-de-Maufras mit seinem an die verschlossene Vorderfront genagelten Schild: »Zu verkaufen.«

Kapitel 8

Erst um zehn Uhr vierzig abends lief der Zug in Paris ein. In Rouen waren zwanzig Minuten Aufenthalt gewesen, um den Reisenden Zeit zum Abendessen zu geben; und Séverine hatte sich beeilt, ihrem Mann eine Depesche zu schikken und ihm mitzuteilen, daß sie erst mit dem Schnellzug am nächsten Abend nach Le Havre zurückkehren würde. Eine ganze Nacht, um mit Jacques zusammen zu sein, die erste, die sie miteinander verbringen würden, in einem abgeschlossenen Zimmer, wo sie machen konnten, was sie wollten, ohne Furcht, dort gestört zu werden!
Als man gerade Mantes verlassen hatte, war Pecqueux eine Idee gekommen. Seit acht Tagen lag seine Frau, Mutter Victoire, im Krankenhaus, weil sie gefallen war und sich eine ernstliche Verstauchung des Fußes zugezogen hatte; und da er in der Stadt noch ein anderes Bett zum Schlafen habe, wie er grinsend sagte, finde er, er könne Frau Roubaud sein und seiner Frau Schlafzimmer anbieten: dort werde sie viel besser als in einem Hotel in der Nachbarschaft aufgehoben sein, sie könne bis morgen abend dort bleiben, als wäre sie zu Hause. Jacques war sich sogleich über die praktische Seite der Übereinkunft klargeworden, zumal er nicht wußte, wohin er die junge Frau bringen sollte.
Und als sie in der Bahnhofshalle inmitten der Woge der endlich landenden Reisenden an die Lokomotive herantrat, riet er ihr, das Angebot anzunehmen, und hielt

ihr den Schlüssel hin, den der Heizer ihm ausgehändigt hatte.

Aber sie zögerte, lehnte ab, weil das anzügliche Lächeln des Heizers, der sicherlich Bescheid wußte, sie in Verlegenheit brachte.

»Nein, nein, ich habe eine Kusine. Sie wird mir schon eine Matratze auf die Erde legen.«

»Nehmen Sie doch an«, sagte Pecqueux schließlich mit der Miene eines gutmütigen Saufbruders. »Das Bett ist weich, wirklich, und groß ist es, da könnte man zu viert drin schlafen!«

Jacques schaute sie so drängend an, daß sie den Schlüssel nahm. Er hatte sich zu ihr gebeugt, er hatte ihr ganz leise zugeflüstert:

»Warte auf mich.«

Séverine brauchte nur ein Stück die Rue d'Amsterdam hinaufzugehen und in die Impasse einzubiegen; aber der Schnee war so glitschig, daß sie sehr vorsichtig gehen mußte. Sie hatte das Glück, das Haus noch offen vorzufinden, sie ging die Treppe hinauf, ohne auch nur von der Concierge gesehen zu werden, die mit einer Nachbarin in eine Partie Domino vertieft war; und im vierten Stock öffnete sie die Tür, schloß sie so leise wieder, daß bestimmt kein Nachbar ihre Anwesenheit vermuten konnte. Doch als sie über den Treppenabsatz im dritten Stock ging, hatte sie bei den Dauvergnes ganz deutlich Gelächter und Singen gehört: zweifellos eine der kleinen Gesellschaften der beiden Schwestern, die einmal in der Woche so mit Freundinnen musizierten. Und jetzt, da Séverine die Tür hinter sich geschlossen hatte, nahm sie in der drückenden Finsternis des Raumes noch durch den Fußboden die lebhafte Fröhlichkeit all dieser Jugend wahr. Einen Augenblick hatte sie den Eindruck, als herrsche vollkommene Dunkelheit; und als die Kuckucksuhr inmitten der Schwärze tiefhallend, mit einer Stimme, die sie wiedererkannte, elf Uhr zu schlagen begann, zuckte sie zusammen. Dann gewöhnten sich ihre Augen an die Finsternis, und die beiden Fenster hoben sich in zwei bleichen Vierecken ab, die die Decke mit dem Widerschein des Schnees erhellten. Schon fand sie sich zurecht, suchte auf dem Büfett nach den Streichhölzern, in einer Ecke, wo sie sie ihrer Erinnerung nach gesehen hatte. Größere Mühe bereitete es ihr aber, eine Kerze zu finden; endlich entdeckte sie hinten in einer Schublade einen Stummel; und nachdem sie ihn angezündet hatte, erhellte sich der Raum, sie warf einen unruhigen und raschen Blick um sich, als wolle sie sehen, ob sie auch wirklich allein darin sei. Sie erkannte jeden Gegenstand wieder, den runden Tisch, an dem sie mit ihrem Mann zu Mittag gegessen hatte, das mit rotem Kattun überhängte Bett, auf dessen Rand er sie mit einem Faustschlag niedergestreckt hatte. Hier war es also gewesen, nichts war seit den zehn Monaten, die sie nicht hierher gekommen war, in dem Zimmer verändert worden.

Langsam nahm Séverine ihren Hut ab. Als sie aber auch den Mantel ablegen wollte, fröstelte sie. In diesem Zimmer erfror man ja schier. In einem kleinen Kasten neben dem Ofen lag Kohle und Kleinholz. Sogleich kam ihr, bevor sie sich weiter auszog, der Gedanke, Feuer zu machen; und das machte ihr Spaß, war eine Zerstreuung bei dem Unbehagen, das sie anfangs empfunden hatte. Diese häusliche Verrichtung für eine Liebesnacht, dieser Gedanke, daß sie es beide schön warm haben würden, bereitete ihr erneut innige Freude über ihren gemeinsamen Seitensprung: von einer solchen Nacht träumten sie schon so lange, ohne

Hoffnung, jemals dazu zu kommen! Als der Ofen bullerte, sann sie über weitere Vorbereitungen nach, stellte die Stühle nach ihrem Geschmack um, suchte frische Bettwäsche und bezog das Bett vollkommen neu, was ihr rechte Mühe bereitete, denn es war in der Tat sehr breit. Es verdroß sie, daß sie im Büfett nichts zu essen oder zu trinken fand: ohne Zweifel hatte Pecqueux in den drei Tagen, da er sein freier Herr war, alles bis auf die Krümel auf den Dielen weggeputzt. Genau wie beim Licht. Es war nur dieser Kerzenstummel da; aber wenn man sich schlafen legt, braucht man ja nicht deutlich sehen zu können. Und da ihr jetzt sehr warm war, blieb sie, munter geworden, in der Mitte des Raumes stehen, schaute sich um, um sich zu vergewissern, daß nichts fehlte.

Als sie sich dann wunderte, daß Jacques noch nicht da war, lockte sie ein Signalpfiff an eins der Fenster. Es war der Zug elf Uhr zwanzig, ein Eilzug nach Le Havre, der gerade abfuhr. Das weite Gelände unten, der vom Bahnhof bis zum Tunnel unter dem Boulevard des Batignolles reichende Einschnitt, war nur noch ein Schneeteppich, auf dem allein der Fächer der Schienen mit seinen schwarzen Stangen zu erkennen war. Die Lokomotiven, die Wagen auf den Abstellgleisen bildeten weiße, unter Hermelin gleichsam eingeschlafene Häuflein. Und zwischen den unbefleckten Verglasungen der großen Bahnhofshallen und dem gipürenbesetzten Gerippe der Pont de l'Europe waren gegenüber trotz der Nacht inmitten von all diesem Weiß schmutzig und gelblich trübe die Häuser der Rue de Rome zu sehen. Kriechend und düster tauchte der Eilzug nach Le Havre auf mit seinem Spitzensignal, das die Finsternis mit greller Flamme durchbohrte; und Séverine schaute zu, wie er unter der Brücke verschwand, während die drei Schluß-

lichter den Schnee mit Blut befleckten. Als sie sich zum Zimmer hin umdrehte, überlief sie wiederum ein kurzer Schauer: war sie wirklich ganz allein? Ihr war, als hätte sie einen glühenden Hauch gespürt, der ihr den Nacken erhitzte, soeben war über ihr Fleisch, durch ihre Kleidung hindurch das Streifen einer brutalen Hand geglitten. Erneut wanderten ihre weit aufgerissenen Augen rings im Raum umher. Nein, niemand.
Wo trödelte Jacques bloß herum, daß er sich so verspätete? Es vergingen abermals zehn Minuten. Ein leichtes Scharren, ein Geräusch an Holz kratzender Fingernägel beunruhigte sie. Dann begriff sie, sie lief öffnen.
Er war es, mit einer Flasche Malaga und einem Kuchen.
Sich schüttelnd vor Lachen, von dem Bedürfnis nach Liebkosung erfaßt, hing sie an seinem Hals.
»Oh, bist du aber lieb! Du hast daran gedacht!«
Aber rasch brachte er sie zum Schweigen.
»Pst! Pst!«
Da senkte sie die Stimme in der Meinung, die Concierge sei hinter ihm her.
Nein, er habe, als er gerade läuten wollte, das Glück gehabt, zu sehen, wie sich die Tür für eine Dame und ihre Tochter öffnete, die zweifellos von den Dauvergnes herunterkamen; und er habe heraufkommen können, ohne daß jemand etwas ahnte. Nur hier auf dem Treppenflur habe er gerade eine angelehnte Tür bemerkt, die Zeitungsverkäuferin, die in einer Schüssel kleine Wäsche wusch.
»Wir wollen keinen Lärm machen und ganz leise sprechen.«
Sie antwortete, indem sie ihn leidenschaftlich in die Arme schloß und ihm das Gesicht mit lautlosen Küssen bedeckte.

Es erheiterte sie, geheimnisvoll zu tun, nur noch ganz leise zu flüstern.
»Ja, ja, du wirst sehen: wir werden nicht lauter als zwei Mäuschen sein.«
Und unter allerlei Vorsichtsmaßregeln deckte sie den Tisch, zwei Teller, zwei Gläser, zwei Messer, hielt inne, sobald ein zu schnell hingelegter Gegenstand klapperte, und platzte beinahe los vor Lachen.
Er, der ihr, ebenfalls belustigt, bei ihrem Tun zusah, meinte mit gedämpfter Stimme:
»Ich habe mir gedacht, du würdest Hunger haben.«
»Aber ich komme ja bald um vor Hunger! Wir haben in Rouen so schlecht zu Abend gegessen!«
»Dann hör mal, wie wär's, wenn ich noch mal runterginge und ein Hühnchen holte?«
»Ach nein, damit du nicht wieder raufkommen kannst! – Nein, nein, Kuchen genügt ja.«
Sogleich setzten sie sich Schulter an Schulter fast auf denselben Stuhl, und unter verliebtem Herumalbern wurde der Kuchen geteilt, gegessen. Sie klagte über Durst, Zug um Zug trank sie zwei Glas Malaga, was ihr vollends das Blut in die Wangen trieb. Hinter beider Rücken glühte der Ofen, sie spürten seinen feurigen Schauer. Als er ihr aber allzu schallende Küsse auf den Nacken drückte, hielt sie ihn ihrerseits zurück.
»Pst! Pst!«
Sie gab ihm zu verstehen, er solle horchen; und in dem Schweigen hörten sie abermals dumpfe Geräusche und Tanzrhythmen von den Dauvergnes heraufdringen: die jungen Mädchen veranstalteten einen Tanzabend. Nebenan goß die Zeitungsverkäuferin das Seifenwasser aus ihrer Waschschüssel in den Ausguß auf dem Treppenflur.

Sie schloß ihre Tür wieder, der Tanz unten verstummte einen Augenblick, draußen unter dem Fenster war im dämpfenden Schnee nur noch ein dumpfes Rollen zu hören, die Abfahrt eines Zuges, der mit schwachen Pfiffen zu weinen schien.
»Ein Zug nach Auteuil«, raunte er. »Zehn Minuten vor Mitternacht.« Dann mit liebkosender Stimme, leicht wie ein Hauch: »In die Heia, Liebling, willst du?«
Sie antwortete nicht, denn im Fieber ihres Glückes hatte die Vergangenheit sie wieder gepackt, und gegen ihren Willen durchlebte sie wieder die Stunden, die sie hier mit ihrem Mann verlebt hatte. Fand nicht das Mittagessen von einst seine Fortsetzung mit diesem von demselben Tisch inmitten derselben Geräusche gegessenen Kuchen? Eine immer stärker werdende Erregung ging von den Dingen aus, die Erinnerungen überfluteten sie, noch nie hatte sie ein so brennendes Bedürfnis empfunden, ihrem Geliebten alles zu sagen, sich ganz auszuliefern. Sie verspürte gleichsam die körperliche Begierde danach, die sie von ihrer sinnlichen Begierde nicht mehr unterschied; und ihr war, als werde sie ihm noch mehr gehören, als werde sie dabei die Freude, sein zu sein, ausschöpfen, wenn sie in einer Umarmung an seinem Ohr beichtete. Die Geschehnisse wurden wachgerufen, ihr Mann war da, sie wandte den Kopf und bildete sich ein, sie habe soeben gesehen, wie seine kurze, behaarte Hand über ihre Schulter hinwegglitt, um das Messer zu packen.
»Willst du, Liebling? In die Heia!« wiederholte Jacques.
Sie schauderte, als sie die Lippen des jungen Mannes spürte, die die ihren schier zermalmten, als wolle er sie versiegeln, damit das Geständnis wiederum nicht herauskam. Und stumm erhob sie sich, entkleidete sich schnell,

schlüpfte unter die Decke, ohne auch nur ihre auf dem Fußboden herumliegenden Röcke aufzuheben. Auch er räumte nichts weg: der Tisch blieb mit dem heillosen Durcheinander des Gedecks zurück, während der Kerzenstummel mit bereits flackernder Flamme herunterbrannte. Und als er sich nun auch ausgezogen hinlegte, umschlangen sie sich, nahmen voneinander Besitz, daß ihnen beiden die Luft wegblieb und sie außer Atem kamen. Während die Musik unten weiterging, war in der toten Luft des Zimmers nicht ein Schrei, nicht ein Geräusch, nur ein stürmisches, heftiges Aufzucken, ein tiefes Verkrampfen, das an Ohnmacht grenzte.
Jacques erkannte in Séverine nicht mehr die Frau des ersten Stelldicheins wieder, die so sanft, so passiv gewesen, mit ihren feuchtklaren blauen Augen. Unter dem düsteren Helm ihres schwarzen Haars schien sie jeden Tag leidenschaftlicher geworden zu sein; und er hatte gefühlt, wie sie in seinen Armen allmählich aus dieser langen kalten Jungfräulichkeit erwachte, aus der sie weder Grandmorins greisenhafte Praktiken noch Roubauds eheliche Brutalität hatten reißen können. Das liebende Weib, das früher einfach gefügig gewesen, liebte jetzt und gab sich rückhaltlos hin und bewahrte eine brennende Dankbarkeit für die ihm bereitete Wonne. Es war zu einer ungestümen Leidenschaft bei ihr gekommen, zu einer Anbetung dieses Mannes, der ihr ihre Sinne offenbart hatte. Es war dieses große Glück, ihn endlich ungehindert für sich zu haben, ihn, gefesselt von ihren beiden Armen, an ihrer Brust zu halten, ihn, der ihr soeben die Zähne so zusammengepreßt hatte, daß ihr kein Seufzer entschlüpfen konnte.
Als sie wieder die Augen öffneten, staunte er zuerst.
»Sieh mal! Die Kerze ist ausgegangen.«

Sie machte eine leichte Bewegung, als wolle sie sagen, das schere sie ziemlich wenig. Dann meinte sie mit einem erstickten Lachen:
»Ich bin artig gewesen, was?«
»O ja, niemand hat was gehört ... Zwei richtige Mäuschen!«
Als sie sich wieder hingelegt hatten, nahm sie ihn sogleich wieder in die Arme, kuschelte sich an ihn, vergrub ihre Nase an seinem Hals. Und vor Behagen seufzend, sagte sie:
»Mein Gott, haben wir's gut!«
Sie sprachen nicht mehr. Das Zimmer war schwarz, kaum waren die bleichen Vierecke der beiden Fenster zu unterscheiden; und an der Decke war nur ein Lichtstrahl vom Ofen zu sehen, ein runder und blutiger Fleck. Beide betrachteten sie ihn mit weit geöffneten Augen. Der Musiklärm war verstummt, Türen klappten, das ganze Haus sank in den schweren Frieden des Schlafes. Unten erschütterte der aus Caen ankommende Zug die Drehscheiben, deren gedämpfte Stöße nur wie aus weiter Ferne heraufdrangen.
Aber wie Séverine Jacques so hielt, brannte sie bald von neuem. Und mit der Begierde erwachte in ihr wieder der Drang, alles zu gestehen. Seit so langen Wochen quälte es sie! Der runde Fleck an der Decke verbreitete sich, schien sich wie ein Blutfleck auszudehnen. Ihre Augen wurden beim Hinschauen von Sinnestäuschungen genarrt, die Dinge rings um das Bett hatten plötzlich Stimmen, erzählten laut die Geschichte. Sie fühlte, wie ihr mit der zuckenden Welle, die ihr Fleisch aufwühlte, die Worte dazu auf die Lippen stiegen. Wie gut würde es sein, nichts mehr zu verbergen, völlig in ihm aufzugehen!

»Du weißt ja nicht, Liebster ...«
Jacques, der den blutigen Fleck ebenfalls nicht aus den Augen ließ, begriff sehr wohl, was sie sagen wollte. In diesem fest an seinen Körper sich schmiegenden zarten Körper hatte er die aufsteigende Woge dieses Dunklen, Ungeheuerlichen verfolgt, an das sie beide dachten, ohne je darüber zu sprechen. Bisher hatte er sie zum Schweigen gebracht, weil er sich vor dem Schauer fürchtete, der seinem Übel von einst vorauszugehen pflegte, weil er davor zitterte, daß es beider Dasein verändern könnte, wenn sie beide über Blut redeten. Aber diesmal fehlte ihm die Kraft, auch nur den Kopf vorzubeugen und ihr den Mund mit einem Kuß zu verschließen, eine so köstliche Mattigkeit hatte ihn in diesem lauen Bett, in den schmiegsamen Armen dieser Frau befallen. Er glaubte, es sei so weit, sie werde alles sagen. So war er denn in seinem ängstlichen Warten auch erleichtert, als sie unsicher zu werden, zu zögern, dann zurückzuschrecken schien und sagte:
»Du weißt ja nicht, Liebster, mein Mann ahnt nämlich, daß ich mit dir schlafe.«
In letzter Sekunde kam ihr, ohne daß sie es gewollt hätte, statt des Geständnisses die Erinnerung an die vorige Nacht in Le Havre über die Lippen.
»Oh, meinst du?« flüsterte er ungläubig. »Er gibt sich ja so nett. Heute morgen hat er mir noch die Hand gegeben.«
»Ich versichere dir, er weiß alles. In diesem Augenblick muß er sich sagen, daß wir hier so, ineinandergepreßt, daliegen und uns lieben! Ich habe Beweise.« Sie schwieg, drückte ihn fester an sich in einer Umschlingung, in der das Glück des Besitzens durch den Groll auf ihren Mann sie noch schärfer durchdrang. Nach bebendem Sinnen sagte sie dann: »Oh, ich hasse ihn, ich hasse ihn!«

Jacques war überrascht. Er selbst war keineswegs böse auf Roubaud. Er fand ihn sehr bequem.
»Nanu, warum denn?« fragte er. »Er stört uns ja kaum.«
Sie antwortete gar nicht, sie wiederholte:
»Ich hasse ihn . . . Wenn ich ihn jetzt bloß neben mir spüre, ist es eine Qual. Ach, wenn ich könnte, wie gern würde ich davonlaufen, wie gern würde ich bei dir bleiben!«
Von dieser plötzlichen Anwandlung glühender Zärtlichkeit gerührt, zog er sie nun noch enger an sich, hatte sie von den Füßen bis zur Schulter dicht an seinem Fleisch, ganz ihm gehörig. So aneinander gepreßt aber, ohne die an seinen

Hals gehefteten Lippen zu lösen, sagte sie von neuem leise:
»Du weißt ja nicht, Liebster . . .«
Es war das Geständnis, das verhängnisvoll, unausweichlich wiederkehrte. Und diesmal wurde er sich dessen klar bewußt, nichts auf der Welt würde es aufhalten, denn es stieg aus der glühenden Begierde, wieder genommen und besessen zu werden, in ihr empor.
Im Hause war kein Hauch mehr zu hören, selbst die Zeitungsverkäuferin mußte fest schlafen. Im verschneiten Paris draußen hallte kein Wagenrollen, die Stadt hatte ihr Sterbegewand angelegt, war in Schweigen gehüllt; und der letzte Zug nach Le Havre, der null Uhr zwanzig abgefahren war, schien das vorher auf dem Bahnhof herrschende Leben mit sich fortgetragen zu haben. Der Ofen bullerte nicht mehr, das Feuer brannte vollends zur Glut herunter, belebte den roten Fleck an der Decke noch, der rund war dort oben wie ein entsetzt starrendes Auge. Es war so warm, daß drückender, atembeklemmender Nebel über dem Bett zu lasten schien, in dem beide vor Wonne vergingen und ihre Glieder ineinander verflochten.
»Liebster, du weißt ja nicht . . .«
Da sprach auch er, unaufhaltsam.
»Doch, doch, ich weiß.«
»Nein, du ahnst es vielleicht, aber du kannst es nicht wissen.«
»Ich weiß, er hat das wegen der Erbschaft getan.«
Sie machte eine Bewegung, ließ ein schwaches, unwillkürliches, nervöses Lachen hören.
»Ach ja, die Erbschaft!«
Und ganz leise, so leise, daß ein die Fensterscheiben streifendes Nachtinsekt lauter gesummt hätte, erzählte sie von

ihrer Kindheit bei Präsident Grandmorin, wollte lügen, ihre Beziehungen zu diesem nicht beichten, gab dann der Notwendigkeit zur Offenheit nach, fand Erleichterung, fast Freude darin, daß sie alles sagte. Von da an floß ihr leises Murmeln unversiegbar dahin.

»Denk dir, es war hier in diesem Zimmer, im vergangenen Februar, erinnerst du dich, als diese Geschichte mit dem Unterpräfekten vorgefallen war . . . Wir hatten sehr nett zu Mittag gegessen, so wie wir hier an diesem Tisch eben zu Abend gegessen haben. Natürlich wußte er nichts, ich hatte ihm die Geschichte ja nicht gleich erzählt . . . Und da hat es sich anläßlich eines Ringes, eines früheren Geschenkes, ohne jeden Anlaß, ich weiß nicht wie, ergeben, daß er alles begriffen hat . . . Ach, Liebster, nein, nein, du kannst dir nicht vorstellen, wie er mich behandelt hat!« Sie erschauerte, er spürte ihre Händchen, die sich auf seiner nackten Haut verkrampft hatten. »Mit einem Faustschlag hat er mich zu Boden gestreckt . . . Und dann hat er mich an den Haaren geschleift . . . Und dann hob er den Absatz über mein Gesicht, als wolle er es zermalmen . . . Nein, siehst du, solange ich lebe, werde ich daran denken . . . Die Schläge gingen ja noch, mein Gott! Aber wenn ich alle Fragen wiederholte, die er mir gestellt hat, schließlich das, was er mich ihm zu erzählen gezwungen hat! Du siehst, ich bin offen, da ich dir die Dinge ja gestehe, wo mich doch nichts zwingt, sie dir zu sagen, nicht wahr? Nun, ich werde es nie wagen, dir auch nur eine bloße Vorstellung von den schmutzigen Fragen zu geben, die ich beantworten mußte, denn sonst hätte er mich totgeschlagen, das ist sicher . . . Zweifellos liebte er mich, es muß ihm großen Kummer bereitet haben, als er das alles erfuhr; und ich gebe zu, daß ich anständiger gehandelt hätte, wenn ich ihn vor der Ehe darüber unterrichtet hätte. Allerdings muß man mich verstehen. Es war alles schon so lange her, längst vergessen. Nur ein richtiger Wilder kann sich ja vor Eifersucht so verrückt machen . . . Hör mal, du, Liebster, wirst du mich etwa nun nicht mehr lieben, weil du das jetzt weißt?«

Jacques hatte sich nicht gerührt, reglos lag er da und sann nach zwischen diesen Frauenarmen, die sich wie Schlingen lebender Nattern um seinen Hals, um seine Lenden zusammenzogen. Er war sehr überrascht, nie war ihm der Verdacht gekommen, daß so eine Geschichte dahinterstecken könnte. Wie verwickelt alles war, wo doch das Testament genügt hätte, das Geschehene so gut zu erklären! Im übrigen war es ihm so lieber, die Gewißheit, daß das Ehepaar nicht des Geldes wegen getötet hatte, erleichterte ihn von dieser Verachtung, die sein Bewußtsein zuweilen umnebelte, sogar unter Séverines Küssen.

»Ich dich nicht mehr lieben, warum? – Deine Vergangenheit ist mir egal. Das sind Sachen, die mich nichts angehen . . . Du bist Roubauds Frau, da kannst du doch auch die eines anderen gewesen sein.«

Es trat Schweigen ein. Beide umschlangen sich, daß ihnen die Luft wegblieb, und er spürte ihre runde, geschwellte und harte Brust an seiner Seite.

»Hm, du bist die Geliebte dieses Alten gewesen. Immerhin komisch.«

Aber sie kroch der Länge nach bis zu seinem Mund, stammelte in einem Kuß:

»Ich liebe doch nur dich, ich habe immer nur dich geliebt . . . Ach, die anderen, wenn du wüßtest! Bei ihnen, siehst du, habe ich ja nicht einmal erfahren, was das sein konnte; du dagegen, Liebster, du machst mich ja so glücklich!«

Sie entflammte ihn mit ihren Liebkosungen, bot sich an, wollte ihn haben, nahm ihn mit ihren verirrten Händen wieder. Und um nicht sogleich nachzugeben, mußte er, der ebenso brannte wie sie, sie mit beiden Armen zurückhalten.

»Nein, nein, warte, gleich... Und weiter, der Alte?«

Ganz leise gestand sie unter dem Erbeben ihres ganzen Ichs:

»Ja, wir haben ihn getötet.«

Der Schauer der Begierde verlor sich in einem neuen Todesschauer, der wieder in ihr emporgekommen war. Es war ein gleichsam auf dem Grunde jeglicher Wollust neu einsetzender Todeskampf. Einen Augenblick rang sie infolge eines nachlassenden Schwindelgefühls nach Luft. Dann sagte sie, die Nase erneut dicht am Hals ihres Geliebten, mit demselben leichten Hauch:

»Er hat mich gezwungen, an den Präsidenten zu schreiben, er solle zur gleichen Zeit wie wir mit dem Schnellzug abfahren und sich erst in Rouen blicken lassen... Ich, ich zitterte in meiner Ecke, außer mir bei dem Gedanken an das Unglück, dem wir entgegenfuhren. Und mir gegenüber saß im Abteil eine Frau in Schwarz, die nichts sagte und die mir große Angst einflößte. Ich konnte sie nicht einmal sehen, ich bildete mir ein, sie lese klar und deutlich in unseren Schädeln, sie wisse sehr genau, was wir vorhatten... So sind die beiden Stunden von Paris bis Rouen vergangen. Ich habe nicht ein Wort gesagt, ich habe mich nicht gerührt, schloß die Augen, um den Anschein zu erwecken, als schliefe ich. An meiner Seite spürte ich ihn, er war ebenfalls regungslos, und was mich entsetzte, das war die Tatsache, daß ich das Schreckliche kannte, was er in seinem Schädel wälzte, ohne daß ich genau erraten konnte, was er zu tun

beschlossen hatte . . . Ach, was für eine Fahrt, mit dieser wirbelnden Woge von Gedanken inmitten der Pfiffe, der Stöße und des Rumpelns der Räder!«
Jacques, der den Mund im dichten, duftigen Vlies ihres Haars hatte, küßte sie in regelmäßigen Abständen mit langen, ihm selber unbewußten Küssen.
»Aber wie habt ihr es angestellt, ihn zu töten, wo ihr doch nicht im selben Abteil gewesen seid?«
»Warte, du wirst gleich verstehen . . . Das war der Plan meines Mannes. Wenn er gelungen ist, dann hat es allerdings der Zufall so gewollt . . . In Rouen gab es zehn Minuten Aufenthalt. Wir sind ausgestiegen, er hat mich gezwungen, bis zum Halbabteil des Präsidenten zu gehen, wobei wir uns wie Leute benahmen, die sich die Beine vertreten. Und dort hat er sich überrascht gestellt, wie er ihn an der Tür sah, als hätte er nicht gewußt, daß er im Zug war. Auf dem Bahnsteig drängelte man sich herum, eine Woge von Menschen stürmte die Abteile zweiter Klasse wegen eines Festes, das am nächsten Tage in Le Havre stattfand. Als man die Türen wieder zu schließen begann, hat uns der Präsident selber gebeten, bei ihm einzusteigen. Ich, ich habe gestottert, ich habe von unserem Koffer gesprochen; aber er erhob laut Einspruch, er sagte, er werde bestimmt nicht gestohlen werden, wir könnten ja in Barentin in unser Abteil zurückkehren, da er dort doch aussteige. Einen Augenblick schien mein Mann besorgt loslaufen zu wollen, um den Koffer zu holen. In dieser Minute pfiff der Schaffner, und mein Mann entschloß sich, stieß mich in das Halbabteil, stieg ein, schloß die Tür und das Fenster hinter sich. Wieso sind wir nicht gesehen worden? Das kann ich mir immer noch nicht erklären. Es liefen viele Leute umher, die Angestellten verloren den Kopf, kurzum, es hat sich nicht

ein Zeuge gefunden, der etwas Genaues gesehen hat. Und langsam fuhr der Zug aus dem Bahnhof.« Sie schwieg ein paar Sekunden, durchlebte die Szene noch einmal. Ohne daß sie sich bei der Willenlosigkeit ihrer Glieder dessen bewußt wurde, bewegte ein Zucken ihren linken Schenkel hin und her, rieb ihn mit einer rhythmischen Bewegung gegen ein Knie des jungen Mannes. »Ach, der erste Augenblick in diesem Halbabteil, als ich spürte, wie der Erdboden dahinfloh! Ich war wie betäubt, zuerst habe ich nur an unseren Koffer gedacht: wie sollten wir ihn wiederbekommen? Und würde er uns nicht verraten, wenn wir ihn dort hinten ließen? Das alles kam mir stupide vor, unmöglich, ein von einem Kind im Alptraum geträumter Mord, den nur ein Verrückter ausführen konnte. Gleich am nächsten Tage würden wir festgenommen, überführt werden. Daher versuchte ich mich auch zu beruhigen, ich sagte mir, mein Mann würde zurückschrecken, dies könnte nicht, dies durfte nicht sein. Aber nein, wenn ich ihn nur mit dem Präsidenten plaudern sah, begriff ich, daß sein wilder Entschluß unverrückbar war. Dennoch blieb er ruhig, er sprach sogar aufgeräumt, mit seiner gewöhnlichen Miene; und allein in seinem klaren Blick, der zeitweilig auf mich geheftet war, mußte ich die Verbissenheit seines Willens lesen. Er würde ihn töten, nach einem oder vielleicht zwei weiteren Kilometern, genau an dem Punkt, den er bestimmt hatte und den ich nicht kannte: dies war sicher, dies offenbarte sich sogar in den ruhigen Blicken, mit denen er den anderen umfing, den, der bald nicht mehr sein würde. Ich sagte nichts, innerlich zitterte ich heftig, ich suchte es zu verbergen, ich setzte ein Lächeln auf, sobald man mich anblickte. Warum bin ich damals nicht einmal auf den Gedanken gekommen, das alles zu verhindern? Erst später, als ich be-

greifen wollte, habe ich mich gewundert, daß ich nicht zur Tür hinausschrie oder daß ich nicht die Notbremse zog. In jenem Augenblick war ich wie gelähmt, ich fühlte mich unfähig, auch nur das Geringste zu tun. Ohne Zweifel schien mir mein Mann im Recht zu sein; und da ich dir nun mal alles sage, Liebster, muß ich wohl auch das beichten: gegen meinen Willen war ich mit meinem ganzen Ich mit ihm gegen den anderen, weil mich die beiden gehabt hatten, nicht wahr, und weil er jung war, während der andere, oh, die Liebkosungen des anderen ... Kurzum, was weiß man schon? Man tut Dinge, von denen man nie glauben würde, man könnte sie tun. Wenn ich bedenke, daß ich mich nicht trauen würde, ein Hühnchen zu schlachten! Ach, dieses Empfinden wie in einer Sturmesnacht, ach, diese entsetzliche Finsternis, die tief in mir tobte!«
Und jetzt fand Jacques dieses zerbrechliche, in seinen Armen so schmächtige Geschöpf undurchschaubar, unergründlich, von jener schwarzen Tiefe, von der sie sprach. Er mochte sie noch fester an sich ketten, er drang nicht in sie ein. Bei diesem in beider Umschlingung gestammelten Mordbericht packte ihn Fieber.
»Sag mir, hast du ihm denn geholfen, den Alten zu töten?«
»Ich saß in einer Ecke«, fuhr sie fort, ohne zu antworten. »Vom Präsidenten, der den anderen Eckplatz einnahm, war ich durch meinen Mann getrennt. Sie plauderten miteinander über die bevorstehenden Wahlen ... Dann und wann sah ich, wie mein Mann sich vorbeugte, einen Blick hinauswarf, um sich, gleichsam von Ungeduld erfaßt, zu vergewissern, wo wir waren ... Ich folgte seinem Blick jedesmal, ich wollte ebenfalls sehen, welche Strecke wir zurückgelegt hatten. Die Nacht war fahl, grimmig huschten

die schwarzen Massen der Bäume vorüber. Und immerzu dieses Grollen der Räder, das ich ähnlich nie gehört habe, ein scheußlicher Aufruhr wütender und ächzender Stimmen, ein schauerliches Jaulen mörderlich heulender Tiere! Mit voller Geschwindigkeit eilte der Zug dahin ... Jäh tauchten Lichter auf, gab es ein zwischen den Gebäuden eines Bahnhofs zurückgeworfenes Echo des Zuges. Wir waren in Maromme, schon zweieinhalb Meilen hinter Rouen. Noch Malaunay, und dann Barentin. Wo sollte es denn geschehen? Mußte man bis auf die letzte Minute warten? Ich war mir der Zeit und der Entfernungen nicht mehr bewußt, wie ein fallender Stein überließ ich mich diesem betäubenden Sturz mitten durch die Finsternis, da begriff ich bei der Durchfahrt durch Malaunay mit einem Schlag: es würde im Tunnel, einen Kilometer von hier entfernt, geschehen ... Ich wandte mich zu meinem Mann, unsere Augen trafen sich: ja, im Tunnel, noch zwei Minuten ... Der Zug eilte dahin, die Abzweigung nach Dieppe wurde passiert, ich erblickte den Weichenwärter auf seinem Posten. Dort sind Hügel, auf denen ich deutlich Männer mit emporgereckten Armen zu sehen glaubte, die uns mit Schimpfwörtern überhäuften. Dann pfiff die Lokomotive lange: die Tunneleinfahrt war da ... Und als der Zug wie in einen Abgrund dort hineinstürzte, oh, welch ein Dröhnen unter diesem niedrigen Gewölbe, weißt du, jener Lärm von klirrendem Eisen, der schwungvollen Hammerschlägen auf den Amboß gleicht und der sich für mich in dieser Sekunde der Kopflosigkeit in Donnerrollen verwandelte.« Sie schlotterte, sie hielt inne, um mit veränderter, fast lachender Stimme zu sagen: »Ist das dumm, was, Liebster, daß einem das noch immer kalt in den Knochen steckt. Dabei ist mir hier bei dir so schön warm, und ich bin so froh! – Und außerdem, weißt du, ist ja überhaupt nichts mehr zu befürchten: der Fall ist ad acta gelegt, ganz abgesehen davon, daß die hohen Tiere in der Regierung noch weniger Lust haben als wir, das alles ans Tageslicht zu bringen . . . Oh, ich habe das sehr wohl begriffen, ich bin ganz unbesorgt.« Richtig lachend, setzte sie dann hinzu: »Meine Güte, du, du kannst dich ja rühmen, uns eine schöne Angst eingejagt zu haben! – Und sag doch mal, das hat mich immerzu gequält: was hattest du genau gesehen?«

»Na, was ich beim Untersuchungsrichter gesagt habe, weiter nichts: einen Mann, der einem anderen in die Kehle stach . . . Ihr wart so komisch zu mir, daß ich schließlich doch etwas zu ahnen begann. Einen Augenblick hatte ich sogar deinen Mann wiedererkannt . . . Doch absolut sicher bin ich erst später gewesen . . .«

Sie unterbrach ihn fröhlich.

»Ja, auf dem Square, an dem Tag, wo ich nein zu dir gesagt habe, erinnerst du dich? Als wir zum erstenmal allein in Paris gewesen sind . . . Merkwürdig! Ich sagte zu dir, wir seien es nicht gewesen, und ich wußte einwandfrei, daß du das Gegenteil annahmst. Nicht wahr, es war, als hätte ich dir alles erzählt? – Oh, Liebster, daran habe ich oft gedacht, und siehst du, ich glaube wirklich, seit jenem Tag liebe ich dich.«

Plötzliche Erregung packte sie beide, sie preßten sich aneinander, daß sie zu verschmelzen schienen.

Und sie fuhr fort:

»Der Zug raste durch den Tunnel . . . Und der Tunnel ist sehr lang. Das dauert drei Minuten. Ich habe wirklich geglaubt, wir wären schon eine Stunde im Tunnel gefahren . . . Wegen des betäubenden Lärms von scheppperndem Eisenzeug redete der Präsident nicht mehr. Und in diesem letzten Augenblick mußte meinen Mann eine Schwäche überkommen, denn noch immer rührte er sich nicht. Im hin und her tanzenden Licht der Lampe sah ich nur, wie seine Ohren sich violett färbten . . . Wollte er denn warten, bis er wieder draußen auf dem flachen Land war? Von da an war die Sache für mich so schicksalhaft, so unausweichlich, daß ich nur einen Wunsch hatte: nicht mehr so sehr unter dem Warten leiden zu müssen, es los zu sein. Warum brachte er ihn denn nicht um, wo es nun einmal nicht anders ging? Ich hätte das Messer ergreifen mögen, um der Sache ein Ende zu machen, so außer mir war ich vor Angst und Leiden . . . Er blickte mich an. Zweifellos stand es mir auf dem Gesicht geschrieben. Und auf einmal stürzte er los, packte den Präsidenten, der sich der Tür zugewandt hatte, bei den Schultern. Bestürzt befreite sich dieser mit einem instinktiven Ruck, streckte den Arm nach der genau über seinem Kopf befindlichen Notbremse aus. Er berührte sie, wurde von dem anderen wieder gepackt und mit einem so heftigen Stoß auf die Bank niedergestreckt, daß er wie zusammengeklappt dort dalag. Sein vor Betroffenheit und Entsetzen offenstehender Mund stieß undeutliche Schreie aus, die von dem Höllenlärm erstickt wurden, während ich deutlich hörte, wie mein Mann mit zischender wütender Stimme immer wieder das Wort: ›Schwein! Schwein! Schwein!‹ schrie. Aber der Krach ebbte ab, der Zug verließ den Tunnel, wieder tauchte das fahle Land mit den vorüberhuschenden schwarzen Bäumen auf . . . Ich war erstarrt in meiner Ecke geblieben, gegen den Stoff der Rückenlehne gepreßt, so weit ab wie möglich. Wie lange dauerte der Kampf? Kaum ein paar Sekunden. Und mir war, als nähme er kein Ende mehr, als horchten alle Reisenden jetzt auf die Schreie, als sähen uns die Bäume. Mein

Mann, der sein Messer aufgeklappt hielt, konnte nicht zustoßen, weil er von Fußtritten zurückgedrängt wurde und auf dem unsteten Fußboden des Wagens stolperte. Beinahe wäre er auf die Knie gefallen, und der Zug eilte dahin, trug uns mit voller Geschwindigkeit fort, während die Lokomotive beim Herannahen des Bahnübergangs von La Croix-de-Maufras pfiff ... Da habe ich mich, ohne daß ich mich danach erinnern konnte, wie es vor sich ging, auf die Beine des sich wehrenden Mannes geworfen. Ja, wie ein Bündel habe ich mich fallen lassen, wuchtete ihm die Beine mit meinem ganzen Gewicht nieder, damit er sie nicht mehr bewegen konnte. Und ich habe nichts gesehen, aber alles gefühlt: den Stoß des Messers in die Kehle, das lange Zukken des Körpers, den Tod, der in drei ruckartigen Atemstößen gekommen ist, so wie eine Wanduhr abrollt, die man kaputtgemacht hat ... Oh, dieses Zucken im Todeskampf, das mir noch in den Gliedern steckt!«

Begierig wollte Jacques sie unterbrechen, um sie auszufragen.

Aber jetzt hatte Séverine es sehr eilig, zu Ende zu kommen.

»Nein, warte ... Als ich mich wieder aufrichtete, fuhren wir mit Volldampf an La Croix-de-Maufras vorbei. Deutlich habe ich die verschlossene Vorderfront des Hauses gesehen, dann den Schrankenwärterposten. Noch vier Kilometer, höchstens fünf Minuten, bis wir in Barentin waren ... Die Leiche lag gekrümmt auf der Bank, das Blut rann zu einer dickflüssigen Lache herab. Und stumpfsinnig stand mein Mann da, vom Rütteln des Zuges hin und her geschaukelt, und sah zu, und wischte das Messer mit seinem Taschentuch ab. Das hat eine Minute gedauert, ohne daß einer von uns beiden etwas zu unserer Rettung tat ...

Wenn wir diese Leiche bei uns behielten, wenn wir hier blieben, würde beim Aufenthalt in Barentin vielleicht alles entdeckt werden . . . Aber er hatte das Messer wieder in die Tasche gesteckt, er schien zu erwachen. Ich habe gesehen, wie er die Leiche durchsuchte, die Uhr, das Geld, alles, was er fand, an sich nahm; und nachdem er die Tür geöffnet hatte, versuchte er die Leiche hinauszuschieben, aber aus Furcht, sich mit Blut zu besudeln, packte er sie nicht richtig an. ›Hilf mir doch! Schieb mit!‹ Ich versuchte es nicht einmal, ich hatte kein Gefühl mehr in den Gliedern. ›Gottverdammt! Willst du wohl mitschieben!‹ Der zuerst hinausgerutschte Kopf hing bis aufs Trittbrett herab, während der kugelförmig zusammengerollte Rumpf nicht weiterwollte. Und der Zug eilte dahin . . . Endlich kippte der Leichnam bei einem stärkeren Stoß über, verschwand im Grollen der Räder. ›Ach, dieses Schwein, das wäre erledigt!‹ Dann hob er die Decke auf, warf sie ebenfalls hinaus. Nur wir beide waren noch da und standen hier herum vor der Blutlache auf der Bank, auf die wir uns nicht zu setzen wagten . . . Weit offenstehend klappte die Tür noch immer, und ich war wie ausgelöscht, hatte völlig den Kopf verloren und begriff zunächst nicht, als ich sah, wie mein Mann hinauskletterte und dann ebenfalls verschwand. Er kam wieder zurück. ›Los, schnell, komm hinterher, wenn du nicht willst, daß man uns einen Kopf kürzer macht!‹ Ich rührte mich nicht, er wurde ungeduldig. ›Komm doch, gottverdammt! Unser Abteil ist leer, wir gehen dahin zurück.‹ Leer, unser Abteil, war er denn dort hingegangen? Die Frau in Schwarz, die nicht gesprochen hatte, die nicht zu sehen war, war es denn ganz sicher, daß sie nicht in einer Ecke sitzen geblieben war? – ›Willst du wohl kommen, sonst schmeiße ich dich auf die Gleise wie den anderen!‹ Er war wieder eingestiegen,

er stieß mich, brutal, wie irre. Und ich stand draußen auf dem Trittbrett, beide Hände an der Kupferstange festgeklammert. Er, der hinter mir ausgestiegen war, hatte die Tür sorgfältig wieder geschlossen. ›Los doch, los doch!‹ Aber ich traute mich nicht, weil ich im Taumel der Fahrt mitgerissen wurde, weil der mit Sturmesstärke wehende Wind mich peitschte. Mein Haar löste sich, ich glaubte, meine erstarrten Finger würden gleich die Stange loslassen. ›Los doch, gottverdammt!‹ Er stieß mich immerzu, ich mußte gehen, hangelte mich weiter, preßte mich eng an die Wagen, inmitten des Wirbels meiner Röcke, die mir klatschend die Beine fesselten. Schon erblickte man in der Ferne nach einer Kurve die Lichter des Bahnhofs Barentin. Die Lokomotive begann Signal zu geben. ›Los doch, gottverdammt!‹ Oh, dieser Höllenlärm, diese heftigen Erschütterungen, bei denen ich weiter mußte! Mir war zumute, als entlade sich ein Gewitter auf mich, als wälze es mich wie einen Strohhalm, um mich dort hinten an einer Mauer zu zerschmettern. Hinter meinem Rücken floh das Land dahin, die Bäume folgten mir in tollem Galopp, drehten sich krumm um sich selbst, stießen beim Vorbeifahren jeder einen kurzen Klagelaut aus. Als ich am äußersten Ende des Wagens einen großen Schritt machen mußte, um das Trittbrett des nächsten Wagens zu erreichen und die andere Stange zu packen, blieb ich stehen, denn mit meinem Mut war es aus. Niemals würde ich die Kraft dazu haben. ›Los doch, gottverdammt!‹ Er war dicht hinter mir, er stieß mich, und ich schloß die Augen, und ich weiß nicht, wie ich weiterging, allein durch die Macht des Instinktes, wie ein Tier, das die Krallen eingegraben hat und nicht fallen will. Wieso sind wir auch nicht gesehen worden? Wir sind an drei Wagen vorbeigekommen, von denen einer, ein Zweiter-Klasse-Wagen, völlig überfüllt war. Ich erinnere mich an die hintereinander aufgereihten Köpfe im Schein der Lampe; ich glaube, ich würde sie wiedererkennen, wenn ich ihnen eines Tages begegnete: ein dicker Mann mit rotem Backenbart, besonders zwei junge Mädchen, die sich lachend vorbeugten. ›Los doch, gottverdammt! Los doch, gottverdammt!‹ Und ich weiß nichts mehr, die Lichter von

Barentin kamen näher, die Lokomotive pfiff, meine letzte Empfindung war, daß ich gezogen, fortgeschleppt, an den Haaren mitgeschleift wurde. Mein Mann mußte mich gepackt, über meine Schultern hinweg die Tür geöffnet, mich ins Innere des Abteils geworfen haben. Keuchend saß ich halb ohnmächtig in einer Ecke, da hielten wir; und ich habe, ohne eine Bewegung zu machen, gehört, wie er einige Worte mit dem Stationsvorsteher von Barentin wechselte. Nachdem der Zug dann wieder abgefahren war, ist er, selber auch ganz erschöpft, auf die Bank gesunken. Bis Le Havre haben wir den Mund nicht wieder aufgemacht . . .
Oh, ich hasse ihn, ich hasse ihn, siehst du, wegen all dieser Scheußlichkeiten, die er mich hat erleiden lassen! Und dich, dich liebe ich, Liebster, dich, der du mir so viel Glück schenkst!«
Nach dem glutvollen Aufsteigen aus diesem langen Bericht war dieser Schrei bei Séverine gleichsam das eigentliche Erblühen ihres Freudeverlangens im Greuel ihrer Erinnerungen.
Aber Jacques, den sie aufgewühlt hatte und der wie sie brannte, hielt sie noch zurück.
»Nein, nein, warte . . . Und du lagst flach auf seinen Beinen, und du hast gefühlt, wie er starb?« Wieder erwachte das Unbekannte in ihm, eine wilde Welle stieg aus den Eingeweiden empor, überflutete den Kopf mit einer roten Vision. Von neuem hatte ihn die Neugier am Mord gepackt.
»Und dann, das Messer, hast du gespürt, wie das Messer eindrang?«
»Ja, ein dumpfer Schlag.«
»Aha, ein dumpfer Schlag . . . Kein Zerreißen, bist du sicher?«
»Nein, nein, nur ein Stoß.«

»Und darauf hat ihn eine Zuckung geschüttelt, hm?«
»Ja, drei Zuckungen, oh, durch den ganzen Körper, von oben bis unten, daß ich sie bis in die Füße hinein gefühlt habe.«
»Zuckungen, die ihn hochstemmten, nicht wahr?«
»Ja, die erste war sehr stark, die anderen beiden schwächer.«
»Und er ist gestorben, und was hast du denn nun dabei empfunden, als du fühltest, wie er so an einem Messerstich starb?«
»Ich, oh, ich weiß nicht.«
»Du weißt nicht, warum lügst du? Sag mir, sag mir, was du dabei empfunden hast, ganz offen . . . Schmerz?«
»Nein, nein, Schmerz nicht!«
»Lust?«
»Lust, o nein, Lust nicht!«
»Was denn, Liebes? Ich bitte dich, sag mir alles . . . Wenn du wüßtest . . . Sag mir, was man dabei empfindet.«
»Mein Gott, läßt sich das denn sagen? – Es ist scheußlich, es reißt einen fort, oh, so weit weg, so weit weg! In jener Minute habe ich mehr durchlebt als in meinem ganzen vorausgegangenen Leben.«
Mit zusammengebissenen Zähnen, nur noch zu stammeln fähig, nahm Jacques sie dieses Mal; und auch Séverine nahm ihn. Sie besaßen einander, fanden auf dem Grunde des Todes die Liebe wieder, in derselben schmerzhaften Wollust wie die Tiere, die einander während der Brunst den Bauch aufschlitzen. Allein ihr heiseres Atmen war zu hören. Der blutige Widerschein an der Decke war verschwunden; und da der Ofen ausgegangen war, begann das Zimmer bei der starken Kälte draußen eisig zu werden. Aus dem mit Schneewatte zugedeckten Paris drang kein

Laut herauf. Einen Augenblick war aus der Wohnung der Zeitungsverkäuferin nebenan Schnarchen herübergedrungen. Dann war alles in den schwarzen Abgrund des eingeschlafenen Hauses gestürzt.

Jacques, der Séverine in den Armen behalten hatte, fühlte gleich darauf, wie sie, gleichsam zu Boden geschmettert, von unbezwinglichem Schlaf übermannt wurde. Die Fahrt, das in die Länge gezogene Warten bei den Misards, diese Fiebernacht, das alles war zu viel für sie. Sie lallte ein kindliches gute Nacht, schon schlief sie, mit gleichmäßigem Atem. Soeben hatte die Kuckucksuhr drei geschlagen.

Und fast noch eine Stunde lang behielt Jacques sie auf seinem linken Arm, der nach und nach einschlief. Er selber vermochte die Augen nicht zuzumachen, die eine unsichtbare Hand in der Finsternis hartnäckig immer wieder zu öffnen schien. Jetzt unterschied er nichts mehr in dem von Nacht ertränkten Zimmer, in dem alles versunken war, der Ofen, die Möbel, die Wände; und er mußte sich umdrehen, um die beiden bleichen Vierecke der Fenster wiederzufinden, die reglos und traumhaft schwerelos waren. Trotz seiner erdrückenden Müdigkeit hielt ihn eine verwunderliche Hirntätigkeit in bebendem Wachsein, haspelte unaufhörlich dieselbe Gedankensträhne ab. Jedesmal, wenn er durch eine Willensanspannung in den Schlaf hinüberzugleiten glaubte, setzte wieder derselbe Spuk ein, zogen dieselben Bilder vorüber, die dieselben Empfindungen weckten. Und was so mit mechanischer Regelmäßigkeit abrollte, während sich seine starren und weitgeöffneten Augen mit Schatten füllten, das war Zug um Zug der Mord. Immer wieder erstand er neu, genau in allen Einzelheiten, griff auf alles über, brachte ihn um den Verstand. Mit dumpfem Stoß drang das Messer in die Kehle, drei lange Zuckungen überliefen den Körper, das Leben entfloh in einer Woge lauwarmen Blutes, einer roten Woge, die ihm, wie er zu spüren glaubte, über die Hände rann. Zwanzigmal, dreißigmal drang das Messer ein, zuckte der Körper. Das alles nahm ungeheure Ausmaße an, erstickte ihn, quoll über, sprengte die Nacht. Oh, so einen Messerstich zu führen, diese ferne Begierde zu befriedigen, zu wissen, was man empfindet, diese Minute auszukosten, in der man mehr durchlebt als in einem ganzen Dasein!

Da seine Atembeklemmung zunahm, dachte Jacques, es hindere ihn allein Séverines Last auf seinem Arm am Schlafen. Behutsam machte er sich frei, legte sie neben sich nieder, ohne sie zu wecken. Zunächst fühlte er sich erleichtert und atmete unbeschwerter in der Meinung, nun werde endlich der Schlaf kommen. Aber trotz seines Bemühens öffneten die unsichtbaren Finger ihm wieder die Lider; und in der Schwärze tauchte in blutigen Umrissen wieder der Mord empor, das Messer drang ein, der Körper zuckte. Ein roter Regen machte die Finsternis streifig, die Wunde an der Kehle klaffte maßlos, wie mit der Axt gehauen. Da kämpfte er nicht mehr, blieb, dieser hartnäckigen Vision ausgeliefert, auf dem Rücken liegen. In sich hörte er das verzehnfachte mühsame Arbeiten des Gehirns, ein Sausen der ganzen Maschine. Es kam aus weiter Ferne, aus seiner Jugend her. Dabei hatte er sich geheilt geglaubt, denn mit dem Besitzen dieser Frau war dieses Verlangen seit Monaten in ihm erstorben; und nun hatte er es beim Heraufbeschwören dieses Mordes, den Séverine ihm, an sein Fleisch gepreßt, an seine Glieder gefesselt, vorhin zugeflüstert hatte, so heftig gespürt wie nie. Er war abgerückt, er vermied ihre Berührung, denn der geringste Kontakt mit ihrer Haut verbrannte ihn. An seinem Rückgrat entlang stieg eine unerträgliche Hitze empor, als hätte sich die Matratze unter seinem Kreuz in Kohlenglut verwandelt. Ein Prikkeln, feurige Spitzen bohrten sich ihm in den Nacken. Einen Augenblick versuchte er die Hände unter der Decke hervorzuziehen; aber sogleich wurden sie eisig, jagten ihm einen Schauer ein. Angst vor seinen Händen ergriff ihn, und er steckte sie wieder zurück, faltete sie erst auf dem Bauch, ließ sie schließlich herabgleiten und drückte sie unter dem Hintern platt, hielt sie dort gefangen, als fürchtete er, sie könnten irgend etwas Gräßliches vollbringen, eine Tat, die er nicht wollte und die er trotzdem begehen würde.

Jedesmal wenn die Kuckucksuhr schlug, zählte Jacques die Schläge. Vier Uhr, fünf Uhr, sechs Uhr. Er sehnte den Tag herbei, er hoffte, die Morgendämmerung werde diesen Alpdruck verjagen. Daher drehte er sich jetzt auch dem Fenster zu und spähte nach den Scheiben. Dort aber war noch immer nur der unbestimmte Widerschein des Schnees zu sehen. Um drei Viertel fünf hatte er, mit nur vierzig Minuten Verspätung, den Eilzug aus Le Havre ankommen hören, was bewies, daß der Verkehr wieder in Gang gekommen war. Und erst nach sieben Uhr sah er die Scheiben licht werden, eine milchige, sehr langsam einsetzende Blässe. Endlich erhellte sich das Zimmer mit jenem verschwommenen Licht, in dem die Möbel zu schweben schienen. Der Ofen kam wieder zum Vorschein, der Schrank, das Büfett. Noch immer vermochte er die Lider nicht zu schließen, seine Augen wurden im Gegenteil gereizt in dem Drang zu sehen. Gleich darauf hatte er, bevor es hell genug wurde, auf dem Tisch das Messer, das er am Abend zum Kuchenschneiden benutzt hatte, mehr erahnt als wahrgenommen. Er sah nur noch dieses Messer, ein kleines spitzes

Messer. Der zunehmende Tag, das ganze weiße Licht der beiden Fenster drang jetzt nur herein, um sich in dieser dünnen Klinge widerzuspiegeln. Und das Grauen vor seinen Händen ließ ihn diese noch tiefer unter seinem Körper vergraben, denn er spürte wohl, wie sie sich voller Aufruhr, stärker als sein Wille, hin und her bewegten. Sollten sie ihm etwa nicht länger gehören? Hände, die von einem anderen stammen mußten, von irgendeinem Vorfahren zu der Zeit vererbte Hände, da der Mensch noch in den Wäldern die Tiere erwürgte!
Um das Messer nicht mehr zu sehen, drehte sich Jacques zu Séverine um. Sie schlief ganz ruhig und atmete in ihrer großen Müdigkeit wie ein Kind. Ihr schweres, gelöstes schwarzes Haar bereitete ihr ein düsteres, bis zu den Schultern herabfließendes Kopfkissen; und unter dem Kinn zwischen den Locken gewahrte man ihre milchzarte, blaßrosige Kehle. Er betrachtete sie, als kenne er sie gar nicht. Dabei betete er sie doch an, überall trug er ihr Bild mit sich, in einer Begierde nach ihr, die ihn, selbst wenn er seine Lokomotive führte, oft so sehr ängstigte, daß er eines Tages in dem Augenblick, da er trotz der Signale eine Station mit Volldampf durchfuhr, wie aus einem Traum erwacht war. Aber der Anblick dieser weißen Kehle nahm ihn mit plötzlicher, unerbittlicher Faszination völlig gefangen; und mit noch bewußtem Grauen fühlte er, wie das gebieterische Bedürfnis in ihm anwuchs, das Messer vom Tisch zu holen, zurückzukommen und es bis ans Heft in dieses Frauenfleisch zu stoßen. Er vernahm den dumpfen Stoß der eindringenden Klinge, er sah, wie sich der Körper dreimal aufbäumte, wie der Tod ihn dann unter einer roten Woge steif werden ließ. Er rang mit sich, wollte sich losreißen von diesem Spuk, und verlor doch in jeder Sekunde etwas von sei-

ner Willenskraft, gleichsam überflutet von der fixen Idee, an jenem äußersten Rand angelangt, wo man besiegt dem Drängen des Instinktes nachgibt. Alles trübte sich, seine in Aufruhr befindlichen Hände siegten über sein Bemühen, sie zu verbergen, und lösten sich, brachen aus. Und daß er von nun an nicht mehr Herr über sie war und sie sich brutal Befriedigung verschaffen würden, wenn er Séverine weiter anblickte, begriff er so gut, daß er seine letzten Kräfte aufbot, um sich aus dem Bett zu stürzen, sich wie ein Betrunkener auf der Erde wälzend. Dort raffte er sich wieder auf, wäre beinahe abermals gefallen, als er sich mit den Füßen in den auf dem Boden liegengebliebenen Röcken verheddderte. Er taumelte, suchte mit verirrter Handbewegung nach seinen Kleidern, in dem einzigen Gedanken, sich schnell anzuziehen, das Messer zu nehmen und hinunterzugehen, um eine andere Frau auf der Straße zu töten. Diesmal quälte ihn seine Begierde zu sehr, er mußte eine töten. Er fand seine Hose nicht mehr, faßte sie dreimal nacheinander an, bevor er wußte, daß er sie in der Hand hatte. Das Anziehen der Schuhe bereitete ihm unendliche Mühe. Obgleich jetzt heller Tag war, schien ihm das Zimmer mit rotgelbem Dunst angefüllt, mit einer Dämmerung voll eisigen Nebels, darin alles ertrank. Er schlotterte vor Fieber, und endlich war er angekleidet, er hatte das Messer genommen und verbarg es im Ärmel, war gewiß, eine zu töten, die erste, der er auf dem Bürgersteig begegnen würde, da hielt ihn ein Rascheln von Wäsche, ein langgezogener Seufzer, der vom Bett her kam, zurück, so daß er erblaßt und wie festgenagelt neben dem Tisch stehenblieb.

Es war Séverine, die erwachte.

»Was ist denn, Liebster, du gehst ja schon!«

Er antwortete nicht, er sah sie nicht an, weil er hoffte, sie werde wieder einschlafen.
»Wohin gehst du denn, Liebster?«
»Nichts«, stammelte er, »eine dienstliche Angelegenheit . . . Schlaf, ich komme gleich zurück.«
Da brachte sie, wieder von Betäubung befallen, die Augen bereits wieder geschlossen, wirre Worte hervor:
»Ach, bin ich müde, bin ich müde . . . Komm, küsse mich, Liebster.«
Aber er rührte sich nicht, denn er wußte, wenn er sich mit diesem Messer in der Hand umwandte, wenn er sie, so zart, so hübsch in ihrer Nacktheit und ihrem aufgelösten Haar auch nur noch einmal sähe, war es um seine Willenskraft geschehen, die ihn hier erstarrt neben ihr dastehen ließ. Gegen seinen Willen würde seine Hand sich heben, würde ihr das Messer in den Hals stoßen.
»Liebster, komm, küsse mich . . .« Ihre Stimme erlosch, ganz sanft, mit einem liebkosenden Murmeln schlief sie wieder ein.
Und kopflos öffnete er die Tür, entfloh.
Es war acht Uhr, als Jacques auf dem Bürgersteig der Rue d'Amsterdam stand. Noch war der Schnee nicht gefegt worden, kaum hörte man das Stapfen der spärlichen Passanten. Sogleich hatte er eine alte Frau erblickt; aber sie bog um die Ecke der Rue de Londres, er folgte ihr nicht. Männer rempelten ihn mit dem Ellbogen an, er ging zum Place du Havre hinunter, den Griff des Messers umklammernd, dessen nach oben gerichtete Spitze unter seinem Ärmel verschwand. Als ein etwa vierzehnjähriges Mädchen aus einem gegenüberliegenden Haus kam, überquerte er den Fahrdamm; und er kam nur hinzu, um sie nebenan in eine Bäckerei treten zu sehen. Seine Ungeduld war so groß,

daß er nicht wartete, er suchte weiter weg, ging weiter hinunter. Seitdem er das Zimmer mit diesem Messer verlassen hatte, handelte nicht mehr er, sondern der andere, der, den er so oft auf dem Grunde seines Wesens in heftiger Erregung gespürt hatte, jener aus grauer Vorzeit stammende Unbekannte, der von ererbter Mordgier verbrannt wurde. Er hatte dereinst getötet, er wollte abermals töten. Und die Dinge rings um Jacques waren nur noch im Traum vorhanden, denn er sah sie durch seine fixe Idee. Sein Alltagsleben war gleichsam aufgehoben, er lief wie ein Schlafwandler umher, ohne Erinnerung an die Vergangenheit, ohne Bewußtsein der Zukunft, ganz von seinem Drang besessen. In seinem sich vorwärtsbewegenden Körper war sein Selbst nicht mehr vorhanden. Zwei Frauen, die ihn beim Überholen streiften, ließen ihn seinen Gang beschleunigen; und als er sie einholte, da hielt sie ein Mann an. Alle drei lachten, unterhielten sich. Da dieser Mann ihn störte, begann er einer anderen Frau zu folgen, die gerade vorbeikam, die schmächtig und schwarzhaarig war und ärmlich aussah unter ihrem dünnen Umschlagetuch. Sie ging mit kleinen Schritten irgendeiner zweifellos verabscheuten, schweren und knauserig bezahlten Arbeit entgegen, denn sie hatte es mit ihrem hoffnungslos traurigen Gesicht nicht eilig. Er auch nicht, jetzt hatte er ja eine, er beeilte sich gar nicht, wartete darauf, den Ort zu wählen, um ihr bequem den Stich zu versetzen. Ohne Zweifel merkte sie, daß dieser Bursche ihr folgte, und ihre Augen wandten sich ihm mit unsagbar herzzerreißendem Ausdruck zu, erstaunt, daß man sie begehren konnte. Schon hatte sie ihn mitten in die Rue du Havre geführt, zweimal noch drehte sie sich um und hinderte ihn so jedesmal daran, ihr das Messer, das er aus dem Ärmel holte, in die Kehle zu stoßen. Sie hatte so fle-

hende Elendsaugen! Dort hinten, wenn sie vom Bürgersteig heruntertrat, würde er zustoßen. Und jäh schlug er einen Haken und machte sich an die Verfolgung einer anderen Frau, die in entgegengesetzter Richtung ging. Alles dies ohne Überlegung, ohne Willen, weil sie in dieser Minute vorüberkam und das eben so war.
Hinter ihr hergehend kam Jacques wieder zum Bahnhof zurück. Sie ging sehr rasch mit kleinen hallenden Schritten; und sie war anbetungswürdig hübsch, höchstens zwanzig Jahre alt, bereits üppig, blond, mit schönen Augen voller Frohsinn, die dem Leben zulachten. Sie merkte nicht einmal, daß ihr ein Mann folgte; sie mußte es eilig haben, denn flink erklomm sie die Freitreppe zum Cour du Havre, stieg in die große Halle hinauf, die sie beinahe entlangrannte, um zu den Schaltern der Ringbahn zu stürzen. Und als sie eine Fahrkarte erster Klasse nach Auteuil verlangte, nahm Jacques ebenfalls eine, begleitete sie durch die Wartesäle hindurch auf den Bahnsteig, bis ins Abteil, wo er sich neben ihr niederließ. Gleich darauf fuhr der Zug ab.
Ich habe Zeit, dachte er, ich werde sie in einem Tunnel töten.
Aber eine alte Dame, die ihnen gegenüber saß und als einzige Person zugestiegen war, hatte soeben die junge Frau erkannt.
»Sie sind's! Wohin fahren Sie denn so früh?«
Die andere brach mit einer komischen Gebärde der Verzweiflung in herzliches Lachen aus.
»Daß man doch nichts tun kann, ohne jemanden zu treffen! Hoffentlich verraten Sie mich nicht . . . Morgen hat mein Mann Namenstag, und sobald er aus dem Haus war, um seinen Geschäften nachzugehen, habe ich mich aufgemacht, ich fahre nach Auteuil zu einem Gärtner, wo er eine Orchi-

dee gesehen hat, nach der er rein verrückt ist . . . Eine Überraschung, Sie verstehen.«
Die alte Dame nickte mit einer Miene gerührten Wohlwollens.
»Und dem Baby geht's gut?«
»Der Kleinen, oh, die ist kerngesund . . . Wissen Sie, vor acht Tagen habe ich sie abgestillt. Ihre Suppe muß man sie essen sehen . . . Zu gut geht es uns allen, es ist geradezu skandalös.«
Sie lachte lauter und zeigte die weißen Zähne, zwischen dem roten Blut ihrer Lippen. Und Jacques, der sich, das hinter seinem Schenkel verborgene Messer in der Faust, an ihre rechte Seite gesetzt hatte, sagte sich, daß er zum Zustoßen sehr günstig säße. Er brauchte nur den Arm zu heben und eine halbe Drehung zu machen, um sie bei der Hand zu haben. Aber im Tunnel unter dem Boulevard des Batignolles hielt ihn der Gedanke an die Hutbänder zurück.
Da ist eine Schleife, sann er, die wird hinderlich sein. Ich will sichergehen.
Fröhlich fuhren die beiden Frauen in ihrer Unterhaltung fort.
»Nun, ich sehe, Sie sind glücklich.«
»Glücklich, ach, es läßt sich gar nicht sagen, wie glücklich! Es ist ein Leben wie im Traum . . . Vor zwei Jahren war ich rein gar nichts. Sie erinnern sich, bei meiner Tante war es ja nicht gerade unterhaltsam; und nicht einen Sou Mitgift . . . Als er dann kam, zitterte ich, so sehr hatte ich mich in ihn verliebt. Er war doch so schön, so reich . . . Und er gehört mir, er ist mein Mann, und wir haben zusammen ein Baby! Ich sage Ihnen, das ist zuviel Glück!«
Jacques hatte die Bandschleife eingehend gemustert und

soeben festgestellt, daß darunter an einem schwarzen Samtband ein dickes goldenes Medaillon hing; und er zog alles in Erwägung.

Mit der linken Hand packe ich sie am Hals, und das Medaillon schiebe ich beiseite, indem ich ihr den Kopf nach hinten biege, um die Kehle zu entblößen.

Alle Minuten hielt der Zug, fuhr wieder ab. In Courcelles, in Neuilly waren kurze Tunnels aufeinandergefolgt. Gleich würde eine Sekunde genügen.

»Waren Sie diesen Sommer an der See?« begann die alte Dame wieder.

»Ja, sechs Wochen in der Bretagne, in einem ganz entlegenen Nest, ein Paradies. Den September haben wir dann im Poitou bei meinem Schwiegervater verbracht, der dort große Waldungen besitzt.
»Und haben Sie nicht vor, sich für den Winter im Süden niederzulassen?«
»Doch, um den fünfzehnten herum sind wir in Cannes ... Das Haus ist bereits gemietet. Ein köstliches Stückchen Garten, direkt am Meer. Wir haben jemanden dort unten hingeschickt, der alles zu unserem Empfang herrichtet ... Nicht etwa, daß wir verfroren sind, das ist keiner von beiden; aber die Sonne, die tut ja so gut! – Im März sind wir dann wieder zurück. Nächstes Jahr bleiben wir in Paris. In zwei Jahren, wenn das Kind ein großes Mädchen ist, verreisen wir wieder. Ich bringe schon alles durcheinander! Für uns ist alle Tage Feiertag!« Sie strömte über vor so großer Glückseligkeit, daß sie sich in ihrem Mitteilungsbedürfnis gehen ließ und zu Jacques, zu diesem Unbekannten, umwandte, um ihm zuzulächeln. Bei dieser Bewegung verschob sich die Bandschleife, das Medaillon rutschte beiseite, hochrot, mit einem leichten Grübchen, das der Schatten goldig färbte, kam der Hals zum Vorschein.
Jacques' Finger waren am Heft des Messers erstarrt, während er einen unwiderruflichen Entschluß faßte: Dort, an dieser Stelle stoße ich zu. Ja, gleich, im Tunnel vor Passy. Aber auf dem Bahnhof Trocadéro stieg ein Angestellter zu, der ihn kannte und mit ihm über den Dienst zu reden begann, über einen Kohlediebstahl, dessen ein Lokführer und sein Heizer gerade überführt worden waren. Und von diesem Augenblick an verschwamm alles, er konnte sich später nie mehr entsinnen, was eigentlich geschehen war. Die junge Frau hatte weiter gelacht, ein solches glückstrahlen-

des Lachen, daß es ihm durch und durch ging und er ganz benommen war. Vielleicht war er mit den beiden Frauen bis Auteuil gefahren; nur erinnerte er sich nicht, daß sie dort ausgestiegen waren. Er selbst hatte sich schließlich am Ufer der Seine wiedergefunden, ohne sich erklären zu können, wie er dahin kam. Ganz deutlich fühlte er noch, daß er das Messer, das er noch immer im Ärmel in der Faust hielt, oben von der Böschung hinuntergeworfen hatte. Dann wußte er nichts mehr, er war verstört, nicht mehr in seinem Ich, aus dem mit dem Messer auch der andere verschwunden war. Stundenlang mußte er durch Straßen und über Plätze gegangen sein, wo ihn die Füße gerade hintrugen. Ganz blaß zogen Leute, zogen Häuser vorüber. Zweifellos war er irgendwo eingekehrt, hatte in einem Saal voller Leute gegessen, denn deutlich erinnerte er sich an weiße Teller. Bleibend eingeprägt hatte sich ihm auch ein rotes Plakat an einem geschlossenen Laden. Und dann versank alles in einem schwarzen Abgrund, in einem Nichts, wo es weder Zeit noch Raum mehr gab, wo er untätig vielleicht schon seit Jahrhunderten lag.

Als Jacques wieder zu sich kam, lag er völlig angekleidet quer über seinem Bett in seinem schmalen Zimmer in der Rue Cardinet. Der Instinkt hatte ihn wie einen todmüden Hund, der sich zu seiner Hütte schleppt, dorthin zurückgeführt. Im übrigen erinnerte er sich weder daran, wie er die Treppe hinaufgekommen, noch wie er eingeschlafen war. Er erwachte aus einem bleiernen Schlaf, war bestürzt, als er wie nach einer tiefen Ohnmacht jäh die Herrschaft über sich selbst wiedererlangte. Vielleicht hatte er drei Stunden geschlafen, vielleicht drei Tage. Und mit einem Schlag kam ihm die Erinnerung zurück: die mit Séverine verbrachte Nacht, das Mordgeständnis, sein Losrennen wie ein nach

Fleisch gierendes Tier, das nach Blut spürt. Er war nicht mehr er selbst, nun fand er sich selbst wieder, entsetzt über das, was sich ohne sein Wollen vollzogen hatte. Dann fiel ihm ein, daß die junge Frau auf ihn wartete, und mit einem Satz war er auf den Beinen. Er schaute auf seine Uhr, sah, daß es bereits vier war; und mit leerem Kopf, ganz ruhig wie nach einem starken Aderlaß, kehrte er eilig in die Impasse d'Amsterdam zurück.

Séverine hatte bis Mittag fest geschlafen. Dann war sie erwacht, sie wunderte sich, daß er noch nicht zurück war, und hatte sodann wieder Feuer im Ofen gemacht; und als sie schließlich angekleidet war, hatte sie sich, da sie vor Entkräftung schier umkam, gegen zwei Uhr entschlossen, hinunterzugehen und in einem Restaurant in der Nachbarschaft zu essen. Als Jacques erschien, war sie gerade wieder heraufgekommen, nachdem sie einige Besorgungen gemacht hatte.

»Oh, Liebster, habe ich mir Sorgen gemacht!« Und sie fiel ihm um den Hals, sie schaute ihm aus nächster Nähe in die Augen. »Was ist denn passiert?«

Das Fieber seines Fleisches hatte sich abgekühlt, und erschöpft beschwichtigte er sie ruhig und ohne jede Verwirrung.

»Ach nichts, eine öde Fronarbeit. Wenn sie einen mal da haben, lassen sie einen nicht mehr los.«

Nun senkte sie die Stimme, wurde demütig, schmeichlerisch.

»Stell dir vor, ich bildete mir ein . . . Oh, ein häßlicher Gedanke, der mir solchen Kummer bereitete! – Dann sagte ich mir, du würdest mich nach dem, was ich dir gestanden hatte, vielleicht nicht mehr haben wollen . . . Und da habe ich geglaubt, du seist weg, um niemals wiederzukommen!« Trä-

nen kamen ihr, sie brach in Schluchzen aus und schloß ihn stürmisch in die Arme. »Ach, Liebster, wenn du wüßtest, wie sehr ich es brauche, daß man nett zu mir ist! – Liebe mich, liebe mich ganz, denn du siehst ja, Vergessen bringen kann mir nur deine Liebe . . . Jetzt, wo ich dir mein ganzes Unglück erzählt habe, darfst du mich nicht verlassen, nicht wahr, oh, ich beschwöre dich!«
Von dieser Rührung wurde Jacques angesteckt. Ein unbezwingliches Nachlassen der Nervenspannung stimmte ihn nach und nach weich.
Er stammelte:
»Nein, nein, ich liebe dich, hab keine Angst.«
Und überwältigt weinte auch er unter dem Verhängnis dieses abscheulichen Übels, das ihn vorhin abermals gepackt hatte und von dem er niemals genesen würde. Er empfand Scham, grenzenlose Verzweiflung.
»Liebe mich, liebe auch mich ganz, oh, mit deiner ganzen Kraft, denn ich brauche es ebensosehr wie du!«
Sie erschauerte, wollte Bescheid wissen.
»Du hast Kummer, du mußt ihn mir sagen.«
»Nein, nein, keinen Kummer, Dinge, die nicht existieren, Anfälle von Trübsinn, die mich entsetzlich unglücklich machen, ohne daß es auch nur möglich ist, darüber zu sprechen.«
Beide umschlangen einander, verschmolzen die entsetzliche Schwermut ihres Grams. Es war ein unendliches Leiden, ohne mögliches Vergessen, ohne Gnade. Sie weinten, und über sich fühlten sie die blinden Mächte des Lebens, das aus Kampf und Tod bestand.
»Gehen wir«, sagte Jacques und machte sich los, »es ist an der Zeit, an die Abfahrt zu denken . . . Heute abend bist du in Le Havre.«

Düster, mit verlorenen Blicken, flüsterte Séverine nach einem Schweigen:
»Wenn ich wenigstens frei wäre, wenn mein Mann nicht mehr da wäre! – Ach, wie schnell würden wir da vergessen!«
Er machte eine ungestüme Gebärde, er dachte laut.
»Wir können ihn doch nicht töten.«
Sie starrte ihn an, und er fuhr zusammen, erstaunt, daß er das gesagt, woran er niemals gedacht hatte. Da er doch töten wollte, warum tötete er ihn denn nicht, diesen Mann, der ihnen im Wege war. Und als er sie schließlich verließ, um zum Bahnbetriebswerk zu eilen, nahm sie ihn wieder in die Arme, überschüttete ihn mit Küssen.
»Oh, Liebster, liebe mich ganz. Ich werde dich stärker lieben, noch stärker . . . Laß nur, wir werden glücklich sein.«

Kapitel 9

In den folgenden Tagen legten Jacques und Séverine, von Besorgnis erfaßt, in Le Havre große Umsicht an den Tag. Würde Roubaud, da er doch alles wußte, ihnen nicht auflauern, sie überrumpeln, um sich aufsehenerregend an ihnen zu rächen? Sie entsannen sich seiner Eifersuchtsausbrüche von früher, der Brutalitäten des ehemaligen Bahnarbeiters, der mit geballten Fäusten losdrosch. Und da sie sahen, wie schwerfällig, wie wortkarg er war, wie trübe seine Augen, glaubten sie, er hecke irgendeine grausame Hinterhältigkeit aus, um sie in seine Gewalt zu bekommen. So trafen sie sich denn während des ersten Monats auch nur unter tausenderlei Vorsichtsmaßnahmen und paßten stets auf.
Roubaud indessen ging immer häufiger weg. Vielleicht verschwand er nur deshalb so, um unversehens zurückzukommen und sie zu überraschen, wenn sie einander in den Armen lagen. Aber diese Befürchtung bewahrheitete sich nicht. Er blieb im Gegenteil so oft und so lange weg, daß er nie mehr zu Hause war; er machte sich aus dem Staube, sobald er frei hatte, kehrte erst dann genau auf die Minute zurück, zu der der Dienst es erforderte. In den Wochen, da er Tagesdienst hatte, fand er Mittel und Wege, um zehn Uhr in fünf Minuten zu frühstücken, sich dann nicht vor halb zwölf wieder blicken zu lassen; und wenn sein Kollege abends um fünf Uhr herunterkam, um ihn abzulösen, verdrückte er sich oft für die ganze Nacht. Kaum gönnte er sich

ein paar Stunden Schlaf. Ebenso verhielt es sich in den Wochen, da er Nachtdienst hatte, dann hatte er von fünf Uhr morgens an frei, zweifellos aß und schlief er außer Hause, jedenfalls kam er erst um fünf Uhr abends wieder zurück.

Lange hatte er trotz dieses Durcheinanders die Pünktlichkeit eines vorbildlichen Angestellten eingehalten, der stets auf die Minute genau zur Stelle war, zuweilen so kreuzlahm, daß er sich kaum auf den Beinen halten konnte, aber dennoch aufrecht, gewissenhaft bei der Arbeit. Aber das war jetzt nicht mehr immer so. Zweimal schon hatte der andere stellvertretende Stationsvorsteher, Moulin, eine Stunde auf ihn warten müssen; eines Morgens nach dem Frühstück, als er erfuhr, daß er sich noch nicht wieder hatte blicken lassen, hatte er ihn als braver Mann sogar vertreten, um ihm einen Verweis zu ersparen. Und so begann sich diese langsame Zerrüttung auf Roubauds ganzen Dienst auszuwirken. Am Tage war er nicht mehr der tatkräftige Mann, der einen Zug erst dann abfertigte oder in Empfang nahm, nachdem er alles mit eigenen Augen gesehen hatte, der die geringsten Vorkommnisse in seinem Bericht an den Stationsvorsteher verzeichnete, der hart zu den anderen und zu sich selbst war. Nachts pflegte er in der Tiefe des großen Lehnstuhls in seinem Dienstzimmer in einen bleiernen Schlaf zu sinken. War er aufgewacht, so schien er noch immer zu dösen, ging, die Hände auf dem Rücken verschränkt, auf dem Bahnsteig hin und her, gab mit farbloser Stimme die Befehle, deren Ausführung er nicht nachprüfte. Trotzdem ging infolge der erworbenen Macht der Gewohnheit alles seinen Gang, abgesehen von einem Auffahren eines auf ein Abstellgleis geleiteten Personenzuges, das auf eine Nachlässigkeit seinerseits zurückzuführen war.

Seine Kollegen lachten lediglich darüber und erzählten, er sumpfe herum. Die Wahrheit war, daß Roubaud jetzt im ersten Stock des Café du Commerce lebte, in dem abgelegenen kleinen Raum, der nach und nach zu einer Spielhölle geworden war. Es wurde erzählt, dort gingen jede Nacht Frauen hin; tatsächlich aber hätte man dort nur eine angetroffen, die Geliebte eines pensionierten Hauptmanns, die mindestens vierzig Jahre alt, selber eine besessene Spielerin und geradezu geschlechtslos war. Dort befriedigte der stellvertretende Stationsvorsteher nur die düstere Spielleidenschaft, die durch eine zufällige Partie Pikett am Tage nach dem Mord in ihm erwacht war, dann zugenommen und sich in eine alles beherrschende Gewohnheit verwandelt hatte, weil sie ihm unbeschränkt Ablenkung und Selbstvergessenheit verschaffte. Sie hatte so vollständig Besitz von ihm ergriffen, daß sie bei diesem brutalen Mannestier selbst die Begierde nach dem Weib verdrängt hatte; fortan hielt sie ihn völlig gefangen, war gleichsam die einzige Befriedigung, die er sich leistete. Nicht etwa, daß ihn je Gewissensbisse mit dem Drang nach Vergessen gequält hätten; aber in der Erschütterung, mit der seine Ehe aus den Fugen geriet, hatte er inmitten seines verpfuschten Daseins den Trost gefunden, die Betäubung in einem egoistischen Glück, das er allein auskosten konnte; und jetzt versank alles auf dem Grunde dieser Leidenschaft, die ihn vollends zerrüttete. Unbeschwertere, flüchtigere, derart losgelöste Stunden hätte ihm auch der Alkohol nicht verschafft. Der eigentlichen Sorge um das Leben war er enthoben, ihm schien, als lebe er mit außergewöhnlicher Intensität, aber anderswo, unbeteiligt, ohne daß ihn von den Verdrießlichkeiten, bei denen er früher vor Wut platzte, noch etwas berührte. Und gesundheitlich ging es ihm, abgesehen von der Müdigkeit nach den durchwachten Nächten, sehr gut; er setzte sogar Fett an, ein plumpes und gelbes Fett, und die Lider hingen ihm schwer über die trüben Augen herab. Kehrte er mit der Trägheit seiner schläfrigen Gesten heim, so brachte er allen Dingen bei sich zu Hause nur noch völlige Gleichgültigkeit entgegen.

In der Nacht, in der Roubaud zurückgekommen war, um die dreihundert Goldfrancs unter dem Parkett hervorzuholen, wollte er wegen mehrerer nacheinander erlittener Verluste Herrn Cauche, den Bahnpolizeikommissar, bezahlen. Dieser, ein alter Spieler, besaß eine gehörige Kaltblütigkeit, die ihn gefürchtet machte. Übrigens pflegte er zu sagen, er spiele nur zu seinem Vergnügen, durch sein Amt als Polizeibeamter war er verpflichtet, den Schein des ehemaligen Militärs zu wahren, der Junggeselle geblieben war und als ruhiger Stammgast im Café lebte: was ihn nicht hinderte, oft den ganzen Abend die Karten zu mischen und den anderen all ihr Geld abzunehmen. Es war gemunkelt worden, auch im Dienst werde er solcher Nachlässigkeit beschuldigt, daß die Rede davon war, ihn zur Niederlegung seines Amtes zu zwingen. Aber die Dinge zogen sich hin, es gab so wenig zu tun, warum sollte man größeren Eifer fordern? Und er begnügte sich noch immer damit, ein Weilchen auf den Bahnsteigen des Bahnhofs aufzutauchen, wo ihn jeder grüßte.

Drei Wochen später schuldete Roubaud Herrn Cauche abermals an die vierhundert Francs. Er hatte erklärt, die von seiner Frau gemachte Erbschaft verschaffe ihnen ein gutes Auskommen; aber lachend setzte er hinzu, seine Frau bewahre die Kassenschlüssel auf, was die Saumseligkeit bei der Bezahlung seiner Spielschulden entschuldige. Als er dann eines Morgens allein war und nicht aus noch ein wußte, hob er erneut den Fries ab und entnahm dem Versteck einen Tausendfrancsschein. Er zitterte an allen Gliedern, in der Nacht mit den Goldstücken hatte er eine ähnliche Erregung nicht empfunden: zweifellos war das für ihn bis jetzt nur ein gelegentlich genommener Einzelbetrag gewesen, während mit diesem Schein der Diebstahl begann. Dachte er an dieses verfluchte Geld, das er, wie er sich vorgenommen hatte, niemals anrühren wollte, fühlte er sich so unbehaglich, daß ihm die Haare zu Berge standen. Einst hatte er geschworen, lieber zu verhungern, und nun rührte er es doch an, und er hätte nicht sagen können, wie seine Skrupel verflogen waren, zweifellos jeden Tag ein bißchen, je länger der Mord in ihm nachgärte. Auf dem Grunde des Loches meinte er Feuchtigkeit gespürt zu haben, etwas Weiches und Ekelerregendes, vor dem ihm graute. Rasch rückte er den Fries wieder zurecht, wobei er den Schwur erneuerte, sich lieber die Faust abzuhacken, als ihn nochmals abzurücken. Seine Frau hatte ihn nicht gesehen, erleichtert atmete er auf, trank ein großes Glas Wasser, um sich wieder zu beruhigen. Bei dem Gedanken an seine Schulden, die bezahlt werden würden, und an diese ganze Summe, die er verspielen könnte, klopfte ihm das Herz jetzt vor Freude.

Als der Schein aber gewechselt werden mußte, regte sich Roubauds Angst von neuem. Früher war er tapfer gewesen; hätte er nicht die Dummheit begangen, seine Frau in die Angelegenheit hineinzuziehen, so würde er sich der Polizei gestellt haben, während ihm jetzt der bloße Gedanke an die Gendarmen den kalten Schweiß hervortrieb. Er mochte noch so sicher wissen, daß die Justizbehörde die Nummern der verschwundenen Banknoten nicht besaß und daß der Prozeß außerdem schlief, für immer in den Aktenordnern begraben: sobald er vorhatte, irgendwo einzutreten, um Geld zu wechseln, packte ihn Entsetzen. Fünf Tage lang behielt er den Schein bei sich; und es wurde ihm zur Gewohnheit, zum ständigen Bedürfnis, ihn zu befühlen, ihn woanders hinzustecken, sich nachts nicht von ihm zu trennen. Er entwarf höchst verwickelte Pläne, stieß immerzu auf unvorhergesehene Befürchtungen. Zuerst hatte er auf dem Bahnhof gesucht: warum sollte ihm nicht ein Kollege, der mit einer Geldeinnahme betraut war, den Schein abnehmen? Dann war ihm dies äußerst gefährlich erschienen, er war darauf verfallen, ohne seine Uniformmütze ans andere Ende von Le Havre zu gehen und irgend etwas zu kaufen. Aber würde man sich nicht wundern, daß er wegen einer Kleinigkeit mit einem so großen Schein bezahlte? Und er hatte sich für den Ausweg entschieden, den Schein in dem Tabakladen auf dem Cours Napoléon, den er jeden Tag betrat, auszugeben. War das nicht am einfachsten? Es war doch bekannt, daß er geerbt hatte, die Verkäuferin konnte nicht befremdet sein. Er schritt bis zur Tür, fühlte, daß er sich nicht trauen würde, und ging zum Bassin Vauban hinunter, um sich wieder Mut zu machen. Nach einem halbstündigen Spaziergang kam er zurück, aber er konnte sich noch immer nicht entschließen. Und abends im Café du Commerce, als Herr Cauche da war, ließ ihn eine jähe Herausforderung den Schein aus der Tasche ziehen, und er bat die Wirtin, ihn zu wechseln; aber sie hatte kein Kleingeld, sie mußte einen Kellner losschicken, der ihn zum Tabakladen brachte. Es wurde sogar gescherzt über den Schein, der nagelneu aussah, obwohl er vor zehn Jahren ausgegeben worden war. Der Bahnpolizeikommissar hatte ihn genommen, und er wendete ihn hin und her, wobei er sagte, dieser Schein da habe bestimmt auf dem Grunde irgendeines Loches geschlafen, was die Geliebte des pensionierten Hauptmanns auf eine endlose Geschichte eines versteckten Vermögens brachte, das dann unter der Marmorplatte einer Kommode wiederaufgefunden worden war.

Es verflossen Wochen, und dieses Geld, das Roubaud in den Händen hatte, steigerte seine Leidenschaft vollends zum Fieber. Nicht etwa, daß er sehr hoch spielte, aber er wurde von einem so unausgesetzten, so unheimlichen Pech verfolgt, daß die kleinen Verluste jedes Tages zusammengerechnet sich nach und nach auf hohe Summen beliefen. Gegen Ende des Monats besaß er abermals keinen Sou mehr, hatte sich bereits einige Louisdors auf Ehrenwort geborgt und war ganz krank darüber, daß er es nicht mehr wagen konnte, eine Karte anzurühren. Doch er kämpfte dagegen an, hätte beinahe das Bett hüten müssen. Der Gedanke an die neun Scheine, die dort unter dem Parkett des Eßzimmers schliefen, wurde bei ihm von Minute zu Minute mehr zur Besessenheit: er sah sie durch das Holz hindurch, er spürte, wie sie ihm die Sohlen erhitzten. Wenn man bedachte, daß er, hätte er nur gewollt, noch einen nehmen könnte! Aber diesmal hatte er fest geschworen, lieber hätte er die Hand ins Feuer gehalten, als abermals in dem Loch herumzuwühlen. Und eines Abends, als Séverine zeitig eingeschlafen war, gab er wütend dem Verlangen nach, hob den Fries ab und war dabei so entsetzlich traurig, daß seine Augen sich mit Tränen füllten. Wozu sich so sträuben? Das würde ja nur unnötiges Leiden bedeuten, denn er begriff, daß er sie jetzt bis auf den letzten, einen nach dem anderen wegnehmen würde.

Am nächsten Morgen bemerkte Séverine durch Zufall eine

ganz frische Schramme an einer Kante des Frieses. Sie bückte sich, stellte Spuren fest, die vom Hochstemmen herrührten. Offenbar nahm ihr Mann weiterhin Geld weg. Und sie staunte über die Anwandlung von Zorn, die sie hinriß, denn gewöhnlich war sie nicht eigennützig; ganz abgesehen davon, daß auch sie entschlossen zu sein glaubte, lieber zu verhungern, als diese blutbefleckten Scheine anzurühren. Gehörten sie aber nicht ebensogut ihr wie ihm? Warum verfügte er darüber, indem er das vor ihr verheimlichte, indem er sogar vermied, sie um Rat zu fragen? Bis zum Mittagessen quälte sie der Drang nach Gewißheit, und sie würde ihrerseits den Fries abgerückt haben, um nachzusehen, hätte sie nicht bei dem Gedanken, ganz allein dort herumzuwühlen, einen leisen kalten Hauch in ihrem Haar gespürt. Würde aus diesem Loch nicht der Tote aufstehen? Diese kindliche Furcht verleidete ihr das Eßzimmer so sehr, daß sie ihre Handarbeit mitnahm und sich in ihr Schlafzimmer einschloß.
Als beide abends dann schweigend etwas übriggebliebenes Ragout aßen, brachte es sie in Harnisch, als sie sah, wie er unwillkürlich Blicke in die Parkettecke warf.
»Du hast wieder was davon genommen?« fragte sie jäh.
Erstaunt hob er den Kopf.
»Wovon denn?«
»Oh, tu nicht so unschuldig, du verstehst mich genau ... Aber hör mal: ich will nicht, daß du wieder was davon nimmst, weil es mir ebenso gehört wie dir und weil es mich krank macht, wenn du es anrührst.«
Gewöhnlich ging er Streitigkeiten aus dem Wege. Das Zusammenleben war nur noch der erzwungene Kontakt zweier aneinandergefesselter Wesen, die ganze Tage ver-

brachten, ohne ein Wort zu wechseln, die Schulter an Schulter gingen und kamen, fortan gleichsam einander fremd, gleichgültig und einsam. So begnügte er sich denn auch mit einem Achselzucken und lehnte jede Erklärung ab.

Sie aber war sehr erregt, sie beabsichtigte, die Frage dieses dort versteckten Geldes, unter dem sie seit dem Tage des Verbrechens litt, endgültig zu regeln.

»Ich verlange, daß du mir antwortest . . . Wage bloß mir zu sagen, daß du es nicht angerührt hast.«

»Was kümmert dich denn das?«

»Das kümmert mich, weil es mich hochbringt. Heute habe ich schon wieder Angst gehabt, ich habe nicht hier im Zimmer bleiben können. Jedesmal, wenn du das wieder aufrührst, kriege ich davon drei Nächte lang gräßliche Träume . . . Wir sprechen nie darüber. Also verhalte dich ruhig, zwinge mich nicht, darüber zu sprechen.«

Er betrachtete sie mit seinen geschwollenen, starren Augen, schwerfällig wiederholte er:

»Was kümmert es dich denn, daß ich es anrühre, wenn ich

dich nicht zwinge, es anzurühren? Das ist meine Sache, das geht nur mich was an.«

Sie wollte heftig auffahren, faßte sich aber wieder. Verstört, mit einem Gesicht, auf dem Leiden und Ekel geschrieben standen, sagte sie dann:

»Ach was! Ich begreife dich nicht . . . Du warst doch ein anständiger Mensch. Ja, du hättest nie jemandem einen Sou weggenommen . . . Und was du getan hast, das ließe sich noch verzeihen, denn du warst ja toll, wie du mich selber toll gemacht hattest . . . Aber dieses Geld, ach, dieses abscheuliche Geld, das für dich nicht mehr existieren sollte und das du Sou für Sou stiehlst, bloß um dein Vergnügen zu haben . . . Was ist denn los, wie kannst du so tief gesunken sein?«

Er hörte ihr zu, und in einer Minute der Klarheit wunderte auch er sich, daß er es bis zum Diebstahl gebracht hatte. Die Abschnitte der langsamen Demoralisierung verwischten, vermochte das, was der Mord rings um ihn zerschnitten hatte, nicht wieder zusammenzuknüpfen, er machte sich nicht mehr klar, wie mit der Zerstörung seiner Ehe, mit dem Beiseiteschieben seiner Frau und ihrer feindseligen Haltung ein anderes Leben, fast ein neues Sein begonnen hatte. Im übrigen bemächtigte sich seiner sogleich wieder das Unabänderliche, er machte eine Gebärde, als wolle er die lästigen Überlegungen abschütteln.

»Wenn es einen zu Hause anödet«, brummte er, »dann geht man eben und vergnügt sich außerhalb. Wo du mich ja doch nicht mehr liebst . . .«

»O nein, ich liebe dich nicht mehr.«

Er schaute sie an, schlug mit der Faust auf den Tisch, das Gesicht von einer Woge Blut überflutet.

»Dann laß mich gefälligst in Frieden! Hindere ich dich

denn daran, dich zu amüsieren? Sitze ich denn über dich zu Gericht? – Es gibt mancherlei, was ein rechtschaffener Mann an meiner Stelle tun würde und was ich nicht tue. Zunächst mal sollte ich dich mit einem Tritt in den Hintern rausschmeißen. Dann würde ich vielleicht nicht stehlen.«
Sie war ganz blaß geworden, denn auch sie hatte oft gedacht, wenn einen Mann, einen Eifersüchtigen, ein inneres Leid in dem Maße verheert, daß er bei seiner Frau einen Liebhaber duldet, dann sei das ein Anzeichen für ein weiterfressendes seelisches Krebsgeschwür, das die anderen Skrupel tötete und das unversehrte Gewissen zerrüttete. Aber sie sträubte sich, sie weigerte sich, die Verantwortung zu tragen. Und stammelnd schrie sie:
»Ich verbiete dir, das Geld anzurühren.«
Er war mit dem Essen fertig. Gelassen faltete er seine Serviette zusammen, erhob sich dann, wobei er mit spöttischer Miene sagte:
»Wenn's das ist, was du willst, dann werden wir eben teilen.« Schon bückte er sich, als wolle er den Fries hochheben.
Sie mußte hinzustürzen, den Fuß auf das Parkett stellen.
»Nein, nein! Du weißt ja, lieber möchte ich sterben . . . Mach das nicht auf. Nein, nein! Nicht in meiner Gegenwart!«
An diesem Abend sollte sich Séverine hinter dem Güterbahnhof mit Jacques treffen. Als sie nach Mitternacht zurückkam, wurde die abendliche Szene in ihr wachgerufen, und sie schloß sich in ihr Schlafzimmer ein. Roubaud hatte Nachtdienst, sie fürchtete nicht einmal, daß er heimkam und sich schlafen legte, wie das ja auch selten vorkam. Sie hatte die Decke bis ans Kinn hochgezogen und die Lampe

heruntergeschraubt, aber sie konnte nicht einschlafen. Warum hatte sie sich geweigert zu teilen? Und bei dem Gedanken, von diesem Geld zu profitieren, fand sie nun, daß sie jetzt nicht mehr so entrüstet darüber war. Hatte sie nicht das Legat La Croix-de-Maufras angenommen? Da konnte sie doch auch das Geld nehmen. Dann kehrte der Schauder wieder. Nein, nein, niemals! Das Geld würde sie ja genommen haben; was sie nicht ohne Furcht, sich die Finger dabei zu verbrennen, anzurühren wagte, das war dieses von einem Toten gestohlene Geld, das schändliche Geld aus dem Morde. Sie beruhigte sich wieder, sie überlegte vernünftig: nicht etwa, um es auszugeben, würde sie es genommen haben; im Gegenteil, sie würde es anderwärts versteckt, an einem nur ihr bekannten Ort vergraben haben, wo es in Ewigkeit schlafen könnte; und jetzt würde es immer noch die Hälfte der Summe sein, die vor dem Zugriff ihres Mannes in Sicherheit wäre. Er würde nicht frohlocken und das Ganze für sich behalten, er würde nicht hingehen und verspielen, was ihr gehörte. Als die Stutzuhr drei schlug, tat es ihr entsetzlich leid, daß sie die Teilung abgelehnt hatte. Zwar kam ihr verworren, noch fern, ein Gedanke: aufstehen, unter dem Parkett herumwühlen, damit er nichts mehr bekam. Allein, eine solche Kälte ließ sie zu Eis erstarren, daß sie nicht daran denken wollte. Alles nehmen, alles behalten, ohne daß er sich auch nur zu beklagen wagte! Und allmählich drängte sich ihr dieser Plan auf, während aus den unbewußten Tiefen ihres Ichs ein Wille wuchs, der stärker war als ihr Widerstand. Sie wollte nicht, und jäh sprang sie aus dem Bett, denn sie konnte nicht anders. Sie schraubte den Docht der Lampe hoch, sie ging ins Eßzimmer hinüber.

Von nun an zitterte Séverine nicht mehr. Ihr Schrecken war

verflogen, kaltblütig, mit den langsamen und unfehlbaren Bewegungen einer Schlafwandlerin ging sie zu Werke. Sie mußte den Schürhaken suchen, um damit den Fries hochzustemmen. Als das Loch freigelegt war, holte sie, da sie schlecht sehen konnte, die Lampe näher heran. Aber vor Bestürzung blieb sie regungslos gebeugt stehen: Das Loch war leer. Offensichtlich war Roubaud, während sie zu ihrem Stelldichein lief, noch einmal heraufgekommen, weil ihn eher als sie dieselbe Begierde gequält hatte: alles nehmen, alles behalten; und mit einem Mal hatte er die Scheine eingesteckt, nicht einer war übriggeblieben. Sie kniete nieder, auf dem Grunde gewahrte sie nur die Uhr und die Kette, deren Gold im Staub der Stützbalken glänzte. Kalte Wut hielt sie erstarrt, halb nackt, einen Augenblick hier fest, unzählige Male sagte sie laut:
»Dieser Dieb! Dieser Dieb! Dieser Dieb!«
Dann packte sie mit einer wütenden Bewegung die Uhr, während eine dicke, schwarze Spinne aufgestört am Putz entlang floh. Mit dem Absatz trat sie den Fries wieder zurück, stellte die Lampe auf den Nachttisch und ging wieder zu Bett. Als ihr warm war, betrachtete sie die Uhr, die sie in der geballten Faust hielt, drehte sie um, musterte sie eingehend. Auf dem Gehäuse erregten die beiden verschlungenen Initialen des Präsidenten ihr Interesse. Innen las sie die Nummer 2516, eine Fabriknummer. Dieses Schmuckstück aufzuheben war recht gefährlich, denn die Gerichtsbehörde kannte diese Nummer. Aber in ihrem Zorn darüber, daß sie nur das hatte retten können, hatte sie keine Angst mehr. Sie fühlte sogar, daß es jetzt, da kein Leichnam mehr unter ihrem Parkett lag, mit ihren Alpträumen vorbei war. Endlich würde sie unbesorgt, wo sie wollte, in ihrer Wohnung umhergehen können. Sie ließ die Uhr ans

Kopfende des Bettes gleiten, löschte die Lampe und schlief ein.

Tags darauf sollte Jacques, der einen freien Tag hatte, warten, bis Roubaud gegangen war, um sich seiner Gewohnheit gemäß im Café du Commerce niederzulassen, und dann heraufkommen und mit ihr frühstücken. Wenn sie den Mut dazu hatten, gönnten sie sich das mitunter. Und noch bebend erzählte sie ihm beim Essen an diesem Tage von dem Geld, wie sie das Versteck leer vorgefunden hatte. Ihr Groll auf ihren Mann nahm nicht ab, unaufhörlich entfuhr ihr immer wieder derselbe Schrei:

»Dieser Dieb! Dieser Dieb! Dieser Dieb!«

Darauf brachte sie die Uhr herbei, trotz des Widerstrebens, das Jacques an den Tag legte, wollte sie sie ihm unbedingt schenken.

»Verstehe doch, Liebster, bei dir wird sie niemand suchen. Wenn ich sie behalte, dann nimmt er sie mir noch weg. Na, und siehst du, da würde ich mir lieber einen Fetzen Fleisch von ihm herausreißen lassen . . . Nein, er hat zuviel gekriegt. Von diesem Geld wollte ich nichts haben. Mir graute davor, nie hätte ich einen Sou davon ausgegeben. Hatte er denn aber das Recht, das auszunutzen? Oh, ich hasse ihn!«

Sie weinte, sie beharrte so flehentlich, daß der junge Mann die Uhr schließlich in die Westentasche steckte.

Es verging eine Stunde, und Jacques hatte Séverine, die noch halb ausgezogen war, auf den Knien behalten. Sie lehnte sich an seine Schulter zurück, einen Arm um seinen Hals geschlungen, in einer erschlafften Liebkosung, als plötzlich Roubaud, der einen Schlüssel hatte, eintrat. Mit einem jähen Satz war Séverine auf den Beinen. Aber sie waren in flagranti ertappt worden. Leugnen war zwecklos.

Da der Ehemann das nun wirklich nicht mehr übersehen konnte, war er jäh stehengeblieben, während der Liebhaber bestürzt sitzen blieb.
Da stotterte sie nicht einmal irgendeine beliebige Erklärung, sie trat vor und sagte immer wieder wütend:
»Du Dieb! Du Dieb! Du Dieb!«
Eine Sekunde zögerte Roubaud. Dann trat er mit dem Achselzucken, mit dem er jetzt alles abtat, ins Zimmer, nahm ein Dienstnotizbuch, das er hier vergessen hatte.
Sie aber verfolgte ihn, überschüttete ihn mit ihren Worten:
»Du hast herumgewühlt, wage bloß zu sagen, daß du nicht herumgewühlt hast! – Und du hast alles weggenommen. Du Dieb! Du Dieb! Du Dieb!«
Ohne jedes Wort schritt er durchs Eßzimmer. Erst an der Tür drehte er sich um, umfing sie mit seinem düsteren Blick.
»Laß du mich gefälligst in Ruhe!«
Und er ging, die Tür knallte nicht einmal zu. Er schien nichts gesehen zu haben, er hatte keinerlei Anspielung auf die Anwesenheit dieses Liebhabers gemacht.
Nach einem tiefen Schweigen wandte sich Séverine zu Jacques.
»Was sagst du nun?«
Jacques, der nicht ein Wort gesagt hatte, stand schließlich auf. Und er gab seine Meinung von sich:
»Der ist erledigt.«
Darüber waren sich beide einig. Auf ihre Überraschung über den geduldeten Liebhaber, nach dem ermordeten Liebhaber, folgte Ekel vor dem willfährigen Ehemann. Wenn es so weit mit einem Menschen kommt, dann steckt er im Dreck, dann kann er sich in allen Gossen wälzen.

Von diesem Tage an hatten Séverine und Jacques volle Freiheit. Sie benutzten sie, ohne sich länger um Roubaud zu kümmern. Jetzt aber, da der Ehemann sie nicht mehr beunruhigte, war ihre große Sorge die Spioniererei Frau Lebleus, dieser stets auf der Lauer liegenden Nachbarin. Sicherlich ahnte sie etwas. Jacques mochte das Geräusch seiner Schritte bei jedem seiner Besuche noch so sehr dämpfen, er sah die gegenüberliegende Tür unmerklich ein wenig aufgehen, während ihn durch den Spalt ein Auge scharf musterte. Das wurde unerträglich, er wagte nicht mehr hinaufzugehen, denn wenn er es riskierte, dann wußte man, daß er da war, dann preßte sich ein Ohr ans Schloß, so daß es nicht möglich war, sich zu küssen oder sich auch nur ungezwungen zu unterhalten. Und da nahm Séverine, die angesichts dieses neuen Hindernisses gegen ihre Leidenschaft außer sich war, ihren früheren Feldzug gegen die Lebleus wieder auf, um deren Wohnung zu bekommen. Es war allgemein bekannt, daß sie von jeher der stellvertretende Stationsvorsteher bewohnt hatte. Aber was sie lockte, war nicht mehr die prächtige Aussicht, waren nicht mehr die auf den Abgangsbahnsteig und die Anhöhen von Ingouville gehenden Fenster. Der einzige Grund ihres Begehrens, den sie nicht sagte, war der, daß die Wohnung einen zweiten Eingang hatte, eine auf die Hintertreppe gehende Tür. Durch sie würde Jacques heraufkommen und weggehen können, ohne daß Frau Lebleu auch nur eine Ahnung von seinen Besuchen hatte. Endlich würden sie tun und lassen können, was sie wollten.

Die Schlacht war schrecklich. Diese Frage, die früher schon den ganzen Flur leidenschaftlich erregt hatte, lebte wieder auf, wurde von Stunde zu Stunde bösartiger. Bedroht wehrte sich Frau Lebleu verzweifelt, ihres Todes gewiß, wenn man sie in die düstere Hinterwohnung sperrte, die vom Dachstuhl der Bahnhofshalle verrammelt wurde und die trübsinnig wie ein Gefängnis war. Wie sollte sie in der Tiefe dieses Loches leben, sie, die an ihr so helles Zimmer gewöhnt war, das auf den weiten Horizont ging, das vom fortwährenden Hin und Her der Reisenden aufgeheitert wurde? Und ihre Beine verwehrten ihr ja jeden Spaziergang, nie würde sie etwas anderes als die Aussicht auf ein Zinkdach haben, ebensogut konnte man sie ja gleich umbringen. Leider waren dies nur gefühlsbedingte Gründe, und sie war freilich zu dem Eingeständnis gezwungen, daß sie die Wohnung von dem ehemaligen stellvertretenden Stationsvorsteher, von Roubauds Vorgänger, hatte, der sie ihr, da er Junggeselle war, entgegenkommenderweise überlassen hatte; es mußte sogar ein Brief ihres Mannes existieren mit der Verpflichtung, sie zurückzugeben, wenn ein neuer Vorsteher sie beanspruchen sollte. Da der Brief noch nicht wiederaufgefunden worden war, leugnete sie sein Vorhandensein. Je schlechter es um ihre Sache stand, um so heftiger, angriffslustiger wurde sie. Einen Augenblick hatte sie versucht, die Frau Moulins, des anderen stellvertretenden Stationsvorstehers, auf ihre Seite zu bringen, indem sie sie ins Gerede brachte und sagte, Frau Moulin habe gesehen, wie Männer Frau Roubaud auf der Treppe geküßt hätten; und Moulin war böse geworden, denn seine Frau, ein sanftes und ganz unbedeutendes Geschöpf, der man niemals begegnete, schwor weinend, sie habe nichts gesehen und nichts gesagt. Acht Tage lang entfachte dieses Geklatsche einen Sturm von einem Ende des Flurs zum anderen. Frau Lebleus großer Fehler, der ihre Niederlage zur Folge haben sollte, aber war noch immer, daß sie Fräulein Guichon, die Leiterin des Lohnbüros,

durch ihr verbissenes Spionieren reizte: es war eine Manie, die fixe Idee, daß Fräulein Guichon jede Nacht den Stationsvorsteher aufsuche, das Bedürfnis, sie zu erwischen, das krankhaft und um so brennender geworden war, als sie sie seit zwei Jahren belauerte, ohne überhaupt etwas, ohne auch nur einen Hauch aufgeschnappt zu haben. Und sie war sicher, daß die beiden zusammen schliefen, das machte sie verrückt. So drängte denn Fräulein Guichon in ihrer Wut darüber, daß sie nicht heimkommen oder ausgehen konnte, ohne belauert zu werden, jetzt auch darauf, daß Frau Lebleu in die Hofwohnung verwiesen werde: sie wären dann durch eine Wohnung getrennt, sie würde sie wenigstens nicht mehr gegenüber haben, würde nicht mehr gezwungen sein, an ihrer Tür vorüberzugehen. Es war offensichtlich, daß Herr Dabadie, der Stationsvorsteher, der bisher an dem Kampf unbeteiligt war, jeden Tag mehr gegen die Lebleu Partei ergriff, was ein schlimmes Zeichen war.
Streitigkeiten machten die Situation noch verwickelter. Philomène, die ihre frischen Eier jetzt Séverine zu bringen pflegte, benahm sich jedesmal, wenn sie Frau Lebleu traf, sehr unverschämt; und da diese absichtlich ihre Tür offen ließ, um alle Welt zu ärgern, fielen beim Vorübergehen ständig unliebsame Worte zwischen den beiden Frauen. Da diese Intimität zwischen Séverine und Philomène bis zu vertraulichen Mitteilungen gediehen war, richtete die letztere schließlich Jacques' Bestellungen an seine Geliebte aus, wenn er nicht selber hinaufzugehen wagte. Sie kam mit ihren Eiern, vereinbarte neue Verabredungen, sagte, warum er am Abend vorher vorsichtig hatte sein müssen, erzählte von der Stunde, die er bei ihr geblieben war und verplaudert hatte. Manchmal, wenn etwas dazwischenkam, was ihn zurückhielt, vergaß Jacques auf diese Weise gern

die Zeit in Sauvagnats, des Bahnbetriebsvorstehers Häuschen. Er folgte seinem Heizer Pecqueux dorthin, als ob er sich aus einem Drang nach Betäubung davor fürchtete, einen ganzen Abend allein zu verbringen. Selbst wenn der Heizer auf Sauftour in die Matrosenkneipen verschwand, trat er bei Philomène ein, gab ihr eine Mitteilung zu bestellen auf, setzte sich, ging nicht mehr weg. Und sie, so allmählich in diese Liebe hineingezogen, wurde von Rührung ergriffen, denn bis dahin hatte sie nur brutale Liebhaber kennengelernt. Die kleinen Hände, die höflichen Manieren dieses so traurigen Burschen, der recht sanftmütig aussah, kamen ihr vor wie Leckerbissen, von denen sie noch nicht gekostet hatte. Mit Pecqueux ging es jetzt zu wie in einer alten Ehe, Saufereien, mehr Grobheiten als Liebkosungen; überbrachte sie dagegen der Frau des stellvertretenden Vorstehers ein nettes Wort des Lokführers, so genoß sie dabei für sich selbst den köstlichen Geschmack einer verbotenen Frucht. Eines Tages sprach sie sich vertraulich zu ihm aus, beklagte sich über den Heizer, einen Duckmäuser, wie sie sagte, unter seinem lachenden Gehabe, durchaus zu einem üblen Streich fähig an den Tagen, da er betrunken war. Er bemerkte, daß sie ihren durchglühten großen Körper, den Körper einer ausgemergelten Stute, der mit seinen schönen, leidenschaftlichen Augen trotz allem begehrenswert war, mehr pflegte, sie trank weniger, hielt das Haus etwas sauberer. Ihr Bruder Sauvagnat war, als er eines Abends eine Männerstimme gehört hatte, mit erhobener Hand hereingekommen, um sie zu züchtigen; als er aber den Burschen erkannte, der sich mit ihr unterhielt, hatte er ihm eine Flasche Apfelwein vorgesetzt. Freundlich aufgenommen, von seinem Schauder in diesem Hause geheilt, schien es Jacques hier zu gefallen. So legte Philomène denn auch eine immer lebhaftere Freundschaft zu Séverine an den Tag, ereiferte sich gegen Frau Lebleu, die sie überall ein altes Lumpenweib schimpfte.

Als sie die beiden Liebenden eines Nachts hinter ihrem kleinen Garten getroffen hatte, begleitete sie sie ins Dunkel hinein bis zum Schuppen, wo sie sich gewöhnlich verbargen.

»Ach was! Sie sind zu gutmütig. Wo die Wohnung doch Ihnen gehört, würde ich die andere aber an den Haaren rauszerren . . . Hauen Sie doch mal dazwischen!«

Aber Jacques war nicht für einen Skandal.

»Nein, nein, Herr Dabadie kümmert sich darum, es ist besser abzuwarten, bis die Dinge sich ordnungsgemäß abwikkeln.«

»Ehe der Monat um ist«, erklärte Séverine, »schlafe ich in ihrem Zimmer, und wir können uns jederzeit dort sehen.«

Trotz der Finsternis hatte Philomène gefühlt, wie sie bei dieser Hoffnung mit zärtlichem Druck den Arm ihres Geliebten drückte. Und sie verabschiedete sich, um heimzugehen, blieb aber, im Dunkel verborgen, dreißig Schritte weiter stehen und drehte sich um. Es regte sie sehr auf, sie beide zusammen zu wissen. Doch war sie nicht eifersüchtig, sie hatte das unwissentliche Bedürfnis, so zu lieben und geliebt zu werden.

Jacques wurde jeden Tag mißmutiger. Zweimal nacheinander, als er Séverine hätte sehen können, hatte er einen Vorwand ersonnen; und wenn er sich bei den Sauvagnats zuweilen länger aufhielt, so geschah dies ebenfalls, um ihr aus dem Wege zu gehen. Er liebte sie jedoch noch immer mit einer versessenen Begierde, die unaufhörlich gewachsen war. Aber in ihren Armen pflegte ihn jetzt wieder das gräßliche Übel zu packen, ein so heftiges Schwindelgefühl,

daß er sich schnell aus ihnen befreite, zu Eis erstarrt, in Schrecken versetzt, nicht mehr er zu sein, sondern das zum Beißen bereite Tier zu spüren. Er hatte sich bemüht, sich wieder in die ermüdenden Strapazen langer Strecken zu stürzen, suchte um zusätzliche schwere Arbeiten nach, verbrachte an die zwölf Stunden stehend auf seiner Lokomotive, den Körper von den Erschütterungen wie zerschlagen, die Lungen vom Wind zerfressen. Seine Kumpel allerdings pflegten sich über dieses harte Handwerk eines Lokführers zu beklagen, das, wie sie sagten, einen Mann in zwanzig Jahren zugrunde richte; er selber wäre am liebsten sofort zugrunde gegangen, er fühlte sich nie müde und zum Umsinken erschöpft; glücklich war er erst, wenn ihn die Lison davontrug, wenn er nicht mehr dachte, nur noch Augen hatte, um die Signale zu sehen. Bei der Ankunft schmetterte ihn der Schlaf nieder, ohne daß er auch nur Zeit hatte, sich zu waschen. Mit dem Erwachen allerdings kehrte die Qual der fixen Idee zurück. Er hatte auch versucht, wieder zärtliche Liebe zu der Lison zu empfinden, er verbrachte erneut Stunden mit ihrer Säuberung, verlangte von Pecqueux, daß die Stahlteile wie Silber glänzten. Die Inspektoren, die unterwegs bei ihm zustiegen, pflegten ihn zu beglückwünschen. Er nickte, blieb aber mißvergnügt; denn er wußte genau, daß seine Lok seit dem Steckenbleiben im Schnee nicht mehr so gesund, so tapfer wie einst war. Zweifellos hatte sie bei der Reparatur der Kolben etwas von ihrer Seele eingebüßt, von diesem geheimnisvollen Lebensgleichgewicht, das dem Zufall der Montage zu verdanken war. Er litt darunter, dieser Verfall verdroß und verbitterte ihn so sehr, daß er seine Vorgesetzten mit unvernünftigen Beschwerden verfolgte, unnütze Reparaturen verlangte, undurchführbare Verbesserungen ersann. Man schlug sie ihm ab, dadurch wurde er noch mißmutiger, denn er war überzeugt, daß die Lison sehr krank und künftig nichts Rechtes mehr mit ihr anzufangen sei. Seine zärtliche Zuneigung verlor die Zuversicht: wozu sollte er lieben, da er ja doch alles, was er lieben würde, einmal umbrachte? Und er brachte seiner Geliebten jene verzweifelte Liebesraserei entgegen, die weder Leid noch Überanstrengung zum Erkalten bringen konnte.

Séverine hatte seine Veränderung wohl gefühlt, und auch sie härmte sich, da sie glaubte, er sei ihretwegen traurig gestimmt, seitdem er Bescheid wußte. Wenn sie sah, wie er an ihrem Hals bebte, jäh zurückzuckend ihrem Kuß auswich, geschah das nicht deshalb, weil er sich erinnerte und sie ihm Grauen einflößte? Nie hatte sie das Gespräch wieder auf diese Dinge zu bringen gewagt. Sie bereute, daß sie geredet hatte, war überrascht über ihr hervorbrechendes Geständnis in jenem fremden Bett, in dem sie beide geglüht hatten, erinnerte sich nicht einmal mehr an ihren weit zurückliegenden Drang, sich anzuvertrauen, war gleichsam befriedigt heute, ihn auf ihrer Seite, auf dem Grunde dieses Geheimnisses zu haben. Und seitdem ihm nichts mehr unbekannt war, liebte sie, begehrte sie ihn sicherlich noch mehr. Es war eine unersättliche Leidenschaft, das endlich erwachte Weib, ein Geschöpf, einzig und allein zum Liebkosen geschaffen, das voll und ganz Geliebte und nicht Mutter war. Sie lebte nur noch durch Jacques, sie log nicht, wenn sie sagte, wie anstrengend es für sie sei, in ihm aufzugehen, denn sie hatte nur einen Traum: daß er sie mit sich nähme, daß er sie in seinem Fleisch behielte. Da sie stets sehr sanftmütig, sehr passiv war und ihre Wonne nur in ihm beruhte, hätte sie am liebsten von morgens bis abends wie eine Katze auf seinen Knien geschlafen. Von dem gräßlichen Drama hatte sie lediglich das Erstaunen, darin verwikkelt gewesen zu sein, zurückbehalten; ebenso schien sie auch jungfräulich und unschuldig geblieben zu sein, nachdem sie die Besudelungen ihrer Jugend hinter sich hatte. Dies alles lag weit zurück, sie lächelte, sie wäre nicht einmal zornig auf ihren Mann gewesen, wenn er ihr nicht lästig gewesen wäre. Aber ihr Abscheu vor diesem Mann steigerte sich in dem Maße, wie ihre Leidenschaft, ihr Trieb zu dem anderen wuchs. Jetzt, da der andere Bescheid wußte und ihr Absolution erteilt hatte, war er der Herr, derjenige, dem sie folgen würde, der über sie verfügen konnte wie über eine ihm gehörige Sache. Sie hatte sich ein Porträt von ihm schenken lassen, ein Postkartenfoto; und damit schlief sie, den Mund auf das Bild geheftet, schlummerte sie ein, ganz unglücklich, seitdem sie ihn unglücklich sah, ohne daß es ihr gelang, genau zu erraten, worunter er so litt.

Unterdessen hatten sie weiterhin draußen ihr Stelldichein, bis sie sich in aller Ruhe bei ihr in der eroberten, neuen Wohnung sehen konnten. Der Winter ging zu Ende, der Februar war sehr mild. Sie dehnten ihre Spaziergänge aus, liefen stundenlang quer durch das unbebaute Bahnhofsgelände; denn er vermied es, stehenzubleiben, und wenn sie sich an seine Schultern hängte, wenn er gezwungen war, sich zu setzen und sie zu besitzen, verlangte er, daß dies im Dunkeln geschah, weil ihm grauste, er könnte zustoßen, wenn er einen Zipfel ihrer nackten Haut erblicke: solange er nichts sähe, würde er vielleicht widerstehen. In Paris, wohin sie ihm noch immer jeden Freitag folgte, pflegte er sorgfältig die Vorhänge zuzuziehen, und er redete ihr vor, die volle Helligkeit raube ihm das Vergnügen. Diese wöchentliche Reise machte sie jetzt, ohne ihrem Mann auch nur eine Erklärung zu geben. Für die Nachbarn mußte der alte Vorwand, ihr Knieleiden, herhalten; und sie sagte auch, sie wolle ihre Amme, Mutter Victoire, mal wieder umarmen, deren Genesung sich im Krankenhaus sehr hinzog. Noch immer fanden beide darin eine angenehme Abwechslung, er war an diesen Tagen sehr darauf bedacht, seine Lok gut zu führen, sie war entzückt, ihn weniger mißmutig zu sehen, war selber durch die Fahrt angeregt, obwohl sie allmählich die kleinsten Hügel, die kleinsten Baumgruppen der Strecke kannte. Von Le Havre bis Motteville gab es Wiesen, von Hecken durchschnittene, mit Apfelbäumen bepflanzte ebene Felder; und bis Rouen wurde das Land sodann bucklig und öde. Hinter Rouen entrollte sich die Seine. Man überquerte sie in Sotteville, in Oissel, in Pont-de-l'Arche; dann tauchte sie in breiter Entfaltung inmitten der weiten Ebenen immer wieder auf. Von Gaillon ab trennte man sich nicht mehr von ihr, sie floß zur Linken dahin, von Pappeln und Weiden gesäumt, langsamer geworden zwischen ihren niedrigen Ufern. Man sauste an Hügelhängen dahin, in Bonnières verließ man die Seine nur, um sie in Rosny bei Verlassen des Tunnels von Rolleboise jäh wiederzufinden. Sie war gleichsam die freundschaftliche Reisegefährtin. Noch dreimal fuhr man vor der Ankunft über sie hinweg. Und es kam Mantes und sein Kirchturm inmitten von Bäumen, Triel mit den weißen Flecken seiner Gipsbrüche, Poissy, das man mitten im Herzen durchschnitt, die beiden grünen Mauern des Waldes von Saint-Germain, die von Flieder überquellenden Böschungen von Colombes, schließlich die Bannmeile, das erahnte Paris, das man von der Pont d'Asnières aus erblickte, der ferne Arc de Triomphe über den von Fabrikschornsteinen starrenden, aussätzigen Bauten. Wie in einen Abgrund stürzte sich die Lokomotive unter den Boulevard des Batignolles, und man landete in dem dröhnenden Bahnhof; und bis zum Abend gehörten die beiden einander, waren sie frei. Bei der Rückfahrt war es Nacht, Séverine schloß die Augen, durchlebte noch einmal ihr Glück. Aber morgens wie abends beugte sie jedesmal, wenn sie an La Croix-de-Maufras vorüberfuhr, den Kopf vor, warf einen vorsichtigen Blick hinaus, ohne sich sehen zu lassen, denn sie war sicher, dort vor der Schranke stehend, Flore vorzufinden, die die Signalfahne in der Hülle zeigte und den Zug mit ihrem flammenden Blick umfing.

Seitdem dieses Mädchen an jenem Schneetag gesehen

hatte, wie sie sich küßten, hatte Jacques Séverine gewarnt, sie solle sich vor ihr in acht nehmen. Er war sich nun bewußt, daß sie ihn aus der Tiefe ihrer Jugend heraus mit der Leidenschaft eines wilden Kindes verfolgte, und er fühlte, daß sie eifersüchtig war, daß sie die Energie eines Mannes besaß, daß sie einen ungezügelten und mörderischen Groll hegte. Andererseits wußte sie sicher eine Menge, denn er entsann sich ihrer Anspielung auf die Beziehungen des Präsidenten zu einer jungen Dame, die niemand verdächtigte und die er selber verheiratet hatte. Wenn sie dies wußte, so hatte sie das Verbrechen sicherlich erraten: zweifellos würde sie reden, schreiben, sich durch eine Denunziation rächen. Aber die Tage, die Wochen waren verflossen, und nichts geschah, er sah sie immer nur auf ihrem Posten am Rande des Bahnkörpers mit ihrer Fahne stocksteif dastehen. Sobald sie aus der Ferne die Lokomotive erblickte, spürte er den Blick ihrer glühenden Augen auf seinem Leib. Trotz des Rauches sah sie ihn, nahm ihn sich voll und ganz, begleitete ihn in der blitzartigen Geschwindigkeit inmitten des Donnerns der Räder. Und gleichzeitig wurde der Zug vom ersten bis zum letzten Wagen ausgeforscht, durchbohrt, untersucht. Stets entdeckte sie die andere, die Nebenbuhlerin, von der sie jetzt wußte, daß sie jeden Freitag da war. Mochte die andere ihren Kopf, aus einem gebieterischen Drang zu sehen, auch nur wenig vorstrecken: sie wurde gesehen, beider Blicke kreuzten sich wie Degenklingen. Schon entfloh, alles verschlingend, der Zug, und eine blieb hier zurück, denn sie konnte ihm nicht folgen und war wütend auf dieses Glück, das er davontrug. Sie schien größer zu werden, bei jeder Fahrt fand Jacques sie hochgewachsener wieder, nunmehr war er besorgt darüber, daß sie nichts unternahm, fragte sich, welcher Plan wohl in diesem großen, finsteren Mädchen heranreifte, dessen regungsloser Erscheinung er nicht ausweichen konnte.

Auch ein Angestellter, Henri Dauvergne, der Oberzugführer, wurde Jacques und Séverine lästig. Er hatte ausgerechnet am Freitag die Aufsicht über diesen Zug, und er zeigte sich der jungen Frau gegenüber von zudringlicher Liebenswürdigkeit. Da er ihr Verhältnis mit dem Lokführer bemerkt hatte, sagte er sich, vielleicht werde auch er an die Reihe kommen. Wenn Roubaud am Morgen Dienst hatte, pflegte er bei der Abfahrt in Le Havre darüber zu grienen, so deutlich wurden Henris Aufmerksamkeiten: er reservierte ein ganzes Abteil für Séverine, er brachte sie dort unter und befühlte die Wärmröhre. Eines Tages hatte der Ehemann, der ruhig weiter mit Jacques sprach, ihn sogar augenzwinkernd auf das Treiben des jungen Mannes aufmerksam gemacht, als wolle er ihn fragen, ob er das dulde. Übrigens beschuldigte er seine Frau bei Streitigkeiten rundheraus, mit allen beiden zu schlafen. Eine Weile hatte sie sich eingebildet, Jacques glaube es und seine zeitweilige Trübseligkeit rühre daher. Mitten in einem Weinkrampf hatte sie ihre Unschuld beteuert und ihm gesagt, er solle sie töten, wenn sie untreu sei. Da war er ganz blaß geworden und hatte gescherzt, hatte sie geküßt und ihr entgegnet, er wisse, daß sie anständig sei, und er werde hoffentlich niemals jemanden töten.

Die ersten Märzabende aber waren scheußlich, sie mußten ihre Verabredungen aussetzen; und die Fahrten nach Paris, die wenigen Stunden Freiheit, die so weit entfernt gesucht werden mußten, genügten Séverine nicht mehr. In ihr war ein wachsendes Bedürfnis, Jacques für sich, ganz für sich zu haben, mit ihm zu leben, am Tage, in den Nächten, ohne sich jemals wieder von ihm zu trennen. Ihr Abscheu vor ihrem Mann verschärfte sich, die bloße Gegenwart dieses Menschen stürzte sie in eine krankhafte, unerträgliche Erregung. So fügsam, willfährig diese zarte Frau auch war, sie wurde gereizt, sobald es sich um ihn drehte, brauste bei dem geringsten Hindernis auf, das er ihrem Willen in den Weg legte. Dann schien es, als verdüstere das Dunkel ihres schwarzen Haares das klare Blau ihrer Augen. Sie wurde wild, sie beschuldigte ihn, ihr Dasein so sehr vergällt zu haben, daß ein Nebeneinanderleben fortan unmöglich sei. Habe denn nicht er alles angerichtet? Wenn von ihrer Ehe nichts mehr Bestand habe, wenn sie einen Geliebten habe, sei das nicht seine Schuld? Die schwerfällige Ruhe, die er an den Tag legte, der gleichgültige Blick, mit dem er ihre Zornesausbrüche aufnahm, sein runder Rücken, sein füllig gewordener Bauch, all dieses trübe Fett, das nach Glück aussah, brachte sie, die so leiden mußte, vollends auf. Mit ihm brechen, auf und davon gehen, an einem anderen Ort ein neues Leben beginnen, nur daran dachte sie noch. Oh, von neuem beginnen, vor allem erreichen, daß die Vergangenheit nicht da war, das Leben, das vor all diesen Abscheulichkeiten lag, von neuem beginnen, wieder so sein, wie sie mit fünfzehn Jahren gewesen war, und lieben, und geliebt werden, und leben, wie sie damals das Leben erträumte! Acht Tage lang hing sie einem Fluchtplan nach: sie wollte mit Jacques fort, sich in Belgien mit ihm verbergen, sich dort mit ihm als arbeitsames junges Ehepaar niederlassen. Darüber aber sprach sie mit ihm nicht einmal, es waren sofort Hindernisse aufgetaucht, das Ordnungswidrige ihrer Lage, das ständige Angstzittern, das sie immer spüren würden, vor allem der Verdruß, ihrem Mann ihr Vermögen, das Geld, La Croix-de-Maufras zurückzulassen. Durch ein gegenseitiges Testament hatten sie einander alles vermacht; und sie befand sich in seiner Gewalt, in jener gesetzlichen Bevormundung der Frau, die ihr die Hände band. Lieber hätte sie hier sterben mögen, als fortzugehen und auf einen Sou zu verzichten. Als er eines Tages leichenblaß heraufkam und sagte, beim Überschreiten der Gleise vor einer Lokomotive habe er gespürt, wie der Puffer seinen Ellbogen streifte, dachte sie, wenn er tot wäre, würde sie frei sein. Sie schaute ihn mit ihren großen, starren Augen an: warum starb er denn nicht, wo sie ihn doch nicht mehr liebte und er jetzt jedermann im Wege war?

Von da an änderte sich Séverines Traum. Roubaud war tödlich verunglückt, und sie reiste mit Jacques nach Amerika. Aber sie waren verheiratet, sie hatten La Croix-de-Maufras verkauft, das ganze Vermögen flüssig gemacht. Hinter sich ließen sie keinerlei Furcht zurück. Wenn sie auswanderten, so deshalb, um neu geboren zu werden, einer im Arm des andern. Dort draußen würde nichts mehr von dem sein, was sie vergessen wollte, sie würde glauben können, das Leben sei neu. Da sie sich nun einmal geirrt hatte, so würde sie eben das Glück nochmals von Anbeginn erfahren. Er würde schon eine Beschäftigung finden; sie selber würde irgend etwas unternehmen; dies würde Wohlstand bedeuten, zweifellos auch Kinder, ein neues Dasein in Arbeit und Glückseligkeit. Sobald sie morgens im Bett oder tagsüber beim Sticken allein war, versank sie wieder in diese Phantasievorstellung, verbesserte sie, spann sie weiter aus, fügte unaufhörlich glückliche Einzelheiten hinzu, glaubte sich am Ende mit Freude und Gütern überhäuft. Sie, die früher so selten aus dem Hause kam, ging nun leidenschaftlich gern zusehen, wie die Passagierdampfer ausliefen: sie ging auf die Mole hinunter, stützte sich mit den Ellbogen auf der Brüstung auf, schaute dem Rauch des Schiffes nach, bis er im Dunst der offenen See verschwamm; und sie wähnte ihr zweites Ich mit Jacques auf Deck, schon fern von Frankreich, unterwegs nach dem erträumten Paradies.

Eines Abends Mitte März erzählte ihr der junge Mann, der sich zu ihr hinaufgewagt hatte, in Paris habe er gerade in seinem Zug einen seiner ehemaligen Schulkameraden mitgenommen, der nach New York reise, um eine neue Erfindung, eine Maschine zur Herstellung von Knöpfen, zu Geld zu machen; und da er einen Teilhaber brauche, einen Mechaniker, habe er ihm sogar angeboten, ihn mitzunehmen. Oh, ein großartiges Geschäft, das fast nur eine Einlage von etwa dreißigtausend Francs erfordern würde und bei dem womöglich Millionen zu verdienen seien. Er sagte dies nur so zur Unterhaltung, setzte im übrigen hinzu, natürlich habe er das Angebot ausgeschlagen. Allerdings war ihm deswegen noch ein bißchen schwer ums Herz, denn immerhin sei es hart, auf das Glück zu verzichten, wenn es sich anbiete.

Stehend hörte Séverine ihm zu und schaute verloren vor sich hin. War dies nicht ihr Traum, der nun in Erfüllung gehen würde?

»Ach«, flüsterte sie schließlich, »wir könnten morgen schon fort . . .«

Überrascht hob er den Kopf.

»Wieso könnten wir fort?«

»Ja, wenn er tot wäre.«

Sie hatte Roubaud nicht beim Namen genannt, deutete nur mit einer Bewegung des Kinns auf ihn hin.

Aber Jacques hatte verstanden, er machte eine unbestimmte Gebärde, als wolle er sagen, leider sei Roubaud ja nicht tot.

»Wir könnten fort«, begann sie wieder mit ihrer schleppenden und unergründlichen Stimme, »drüben würden wir so glücklich sein! Die dreißigtausend Francs würde ich beim Verkauf des Besitztums bekommen; und ich würde noch genug haben, daß wir uns einrichten können ... Du, du würdest das alles nutzbringend anlegen; ich, ich würde ein kleines Heim ausstatten, wo wir uns mit all unsrer Kraft lieben würden ... Ach, das wäre schön, das wäre so schön!«
Und ganz leise fügte sie hinzu: »Fern jeder Erinnerung, nur neue Tage vor uns!«

Süß und sanft überkam es ihn, ihre Hände vereinten sich, drückten einander instinktiv, und keiner redete mehr, denn beide waren sie in diese Hoffnung versunken.

Dann sprach abermals sie:

»Du solltest deinen Freund vor seiner Abreise trotz allem noch einmal besuchen und ihn bitten, keinen Teilhaber zu nehmen, ohne dir vorher Bescheid zu geben.«

Von neuem wunderte er sich.

»Warum denn?«

»Mein Gott, kann man denn wissen? Neulich, als ihm das mit dieser Lokomotive passierte, fehlte noch eine Sekunde, und ich war frei ... Morgens lebt man noch, nicht wahr, und abends ist man schon tot.« Sie starrte ihn an, sie wiederholte: »Ach, wenn er doch tot wäre!«

»Du willst doch nicht etwa, daß ich ihn töte?« fragte er und versuchte zu lächeln.

Dreimal nacheinander sagte sie nein; ihre Augen aber sagten ja, die Augen dieser zarten Frau, die ganz von der unerbittlichen Grausamkeit ihrer Leidenschaft durchdrungen war. Da Roubaud doch einen anderen getötet hatte, warum sollte er da nicht selber getötet werden? Dies war soeben in ihr zum Durchbruch gekommen, jäh wie etwas Folgerichtiges, ein notwendiges Ziel. Ihn töten und weggehen, nichts einfacher als das. War er erst einmal tot, würde alles ein Ende haben, sie würde alles neu beginnen können. Schon sah sie keine andere mögliche Lösung mehr, ihr Entschluß war gefaßt, unumstößlich, während sie mit einem leichten Kopfschütteln weiterhin nein sagte, weil sie nicht den Mut zu einer Gewalttat hatte.

Mit dem Rücken gegen das Büfett gelehnt, hatte er noch immer ein Lächeln aufgesetzt. Soeben hatte er das Messer erblickt, das dort herumlag.

»Wenn du willst, daß ich ihn töte, mußt du mir das Messer geben . . . Die Uhr habe ich schon, da habe ich ja bald ein kleines Museum beisammen.« Er lachte stärker.

Sie erwiderte ernst:

»Nimm das Messer.«

Und als er es in die Tasche gesteckt hatte, um den Spaß gleichsam bis zu Ende zu treiben, küßte er sie.

»Na ja, und jetzt gute Nacht . . . Ich gehe gleich meinen Freund besuchen, ich werde ihm sagen, daß er warten soll . . . Komm doch am Sonnabend, wenn es nicht regnet, wieder hinter dem Haus der Sauvagnats mit mir zusammen. Einverstanden, hm? – Und sei unbesorgt, wir töten niemanden, es ist ja nur ein Scherz.«

Trotz der späten Stunde ging Jacques dennoch zum Hafen hinunter, um den Schulkameraden, der am nächsten Tag abreiste, in seinem Hotel aufzusuchen. Er erzählte ihm von einer möglichen Erbschaft, erbat vierzehn Tage Bedenkzeit, bevor er ihm eine endgültige Antwort gab. Als er dann durch die breiten, schwarzen Straßen nach dem Bahnhof zurückging, staunte er über sein Vorgehen. Hatte er denn

beschlossen, Roubaud zu töten, wo er doch bereits über seine Frau und sein Geld verfügte? Sicher nicht, er hatte nichts entschieden, zweifellos traf er nur so Vorsorge für den Fall, daß er sich entscheiden würde. Aber die Erinnerung an Séverine wurde wachgerufen, der brennende Druck ihrer Hand, ihr starrer Blick, der ja sagte, während ihr Mund nein sagte. Offensichtlich wollte sie, daß er den anderen tötete. Große Verwirrung erfaßte ihn, was sollte er tun?

Als Jacques wieder in der Rue François-Mazeline neben dem schnarchenden Pecqueux lag, konnte er nicht schlafen. Gegen seinen Willen arbeitete sein Gehirn an dieser Mordidee, diesem Gewebe eines Dramas, das er einfädelte, dessen weitreichendste Folgen er berechnete. Er sann nach, er erwog die Gründe dafür, die Gründe dagegen. Wenn man alles in allem kaltblütig ohne jedes Fieber darüber nachdachte, so sprachen alle Gründe dafür. War Roubaud nicht das einzige Hindernis für sein Glück? War Roubaud tot, dann heiratete Jacques Séverine, die er anbetete, er verbarg sich nicht mehr, besaß sie für immer, voll und ganz. Sodann war da das Geld, ein Vermögen. Er gab seinen schweren Beruf auf, wurde seinerseits Chef in jenem Amerika, von dem er die Kumpel wie von einem Land reden hörte, wo Mechaniker das Gold nur so scheffelten. Seine neue Existenz drüben rollte traumartig ab: eine Frau, die ihn leidenschaftlich liebte, Millionen, die sofort zu verdienen waren, das großzügige Leben, der unbeschränkte Ehrgeiz, was er nur wollte. Und zur Verwirklichung dieses Traumes war nur eine Handbewegung erforderlich, war nur ein Mensch zu beseitigen, das Tier, die Pflanze, die beim Gehen im Wege ist und die man zertrampelt. Er zählte nicht einmal mehr, dieser Mann, der jetzt fett, plump geworden war, in jene stupide Spielsucht verstrickt, in der seine Energien von einst zugrunde gingen. Warum sollte man ihn schonen? Kein Umstand, aber auch gar keiner sprach zu seinen Gunsten. Alles verurteilte ihn, da ja nun mal die Antwort auf jede Frage lautete: Das Interesse der anderen erheischte, daß er starb. Zögern würde schwachsinnig und feige sein.

Aber Jacques, dem der Rücken brannte und der sich auf den Bauch gelegt hatte, drehte sich mit einem Satz um, bei einem Gedanken auffahrend, der bis dahin nur schemenhaft, jetzt aber jäh so grell da war, daß er ihn wie einen Stachel in seinem Schädel gespürt hatte. Er, der von Kindheit an töten wollte, den das Grauen vor dieser fixen Idee bis zur Folter verheerte, warum tötete er denn nicht Roubaud? Vielleicht würde er an diesem auserkorenen Opfer seinen Morddrang für immer stillen; und auf diese Weise würde

er nicht nur ein gutes Geschäft machen, er würde außerdem geheilt werden. Geheilt, mein Gott! Nicht mehr diesen Schauder des Blutes spüren, Séverine besitzen können, ohne jenes wilde Erwachen des Mannestiers aus der Vorzeit, das die Weibchen mit aufgeschlitztem Bauch über seine Schulter wirft und wegschleppt! Ein Schweißausbruch überschwemmte ihn, er sah sich das Messer Roubaud in die Kehle stoßen, so wie dieser es dem Präsidenten in die Kehle gestoßen hatte, fühlte sich befriedigt und gesättigt, je mehr die Wunde auf seine Hände herabblutete. Er würde ihn töten, er war dazu entschlossen, denn das würde ihm die Heilung, die angebetete Frau, das Vermögen verschaffen. Wenn er schon jemanden tötete, weil er töten mußte, so würde er jenen töten, weil er dann wenigstens wußte, was er tat, bei vollem Verstand aus Eigennutz und Logik.
Nachdem dieser Entschluß gefaßt war, bemühte sich Jacques zu schlafen, denn es hatte soeben drei Uhr morgens geschlagen. Schon schwand ihm das Bewußtsein, da wühlte ihn eine tiefe Erschütterung auf, ließ ihn nach Luft ringen und sich im Bett aufsetzen. Diesen Menschen töten, mein Gott, hatte er das Recht dazu? Belästigte ihn eine Fliege, so zerquetschte er sie mit einem Schlag. Als sich eines Tages eine Katze in seine Beine verrannt hatte, da hatte er ihr, freilich ohne es zu wollen, mit einem Fußtritt das Kreuz gebrochen. Aber diesen Menschen, seinesgleichen! Er mußte seinen ganzen Gedankengang wieder von vorn beginnen, um sich sein Recht auf Mord zu beweisen, das Recht der Starken, die die Schwachen fressen, die ihnen im Wege sind. Ihn liebte jetzt die Frau des anderen, und sie selber wollte frei sein, um ihn zu heiraten, ihm ihren Besitz mitzubringen. Er tat einfach nichts weiter, als das Hindernis aus dem Wege zu räumen. Wenn zwei Wölfe in den Wäldern

aufeinanderstoßen, beseitigt dann nicht der stärkere, wenn eine Wölfin da ist, den anderen durch einen Biß? Und vormals, als die Menschen wie die Wölfe in der Tiefe der Höhlen Unterschlupf suchten, gehörte da das begehrte Weib nicht dem aus der Horde, der es durch das Blut der Nebenbuhler zu erobern vermochte? Da das nun einmal das Lebensgesetz war, mußte man ihm gehorchen, ohne alle Gewissensbedenken, die man später für das Zusammenleben der Menschen ersonnen hatte. Mit der Zeit schien es ihm, er habe unumschränkt das Recht, er fühlte, wie sein voller Entschluß neu geboren wurde: gleich am nächsten Tag würde er Ort und Stunde wählen, würde die Tat vorbereiten. Am besten wäre es zweifellos, Roubaud nachts auf dem Bahnhof während einer seiner Runden zu erdolchen, um den Anschein zu erwecken, er sei von ertappten Plünderern umgebracht worden. Dort draußen hinter den Kohlenhaufen kannte er eine gute Stelle, wenn man ihn dort hinlocken könnte. Trotz seines Bemühens einzuschlafen, legte er sich jetzt das Ganze zurecht, erwog, wo er sich aufstellen, wie er zustoßen würde, um ihn sofort niederzustrecken; und während er auf die geringsten Kleinigkeiten einging, kehrte dumpf, unüberwindlich sein Widerwillen zurück, ein innerer Protest, der ihn wiederum aufwühlte. Nein, nein, er würde nicht zustoßen! Dies erschien ihm ungeheuerlich, unausführbar, unmöglich. Der gesittete Mensch in ihm empörte sich, die erworbene Macht der Erziehung, das träge und unzerstörbare Gerüst der überlieferten Anschauungen. Du sollst nicht töten! Die hatte er mit der Milch von Generationen eingesogen; sein verfeinertes, mit Skrupeln ausgestattetes Gehirn wies einen Mord schaudernd von sich, sobald es mit klarem Verstand das Für und Wider erwog. Ja, aus einem Drang, in einer

Aufwallung des Instinktes töten! Aber absichtlich, aus Berechnung und Eigennutz töten, nein, das würde er niemals, niemals können!

Der Tag brach an, als Jacques endlich einschlummerte, und er lag in einem so leichten Halbschlaf, daß diese Gedanken in all ihrer Abscheulichkeit verworren in ihm weiterarbeiteten. Die Tage, die nun folgten, waren die schmerzlichsten seines Daseins. Er ging Séverine aus dem Wege, er hatte ihr ausrichten lassen, sie solle nicht zum Stelldichein am Sonnabend kommen, weil er sich vor ihren Augen scheute. Am Montag aber mußte er sie wiedersehen; und wie er fürchtete, erfüllten ihn ihre so sanften, so tiefen, großen blauen Augen mit Angst. Sie sprach nicht davon, sie machte nicht eine Gebärde, sagte nicht ein Wort, um ihn zu drängen. Ihre Augen allerdings waren nur davon erfüllt, fragten ihn aus, flehten ihn an. Er wußte nicht, wie er der Ungeduld und dem Vorwurf dieser Augen ausweichen sollte, immer wieder fand er sie auf seine Augen geheftet, voller Staunen, daß er zögern konnte, glücklich zu sein. Als er Séverine verließ, küßte er sie in einer jähen Umschlingung, um ihr zu verstehen zu geben, daß er entschlossen sei. Er war es in der Tat, er war es, bis er die Treppe hinuntergegangen war, aber dann sank er wieder in den Kampf seines Gewissens zurück. Als er Séverine am übernächsten Tag wiedersah, hatte er die verwirrte Blässe, den verstohlenen Blick eines Feiglings, der vor einer notwendigen Tat zurückschreckt.

Sie brach, ohne etwas zu sagen, in Schluchzen aus, weinte an seinem Hals, entsetzlich unglücklich; und er strömte, aufgewühlt, über vor Selbstverachtung. Es mußte ein Ende gemacht werden.

»Donnerstag dort draußen, willst du?« fragte sie leise.

»Ja, Donnerstag, ich warte auf dich.«
An jenem Donnerstag war die Nacht ganz schwarz, ein sternenloser, undurchdringlicher und dumpfer Himmel, mit den von der See kommenden Nebelschwaden bedeckt. Wie gewöhnlich spähte Jacques, der zuerst eingetroffen war und hinter dem Haus der Sauvagnats stand, nach Séverine aus. Aber die Finsternis war so dicht, und Séverine eilte so leichtfüßig herbei, daß er zusammenfuhr, als er von ihr gestreift wurde, ohne daß er sie bemerkt hatte. Schon lag sie in seinen Armen, war besorgt, weil sie spürte, daß er zitterte.
»Ich habe dich erschreckt«, flüsterte sie.
»Nein, nein, ich habe ja auf dich gewartet . . . Gehen wir, es kann uns niemand sehen.«
Und die Arme um die Hüften geschlungen, wanderten sie langsam durch das unbebaute Gelände. Auf dieser Seite des Bahnbetriebswerkes waren nur wenige Gaslaternen; an manchen finsteren Stellen fehlten sie ganz, während es in der Ferne, nach dem Bahnhof zu, von ihnen wimmelte wie von blitzenden Funken.
Lange gingen sie so, ohne ein Wort. Sie hatte den Kopf an seine Schulter gelegt, zuweilen hob sie ihn, küßte Jacques aufs Kinn; und sich herabbeugend erwiderte er diesen Kuß auf die Schläfe, am Haaransatz. Soeben war von den fernen Kirchen der tiefe und einzige Schlag von ein Uhr morgens erklungen. Wenn sie nicht sprachen, so deshalb, weil jeder von ihnen in dieser engen Umschlingung hörte, was der andere dachte. Sie dachten nur daran, sie konnten nicht mehr zusammen sein, ohne daß sie ganz davon besessen waren. Die Auseinandersetzung ging weiter, wozu sollte man laut unnütze Worte sagen, wo doch Handeln not tat? Wenn sie sich zu einer Liebkosung an ihm emporreckte, fühlte sie das

Messer, das die Hosentasche ausbeulte. Sollte das etwa heißen, daß er entschlossen war?
Aber ihre Gedanken strömten aus ihr hervor, ihre Lippen öffneten sich in einem kaum merklichen Hauch.
»Eben ist er noch einmal heraufgekommen, ich wußte nicht warum . . . Dann habe ich gesehen, wie er seinen Revolver nahm, den er vergessen hatte . . . Sicherlich wird er eine Runde machen.«
Wieder sank Schweigen herab, und erst zwanzig Schritte weiter sagte nun er:
»In der vergangenen Nacht haben Plünderer hier in der Nähe Blei weggeholt . . . Er kommt bestimmt bald her.«
Da erschauerte sie leicht, und wieder verstummten beide, gingen langsameren Schrittes dahin.
Ein Zweifel hatte Séverine gepackt: war es überhaupt das Messer, das da seine Tasche aufbauschte? Zweimal hintereinander küßte sie ihn, um sich besser überzeugen zu können. Dann, als sie unsicher blieb, wie sie sich so der Länge nach an seinem Bein rieb, ließ sie die Hand herabhängen, tastete, wobei sie ihn abermals küßte. Es war doch das Messer.
Er aber, der begriffen hatte, hatte sie jäh so fest an seine Brust gedrückt, daß sie keine Luft mehr bekam; und er stammelte ihr ins Ohr:
»Er kommt gleich, du wirst frei sein.«
Der Mord war beschlossen, ihnen war, als gingen sie nicht mehr, als trüge sie eine fremde Kraft dicht über dem Erdboden dahin. Ihre Sinne hatten plötzlich eine äußerste Schärfe angenommen, besonders das Gefühl, denn ihre ineinanderliegenden Hände begannen zu schmerzen, das leiseste Streifen ihrer Lippen wurde dem Kratzen von Fingernägeln ähnlich. Sie hörten auch die Geräusche, die soeben

verhallten, das Rollen, das ferne Schnaufen der Lokomotiven, gedämpfte Stöße, umherirrende Schritte auf dem Grunde der Finsternis. Und sie sahen die Nacht, sie unterschieden die schwarzen Flecke der Dinge, als wäre ein Nebel von ihren Lidern gewichen: eine Fledermaus huschte vorüber, deren jähes Hakenschlagen sie verfolgen konnten. An der Ecke eines Kohlenhaufens waren sie regungslos stehengeblieben, lauschten und spähten in einer Anspannung ihres ganzen Wesens. Jetzt flüsterten sie.
»Hast du dahinten nicht einen Anruf gehört?«
»Nein, das ist ein Waggon, der in den Schuppen eingestellt wird.«
»Aber da, links von uns, geht jemand. Der Sand hat geknirscht.«
»Nein, nein, in den Haufen laufen Ratten umher, die Kohle poltert runter.«
Es verstrichen Minuten.
Da plötzlich umschlang sie ihn fester.
»Da ist er.«
»Wo denn? Ich sehe nichts.«
»Er ist um den Frachtgutschuppen herumgegangen, er kommt direkt auf uns zu . . . Da, sein Schatten, der an der weißen Mauer vorüberstreicht!«
»Meinst du, dieser dunkle Punkt . . . Ist er denn allein?«
»Ja, allein, er ist allein.«
Und in diesem entscheidenden Augenblick fiel sie ihm stürmisch um den Hals, sie preßte ihren glühenden Mund auf seinen Mund. Es war ein Kuß lebendigen Fleisches, ein langer Kuß, bei dem sie ihm am liebsten ihr Blut gegeben hätte. Wie sie ihn liebte und wie sie den anderen verabscheute! Ach, wenn sie es gewagt hätte, so würde sie das schon zwanzigmal selber getan haben, um ihm das Grauen

davor zu ersparen; aber ihre Hände versagten, sie fühlte sich zu sanftmütig, es war die Faust eines Mannes vonnöten. Und dieser nicht enden wollende Kuß war alles, was sie ihm von ihrem Mut einhauchen konnte, war der volle Besitz, den sie ihm verhieß, die Gemeinschaft mit ihrem Leibe. In der Ferne pfiff eine Lokomotive, schleuderte aus schwermütiger Todesnot eine Wehklage in die Nacht; in regelmäßigen Stößen hörte man ein Getöse, das wer weiß woher kommende Aufprallen eines Riesenhammers, während die von der See heraufgezogenen Nebelschwaden sich auf dem Himmel als wanderndes Chaos von Schatten abzeichneten, dessen dahinhuschende Risse für Augenblicke die blitzenden Funken der Gaslaternen auszulöschen schienen. Als sie ihren Mund endlich löste, hatte sie nichts mehr, was ihr eigen war, sie glaubte völlig in ihn übergegangen zu sein.

Mit einer raschen Handbewegung hatte er bereits das Messer aufgeklappt. Aber er stieß einen erstickten Fluch aus.

»Gottverdammt! Die Gelegenheit ist futsch, er geht weg!«

Es stimmte, soeben war der sich bewegende Schatten, nachdem er sich ihnen auf etwa fünfzig Schritt genähert hatte, nach links abgebogen und entfernte sich mit dem regelmäßigen Schritt eines Nachtwächters, den nichts beunruhigt.

Da stieß sie ihn vorwärts. »Los, los doch!«

Und beide gingen los, er voran, sie auf seinen Fersen, beide schlichen, glitten hinter dem Mann her wie auf der Jagd, jedes Geräusch vermeidend. Einen Augenblick verloren sie ihn an der Ecke der Ausbesserungswerkstätten aus den Augen; dann, als sie den Weg abkürzten, indem sie ein Abstellgleis überquerten, fanden sie ihn höchstens zwanzig

Schritt entfernt wieder. Sie mußten die kleinsten Mauerenden ausnutzen, um Deckung zu haben, ein einziger Fehltritt hätte sie verraten.

»Wir kriegen ihn nicht«, knurrte Jacques dumpf. »Wenn er das Stellwerk erreicht, entwischt er.«

Sie wiederholte immerzu dicht an seinem Hals:

»Los, los doch!«

In dieser Minute, auf diesem weiten, ebenen, von Finsternis ertränkten Gelände, inmitten dieser nächtlichen Trostlosigkeit eines großen Bahnhofs, war er entschlossen wie in der zum Helfershelfer werdenden Einsamkeit einer Mördergrube. Und während er verstohlen seine Schritte beschleunigte, stachelte er sich auf, suchte sich abermals durch Gründe zu überreden, lieferte sich die Argumente, die diesen Mord zu einer vernünftigen, rechtmäßigen, logisch durchdachten und beschlossenen Tat machen sollten. Es war doch ein Recht, das er ausübte, eben das Recht des Lebens, weil dieses Blut eines anderen nun einmal unerläßlich für sein eigenes Dasein war. Er brauchte nur dieses Messer hineinzustoßen, und das Glück war erobert.

»Wir kriegen ihn nicht, wir kriegen ihn nicht«, wiederholte er wütend, als er sah, wie der Schatten das Stellwerk hinter sich ließ. »Die Gelegenheit ist futsch, er haut ab.«

Aber jäh packte sie ihn mit ihrer nervösen Hand am Arm, preßte ihn unbeweglich an sich.

»Sieh, er kommt zurück!«

In der Tat kam Roubaud zurück. Er war nach rechts abgebogen, dann kam er wieder nach vorn. Vielleicht hatte er hinter seinem Rücken die Mörder unbestimmt gespürt, die auf seiner Spur waren. Dennoch ging er mit seinem ruhigen Schritt weiter wie ein gewissenhafter Wächter, der nicht heimkehren will, ohne überall nachgeschaut zu haben.

Jäh in ihrem Lauf aufgehalten, rührten sich Jacques und
Séverine nicht mehr. Der Zufall hatte sie gerade an der
Ecke eines Kohlenhaufens hingepflanzt. An ihn lehnten sie
sich, schienen in ihn einzugehen, das Rückgrat an die
schwarze Wand gepreßt, verschwommen, verloren in dieser
Tintenlache. Sie hielten den Atem an.
Und Jacques schaute, wie Roubaud gerade auf sie zukam.
Kaum dreißig Meter trennten sie, jeder Schritt verringerte
den Abstand, regelmäßig, taktmäßig wie vom unerbittlichen Pendel des Schicksals bewegt. Noch zwanzig Schritt,
noch zehn Schritt: er würde ihn vor sich haben, er würde
den Arm heben, würde ihm das Messer in die Kehle stoßen,
von rechts nach links durchziehen, um den Schrei zu erstik-
ken. Die Sekunden erschienen ihm endlos, durch die Leere
seines Schädels strömte eine solche Woge von Gedanken,
daß dadurch jeder Zeitsinn aufgehoben wurde. Wieder
einmal zogen alle Gründe vorüber, die ihn bewogen, wieder sah er klar und deutlich den Mord, die Ursachen und
die Folgen. Noch fünf Schritt. Zum Zerreißen gespannt,
blieb sein Entschluß unerschütterlich. Er wollte töten, er
wußte, warum er töten würde.
Aber bei zwei Schritt, bei einem Schritt Entfernung gab es
einen Zusammenbruch. Alles in ihm stürzte mit einem
Schlag ein. Nein, nein! Er würde nicht töten, er konnte diesen wehrlosen Menschen nicht einfach töten. Vernünftiges
Überlegen würde niemals einen Mord zustande bringen,
erforderlich war der Instinkt zum Zubeißen, der Sprung,
der einen über die Beute herfallen läßt, der Hunger oder
die Leidenschaft, die sie zerreißt. Was machte es schon, daß
das Gewissen nur aus den Anschauungen bestand, die ein
sich langsam weitervererbender Gerechtigkeitssinn über-
liefert hatte! Er fühlte sich nicht berechtigt zu töten, und

was er auch tat, es gelang ihm nicht, sich einzureden, daß er sich das Recht nehmen durfte.
Ruhig ging Roubaud vorüber. Sein Ellbogen streifte die beiden anderen, die fast in der Kohle steckten. Ein Atemzug hätte sie verraten; aber sie verharrten wie tot. Der Arm hob sich nicht, das Messer drang nicht in die Kehle. Nichts ließ die dichte Finsternis erbeben, nicht einmal ein Schauer. Schon war er zehn Schritt weit weg, da standen sie beide noch immer regungslos, den Rücken wie angenagelt an den schwarzen Haufen, mit angehaltenem Atem da, voller Entsetzen vor diesem waffenlosen einzelnen Mann, der eben so friedlich an ihnen vorübergegangen und sie gestreift hatte.
Jacques schluchzte auf, erstickt vor Wut und Scham.
»Ich kann nicht! Ich kann nicht!« Er wollte wieder Séverine fassen, sich in einem Bedürfnis nach Verzeihung und Trost an sie lehnen.
Ohne ein Wort zu sagen, entschlüpfte sie.
Er hatte die Hände ausgestreckt, hatte nur gespürt, wie ihr Rock zwischen seinen Fingern entglitt; und er hörte bloß ihr leichtfüßiges Entfliehen. Vergebens verfolgte er sie einen Augenblick, denn dieses jähe Verschwinden brachte ihn durcheinander. War sie denn so erbost über seine Schwäche? Verachtete sie ihn? Vorsicht hielt ihn davon ab, sie einzuholen. Als er sich aber wieder allein in diesem weiten, ebenen, mit den kleinen, gelben Tränen des Gaslichtes befleckten Gelände befand, überkam ihn gräßliche Verzweiflung, eilends machte er, daß er hier wegkam, um seinen Kopf abgrundtief in sein Kopfkissen zu vergraben und um dort den Abscheu vor seinem Dasein zu tilgen.
Etwa zehn Tage später, gegen Ende März, triumphierten

die Roubauds endlich über die Lebleus. Die Verwaltung hatte ihr von Herrn Dabadie unterstütztes Gesuch als berechtigt anerkannt, zumal der berühmte Brief des Kassenverwalters mit der Verpflichtung, die Wohnung zurückzugeben, wenn ein neuer stellvertretender Vorsteher sie beanspruchen sollte, von Fräulein Guichon wieder aufgefunden worden war, als sie im Bahnhofsarchiv nach alten Rechnungen suchte. Und über ihre Niederlage erbittert, war Frau Lebleu sofort bereit umzuziehen: wenn man schon ihren Tod wolle, so könne man gleich ein Ende machen. Drei Tage lang versetzte dieser denkwürdige Umzug den Flur in fieberhafte Aufregung. Selbst die so unscheinbare kleine Frau Moulin, die man niemals kommen oder gehen sah, ließ sich mit hineinziehen und trug Séverines Nähtischchen aus der einen Wohnung in die andere. Besonders Philomène aber schürte die Zwietracht, sie war gleich im ersten Augenblick hergekommen, um zu helfen, sie machte die Packen zurecht, stieß die Möbel herum, fiel in die Vorderwohnung ein, bevor die Mieterin sie geräumt hatte; und sie war es, die Frau Lebleu daraus vertrieb, inmitten des heillosen Durcheinanders der beim Umladen untereinandergemengten, vermischten Möbel der beiden Haushalte. Es war so weit mit ihr gekommen, daß sie für Jacques und für alles, was er liebte, einen solchen Eifer an den Tag legte, daß Pecqueux sie verwundert, von Argwohn erfaßt, mit seiner tückischen, bösen Miene, seiner rachsüchtigen Säufermiene gefragt hatte, ob sie denn jetzt mit seinem Lokführer schlafe, und er hatte sie gewarnt, er werde an dem Tage, an dem er sie erwischen sollte, mit ihnen beiden schon abrechnen. Sie war nur um so mehr in den jungen Mann verschossen, sie machte sich zu seiner und seiner Geliebten Magd, in der Hoffnung, ihn dadurch, daß sie sich zwischen die beiden schob, auch ein wenig für sich zu haben. Als sie den letzten Stuhl weggeschafft hatte, schlugen die Türen zu. Dann, als sie einen von der Frau des Kassenverwalters vergessenen Hocker erblickte, machte sie die Tür noch einmal auf, warf ihn quer über den Korridor. Es war geschafft.

Nun nahm das Dasein langsam wieder seinen eintönigen Gang. Während nach hinten hinaus Frau Lebleu, von ihren Rheumaanfällen in der Tiefe ihres Sessels festgenagelt, vor Langeweile dahinstarb, mit dicken Tränen in den Augen, weil sie nur noch das Zink der den Himmel versperrenden Bahnhofshalle sah, arbeitete Séverine, die es sich an einem Fenster der Vorderwohnung bequem gemacht hatte, an ihrer endlosen Fußdecke. Unter sich hatte sie das fröhliche Treiben des Abfahrtsbahnsteiges, die unaufhörliche Woge der Fußgänger und Wagen; schon brachte der zeitige Frühling die Knospen der großen Bäume am Rand der Bürgersteige zum Grünen; und jenseits davon entfalteten die fernen Hügel von Ingouville ihre waldigen Hänge, die mit den weißen Tupfen der Landhäuser besteckt waren. Aber sie wunderte sich, daß sie so wenig Gefallen an der endlichen Erfüllung dieses Traumes fand: hier in dieser heißbegehrten Wohnung zu sein, Raum, Tageslicht, Sonne zu haben. Als ihre Aufwartefrau, Mutter Simon, brummte, weil sie wütend war, daß sie nichts mehr so vorfand, wie sie es gewohnt war, machte sie das sogar ungeduldig, zeitweise sehnte sie sich nach ihrem alten Loch zurück, wie sie sagte, wo der Schmutz weniger zu sehen sei. Roubaud selber hatte einfach alles geschehen lassen. Er schien nicht zu wissen, daß er das Nest gewechselt hatte: oft noch irrte er sich, wurde dessen erst gewahr, wenn sein neuer Schlüssel nicht in das alte Schloß paßte. Übrigens blieb er immer häufiger weg, die Zerrüttung hielt an. Eine Zeitlang jedoch schien er durch das Erwachen seiner politischen Anschauungen wieder aufzuleben; nicht etwa, daß sie sehr klar, sehr hitzig waren; aber seine Geschichte mit dem Unterpräfekten, die ihn beinahe seine Stellung gekostet hätte, bewahrte er im Herzen. Seitdem das Kaiserreich, von den allgemeinen Wahlen erschüttert, eine schreckliche Krise durchmachte, triumphierte er, sagte er immer wieder, jene Leute würden nicht immer die Herren bleiben. Eine freundschaftliche Warnung Herrn Dabadies, den Fräulein Guichon unterrichtet hatte, die sich die revolutionäre Rede hatte anhören müssen, genügte übrigens, um ihn abzukühlen. Wo der Flur doch ruhig sei und man jetzt, da die vom Trübsinn fast umgebrachte Frau Lebleu immer kraftloser wurde, in Eintracht lebe, wozu da neue Scherereien mit Regierungsangelegenheiten? Er winkte bloß ab, auf die Politik wie auf alles andere pfeife er! Und jeden Tag fetter werdend, ohne alle Gewissensbisse, pflegte er mit seinem schwerfälligen Schritt davonzugehen und allen gleichgültig den Rücken zu kehren.

Seitdem sich Jacques und Séverine jederzeit treffen konnten, hatte die Befangenheit zwischen ihnen zugenommen. Es hinderte sie nichts mehr daran, glücklich zu sein; er kam, wann es ihm gefiel, die andere Treppe hinauf, um sie zu besuchen, ohne Furcht, daß man ihm nachspionierte; und die Wohnung gehörte ihnen, er hätte dort schlafen können, wenn er so verwegen gewesen wäre. Aber es war das Unausgeführte, die von ihnen beiden gewollte und gutgeheißene Tat, die er nicht vollbrachte und die, da sie stets daran dachten, fortan ein Unbehagen, eine unüberwindliche Mauer zwischen ihnen errichtete. Er, der die Scham über seine Schwäche mitbrachte, fand Séverine von Mal zu

Mal mißmutiger und krank vom nutzlosen Warten. Ihre Lippen suchten einander nicht einmal mehr, denn dieses halbe Besitzen hatten sie bis zur Neige gekostet; das ganze Glück wollten sie, die Ausreise, die Heirat drüben, das andere Leben.

Eines Abends fand Jacques Séverine in Tränen; und als sie ihn erblickte, weinte sie weiter, an seinem Hals hängend, schluchzte sie stärker. So hatte sie schon oft geweint, aber mit einer Umschlingung besänftigte er sie immer; diesmal dagegen fühlte er sie an seinem Herzen von einer Verzweiflung verheert, die immer größer wurde, je fester er sie an sich drückte. Er war fassungslos, schließlich nahm er ihren Kopf zwischen beide Hände; und ganz nahe blickte er ihr tief in die tränenüberfluteten Augen und leistete einen Schwur, denn er begriff sehr wohl, wenn sie so verzweifelte, so deshalb, weil sie Frau war, weil sie in ihrer passiven Sanftmut doch nicht selbst zuzustoßen wagte.

»Verzeih mir, warte noch . . . Ich schwöre es dir, bald, sowie ich kann.«

Sogleich hatte sie ihren Mund auf seinen Mund gepreßt, um diesen Eid gleichsam zu besiegeln, und sie tauschten einen jener innigen Küsse, bei denen sie eins wurden in der Gemeinschaft ihres Fleisches.

Kapitel 10

Tante Phasie war am Donnerstagabend um neun Uhr in einem letzten Krampfanfall gestorben; und vergebens hatte Misard, der neben ihrem Bett wartete, ihr die Lider zuzudrücken versucht: die starrsinnigen Augen blieben offen, der Kopf war steif geworden, war über die Schulter ein wenig zur Seite geneigt, als wolle er ins Zimmer blicken, während die eingezogenen Lippen in einem spöttischen Lachen aufgeworfen zu sein schienen. Eine einzige Kerze brannte neben ihr, auf eine Tischecke hingestellt. Und die Züge, die seit neun Uhr mit voller Geschwindigkeit an dieser noch warmen Toten vorüberbrausten, von der sie nichts wußten, erschütterten sie eine Sekunde lang unter der flackernden Flamme der Kerze.

Um Flore loszuwerden, schickte Misard sie sogleich nach Doinville, um den Todesfall anzuzeigen. Vor elf Uhr konnte sie nicht zurück sein, er hatte zwei Stunden Zeit vor sich. Seelenruhig schnitt er sich erst einmal ein Stück Brot ab, denn er spürte seinen leeren Bauch, weil er wegen dieses nicht enden wollenden Todeskampfes nicht zu Abend gegessen hatte. Und hin und her gehend, die Sachen aufräumend, aß er im Stehen. Heftige Hustenanfälle ließen ihn tief gekrümmt stehenbleiben, selber halb tot, so mager, so schmächtig, mit seinen trüben Augen und seinem farblosen Haar, daß es nicht gerade aussah, als solle er sich lange seines Sieges freuen. Gleichviel, er hatte sie allmählich zum Sterben gebracht, dieses Mordsweib, diese große und schöne Frau, wie der Wurm die Eiche allmählich zum Sterben bringt: erledigt, zunichte gemacht lag sie da auf dem Rücken, und er hielt sich noch immer. Aber ein Gedanke veranlaßte ihn niederzuknien, um eine Schüssel, in der sich etwas übriggebliebenes, für ein Klistier zubereitetes Kleiewasser befand, unter dem Bett hervorzuholen: seitdem sie den Streich ahnte, tat er Rattengift nicht mehr ins Salz, sondern in ihre Klistiere; und da sie zu dumm war und nach dieser Seite hin kein Mißtrauen hegte, hatte sie es sich trotzdem verpassen lassen, und diesmal mit Erfolg. Sobald er die Schüssel draußen ausgegossen hatte, kam er wieder herein, wusch den mit Flecken besudelten Fliesenboden des Zimmers mit einem Schwamm auf. Warum war sie auch so halsstarrig gewesen? Ganz schlau hatte sie sein wollen, das hatte sie nun davon! Wenn man in einer Ehe darum spielt, wer wohl den anderen beerdigt, ohne die Leute in den Streit einzuweihen, dann hält man die Augen offen. Darauf war er stolz, darüber feixte er wie über eine schöne Geschichte: da ließ sie sich das einfältig von hinten verpassen, wo sie doch so sorgsam alles überwachte, was von oben reinkam. In diesem Augenblick umhüllte ein vorüberfahrender Schnellzug das niedrige Haus mit einem solchen Sturmesbrausen, daß sich Misard, obwohl er daran gewöhnt war, zusammenfahrend zum Fenster umwandte. Ach ja, diese unablässige Woge, diese von überallher gekommenen Leute, die nichts davon wußten, was sie unterwegs zermalmten, denen es schnuppe war, so eilig hatten sie es, zum Teufel zu gehen! Und nachdem der Zug vorbei war, begegnete Misard in dem drückenden Schweigen den weit offenen Augen der Toten, deren starre Pupillen jeder seiner Bewegungen zu folgen schienen, während der hochgezogene Mundwinkel lachte.

Den so phlegmatischen Misard packte eine leise Zornesregung. Er verstand wohl, sie sagte: »Such! Such!« zu ihm. Aber ihre tausend Francs, die konnte sie bestimmt nicht mehr mitnehmen, und jetzt, wo sie nicht mehr achtgab, würde er sie schließlich doch finden. Hätte sie sie denn nicht gutwillig hergeben sollen? Dann wären diese ganzen Schereien nicht nötig gewesen. Überallhin folgten ihm die Augen. Such! Such! Dieses Zimmer, in dem er gar nicht herumzuwühlen gewagt hatte, solange sie darin lebte, überflog er mit dem Blick. Im Schrank zuerst: die Schlüssel nahm er unter dem Keilkissen hervor, stülpte die mit Wäsche beladenen Bretter um, leerte die beiden Schubladen aus, nahm sie sogar heraus, um nachzusehen, ob kein Versteck vorhanden war. Nein, nichts! Darauf dachte er an den Nachttisch. Er hob dessen Marmorplatte ab, drehte sie um. Vergebens! Hinter dem Spiegel am Kamin, einem winzigen, mit zwei Nägeln befestigten Jahrmarktspiegel, stellte er ebenfalls Nachforschungen an, schob ein flaches Lineal dahinter, brachte aber nur schwarze Staubflocken hervor. Such! Such! Um den großen, offenen Augen, die er auf sich gerichtet fühlte, zu entrinnen, ließ er sich nun auf alle viere nieder, klopfte den Fliesenboden leicht mit der Faust ab, horchte, ob ihm nicht irgendein Widerhall einen Hohlraum verriet. Mehrere Fliesen saßen locker in den Fugen, er riß sie heraus. Nichts, noch immer nichts! Als er wieder auf den Beinen war, packten ihn die Augen abermals, er drehte sich um, wollte seinen Blick in den starren Blick der Toten pflanzen, während ihre aufgeworfenen Lippen noch schrecklicher lachten. Er zweifelte nicht mehr daran, sie machte sich über ihn lustig. Such! Such! Fieber packte ihn, er trat näher an sie heran, von einem Verdacht, einem ruchlosen Gedanken befallen, der sein leichenblasses Ge-

sicht noch bleicher machte. Warum hatte er geglaubt, sie nehme sie ganz bestimmt nicht mit, ihre tausend Francs? Vielleicht nahm sie sie gerade trotz allem mit. Und er wagte sie aufzudecken, zu entkleiden, er durchsuchte sie, kramte in allen Falten ihrer Glieder, da sie ihm doch sagte, er solle suchen. Unter ihr, hinter ihrem Nacken, hinter ihrem Kreuz suchte er. Das Bett wurde um und um gewühlt, er versenkte den Arm bis zur Schulter in den Strohsack. Er fand nichts. Such! Such! Und der Kopf, der auf das in Unordnung gebrachte Kopfkissen zurückgesunken war, betrachtete ihn noch immer mit seinen spöttischen Pupillen.
Als Misard sich wütend und bebend bemühte, das Bett wieder herzurichten, kehrte Flore aus Doinville zurück.
»Es ist auf übermorgen, Sonnabend, elf Uhr, angesetzt«, sagte sie. Sie sprach vom Begräbnis. Mit einem Blick aber hatte sie begriffen, bei welcher Arbeit Misard während ihrer Abwesenheit außer Atem geraten war. Sie machte eine Gebärde geringschätziger Gleichgültigkeit. »Laß doch, du findest das Geld doch nicht.«
Er bildete sich ein, sie biete ihm ebenfalls Trotz. Und vortretend sagte er mit zusammengebissenen Zähnen:
»Sie hat es dir gegeben, du weißt, wo es ist.«
Der Gedanke, ihre Mutter könne jemandem, selbst ihr, ihrer Tochter, die tausend Francs gegeben haben, ließ sie die Achseln zucken.
»Von wegen, mir gegeben ... Der Erde gegeben, ja! – Guck, da in der Gegend ist es, du kannst ja suchen.« Und mit einer weitausholenden Gebärde wies sie auf das ganze Haus, auf den Garten mit seinem Brunnen, auf die Bahnlinie, auf das ganze weite Land. Ja, dort in der Gegend, auf dem Grunde eines Loches, irgendwo, wo es niemand jemals wieder entdecken würde. Während er außer sich und

voller Angst wieder anfing, die Möbel herumzustoßen, die Wände abzuklopfen, ohne sich durch ihre Gegenwart stören zu lassen, fuhr Flore, die neben dem Fenster stand, halblaut fort: »Oh, draußen ist es mild, eine schöne Nacht! – Ich bin schnell gegangen, die Sterne leuchten, als wäre heller Tag... Was wird morgen für schönes Wetter bei Sonnenaufgang sein!«
Einen Augenblick verweilte Flore vor dem Fenster, die Augen auf diese heitere, von den ersten lauen Apriltagen weich gestimmte Flur gerichtet, aus der sie sinnend, noch mehr an der wieder aufgerissenen Wunde ihrer Qual leidend, zurückkehrte. Als sie aber hörte, wie Misard das Zimmer verließ und sich erbittert in den Nebenräumen zu schaffen machte, trat sie nun selbst an das Bett heran, setzte sich nieder, die Blicke auf ihre Mutter gerichtet. Auf der Tischecke brannte noch immer die Kerze mit hoher und regloser Flamme. Ein Zug fuhr vorüber, der das Haus erschütterte.
Es war Flores Entschluß, die Nacht hierzubleiben, und sie überlegte. Zunächst brachte sie der Anblick der Toten von ihrer fixen Idee ab, von der Sache, die sie bedrängte, über die sie unter den Sternen im Frieden der Finsternis die ganze Landstraße nach Doinville entlang nachgedacht hatte. Jetzt schläferte Verwunderung ihren Schmerz ein: Warum hatte sie beim Tode ihrer Mutter nicht mehr Kummer empfunden? Und warum weinte sie auch jetzt noch nicht? Sie liebte sie doch sehr, trotz der ihr eigenen Menschenscheu eines großen wortkargen Mädchens, das immer davonlief, durch die Felder streifte, sobald es dienstfrei hatte. Zwanzigmal war sie während des letzten Anfalls, der ihre Mutter töten sollte, gekommen und hatte sich hergesetzt, um sie anzuflehen, sie solle einen Arzt rufen lassen;

denn sie ahnte Misards Streich, sie hoffte, die Angst würde ihn zurückhalten. Von der Kranken aber hatte sie stets nur ein wütendes »Nein!« zu hören bekommen, als hätte diese allen Kampfesstolz darein gesetzt, niemandes Hilfe anzunehmen, denn des Sieges war sie trotz allem gewiß, weil sie ja das Geld mitnehmen würde; und da mischte sich Flore gar nicht mehr ein, denn sie wurde selber wieder von ihrem Übel gepackt, verschwand, jagte umher, um zu vergessen. Sicherlich war es das, was den Zugang zu ihrem Herzen versperrte: Hat man selber einen zu großen Kummer, so ist für einen anderen kein Platz mehr vorhanden; ihre Mutter war dahingegangen, sie sah sie hier, vernichtet, so blaß, ohne daß sie trauriger zu sein vermochte, obwohl sie sich solche Mühe gab. Die Gendarmen rufen, Misard anzeigen. Wozu nur? Es würde ja doch bald alles zusammenbrechen. Und obgleich ihr Blick auf die Tote geheftet blieb, sah sie diese mit der Zeit gar nicht mehr, sie kehrte zu ihrer inneren Vision zurück, war wieder vollauf von dem Gedanken gefangen, in den sie sich verrannt hatte, verspürte nur noch die tiefgehende Erschütterung durch die Züge, deren Vorüberfahren der Stundenschlag für sie war.

Seit einer Weile grollte in der Ferne ein herannahender Personenzug aus Paris.

Als die Lokomotive mit ihrem Spitzensignal endlich am Fenster vorüberfuhr, zuckte im Zimmer ein Blitz, eine auflohende Feuersbrunst.

Ein Uhr achtzehn, dachte sie. Noch sieben Stunden. Heute früh um acht Uhr sechzehn kommen sie vorbei.

Seit Monaten war sie jede Woche von diesem Warten wie besessen. Sie wußte, daß der von Jacques geführte Schnellzug am Freitagmorgen auch Séverine nach Paris mitnahm; und in eifersüchtiger Qual lebte sie nur noch, um auf sie beide zu lauern, sie zu sehen, sich zu sagen, dort in Paris würden sie einander ungehindert besitzen. Oh, dieser dahinfliehende Zug, dieses scheußliche Gefühl, sich nicht an den letzten Wagen anklammern zu können, um ebenfalls mit fortgetragen zu werden! Ihr war, als durchschnitten all diese Räder ihr das Herz. Sie hatte so sehr gelitten, daß sie sich eines Abends versteckt hatte, weil sie an die Justizbehörden schreiben wollte; denn wenn sie diese Frau verhaften lassen könnte, würde es aus sein; und sie, die sie einst bei ihren Schweinereien mit dem Präsidenten Grandmorin ertappt hatte, ahnte, daß sie sie ausliefern würde, wenn sie das den Richtern meldete. Als sie aber die Feder in der Hand hielt, vermochte sie die Sache nie und nimmer zurechtzudrechseln. Und außerdem, würden die Justizbehörden denn auf sie hören? Alle diese feinen Leute steckten ja doch unter einer Decke. Vielleicht würde man auch sie selber ins Gefängnis stecken, wie man Cabuche hineingesteckt hatte. Nein! Sie wollte sich rächen, sie würde sich allein rächen, ohne jemanden nötig zu haben. Dies war nicht einmal ein Gedanke an Rache, wie sie gewöhnlich so davon reden hörte, der Gedanke, Böses zu tun, um von dem eigenen Bösen geheilt zu werden; es war ein Bedürfnis, ein Ende zu machen, alles über den Haufen zu werfen, als würde ein Donnerwetter sie beide hinwegfegen. Sie war sehr stolz, stärker und schöner als die andere, überzeugt von ihrem guten Recht darauf, geliebt zu werden; und wenn sie mit dem Helm ihres stets unbedeckten blonden Haars einsam über die Pfade dieses Wolfslandes dahinging, so hätte sie sie in ihrer Gewalt haben mögen, die andere, um den Streit zwischen ihnen an einer Waldesecke wie zwei feindliche Kriegerinnen auszutragen. Noch nie hatte ein Mann sie berührt, sie selber verprügelte die Mannsbilder;

und dies war ihre unbezwingliche Kraft, sie würde siegreich sein.

In der Woche zuvor hatte sich ihr wie unter einem Schlag, von dem sie nicht wußte, woher er kam, plötzlich der Gedanke eingerammt, eingehämmert: beide töten, damit sie nicht mehr vorbeikämen, nicht mehr zusammen dorthin führen. Sie stellte keine vernünftigen Überlegungen an, sie gehorchte dem wilden Zerstörungstrieb. Blieb ihr ein Dorn im Fleische stecken, so pflegte sie ihn herauszureißen, sie hätte sich wegen dieses Dornes auch den Finger abgehackt. Sie töten, sie beim erstenmal töten, da sie vorüberkommen würden, und dazu den Zug über den Haufen werfen, einen Balken über das Gleis schleppen, eine Schiene losreißen, kurzum, alles entzweischlagen, alles in einen Schlund hinabstürzen. Er auf seiner Lokomotive würde sicherlich mit breit gequetschten Gliedern auf der Strecke bleiben; die Frau, stets im ersten Wagen, um näher bei ihm zu sein, konnte nicht davonkommen; was die anderen betraf, diese stete Woge von Menschen, so dachte Flore nicht einmal an sie. Die gab es für sie nicht. Kannte sie sie denn? Und dieses Zermalmen eines Zuges, dieses Opfern so vieler Menschenleben, wurde in jeder einzelnen Stunde bei ihr zur Besessenheit, zur einzigen Katastrophe, die mit Blut und menschlichem Leid breit und tief genug ausgefüllt war, daß sie ihr maßloses, tränengeschwelltes Herz darin baden konnte.

Doch am Freitagmorgen war sie schwach geworden, weil sie sich noch nicht entschieden hatte, an welcher Stelle und auf welche Art und Weise sie eine Schiene entfernen sollte. Aber am Abend, als sie keinen Dienst mehr hatte, kam ihr eine Idee; sie zog los durch den Tunnel und streifte bis zur Abzweigung nach Dieppe umher. Dies war einer ihrer Spa-

zierwege, diese gut eine halbe Meile lange Unterführung, diese schnurgerade überwölbte breite Straße, auf der sie das Gefühl hatte, die Züge rollten über sie hinweg mit ihrem blendenden Spitzensignal: sie konnte jedesmal dabei überfahren werden, und es lockte sie wohl diese Gefahr in einem Drang nach trotziger Herausforderung hierher. Nachdem sie der Aufsicht des Wärters entronnen und bis zur Tunnelmitte vorgedrungen war, wobei sie sich links hielt, so daß sie sicher war, daß jeder von vorn kommende Zug rechts vorbeifahren würde, war sie aber an diesem Abend so unvorsichtig gewesen, sich umzuwenden, um gerade den Schlußlichtern eines nach Le Havre fahrenden Zuges nachzublicken; und als sie wieder weitergegangen war, war sie fehlgetreten, hatte sich dabei um sich selbst gedreht und dann nicht mehr gewußt, nach welcher Seite hin die roten Schlußlichter soeben verschwunden waren. Trotz ihres Mutes, noch betäubt vom Getöse der Räder, war sie

stehengeblieben, mit kalten Händen und vom Hauch des Entsetzens aufgewirbeltem bloßem Haar. Käme jetzt ein anderer Zug vorbei, so würde sie, wie sie sich einbildete, nicht mehr wissen, ob er nach Paris fuhr oder von Paris kam, sie würde sich nach rechts oder nach links werfen und so oder so überfahren werden. Angestrengt bemühte sie sich, ihren Verstand zusammenzunehmen, sich zu erinnern, hin und her zu überlegen. Dann hatte sie der Schrecken mit einem Schlage fortgerissen, aufs Geratewohl jagte sie wütend geradeaus dahin. Nein, nein! Sie wollte nicht getötet werden, bevor sie nicht die beiden anderen getötet hatte! Ihre Füße blieben an den Schienen hängen, sie rutschte aus, fiel hin, rannte schneller davon. Es war der Tunnelwahn, die Wände schienen enger zusammenzurücken, um sie zu umklammern, das Gewölbe hallte wider von eingebildeten Geräuschen, von drohenden Stimmen, von furchtbarem Grollen. Jeden Augenblick wandte sie den Kopf, weil sie den glutheißen Atem einer Lokomotive auf ihrem Hals zu spüren glaubte. Zweimal hatte eine plötzliche Gewißheit, daß sie sich irrte, daß sie auf der Seite, auf der sie dahinfloh, getötet werden würde, sie veranlaßt, mit einem Satz die Richtung ihres Laufes zu ändern. Und sie jagte dahin, sie jagte dahin, als plötzlich vor ihr in der Ferne ein Stern aufgetaucht war, ein rundes und flammendes Auge, das größer wurde. Aber sie hatte sich gegen das unwiderstehliche Verlangen, abermals umzukehren, gestemmt. Das Auge wurde zur Glut, zum gefräßigen Rachen eines Backofens. Geblendet war sie unbewußt nach links gesprungen; und der Zug brauste donnernd vorüber und ohrfeigte sie nur mit seinem Sturmwind. Fünf Minuten später kam sie gesund und wohlbehalten auf der Seite von Malaunay heraus.
Es war neun Uhr, noch ein paar Minuten, und der Schnell-

zug nach Paris würde hier sein. Sogleich war sie im Spazierschritt bis zu der zweihundert Meter entfernten Abzweigung nach Dieppe weitergegangen und hatte dabei das Gleis gemustert auf der Suche nach irgend etwas, das ihr bei ihrem Vorhaben helfen könnte. Auf dem Gleis nach Dieppe stand gerade ein Schotterzug zur Reparatur, den ihr Freund Ozil soeben über die Weiche dorthin geleitet hatte; und in einer plötzlichen Erleuchtung fand und entwarf sie einen Plan: den Weichenwärter einfach daran hindern, die Weiche wieder auf das Gleis von Le Havre umzustellen, so daß der Schnellzug an dem Schotterzug zerschellen würde. Für diesen Ozil hegte sie Freundschaft seit dem Tage, da er sich vor Begierde trunken auf sie gestürzt hatte und sie ihm mit einem Stockschlag halb den Schädel gespalten hatte, sie stattete ihm durch den Tunnel auf diese Weise gern unvorhergesehene Besuche ab, wie eine aus ihrem Gebirge entflohene Gemse. Ozil war alter Soldat, sehr hager, wenig redselig und ganz auf die Vorschriften bedacht, er hatte sich noch keinerlei Nachlässigkeit vorzuwerfen, denn er hielt Tag und Nacht die Augen offen. Nur, diese Wilde, die stark wie ein Bursche war und ihn verprügelt hatte, wühlte ihm, wenn sie nur mit dem kleinen Finger winkte, das Fleisch um und um. Obgleich er vierzehn Jahre älter war als sie, wollte er sie haben und hatte sich geschworen, sie zu kriegen, er würde sich eben gedulden, würde liebenswürdig sein, da mit Gewalt nun einmal nichts auszurichten war. So hatte er denn auch in dieser Nacht im Dunkel, als sie sich seinem Posten genähert und ihn herausgerufen hatte, alles vergessen und war zu ihr gekommen. Sie machte ihn ganz benommen, nahm ihn mit auf die Felder hinaus, erzählte ihm verwickelte Geschichten, daß ihre Mutter krank sei, daß sie nicht in La Croix-de-Maufras bleiben werde, wenn sie sie verlöre. Ihr Ohr lauerte auf das Grollen des Schnellzuges in der Ferne, der Malaunay verließ und mit Volldampf näher kam. Und als sie gemerkt hatte, daß er da war, hatte sie sich umgedreht, um nachzusehen. Aber sie hatte nicht an die neuen Sperrvorrichtungen gedacht: Bei der Auffahrt auf das Gleis nach Dieppe hatte die Lokomotive des Schotterzuges soeben selbsttätig das Signal auf Halt gestellt; und der Lokführer des Schnellzuges hatte Zeit gehabt, wenige Schritte vor dem Schotterzug zu halten. Ozil rannte mit dem Schrei eines Menschen, der beim Einsturz eines Hauses erwacht, zu seinem Posten zurück, während sie erstarrt, regungslos, vom Grunde der Finsternis das durch den Zwischenfall erforderlich gewordene Rangieren verfolgte. Zwei Tage später war der Weichenwärter versetzt worden und hatte sich von ihr verabschiedet, er argwöhnte nichts, flehte sie an, sie möge zu ihm kommen, sobald ihre Mutter gestorben sei. Na ja, es war fehlgeschlagen, man mußte etwas anderes ausfindig machen.

In diesem Augenblick wich bei dieser wachgerufenen Erinnerung der Nebel der Träumerei, der Flores Blick umdüsterte; und von neuem gewahrte sie die von der gelben Kerzenflamme beleuchtete Tote. Ihre Mutter war nicht mehr, sollte sie also weggehen und Ozil heiraten, der sie haben wollte, der sie vielleicht glücklich machen würde? Ihr ganzes Ich lehnte sich auf. Nein, nein! Wenn sie schon so feige war, daß sie die anderen beiden leben ließ und selber weiterlebte, so würde sie lieber über die Landstraßen wandern, sich als Magd verdingen, als einem Manne anzugehören, den sie nicht liebte. Und als ein ungewohntes Geräusch sie aufhorchen ließ, begriff sie, daß Misard dabei war, den festgestampften Boden der Küche mit einer Hacke umzuwühlen: Er war wie rasend auf der Suche nach dem verborgenen Schatz, er hätte das Haus ausgeweidet. Doch bei dem da wollte sie auch nicht bleiben. Was sollte sie tun? Eine Bö brauste heran, die Wände bebten, und über das weiße Gesicht der Toten huschte der Widerschein eines Feuerofens, der die offenen Augen und das ironische Zähneblekken der Lippen mit Blut befleckte. Es war der letzte Personenzug aus Paris mit seiner schweren und langsamen Lokomotive.

Flore hatte den Kopf gewandt und zu den Sternen hinauf geschaut, die in der klaren Frühlingsnacht glänzten.

»Zehn nach drei. Noch fünf Stunden, und sie kommen.«

Sie würde es noch einmal unternehmen, sie litt zu sehr. Die beiden sehen, die beiden so jede Woche der Liebe entgegenfahren sehen, das ging über ihre Kräfte. Jetzt, da sie Jacques mit Sicherheit niemals für sich allein besitzen würde, war es ihr lieber, daß er nicht mehr war, daß nichts mehr war. Und dieses schauerliche Zimmer, in dem sie wachte, umhüllte sie mit Trauer, und das Verlangen wuchs immer mehr, alles ins Nichts hinabzureißen. Da ja doch niemand übrigblieb, der sie liebte, mochten die anderen ruhig mit ihrer Mutter dahinfahren. Tote würde es noch und noch geben, und man würde sie alle auf einmal wegschaffen. Ihre Schwester war tot, ihre Mutter war tot, ihre Liebe war tot: was sollte sie tun? Allein sein, dableiben oder weggehen, stets allein, wo die anderen zu zweit sein würden? Nein, nein! Lieber sollte alles zusammenstürzen, lieber sollte der Tod, der hier in diesem rauchigen Zimmer war, über die Gleise brausen und die Leute hinwegfegen!

Nach diesem langen inneren Widerstreit war sie nun entschlossen, erwog, welches die beste Möglichkeit zur Durchführung ihres Planes sei. Und sie kam wieder auf den Gedanken zurück, eine Schiene zu entfernen. Das war das sicherste, das praktischste Mittel und leicht durchführbar: man brauchte nur die Schienenstühle mit einem Hammer wegzuschlagen, dann die Schiene von den Schwellen abzutrennen. Die Werkzeuge hatte sie, niemand würde sie in dieser öden Gegend sehen. Die beste Stelle dafür war sicherlich die eine Talmulde durchquerende, auf einem sieben bis acht Meter hohen Damm verlaufende Kurve hinter dem Böschungseinschnitt in Richtung Barentin: dort kam es mit Sicherheit zur Entgleisung und zu einem fürchterlichen Durcheinanderstürzen. Aber die Berechnung der Stunden, mit der sie sich sodann befaßte, machte sie ängstlich. Auf dem Gleis in Richtung Paris kam vor dem Schnellzug aus Le Havre, der um acht Uhr sechzehn vorüberfuhr, nur ein Personenzug um sieben Uhr fünfundfünfzig. Dies ließ ihr zur Verrichtung der Arbeit also zwanzig Minuten Zeit, was ausreichend war. Allerdings wurden zwischen den fahrplanmäßigen Zügen oft zusätzliche Güterzüge eingesetzt, besonders zu den Zeiten, da viele Schiffe anlegten. Und was für ein unnötiges Risiko! Wie sollte man im voraus wissen, ob auch wirklich gerade der Schnellzug dort zerschellen würde? Lange wälzte sie die etwaigen Aussichten im Kopf. Noch war es Nacht, noch immer brannte, von Talg ertränkt, eine Kerze mit hohem, verkohltem Docht, den sie nicht mehr putzte.

Als eben ein aus Rouen kommender Güterzug eintraf, trat Misard wieder ein. Er hatte die Hände voller Erde, da er den Holzstall durchwühlt hatte; und er keuchte, außer sich über seine vergebliche Suche und so in Fieber versetzt vor ohnmächtiger Wut, daß er abermals unter den Möbeln, im Kamin, überall zu suchen begann. Der unabsehbare Zug wollte kein Ende nehmen mit dem regelmäßigen Getöse seiner schweren Räder, von denen jeder Stoß die Tote in ihrem Bett schüttelte. Und Misard begegnete, als er den Arm ausstreckte, um ein an der Wand hängendes kleines Bild abzunehmen, abermals den offenen Augen, die ihn verfolgten, während sich die Lippen mit ihrem Lachen bewegten.

Er wurde leichenblaß, er schlotterte, stammelte in schreckerfülltem Zorn:

»Ja, ja, such, such! – Warte, ich finde das Geld schon, gottverdammt! Und wenn ich jeden Stein im Hause und jede Erdscholle in der Gegend umkehren müßte!«

Der schwarze Zug war mit erdrückender Langsamkeit in der Finsternis vorübergefahren, und noch immer betrachtete die Tote, wieder reglos geworden, ihren Mann, so spöttisch, so siegesgewiß, daß er von neuem hinausging und die Tür hinter sich aufließ.

In ihren Überlegungen abgelenkt, war Flore aufgestanden. Sie schloß die Tür wieder, damit dieser Mensch nicht zurückkam und ihre Mutter störte. Und sie staunte, daß sie sich laut sagen hörte:

»Zehn Minuten vorher, das wird reichen.«

Tatsächlich würde sie in zehn Minuten Zeit genug haben. War zehn Minuten vor dem Schnellzug kein Zug gemeldet, so konnte sie sich an die Arbeit machen. Die Sache war abgemacht, war gewiß, und nun ließ ihre Ängstlichkeit auch nach, sie wurde ganz ruhig.

Gegen fünf Uhr brach der Tag an, eine frische Morgendämmerung von reiner Klarheit. Trotz der empfindlichen Kühle öffnete Flore ganz weit das Fenster, und in das schauerliche, von Rauch und Todesgeruch erfüllte Zimmer drang der köstliche Morgen. Noch stand die Sonne unter dem Horizont, hinter einem von Bäumen gekrönten Hü-

gel; aber plötzlich tauchte sie hochrot auf, rieselte über die Hänge, überschwemmte die Hohlwege in der lebendigen Heiterkeit der Erde bei jedem neuen Frühling. Flore hatte sich am Abend zuvor nicht getäuscht: es würde schön werden an diesem Morgen, ein Wetter der Jugend und der strahlenden Gesundheit, wie es dann und wann vorkommt und bei dem man das Leben liebt. Wie schön wäre es, in dieser menschenleeren Gegend, zwischen den von schmalen Talmulden durchschnittenen, nicht abreißenden Hügeln frei nach Lust und Laune die Pfade entlang dahinzuwandern! Und als sie ins Zimmer zurücktrat und sich umdrehte, war sie überrascht, daß die gleichsam erloschene Kerze den hellen Tag nur noch mit einer blassen Träne befleckte. Die Tote schien jetzt auf die Gleise zu schauen, wo die Züge sich weiterhin kreuzten, ohne diesen verblaßten Kerzenschimmer neben diesem Leichnam auch nur zu bemerken.
Erst am Tage trat Flore ihren Dienst wieder an. Und sie verließ das Zimmer erst zu dem Personenzug aus Paris um sechs Uhr zwölf. Auch Misard hatte soeben um sechs Uhr seinen Kollegen, den Nachtblockwärter, abgelöst. Bei seinem Hornsignal kam Flore und pflanzte sich, die Fahne in der Hand, vor der Schranke auf. Eine Weile blickte sie dem Zug nach.
»Noch zwei Stunden«, dachte sie laut.
Ihre Mutter brauchte niemanden mehr. Nunmehr empfand sie einen unüberwindlichen Widerwillen davor, in das Zimmer zurückzukehren. Es war zu Ende, sie hatte sie geküßt, sie konnte über ihr Dasein und das der anderen verfügen. Gewöhnlich riß sie zwischen den Zugfolgen aus, verschwand; an diesem Morgen aber schien ein Interesse sie auf ihrem Posten neben der Schranke festzuhalten, auf

einer Bank, einem einfachen Brett, das sich am Rand der Gleise befand. Die Sonne stieg am Horizont empor, in der reinen Luft fiel ein lauer Platzregen aus Gold; und sie regte sich nicht, gebadet von dieser Lieblichkeit inmitten der weiten Flur, die von den Säften des April über und über erschauerte. Einen Augenblick hatte sie ihre Aufmerksamkeit Misard in seiner Bretterhütte am anderen Rand der Strecke zugewandt, der sichtlich aufgeregt war und seine gewöhnliche Schläfrigkeit abgelegt hatte: er trat heraus, ging wieder hinein, bediente mit nervöser Hand seine Geräte, mit ständigen Blicken zum Hause hin, als sei sein Sinn dort geblieben und suche noch immer herum. Dann hatte sie ihn vergessen, wußte nicht einmal mehr, daß er da war. Sie war ganz auf das Warten konzentriert, in sich versunken, das Gesicht stumm und starr, die Augen auf den Endpunkt der Gleise in Richtung Barentin geheftet. Und dort hinten, in der Heiterkeit der Sonne, mußte sich eine Vision für sie erheben, auf die sich die verbissene Wildheit ihres Blickes erbittert stürzte.

Die Minuten verflossen. Flore rührte sich nicht. Endlich, als Misard um sieben Uhr fünfundfünfzig mit zweimaligem Hornsignal den Personenzug aus Le Havre auf dem Pariser Gleis meldete, stand sie auf, schloß die Schranke und pflanzte sich, die Fahne in der Faust, davor auf. Schon verlor sich der Zug in der Ferne, nachdem er den Erdboden erschüttert hatte; und man hörte ihn in den Abgrund des Tunnels stürzen, wo der Lärm verstummte. Sie war nicht auf die Bank zurückgekehrt, sie blieb stehen und zählte von neuem die Minuten. Wurde innerhalb zehn Minuten kein Güterzug gemeldet, so würde sie ans andere Ende des Böschungseinschnittes laufen und dort eine Schiene absprengen. Sie war ganz ruhig, nur die Brust war ihr wie unter dem ungeheuren Gewicht der Tat zusammengeschnürt. Im übrigen genügte in diesem Augenblick der Gedanke, daß Jacques und Séverine nahten, daß die beiden, wenn sie sie nicht aufhielte, der Liebe entgegenfahren und abermals hier vorbeikommen würden, um Flore blind und taub in ihrem Entschluß zu verhärten, ohne daß in ihr auch nur neue Erwägungen einsetzten: es war das Unwiderrufliche, der Sprung der Wölfin, die einem im Vorüberlaufen die Kehle durchbeißt. In der Selbstsucht ihrer Rache sah sie immer nur die beiden verstümmelten Leichen, ohne sich um die Menge, die Woge von Menschen zu sorgen, die seit Jahren unbekannt an ihr vorüberzogen. Von den Toten, vom Blut würde vielleicht die Sonne verdeckt werden, jene Sonne, deren liebliche Heiterkeit sie reizte.

Noch zwei Minuten, noch eine, und sie wollte gerade aufbrechen, sie brach auf, da hielt ein dumpfes Rumpeln auf der Landstraße nach Bécourt sie zurück. Ein Wagen, ein Lastfuhrwerk zweifellos. Sie würde um Durchfahrt ersucht werden, sie würde die Schranke öffnen, sich unterhalten, dableiben müssen: ausgeschlossen, etwas zu tun, es würde fehlschlagen. Und sie machte eine Gebärde wütender Unbekümmertheit, sie ging, ließ ihren Posten im Stich, überließ Wagen und Fuhrmann, der sich schon zu helfen wissen würde, sich selbst. Aber in der Morgenluft knallte eine Peitsche, eine Stimme rief fröhlich:

»He! Flore!«

Es war Cabuche. Sie stand wie angewurzelt da, noch im ersten Anlauf direkt vor der Schranke aufgehalten.

»Was ist denn?« fuhr er fort. »Schläfst du noch bei diesem schönen Sonnenschein? Schnell, damit ich vor dem Schnellzug durchkomme!«

In ihr brach alles zusammen. Es war fehlgeschlagen, die anderen beiden würden ihrem Glück entgegenfahren, ohne daß sie etwas ausfindig machen konnte, um sie hier zu zerschmettern. Und während sie langsam die alte, halb verfaulte Schranke öffnete, deren Antrieb in seinem Rost knirschte, suchte sie grimmig nach einem Hindernis, nach irgend etwas, was sie quer über das Gleis werfen könnte, und war derart verzweifelt, daß sie sich selber dort lang hingelegt hätte, wenn ihre Knochen hart genug gewesen wären, um die Lokomotive aus den Schienen springen zu lassen. Aber soeben waren ihre Blicke auf das Lastfuhrwerk gefallen, den klobigen und niedrigen, mit zwei Steinblöcken beladenen Wagen, den fünf kräftige Pferde nur mit Mühe zu ziehen vermochten. Ungeheuerlich, hoch und breit, so riesenhaft massig, daß sie fast die Landstraße sperrten, boten sich ihr diese Blöcke dar; und sie erweckten in ihren Augen eine jähe Lüsternheit, eine tolle Begierde, sie zu nehmen, sie auf die Schienen zu legen. Die Schranke stand weit offen, die fünf schwitzenden, schnaubenden Tiere warteten.

»Was hast du denn heute morgen?« meinte Cabuche. »Du siehst ja ganz komisch aus.«

Da redete Flore:

»Meine Mutter ist gestern abend gestorben.«

In schmerzerfüllter Freundschaft stieß er einen leisen Schrei aus. Er legte seine Peitsche hin und drückte ihr beide Hände.

»Oh, meine arme Flore! Darauf mußte man schon lange gefaßt sein, aber trotzdem ist es so hart! – Dann ist sie hier, ich will sie sehen, denn schließlich hätten wir uns doch noch verstanden, wäre das Unglück damals nicht gewesen.«

Langsam ging er mit ihr bis zum Haus. Auf der Schwelle jedoch warf er einen Blick zu seinen Pferden hin.

Mit einem Satz beruhigte sie ihn.

»Keine Gefahr, daß sie sich bewegen! Und außerdem ist der Schnellzug weit weg.«

Sie log. Mit ihrem geübten Ohr hatte sie im lauen Schauer der Fluren soeben gehört, wie der Schnellzug den Bahnhof Barentin verließ. Noch fünf Minuten, und er würde hier sein, er würde hundert Meter vom Bahnübergang entfernt aus dem Böschungseinschnitt hervorbrechen. Während der Steinbrucharbeiter vor dem Zimmer der Toten stand, die Zeit vergaß und ganz gerührt an Louisette dachte, horchte sie, die draußen vor dem Fenster geblieben war, nach wie vor in die Ferne auf das regelmäßige Schnaufen der immer näher kommenden Lokomotive. Jäh fiel ihr Misard ein: Er mußte sie sehen, er würde sie hindern. Und es versetzte ihr einen Schlag gegen die Brust, als sie sich umdrehte und ihn nicht auf seinem Posten gewahrte. Auf der anderen Seite des Hauses sah sie ihn, wie er unter dem steinernen Brunnenrand die Erde durchwühlte, weil er seinem Wahn weiterzusuchen nicht hatte widerstehen können, zweifellos von der plötzlichen Gewißheit gepackt, der Schatz liege dort. Ganz seiner Leidenschaft hingegeben, blind, taub, wühlte und wühlte er. Und dies war für sie der letzte Anstoß. Selbst die Dinge wollten es. Eins der Pferde begann zu wiehern, während die Lokomotive jenseits des Böschungseinschnittes ganz laut schnaufte wie jemand, der eilig angerannt kommt.

»Ich sorge dafür, daß sie sich ruhig verhalten«, sagte Flore zu Cabuche. »Hab keine Angst.«

Sie stürzte vor, nahm das erste Pferd bei der Kandare, zog mit ihrer ganzen verzehnfachten Kraft einer Ringkämpferin. Die Pferde stemmten sich; einen Augenblick schwankte das Fuhrwerk, schwer von seiner ungeheueren

Last, ohne anzurucken; als hätte sie sich aber selber als Vorspanntier angeschirrt, setzte es sich in Bewegung, geriet auf das Gleis. Und es stand mitten auf der Wegüberführung, als dort hinten, hundert Meter entfernt, der Schnellzug aus dem Böschungseinschnitt hervorbrach. Damit das Lastfuhrwerk unbeweglich stehenblieb, hielt sie da das Gespann, aus Furcht, es könnte die Gleise überqueren, in einem jähen Ruck mit übermenschlicher Anstrengung zurück, daß ihre Glieder knackten. Sie, die Legendenumwobene, von der außerordentliche Kraftstücke erzählt wurden, von einem ein Gefälle hinabsausenden Waggon, den sie in der Fahrt aufgehalten, von einem zweirädrigen Pferdewagen, den sie weggeschoben und vor einem Zug in Sicherheit gebracht, sie schaffte das heute, mit ihrer eisernen Faust hielt sie die fünf Pferde im Zaum, die sich instinktiv vor der Gefahr bäumten und wieherten.

Es waren keine zehn Sekunden voll endlosen Schreckens. Die beiden Riesensteine schienen den Horizont zu versperren. Mit ihren blanken Kupferteilen, ihren glänzenden Stahlteilen glitt die Lokomotive dahin, kam im Goldregen des schönen Morgens in ihrer geschmeidigen und donnernden Fahrt heran. Das Unausweichliche war da, nichts auf der Welt konnte das Zermalmen mehr verhindern. Und das Warten dauerte an.

Misard, mit einem Satz auf seinen Posten zurückgekehrt, brüllte, die Arme in der Luft, mit den Fäusten herumfuchtelnd, von dem verrückten Willen erfüllt, den Zug zu warnen und aufzuhalten. Cabuche, der beim Lärm der Räder und des Gewiehers aus dem Haus getreten war, war losgestürzt, ebenfalls brüllend, um die Tiere vorwärtszutreiben. Aber Flore, die sich soeben zur Seite geworfen hatte, hielt ihn zurück, was ihn rettete. Er glaubte, sie habe nicht die

Kraft gehabt, seine Pferde zu bändigen, sei vielmehr von ihnen mitgezogen worden. Und er klagte sich an, er schluchzte, röchelte in verzweifeltem Entsetzen, während sie reglos, gleichsam über sich hinausgewachsen, mit weit aufgerissenen und brennenden Augenlidern hinsah. In eben dem Augenblick, da die Brust der Lokomotive die Blöcke gleich berühren mußte, als ihr vielleicht ein Meter zurückzulegen blieb, während dieser unabschätzbaren Zeit sah Flore ganz deutlich Jacques, der die Hand am Steuerungsrad hatte. Er hatte sich zur Seite gedreht, ihre Augen trafen sich in einem Blick, der ihr unermeßlich lang schien.

An diesem Morgen hatte Jacques Séverine zugelächelt, als sie wie jede Woche in Le Havre zum Schnellzug auf den Bahnsteig gekommen war. Wozu sich das Leben mit Alpträumen vergällen? Warum nicht die glücklichen Tage nutzen, wenn diese sich boten? Vielleicht würde am Ende alles in Ordnung gehen. Und er war entschlossen, wenigstens die Freude dieses Tages auszukosten, schmiedete Pläne, träumte davon, mit ihr im Restaurant zu Mittag zu essen. Als sie ihm einen trostlosen Blick zuwarf, weil es an der Spitze keinen Wagen erster Klasse gab und sie gezwungen war, sich fern von ihm ans Ende zu setzen, hatte er sie daher auch trösten wollen, indem er ihr so fröhlich zulächelte. Man würde doch wenigstens zusammen ankommen, sie würden sich in Paris dafür schadlos halten, daß sie getrennt gefahren waren. Nachdem er sich herausgebeugt hatte, um sie in ein Abteil ganz am Ende einsteigen zu sehen, hatte er die gute Laune sogar so weit getrieben, daß er den Oberzugführer Henri Dauvergne aufzog, der, wie er wußte, in sie verliebt war. In der vorigen Woche hatte er sich eingebildet, Dauvergne werde kühner und sie ermutige ihn aus einem Bedürfnis nach Abwechslung, weil sie dem gräßlichen Dasein entfliehen wolle, das sie sich selbst bereitet hatte. Roubaud sagte doch immer, am Ende würde sie mit diesem jungen Mann schlafen, ohne Lust, allein aus dem Verlangen heraus, wieder etwas anderes anzufangen. Und Jacques hatte Henri gefragt, wem er denn am Tage vorher, hinter einer der Ulmen des Abfahrtsbahnsteiges verborgen, Kußhände zugeworfen habe, was Pecqueux, der gerade dabei war, die Feuerbüchse der rauchenden, fahrbereiten Lison zu beschicken, veranlaßt hatte, schallend zu lachen.

Von Le Havre bis Barentin war der Schnellzug mit seiner vorschriftsmäßigen Geschwindigkeit ohne Zwischenfall gefahren; und Henri war es, der oben von seinem Bremserhäuschen aus beim Verlassen des Böschungseinschnittes zuerst das quer über dem Gleis stehende Lastfuhrwerk meldete. Der an der Spitze befindliche Packwagen war mit Gepäck vollgestopft, denn der vollbesetzte Zug führte lauter angekommene Reisende mit, die tags zuvor von einem Passagierdampfer an Land gegangen waren. Eingeengt inmitten dieser aufgestapelten Reise- und Handkoffer, die bei der Erschütterung hin und her tanzten, stand der Oberzugführer an seinem Schreibpult und legte Scheine ab, während das an einem Nagel hängende Tintenfläschchen ebenfalls in ununterbrochener Bewegung hin und her schaukelte. Nach den Stationen, an denen er Gepäckstücke herausgab, hatte er vier bis fünf Minuten mit Schreibereien zu tun. Da in Barentin zwei Reisende ausgestiegen waren, hatte er also gerade seine Papiere in Ordnung gebracht, als er wieder in sein Bremserhäuschen hochkletterte und dabei einen Blick nach hinten und nach vorn auf die Strecke warf, wie es seine Gewohnheit war. Hier in dieser Glaskabine pflegte er in allen seinen freien Stunden zu sitzen, um mit aufzupassen. Der Tender entzog den Lokführer seinen Blicken; von seinem erhöhten Posten aus konnte Dauvergne aber oft weiter und besser als der Lokführer sehen. So fuhr der Zug auch noch durch den Böschungseinschnitt, als er bereits das Hindernis dort vorn erblickte. Seine Überraschung war so groß, daß er einen Augenblick bestürzt, gelähmt, seinen Augen nicht traute. Es gingen ein paar Sekunden verloren, der Zug sauste bereits aus dem Einschnitt heraus, und von der Lokomotive stieg eben ein Aufschrei empor, als er sich entschloß, die Leine der Alarmglocke zu ziehen, deren Ende vor ihm baumelte.

Jacques hatte die Hand am Steuerungsrad und schaute in diesem Augenblick des Todes geistesabwesend vor sich hin, ohne etwas zu sehen. Er dachte an wirre und ferne Dinge, aus denen selbst Séverines Bild entschwunden war. Das tolle Läuten der Glocke, Pecqueux' Brüllen hinter ihm weckten ihn. Pecqueux, der die Aschkastenklappe gezogen hatte, weil er mit dem Luftzug unzufrieden war, hatte es soeben gesehen, als er sich hinausbeugte, um sich von der Geschwindigkeit zu überzeugen. Und todesblaß sah Jacques alles, begriff alles, das quer über den Gleisen stehende Lastfuhrwerk, die in voller Fahrt befindliche Lokomotive, den entsetzlichen Zusammenprall, all dies mit so greller Klarheit, daß er sogar die Körnung der beiden Steine unterscheiden konnte, während er in seinen Knochen bereits den zermalmenden Aufprall spürte. Es war unausweichlich. Ungestüm hatte er den Regler geschlossen, das Steuerungshandrad herumgedreht, die Bremse angezogen. Er gab Gegendampf, er hatte sich mit unbewußter Hand an den Griff der Dampfpfeife gehängt, von dem ohnmächtigen und wütenden Willen erfüllt, die riesige Barrikade dort zu warnen, aus dem Wege zu räumen. Aber während dieses gräßliche Notsignal die Luft zerriß, gehorchte die Lison nicht, lief, kaum langsamer geworden, trotzdem weiter. So fügsam wie einst war sie nicht mehr, seitdem sie damals im Schnee ihre gute Verdampfung, ihr so leichtes Anfahren eingebüßt hatte, sie war jetzt launisch und störrisch geworden wie eine gealterte Frau, die sich durch eine heftige Erkältung die Brust zugrunde gerichtet hat. Sie keuchte, bäumte sich unter der Bremse, lief und lief noch immer, mit der schwerfälligen Halsstarrigkeit ihrer Masse. Toll vor Angst, sprang Pecqueux ab. Jacques wartete auf seinem Führerstand erstarrt, die rechte Hand um die Steuerung gekrampft, die andere noch immer an der Dampfpfeife, ohne daß er es wußte. Und in diesem nicht verstummenden gellenden Heulen knallte die rauchende, schnaufende Lison mit dem ungeheuren Gewicht der dreizehn Wagen, die sie zog, auf das Lastfuhrwerk.

Zwanzig Meter von ihnen, vom Rand des Bahnkörpers entfernt, wo das Entsetzen sie festnagelte, sahen nun Misard und Cabuche mit hochgeworfenen Armen und Flore mit weit aufgerissenen Augen das Gräßliche: wie der Zug sich senkrecht aufbäumte, wie sich sieben Wagen übereinander türmten, dann mit abscheulichem Krachen in einem zusammenbrechenden unförmigen Trümmerhaufen zurücksanken. Die ersten drei wurden völlig zerschmettert, die anderen vier bildeten nur noch einen Berg, ein Gewirr von eingedrückten Dächern, geborstenen Rädern, von Türen, Ketten, Puffern inmitten von Glasscherben. Und vor allen Dingen hatte man gehört, wie die Lokomotive gegen die Steine schmetterte, ein dumpfes Zermalmen, das in einen Schrei der Todesqual ausklang. Mit aufgeschlitztem Bauch schoß die Lison einen Purzelbaum nach links über

das Lastfuhrwerk hinweg, während die zerspaltenen Steine wie bei einer Sprengung splitternd umherflogen und von den fünf Pferden vier überrollt, mitgeschleift, auf der Stelle getötet wurden. Das Ende des Zuges, sechs Wagen noch, war unversehrt zum Stehen gekommen, ohne auch nur aus den Gleisen zu springen.
Aber es stiegen Schreie empor, Rufe, deren Worte in unartikuliertem, tierischem Geheul untergingen.
»Hierher! Hilfe! – Oh, Gott! Ich sterbe! Hilfe! Hilfe!«
Man konnte nicht mehr hören, nicht mehr sehen. Die Lison, die mit offenem Bauch aufs Kreuz umgestürzt war, verlor ihren Dampf durch die abgerissenen Armaturen, die geplatzten Rohre, mit einem Fauchen, das gleich dem grimmigen Röcheln einer Riesin grollte. Unerschöpflich drang weißer Atem hervor, der dichte Wirbel in Bodenhöhe dahinwälzte, während die aus der Feuerbüchse gefallenen glühenden Kohlen, gerade so rot wie das Blut ihrer Eingeweide, ihre schwarzen Rauchwolken beimengten. Der Schornstein war bei der Gewalt des Zusammenpralls in die Erde gedrungen; an der Stelle, wo der Rahmen aufgeschlagen war, war er gerissen, wodurch die beiden Längsträger sich verworfen hatten; und mit den Rädern in der Luft, gleich einer ungeheuerlichen, vom fürchterlichen Hornstoß eines Stieres aufgeschlitzten Stute, zeigte die Lison ihre verbogenen Treibstangen, ihre gebrochenen Zylinder, ihre zermalmten Schieber und deren Exzenter, eine richtige, in die freie Luft klaffende scheußliche Wunde, aus der weiterhin mit einem Getöse rasender Verzweiflung die Seele entwich. Gerade neben ihr lag auch das Pferd, das noch nicht tot war, dem aber beide Vorderfüße weggerissen worden waren und dem ebenfalls die Eingeweide durch einen Riß im Bauch herausquollen. An seinem aufrechten, in

einem Krampf gräßlichen Schmerzes erstarrten Kopf sah man es röcheln mit einem furchtbaren Wiehern, von dem inmitten des Donnerns der mit dem Tode ringenden Lokomotive nichts zu hören war.

Ungehört, verloren, davongeflogen erstickten die gräßlichen Schreie.

»Rettet mich! Tötet mich! – Ich halt's nicht mehr aus vor Schmerzen, tötet mich! Tötet mich doch!«

In diesem ohrenbetäubenden Tumult, in diesem die Sicht benehmenden Rauch hatten sich soeben die Türen der unbeschädigt gebliebenen Wagen geöffnet, und heraus stürzte eine wilde Flucht von Reisenden. Sie fielen auf den Bahnkörper, rafften sich wieder auf, traten und schlugen mit Füßen und Fäusten um sich. Dann, sobald sie den festen Boden, das frei vor ihnen liegende Land spürten, entflohen sie im Galopp, sprangen über die Hecke, liefen querfeldein, einzig und allein dem Instinkt nachgebend, fern von der Gefahr zu sein, fern, sehr fern. Frauen, Männer verloren sich heulend in der Tiefe der Wälder.

Von Füßen getreten, das Haar aufgelöst und das Kleid zerfetzt, hatte sich Séverine schließlich befreit; und sie floh nicht, sie jagte zu der grollenden Lokomotive hin, als sie plötzlich Pecqueux gegenüberstand.

»Jacques, Jacques! Er ist gerettet, nicht wahr?«

Der Heizer, der sich durch ein Wunder nicht einmal ein Glied verstaucht hatte, kam ebenfalls herbeigerannt, und Gewissensbisse drückten ihm das Herz ab bei dem Gedanken, daß sein Lokführer unter diesen Trümmern liege. Man war so lange zusammen gefahren, hatte sich, den ständigen Beschwernissen der brausenden Stürme ausgesetzt, so sehr zusammen abgeplagt! Und ihre Lokomotive, ihre arme Lokomotive, die gute, so sehr geliebte Freundin ihrer Ehe

zu dritt, die dort auf dem Rücken lag und den ganzen Atem ihrer Brust durch die geplatzten Lungen ausblies!
»Ich bin abgesprungen«, stammelte er, »ich weiß nichts, überhaupt nichts ... Laufen wir, laufen wir schnell!«
Auf dem Bahnsteig prallten sie auf Flore, die sie ankommen sah. In der Erstarrung über die Tat, die sie vollbracht, über dieses Gemetzel, das sie angerichtet hatte, hatte sie sich noch nicht gerührt. Es war aus, gut so; und in ihr war nur Erleichterung von einem Drang, ohne jedes Erbarmen für das Leid der anderen, das sie nicht einmal sah. Als sie aber Séverine erkannte, weiteten sich ihre Augen übermäßig, ein Schatten gräßlichen Leidens verdüsterte ihr bleiches Gesicht. Was denn? Sie lebte, diese Frau, wo er sicherlich tot war! In diesem heftigen Schmerz über ihre gemordete Liebe, diesen Messerstich, den sie sich mitten ins Herz versetzt hatte, kam ihr jäh das Verabscheuenswerte ihres Verbrechens zu Bewußtsein. Das hatte sie getan, getötet hatte sie ihn, alle diese Menschen hatte sie getötet! Ein Aufschrei zerriß ihr die Kehle, sie verdrehte die Arme, sie rannte wie toll los.
»Jacques, oh, Jacques ... Da liegt er, er ist nach hinten rausgeschleudert worden, ich hab's gesehen ... Jacques, Jacques!«
Die Lison röchelte weniger laut, es war ein heiseres Wehklagen, das schwächer wurde und in dem man jetzt immer herzzerreißender das Geschrei der Verletzten anschwellen hörte. Der Rauch allerdings blieb dicht, der ungeheure Trümmerhaufen, aus dem diese Stimmen der Qual und des Schreckens drangen, schien eingehüllt von schwarzem, regungslos in der Sonne liegendem Staub. Was tun? Womit beginnen? Wie zu diesen Unglücklichen gelangen?
»Jacques!« schrie Flore immerzu. »Ich sage euch, er hat

mich angesehen, und er ist dorthin unter den Tender geschleudert worden... Schnell doch hierher! Helft mir doch!«

Schon hatten Cabuche und Misard eben Henri, den Oberzugführer, aufgehoben, der ebenfalls in letzter Sekunde abgesprungen war. Er hatte sich den Fuß verrenkt, sie setzten ihn auf die Erde an die Hecke, von wo er stumpfsinnig, stumm bei der Bergung zusah, ohne anscheinend Schmerzen zu haben.

»Cabuche, komm doch und hilf mir, ich sage dir, Jacques liegt da drunter!«

Der Steinbrucharbeiter hörte nicht, rannte zu anderen Verletzten, trug eine junge Frau weg, deren Beine, an den Oberschenkeln gebrochen, herabhingen.

Und Séverine stürzte auf Flores Rufen herbei.

»Jacques, Jacques! – Wo denn? Ich werde Ihnen helfen.«

»Ach ja, so helfen Sie mir!«

Ihre Hände trafen sich, sie zogen zusammen an einem geborstenen Rad. Aber die zarten Finger der einen brachten nichts zustande, während die andere mit ihren kräftigen Fäusten die Hindernisse niederriß.

»Vorsicht!« sagte Pecqueux, der ebenfalls mit zugriff.

Mit einer jähen Bewegung hatte er Séverine zurückgehalten, als sie eben auf einen an der Schulter abgetrennten Arm treten wollte, der noch mit einem Ärmel aus blauem Tuch bekleidet war. Entsetzt fuhr sie zurück. Doch sie erkannte den Ärmel nicht; es war ein unbekannter Arm, dort hingerollt von einem Körper, den man ohne Zweifel anderswo wiederfinden würde. Und sie stand da, zitterte so heftig, daß sie wie gelähmt war, weinend sah sie den anderen bei der Arbeit zu, außerstande, auch nur die Glassplitter wegzuräumen, an denen die Hände sich schnitten.

Die Bergung der Sterbenden, die Suche nach den Toten ging nun voller Angst und Gefahr vor sich, denn das Feuer der Lokomotive hatte auf Holzteile übergegriffen, und um diesen beginnenden Brand zu löschen, mußte man mit Schaufeln Erde darüber werfen. Während jemand nach Barentin lief, um Hilfe zu erbitten, und eine Depesche nach Rouen abging, wurden die Aufräumungsarbeiten so tatkräftig wie möglich organisiert, alle Arme machten sich mit großer Beherztheit daran. Viele der Geflüchteten waren, über ihre Panik beschämt, zurückgekommen. Aber man ging unter unendlichen Vorsichtsmaßnahmen vor, bei jedem wegzuräumenden Trümmerstück war Sorgsamkeit erforderlich, denn man befürchtete, den verschütteten Unglücklichen den Rest zu geben, wenn einzelne Teile nachrutschten. Aus dem Haufen tauchten Verletzte auf, die, wie in einem Schraubstock dort eingeklemmt, bis zur Brust feststaken und heulten. Eine Viertelstunde arbeitete man, um einen daraus zu befreien, der nicht klagte und der, bleich wie ein Leinentuch, sagte, ihm fehle nichts, er habe nirgends Schmerzen; und als man ihn herausgezogen hatte, hatte er keine Beine mehr, er starb sofort, ohne in seiner alles überwältigenden Angst von dieser gräßlichen Verstümmelung gewußt oder sie gespürt zu haben. Aus einem Wagen zweiter Klasse, in dem Feuer ausgebrochen war, wurde eine ganze Familie herausgeholt: Vater und Mutter waren an den Knien verletzt, die Großmutter hatte sich einen Arm gebrochen; aber auch sie spürten ihren Schmerz nicht, sie schluchzten, riefen nach ihrem Töchterchen, das im Zermalmen verschwunden war, nach einem kaum dreijährigen blonden Mädchen, das man gesund und munter, mit vergnügter und lächelnder Miene unter einem Stück zerfetztem Dach wiederfand. Ein anderes Mädelchen dagegen, das blutüberströmt war, weil die armen Händchen zerschmettert waren, und das man einstweilen beiseite getragen hatte, bis man seine Eltern entdeckte, blieb einsam und unbekannt, rang so sehr nach Luft, daß es nicht ein Wort sagte, das Gesicht zu einer Maske unsäglichen Schreckens verzerrt, sobald man sich ihm näherte. Die Türen, deren Eisenbeschläge durch den Zusammenprall verbogen waren, ließen sich nicht öffnen, man mußte durch die zerbrochenen Fenster in die Abteile hineinsteigen. Schon waren vier Leichen Schulter an Schulter am Rande des Bahnkörpers aufgereiht. Etwa zehn Verletzte warteten, neben den Toten an der Erde hingestreckt, ohne einen Arzt, der sie verbinden konnte, ohne jede Hilfe. Und die Aufräumungsarbeiten begannen ja eben erst, unter jedem Stück Schutt las man ein neues Opfer auf, der Haufen schien nicht abzunehmen, er triefte und zuckte über und über von dieser Menschenschlächterei.

»Wenn ich euch doch sage, Jacques liegt da drunter!« sagte Flore immer wieder, sich Erleichterung verschaffend mit diesem hartnäckigen Schrei, den sie ohne Grund gleichsam als die eigentliche Klage ihrer Verzweiflung ausstieß. »Er ruft, da, da! Hört doch!«

Der Tender lag unter den Wagen begraben, die sich erst übereinandergetürmt hatten, sodann über ihm zusammengestürzt waren; und tatsächlich hörte man, seitdem die Lokomotive weniger laut röchelte, in der Tiefe der Trümmerstätte eine derbe Männerstimme brüllen. Je weiter man vorankam, desto lauter wurde diese Stimme in Todesqual, die von so unermeßlichem Schmerz erfüllt war, daß die Arbeiter sie nicht mehr ertragen konnten und selber weinten und schrien.

Als sie den Mann dann erreicht, seine Beine freigelegt hatten und ihn zu sich heranzogen, verstummte das Wehgebrüll. Der Mann war tot.

»Nein«, sagte Flore, »er ist es nicht. Es ist weiter hinten, er liegt da drunter.«

Und mit ihren Armen einer Kriegerin hob sie Räder hoch, warf sie weit von sich weg, sie verbog den Zinkbelag der Dächer, brach Türen auf, zerriß Ketten. Und sobald sie auf einen Toten oder Verletzten stieß, rief sie, damit man ihn ihr vom Halse schaffte, weil sie nicht eine Sekunde von ihrem rasenden Wühlen ablassen wollte.

Hinter ihr arbeiteten Cabuche, Pecqueux, Misard, während sich Séverine, der schwach wurde vom langen Stehen, ohne etwas tun zu können, auf die eingedrückte Bank eines Wagens gesetzt hatte. Misard aber, den wieder sein Phlegma überkam, ersparte sich gemächlich und gleichgültig die schweren Strapazen, half vor allem beim Wegschaffen der Leichen. Und er ebenso wie Flore schauten sich die Leichen an, als hofften sie, sie inmitten des Gewühls der Tausende und aber Tausende von Gesichtern wiederzuerkennen, die in zehn Jahren mit Volldampf an ihnen vorbeigezogen waren und nur die verworrene Erinnerung an eine blitzartig heran- und hinweggetragene Menge in ihnen zurückgelassen hatten. Nein! Es war immer nur die unbekannte Woge der dahinfahrenden Menschen; der brutale, zufällige Tod blieb anonym wie das eilige Leben, das dahinjagend, der Zukunft entgegengehend, hier vorüberfuhr; und mit keinerlei Namen, keinerlei genauen Angaben konnten sie die vom Grauen zerwühlten Häupter dieser Elenden kennzeichnen, die unterwegs gefallen, zertrampelt, zermalmt worden waren, gleich jenen Soldaten, deren Leichen vor einer im Sturm angreifenden Armee die Bodenmulden anfüllen. Dennoch glaubte Flore einen wiederzuerkennen, mit dem sie an dem Tage, da der Zug im Schnee gestrandet war, gesprochen hatte: jenen Amerikaner, dessen Profil ihr schließlich eng vertraut geworden war, ohne daß sie seinen Namen oder etwas von ihm und seinen Angehörigen wußte. Misard trug ihn mit den anderen Toten weg, die wer weiß woher kamen, denen hier auf der Fahrt nach wer weiß welchem Ort Halt geboten worden war.

Dann gab es abermals ein herzzerreißendes Schauspiel. In dem umgestürzten Wagenkasten eines Abteils erster Klasse hatte man soeben ein junges Ehepaar entdeckt, zweifellos Neuvermählte, die so unglücklich gegeneinander geschleudert worden waren, daß die Frau den Mann unter sich erdrückte, ohne daß sie eine Bewegung machen konnte, um ihm Erleichterung zu verschaffen. Er war am Ersticken, röchelte bereits, während sie, die den Mund frei hatte, stürmisch flehte, man solle sich beeilen, entsetzt, das Herz wie herausgerissen bei dem Gefühl, daß sie ihn tötete. Und als man sie beide befreit hatte, war sie es, die mit einem Schlag den Geist aufgab, da eine Eisenstange ihr die Seite durchbohrt hatte. Und wieder zu sich gekommen, schrie der Mann vor Schmerz, kniete neben ihr, deren Augen noch immer voller Tränen standen.

Bis jetzt waren es zwölf Tote und mehr als dreißig Verletzte.

Aber man schaffte es, den Tender freizulegen; und Flore hielt von Zeit zu Zeit inne, versenkte den Kopf zwischen die geborstenen Holzteile, die verbogenen Eisenbeschläge, sah sich eifrig forschend um, ob sie nicht den Lokführer erblickte. Jäh stieß sie einen lauten Schrei aus.

»Ich sehe ihn, da drunter liegt er . . . Da! Das ist sein Arm mit seiner blauen Wolljacke . . . Und er rührt sich nicht, er atmet nicht . . .« Sie hatte sich wieder aufgerichtet, sie

fluchte wie ein Mann: »Gottverdammt noch mal! So beeilt euch doch, zieht ihn doch von da unten vor!«
Mit beiden Händen suchte sie, einen Wagenboden loszureißen, den sie nicht zu sich heranziehen konnte, weil andere Trümmer sie daran hinderten. Da rannte sie weg, sie kam mit dem Beil zurück, das die Misards zum Holzhacken nahmen; und sie schwang dieses Beil, wie ein Holzfäller mitten im Eichenwald seine Axt schwingt, und ging wütend ausholend dem Boden zu Leibe.
Die anderen waren beiseite getreten, sie ließen sie gewähren und riefen ihr zu, sie solle sich vorsehen. Aber es war weiter kein Verletzter mehr da als der Lokführer, der selber unter einem Gewirr von Achsen und Rädern geborgen lag.
Übrigens hörte sie nicht hin, wurde getrieben von einem Schwung, der ihr Sicherheit verlieh, sie unwiderstehlich machte. Sie fällte das Holz, jeder ihrer Hiebe durchschnitt ein Hindernis. Mit ihrem wehenden Blondhaar, ihrem aufgerissenen Mieder, das die nackten Arme sehen ließ, war sie gleichsam eine furchtbare Schnitterin, die sich eine Lücke durch diese von ihr angerichtete Zerstörung bahnte. Ein letzter Hieb, der eine Achse traf, brach das Blatt des Beiles entzwei. Und mit Hilfe der anderen räumte sie die Räder aus dem Wege, die den jungen Mann vor der sicheren Zermalmung geschützt hatten, sie packte ihn als erste, trug ihn in ihren Armen hinweg.
»Jacques, Jacques! – Er atmet, er lebt. Ach, mein Gott, er lebt . . . Ich wußte doch, daß ich ihn hatte stürzen sehen und daß er da lag!«
Kopflos folgte ihr Séverine. Zu zweit legten sie ihn am Fuß der Hecke neben Henri nieder, der ganz verstört war und noch immer zuschaute und nicht zu begreifen schien, wo er

war und was man rings um ihn tat. Pecqueux, der nähergekommen war, blieb vor seinem Lokführer stehen und war erschüttert, ihn in einem so erbärmlichen Zustand zu sehen, während die beiden Frauen, die jetzt niedergekniet waren, die eine rechts, die andere links, den Kopf des Unglücklichen stützten, wobei sie voller Bangen nach den geringsten Schauern in seinem Gesicht spähten.

Endlich schlug Jacques die Lider auf. Abwechselnd richteten sich seine umflorten Blicke auf eine von beiden, ohne daß er sie zu erkennen schien. Sie waren gleichsam nicht vorhanden. Als seine Augen aber die wenige Meter entfernt in den letzten Zügen liegende Lokomotive sahen, waren sie zuerst bestürzt, klammerten sich dann fest, vor wachsender Erregung flackernd. Die Lison erkannte er genau, und sie rief ihm alles ins Gedächtnis zurück, die beiden quer über dem Gleis liegenden Steine, die scheußliche Erschütterung, dieses Zerschmettern, das er zugleich in ihr und in sich gespürt hatte, von dem er auferstand, während sie sicherlich daran sterben würde. Es war nicht ihre Schuld, daß sie sich störrisch gezeigt hatte; denn seit ihrer Krankheit, die sie sich im Schnee zugezogen hatte, lag es nicht an ihr, wenn sie weniger flink war; ganz abgesehen davon, daß das Alter naht, das die Glieder schwerfällig und die Gelenke zäh macht. So verzieh er ihr denn auch gern, von heftigem Kummer übermannt, als er sie tödlich verwundet im Sterben liegen sah. Die arme Lison hatte nur noch wenige Minuten zu leben. Sie kühlte ab, die glühenden Kohlen aus ihrer Feuerbüchse zerfielen zu Asche, das Fauchen, das ihren offenen Flanken so ungestüm entfahren war, klang aus in das leise Klagen eines weinenden Kindes. Mit Erde und Geifer besudelt, ward ihr, die immer so glänzte und nun auf dem Rücken in eine kohlenschwarze Lache hingesielt lag, das tragische Ende eines Luxustieres zuteil, das auf offener Straße bei einem Unfall überfahren wird. Einen Augenblick konnte man durch ihre aufgeplatzten Eingeweide hindurch sehen, wie ihre Organe funktionierten, wie die Kolben wie Zwillingsherzen schlugen, wie der Dampf in den Schiebern wie das Blut ihrer Adern kreiste; aber gleich zuckenden Armen gaben die Treibstangen nur noch ein Zittern von sich, das letzte Aufbäumen des Lebens; und mit der sie lebendig machenden Kraft, jenem unermeßlichen Atem, den gänzlich aus sich herauszupressen ihr nicht gelingen wollte, schwand ihre Seele dahin. Die Riesin mit dem aufgeschlitzten Bauch wurde noch stiller, sank nach und nach in einen ganz leisen Schlaf, verstummte schließlich. Sie war tot. Und der Haufen aus Eisen, Stahl und Kupfer, den sie hier hinterließ, dieser zerschmetterte Koloß mit seinem gesprungenen Rumpf, den verstreuten Gliedern, den zerschundenen, frei zutage geförderten Organen nahm die gräßliche Traurigkeit eines ungeheuren menschlichen Leichnams an, einer ganzen Welt, die gelebt hatte und aus der das Leben soeben unter Schmerzen herausgerissen worden war.

Da schloß Jacques, als er begriffen hatte, daß die Lison nicht mehr war, wieder die Augen in dem Wunsch, ebenfalls zu sterben, und er war ohnehin so schwach, daß er glaubte, er werde im letzten leisen Hauch der Lokomotive mit dahingerafft; und zwischen seinen geschlossenen Lidern rannen jetzt langsame Tränen hervor, überfluteten seine Wangen.

Das war zu viel für Pecqueux, der regunglos da stehengeblieben war, die Kehle wie zugeschnürt. Beider gute Freundin starb, und nun wollte ihr Lokführer ihr folgen. Mit ihrer Ehe zu dritt war es also vorbei? Vorbei mit den

Fahrten, auf denen sie, auf Lisons Rücken reitend, Hunderte Meilen zurücklegten, ohne ein Wort zu wechseln, weil sie sich alle drei trotzdem so gut verstanden, daß sie sich nicht einmal ein Zeichen zu geben brauchten, um sich zu verständigen. Ach, die arme Lison, so sanftmütig in ihrer Kraft, so schön, wenn sie in der Sonne glänzte! Und Pecqueux, der doch gar nicht getrunken hatte, brach in heftiges Schluchzen aus, das seinen großen Körper schüttelte, ohne daß er es unterdrücken konnte.

Auch Séverine und Flore gerieten in Verzweiflung über diese neue Ohnmacht Jacques'. Flore lief ins Haus, kam mit Kampferbranntwein zurück, begann ihn einzureiben, um wenigstens etwas zu tun. Aber in ihrer Angst brachte die beiden Frauen noch der endlose Todeskampf des Pferdes außer sich, das als einziges der fünf noch lebte, obwohl ihm beide Vorderfüße weggerissen waren. Es lag in ihrer Nähe, es stieß ein ununterbrochenes Wiehern aus, einen nahezu menschlichen Schrei, so widerhallend und so entsetzlich schmerzvoll, daß zwei der Verletzten, davon angesteckt, ebenfalls wie Tiere zu brüllen begannen. Niemals hatte ein Todesschrei mit solch durchdringendem, unvergeßlichem Wehklagen, das das Blut zu Eis erstarren ließ, die Luft zerrissen. Die Qual wurde gräßlich, vor Mitleid und Zorn bebende Stimmen ereiferten sich, flehten, man solle diesem erbarmenswerten Pferd den Gnadenstoß geben, das so sehr litt und dessen endloses Röcheln jetzt, da die Lokomotive tot war, als letztes Jammergeschrei der Katastrophe übrigblieb. Da hob Pecqueux, noch immer schluchzend, das Beil mit dem zerbrochenen Blatt auf und erschlug das Pferd mit einem einzigen Hieb mitten in den Schädel. Und auf die Stätte des Gemetzels sank das Schweigen herab.

Nach zweistündigem Warten trafen endlich die Hilfsmannschaften ein. Beim Aufprall des Zusammenstoßes waren die Wagen alle auf die linke Seite geschleudert worden, so daß die Freilegung des nach Le Havre führenden Gleises wohl schon in wenigen Stunden erfolgen konnte. Soeben hatte ein aus drei Wagen bestehender, von einer Hilfszuglok gezogener Zug den Kanzleidirektor des Präfekten, den Staatsanwalt, Ingenieure und Ärzte der Bahngesellschaft, eine ganze Woge verstörter und geschäftiger Persönlichkeiten, aus Rouen herbeigebracht, während der Stationsvorsteher von Barentin, Herr Bessière, bereits mit einer Rotte da war, die den Trümmern zu Leibe rückte. In diesem Winkel einer entlegenen, gewöhnlich so öden und stummen Gegend herrschte Aufregung, außerordentliche Betriebsamkeit. Die mit heiler Haut davongekommenen Reisenden hatten von der Raserei ihrer Panik ein fieberhaftes Bedürfnis nach Bewegung zurückbehalten: Die einen suchten Fuhrwerke aufzutreiben, weil der Gedanke, wieder in einen Eisenbahnwagen zu steigen, sie mit Schrekken erfüllte; die anderen machten sich, als sie sahen, daß nicht einmal eine Schubkarre zu finden sein würde, bereits darum Sorge, wo sie essen, wo sie schlafen könnten; und alle verlangten nach einem Telegraphenamt, mehrere brachen zu Fuß nach Barentin auf und nahmen Depeschen der anderen mit. Während die Behörden mit Unterstützung der Verwaltung eine Untersuchung begannen, schritten die Ärzte eilig zum Verbinden der Verletzten. Viele waren inmitten von Blutlachen ohnmächtig geworden. Andere jammerten mit schwacher Stimme unter den Pinzetten und Nadeln. Insgesamt gab es fünfzehn Tote und zweiunddreißig Schwerverletzte. Die Toten ließ man bis zur Feststellung ihrer Identität auf der Erde liegen, längs der Hecke aufgereiht, das Gesicht dem Himmel zugewandt. Nur ein kleiner Staatsanwaltsvertreter, ein blonder und rosiger junger Mann, der allzuviel Eifer zeigte, kümmerte sich um sie, durchsuchte ihre Taschen, um zu sehen, ob ihm nicht vielleicht Papiere, Karten, Briefe erlaubten, jeden mit Namen und Adresse zu beschriften. Unterdessen bildete sich rings um ihn ein gaffender Kreis; denn obgleich nahezu eine Meile in der Runde kein Haus stand, waren wer weiß woher Neugierige eingetroffen, etwa dreißig Männer, Frauen, Kinder, die im Wege standen, ohne irgendwie behilflich zu sein. Und da der schwarze Staub, der alles einhüllende Schleier aus Qualm und Dampf sich zerstreut hatte, triumphierte der strahlende Aprilmorgen über der Stätte des Gemetzels, badete mit dem lieblichen und heiteren Regen seiner hellen Sonne die Sterbenden und die Toten, die Lison mit dem aufgeschlitzten Bauch, den Unheilshaufen der Trümmer, den die Rotte Bahnarbeiter wegräumte gleich Ameisen, die die Verwüstungen wiedergutmachen, die der Fußtritt eines zerstreuten Spaziergängers in ihrem Bau angerichtet hat.

Jacques war noch immer ohnmächtig, und Séverine hatte flehend einen vorübergehenden Arzt angehalten. Dieser hatte den jungen Mann untersucht, ohne irgendeine sichtbare Verletzung bei ihm zu finden; aber er befürchtete innere Verletzungen, denn an den Lippen zeigten sich dünne Blutfäden. Da er sich noch nicht äußern konnte, riet er, den Verletzten so bald als möglich wegzuschaffen und ihn unter Vermeidung von Erschütterungen in ein Bett zu bringen.

Unter den Händen, die ihn abtasteten, hatte Jacques mit einem leichten Schmerzensschrei von neuem die Augen aufgeschlagen; und diesmal erkannte er Séverine, in seiner Verstörtheit stammelte er:

»Nimm mich mit, nimm mich mit!«

Flore hatte sich niedergebeugt.
Als er aber den Kopf wandte, erkannte er sie ebenfalls. Seine Blicke drückten kindliches Entsetzen aus, er schreckte zurück in Haß und Grauen und drängte sich Séverine zu.
»Nimm mich mit, sofort, sofort!«
Da fragte sie ihn und duzte ihn nun ebenfalls, sie war ja mit ihm allein, denn dieses Mädchen zählte nicht mehr:
»Nach La Croix-de-Maufras, willst du? – Wenn es dir nichts ausmacht, es ist dort drüben, da sind wir zu Hause.«
Und noch immer zitternd, die Augen auf die andere gerichtet, willigte er ein.
»Wohin du willst, sofort!«
Regungslos stand Flore da, sie war unter diesem Blick voll entsetzten Abscheus bleich geworden. Sie hatte es also mit diesem Blutbad, das sie unter Unbekannten und Unschuldigen angerichtet, nicht erreicht, sie beide zu töten: Die Frau kam ohne jede Schramme davon; er selber würde es jetzt vielleicht überstehen; und ihr war es auf diese Weise nur gelungen, daß sie einander noch näher kamen, daß sie in der Zurückgezogenheit dieses einsamen Hauses nun ganz allein sein würden. Sie sah, wie sie es sich dort bequem machten, wie der Liebhaber geheilt war und vollends genas, wie die Geliebte ihm jeden Wunsch von den Augen ablas und mit ständigen Liebkosungen für ihre Nachtwachen belohnt wurde, alle beide lebten der Welt entrückt in unbeschränkter Freiheit und zogen ihre Flitterwochen in die Länge, die sie der Katastrophe zu verdanken hatten. Heftige Kälte ließ Flore zu Eis erstarren, sie schaute die Toten an, sie hatte umsonst getötet.
Jetzt gewahrte Flore bei diesem auf das Gemetzel geworfenen Blick Misard und Cabuche, die von Herren, der Ge-

richtsbehörde sicherlich, vernommen wurden. In der Tat bemühten sich der Staatsanwalt und der Kanzleidirektor des Präfekten zu verstehen, wieso dieser Steinbruchwagen quer über dem Gleis gestanden hatte. Misard versicherte, er habe seinen Posten nicht verlassen, könne allerdings keinerlei genaue Auskunft geben: er wüßte wirklich nichts, er behauptete, er habe dem Ganzen den Rücken zugekehrt, weil er mit seinen Geräten beschäftigt gewesen sei. Was Cabuche betraf, der noch immer ganz erschüttert war, so erzählte er eine lange, verworrene Geschichte, warum er, in dem Verlangen, die Tote zu sehen, den Fehler gemacht habe, seine Pferde allein zu lassen, und auf welche Weise die Pferde von selber losgegangen seien und wie das junge Mädchen sie nicht habe zum Stehen bringen können. Er verhaspelte sich, begann wieder von vorn, ohne daß es ihm gelang, sich verständlich zu machen.

Ein wilder Freiheitsdrang ließ Flores zu Eis erstarrtes Blut von neuem pulsieren. Sie wollte frei vor sich selbst sein, frei zu überlegen und einen Entschluß zu fassen, weil sie niemals jemanden gebraucht hatte, um auf dem richtigen Wege zu sein. Wozu sollte sie warten, bis man sie mit Fragen behelligte, bis man sie womöglich verhaftete? Denn abgesehen von dem Verbrechen lag ein Dienstvergehen vor, sie würde zur Verantwortung gezogen werden. Jedoch sie blieb, denn es hielt sie hier zurück, solange Jacques selber da sein würde.

Séverine hatte Pecqueux soeben so sehr gebeten, daß dieser sich schließlich eine Bahre besorgt hatte; und er kam mit einem Kumpel wieder, um den Verletzten wegzutragen. Der Arzt hatte die junge Frau ebenfalls bewogen, den Oberzugführer Henri bei sich aufzunehmen, der nur an einer Gehirnerschütterung zu leiden schien und stumpfsinnig

dasaß. Er sollte nach dem anderen weggeschafft werden. Und als Séverine sich niederbeugte, um Jacques den Kragen aufzuknöpfen, der ihn beengte, küßte sie ihn offen auf die Augen, weil sie ihm Mut einflößen wollte, den kurzen Transport zu ertragen.
»Hab keine Angst, wir werden glücklich sein.«
Lächelnd küßte er nun auch sie.
Und damit riß für Flore das Letzte entzwei, trennte sie sich von ihm auf immerdar. Ihr war, als fließe auch ihr eigenes Blut jetzt in Strömen aus einer unheilbaren Wunde. Als man Jacques wegtrug, ergriff sie die Flucht. Als sie aber an dem niedrigen Haus vorüberkam, gewahrte sie durch die Fensterscheiben das Sterbezimmer mit dem blassen Fleck der Kerze, die im hellen Tageslicht neben der Leiche ihrer Mutter brannte. Während des Unglücks war die Tote allein geblieben, den Kopf halb herumgedreht, die Augen weit geöffnet, die Lippe verzerrt, als hätte sie zugeschaut, wie all diese Menschen, die sie nicht kannte, zerschmettert wurden und starben.
Flore galoppierte dahin, bog sogleich um den Knick, den die Landstraße nach Doinville machte, stürmte dann nach links zwischen das Gestrüpp. Sie kannte jeden verborgenen Winkel in der Gegend, von nun an hätte sie gewettet, daß die Gendarmen sie nicht fassen würden, wenn man sie zu ihrer Verfolgung ausschickte. So hörte sie denn auch jäh zu rennen auf, ging mit kleinen Schritten weiter, machte sich zu einem Versteck auf, wo sie sich an ihren trübsinnigen Tagen zu vergraben liebte, einer Höhlung oberhalb des Tunnels. Sie blickte empor, sah an der Sonne, daß es Mittag war. Als sie in ihrem Loch war, streckte sie sich auf dem harten Fels aus, unbeweglich verharrte sie, die Hände im Nacken verschlungen, und überlegte. Nun erst entstand

eine grauenhafte Leere in ihr, das Gefühl, bereits tot zu sein, ließ ihre Glieder nach und nach fühllos werden. Es waren nicht Gewissensbisse, all diese Menschen unnütz getötet zu haben, denn sie mußte sich anstrengen, um das Bedauern und Entsetzen darüber wiederzufinden. Aber dessen war sie jetzt gewiß: Jacques hatte gesehen, wie sie die Pferde zurückgehalten hatte; und an seinem Zurückschrecken hatte sie das vorhin gemerkt, er empfand den entsetzten Widerwillen vor ihr, den man vor Ungeheuern empfindet. Niemals würde er vergessen. Aber wenn man schon die Leute verfehlt, dann braucht man ja sich selber nicht auch zu verfehlen. Sie würde sich töten, jetzt gleich. Sie hatte keinerlei andere Hoffnung, die unumschränkte Notwendigkeit dazu fühlte sie noch stärker, seitdem sie hier war und sich beruhigte und vernünftig nachdachte. Nur die Müdigkeit, ein Ins-Nichts-Versinken ihres ganzen Ichs, hinderte sie daran, wieder aufzustehen, um nach einer Waffe zu suchen und zu sterben. Und dennoch stieg vom Grunde der unbezwinglichen Schläfrigkeit, die sie überkam, noch immer die Liebe zum Leben empor, der Drang nach Glück, ein letzter Traum, ebenfalls glücklich zu sein, wo sie nun die beiden anderen doch ihrer Seligkeit, ungehindert zusammenleben zu können, überließ. Warum wartete sie nicht die Nacht ab und lief zu Ozil hin, der sie anbetete, der sie schon zu schützen wissen würde? Ihre Gedanken wurden sanft und verworren, sie schlief ein, sank in einen düsteren, traumlosen Schlummer.

Als Flore erwachte, war es tiefe Nacht geworden. Benommen tastete sie um sich, erinnerte sich mit einem Schlag, als sie den nackten Fels fühlte, auf dem sie lag. Und da, wie bei einem Blitzeinschlag, war die unerbittliche Notwendigkeit da: sie mußte sterben. Es schien, als sei die schlaffe

Süße, diese Schwäche angesichts des noch möglichen Lebens, mit der Müdigkeit verflogen. Nein, nein! Der Tod allein war gut. Sie konnte nicht leben in all diesem Blut, und es riß ihr das Herz aus der Brust, von dem einzigen Mann verabscheut zu sein, den sie hatte haben wollen und der einer anderen gehörte. Jetzt, da sie die Kraft dazu hatte, mußte sie sterben.

Flore stand auf, verließ das Felsloch. Sie zögerte nicht, denn instinktmäßig hatte sie soeben gefunden, wohin sie gehen mußte. Durch einen erneuten Blick zum Sternenhimmel wußte sie, daß es fast neun Uhr war. Als sie an der Bahnlinie anlangte, fuhr auf dem Gleis in Richtung Le Havre mit hoher Geschwindigkeit ein Zug vorüber, was ihr Freude zu bereiten schien: alles würde gut gehen, offenbar war dieses Gleis geräumt worden, während das andere zweifellos noch blockiert war, denn auf ihm schien der Verkehr nicht wiederhergestellt zu sein. Nun ging sie an der Hecke entlang inmitten des tiefen Schweigens dieser wilden Gegend. Es eilte ja nicht, vor dem Pariser Schnellzug, der erst um neun Uhr fünfundzwanzig hier durchfuhr, würde kein Zug mehr kommen; und mit kleinen Schritten ging sie im dichten Dunkel immer an der Hecke entlang, ganz ruhig, als machte sie einen ihrer gewohnten Spaziergänge über die öden Pfade. Doch bevor sie zum Tunnel gelangte, stieg sie über die Hecke, mit ihrem schlendernden Schritt ging sie direkt auf dem Gleis weiter, dem Schnellzug entgegen. Sie mußte es schlau anfangen, um von dem Wärter nicht gesehen zu werden, so wie sie es meistens anstellte, sooft sie Ozil dort hinten am anderen Ende besuchte. Und auch im Tunnel ging sie weiter, immer und immer weiter. Aber es war nicht mehr wie neulich, sie hatte, wenn sie sich umdrehte, keine Angst mehr, die genaue Vorstellung von der Richtung, in der sie ging, zu verlieren. In ihrem Schädel hämmerte nicht der Tunnelwahn, jener plötzlich ausbrechende Wahn, bei dem die Dinge, bei dem Zeit und Raum inmitten des donnernden Getöses und des Erdrücktwerdens vom Gewölbe versinken. Was machte ihr das schon aus! Sie überlegte nicht vernünftig, dachte nicht einmal, hatte nur einen festen Entschluß: gehen, so lange vor sich hin gehen, wie sie nicht auf den Zug treffen würde, und abermals gehen, geradewegs auf das Spitzensignal zu, sobald es in der Nacht aufflammen würde.

Flore wunderte sich indessen, denn sie meinte, seit Stunden so zu gehen. Wie fern er doch war, dieser Tod, den sie herbeiwünschte! Der Gedanke, daß sie ihn nicht finden würde, daß sie Meilen um Meilen wandern würde, ohne auf ihn zu prallen, stürzte sie für einen Augenblick in Verzweiflung. Ihre Füße ermüdeten, würde sie denn gezwungen sein, sich hinzusetzen, ihn quer über den Schienen liegend zu erwarten? Aber dies erschien ihr unwürdig, aus dem Instinkt einer Jungfrau und Kriegerin heraus war es ihr ein Bedürfnis, bis ans Ende zu gehen, aufrecht zu sterben. Und als sie ganz fern das Spitzensignal des Schnellzuges erblickte, der einem auf dem Grunde des tintenschwarzen Himmels funkelnden einzelnen kleinen Stern glich, da war in ihr wieder Energie erwacht, neues Vorwärtsdrängen. Noch war der Zug nicht unter dem Gewölbe, keinerlei Geräusch kündigte ihn an, es war nur dieses so grelle, so heitere, allmählich größer werdende Licht da. Gerade aufgerichtet, mit der hohen, biegsamen Gestalt einer Statue, auf ihren kräftigen Beinen hin und her wiegend, so ging sie jetzt mit ausgreifenden Schritten vorwärts, ohne jedoch zu rennen, wie beim Nahen einer Freundin, der sie ein Stückchen Wegs ersparen wollte. Soeben aber war der Zug in den Tunnel eingefahren, das fürchterliche Grollen kam näher, erschütterte die Erde mit Sturmesbrausen, während der Stern zu einem ungeheuren, immer größer werdenden Auge geworden war, das gleichsam aus der Höhle der Finsternis hervorquoll. Da leerte sie unter dem Zwang eines unerklärten Gefühls, vielleicht um beim Sterben nichts bei sich zu haben, ihre Taschen aus, ohne in ihrem heldenmütigen starrköpfigen Schreiten innezuhalten, legte ein ganzes Bündel am Rand des Gleises nieder, ein Taschentuch, Schlüssel, Bindfaden, zwei Messer; sogar das um den Hals gebundene Tuch nahm sie ab, ließ ihr Mieder aufgehakt, halb aufgerissen. Das Auge verwandelte sich in Glut, zum Feuersbrunst speienden Rachen eines Backofens, der Odem des Ungeheuers kam heran, schon feucht und heiß, in jenem immer betäubender werdenden Donnerrollen. Und noch immer schritt sie dahin, sie bewegte sich geradeswegs auf diesen Feuerofen zu, um die Lokomotive nicht zu verfehlen, behext wie ein Nachtinsekt, das von einer Flamme angelockt wird. Und bei dem entsetzlichen Zusammenprall, bei der Umarmung richtete sie sich abermals auf, als wolle sie, von dem letzten Aufbegehren einer Ringerin in Wallung gebracht, den Koloß umklammern und ihn zu Boden schmettern. Mit dem Kopf war sie mitten in das Spitzensignal hineingestoßen, das erlosch.

Über eine Stunde später kam man erst und barg Flores Leiche. Der Lokführer hatte wohl gesehen, wie diese große, blasse Gestalt gegen die Maschine lief, erschreckend seltsam wie ein Gespenst im grellen Lichtstrahl, der sie überflutete; und als sich der Zug, mit seinem Krachen eines einschlagenden Blitzes dahinrollend, jäh mit erloschenem Spitzensignal in tiefer Dunkelheit befand, da war er bei dem Gefühl, daß der Tod vorüberzog, erschauert. Bei der

Ausfahrt aus dem Tunnel hatte er sich bemüht, dem Bahnwärter den Unfall zuzuschreien. Aber erst in Barentin hatte er erzählen können, dort unten habe sich soeben jemand überfahren lassen: es sei sicher eine Frau; an der zerbrochenen Scheibe des Spitzensignals klebten noch mit Schädeltrümmern vermengte Haare. Und als die auf die Suche nach der Leiche ausgeschickten Männer diese entdeckten, waren sie erschüttert, sie so weiß, marmorweiß, zu sehen. Sie lag, von der Gewalt des Zusammenpralls dort hingeschleudert, auf dem nach Paris führenden Gleis, der Kopf zu Brei geschlagen, die Glieder ohne jede Schramme und halb entkleidet, bewundernswert schön in ihrer Keuschheit und Kraft. Schweigend hüllten die Männer sie ein. Sie hatten sie erkannt. Sie hatte sich in ihrem Wahnwitz bestimmt umgebracht, um der schrecklichen Verantwortung, die auf ihr lastete, zu entrinnen.

Von Mitternacht an ruhte Flores Leiche in dem niedrigen Häuschen neben der Leiche ihrer Mutter. Man hatte eine Matratze auf die Erde gelegt und zwischen ihnen beiden wieder eine Kerze angezündet. Phasie, die den Kopf noch immer zur Seite neigte mit dem gräßlichen Lachen ihres verzerrten Mundes, schien jetzt mit ihren großen, starren Augen ihre Tochter anzuschauen, während in der Einsamkeit, inmitten des tiefen Schweigens, von allen Seiten das dumpfe Schuften, die keuchende Anstrengung Misards zu hören war, der wieder zu wühlen begonnen hatte.

Und in vorschriftsmäßigen Abständen fuhren die Züge vorüber, kreuzten sich auf beiden Gleisen, da der Verkehr soeben völlig wiederhergestellt worden war. Unerbittlich, mit ihrer maschinellen Allgewalt, gleichgültig, nichts wissend von diesen Dramen und Verbrechen, fuhren sie vorüber. Was lag schon an den Unbekannten aus der Menge, die unterwegs herausgestürzt, unter den Rädern zermalmt worden waren! Man hatte die Toten weggetragen, das Blut abgewaschen, und man fuhr wieder los, der Zukunft entgegen.

Kapitel 11

Es war in dem großen Schlafzimmer von La Croix-de-Maufras, dem mit rotem Damast tapezierten Zimmer, dessen zwei hohe Fenster auf die wenige Meter entfernte Bahnlinie gingen. Vom Bett aus, einem alten Säulenbett, das den Fenstern gegenüber stand, sah man die Züge vorüberfahren. Und seit Jahren war hier kein Gegenstand entfernt, kein Möbelstück verrückt worden.
In diesen Raum hatte Séverine den verletzten, ohnmächtigen Jacques hinaufschaffen lassen, während man Henri Dauvergne im Erdgeschoß in einem anderen, kleineren Schlafzimmer ließ. Für sich selbst nahm sie ein Zimmer, das nur durch den Treppenflur von Jacques' Zimmer getrennt war. In zwei Stunden war alles einigermaßen bequem hergerichtet, denn das Haus war mit allem versehen, sogar Wäsche lag noch in den Schränken. Séverine hatte sich eine Schürze über das Kleid gebunden und so in eine Krankenschwester verwandelt, nachdem sie Roubaud lediglich telegraphiert hatte, er brauche nicht auf sie zu warten, sie werde zweifellos ein paar Tage hierbleiben, um Verletzte, die sie aufgenommen habe, zu pflegen.
Und schon tags darauf hatte der Arzt geglaubt, für Jacques die Verantwortung übernehmen zu können, er rechnete sogar damit, ihn in acht Tagen wieder auf die Beine zu bringen: ein wahres Wunder, kaum ein paar leichte Störungen innerer Organe. Aber er empfahl größte Pflege, strengste Bettruhe.

Als der Patient die Augen aufschlug, flehte ihn Séverine, die bei ihm wachte wie bei einem Kind, daher auch an, er solle nett sein, solle ihr in allem gehorchen.
Er war noch immer schwach und versprach es mit einem Nicken. Er war klar bei Verstand, er erkannte dieses Zimmer wieder, das sie in der Nacht, da sie ihm alles gestanden, genau beschrieben hatte: das rote Zimmer, in dem sie schon mit sechzehneinhalb Jahren den heftigen Zudringlichkeiten des Präsidenten Grandmorin nachgegeben hatte. Es war genau das Bett, in dem er jetzt lag, es waren die Fenster, durch die er, ohne auch nur den Kopf zu heben, sehen konnte, wie in der jähen Erschütterung des ganzen Hauses die Züge vorüberbrausten. Und dieses Haus fühlte er rings um sich, wie er es oft gesehen hatte, wenn er selber, auf seiner Lokomotive dahingetragen, hier vorüberfuhr. Er sah es wieder vor sich, schräg an den Rand des Schienenstranges hingesetzt, in seiner Hilflosigkeit und Verlassenheit bei seinen geschlossenen Fensterläden, seitdem es zu verkaufen war, noch kläglicher und zwielichtiger geworden durch das riesige Schild, das den von Brombeersträuchern überwucherten Garten noch schwermütiger wirken ließ. Er erinnerte sich an die grauenvolle Traurigkeit, die er jedesmal empfand, an das Unbehagen, mit dem es ihn verfolgte, als erhebe es sich zum Unglück seines Daseins an dieser Stelle. Heute, da er so schwach in diesem Zimmer lag, glaubte er zu verstehen, denn es konnte nur dies eine sein: er würde sicherlich hier sterben.
Sobald Séverine gesehen hatte, daß er sie wieder hören konnte, hatte sie sich beeilt, ihn zu beruhigen, indem sie ihm, während sie die Decke neu hochzog, ins Ohr sagte:
»Sei unbesorgt, ich habe deine Taschen ausgeleert, ich habe die Uhr an mich genommen.«

Angestrengt in seiner Erinnerung forschend, schaute er sie mit weit aufgerissenen Augen an:
»Die Uhr . . . Ach ja, die Uhr.«
»Man hätte dich ja durchsuchen können. Und ich habe sie zwischen Sachen von mir versteckt. Hab keine Angst.«
Er dankte ihr mit einem Händedruck. Als er den Kopf wandte, hatte er auf dem Tisch das Messer bemerkt, das sie ebenfalls in einer seiner Taschen gefunden hatte. Es brauchte wenigstens nicht versteckt zu werden: ein Messer wie jedes andere.
Aber schon tags darauf war Jacques mehr bei Kräften, und er begann wieder zu hoffen, daß er nicht hier sterben werde. Echte Freude hatte es ihm bereitet, als er Cabuche neben sich erkannte, der eifrig bemüht war, der seine schweren Schritte eines Kolosses auf dem Parkett dämpfte; denn seit dem Unglück war der Steinbrucharbeiter nicht von Séverine gewichen, weil auch er sich in einem glühenden Ergebenheitsbedürfnis zu ihr hingezogen fühlte: er ließ seine Arbeit im Stich, kam jeden Morgen wieder und half ihr bei den groben Hausarbeiten, diente ihr wie ein treuer Hund, die Augen auf ihre Augen geheftet. Er sagte immer, sie sei eine tüchtige Frau, trotz ihres schmächtigen Aussehens. Für sie, die so viel für die anderen tue, könne man wirklich etwas tun. Und die beiden Liebenden gewöhnten sich an ihn, duzten sich, küßten sich sogar ungeniert, wenn er diskret durchs Zimmer ging und dabei seinen großen Körper so unscheinbar wie möglich machte.
Jacques wunderte sich indessen über Séverines häufige Abwesenheit. Am ersten Tag hatte sie ihm, um dem Arzt zu gehorchen, Henris Anwesenheit unten verheimlicht, weil sie genau fühlte, von welch besänftigender Annehm-

lichkeit der Gedanke an unbedingte Einsamkeit für ihn sein würde.
»Wir sind allein, nicht wahr?«
»Ja, Liebling, allein, völlig allein . . . Schlaf ruhig.«
Aber sie verschwand alle Augenblicke, und gleich tags darauf hatte er im Erdgeschoß das Geräusch von Schritten und Geflüster gehört. Am nächsten Tag war es dann eine richtige erstickte Fröhlichkeit, helles Gelächter, zwei jugendliche und frische Stimmen, die gar nicht verstummten.
»Was ist los? Wer ist das? – Sind wir denn nicht allein?«
»Nein, Liebling, unten, genau unter deinem Zimmer liegt ein anderer Verletzter, den ich aufnehmen mußte.«
»Ach! – Wer denn?«
»Henri, weißt du, der Oberzugführer.«
»Henri . . . Aha!«
»Und heute früh sind seine Schwestern eingetroffen. Sie sind es, die du hörst, sie lachen über alles . . . Da es ihm viel besser geht, fahren sie heute abend wieder weg, wegen ihres Vaters, der nicht ohne sie auskommen kann; und Henri bleibt noch zwei bis drei Tage, um sich völlig zu erholen . . . Stell dir vor, er ist doch abgesprungen und hat sich nichts gebrochen; er war nur wie blöde, aber das hat sich wieder gegeben.«
Jacques schwieg, heftete einen so langen Blick auf sie, daß sie hinzusetzte:
»Verstehst du? Wäre er nicht da, dann könnte man über uns beide klatschen . . . Solange ich mit dir nicht allein bin, kann mein Mann nichts sagen, ich habe einen guten Vorwand, um hierzubleiben . . . Verstehst du?«
»Ja, ja, das ist ausgezeichnet.«
Und bis zum Abend horchte Jacques auf das Gelächter der kleinen Dauvergnes; er erinnerte sich, in Paris dieses Ge-

lächter schon gehört zu haben, das dort genauso aus der unteren Etage in das Zimmer emporstieg, wo Séverine in seinen Armen gebeichtet hatte. Dann trat Stille ein, er unterschied nur noch den leichten Schritt Séverines, die von ihm zu dem anderen Verletzten ging. Die Tür unten wurde wieder geschlossen, das Haus sank in tiefes Schweigen. Zweimal mußte er, da er großen Durst hatte, mit einem Stuhl auf den Fußboden stampfen, damit sie wieder heraufkam. Und als sie wiedererschien, lächelte sie ganz diensteifrig und erklärte, sie werde nicht fertig, weil Henri dauernd eiskalte Kompressen auf den Kopf bekommen müsse.

Schon am vierten Tage konnte Jacques aufstehen und zwei Stunden in einem Lehnstuhl am Fenster verbringen. Beugte er sich ein wenig vor, so gewahrte er den schmalen Garten, den die Eisenbahn durchschnitt, der von einer niedrigen Mauer umfriedet, von blaßblütigen Heckenrosen überwuchert war. Und er erinnerte sich an die Nacht, da er sich hochgereckt hatte, um über die Mauer zu schauen, er sah auf der anderen Seite des Hauses das ziemlich weite Gelände wieder, das nur von einer Hecke eingeschlossen wurde, jener Hecke, durch die er gestiegen und hinter der er auf Flore gestoßen war, die auf der Schwelle des verfallenen kleinen Gewächshauses saß und mit einer Schere gestohlene Wäscheleinen entwirrte. Ach, diese scheußliche Nacht, die ganz erfüllt war vom Grauen vor seinem Übel. Diese Flore mit der hohen und biegsamen Gestalt einer blonden Kriegerin, mit den flammenden Augen, die in die seinen starrten, machte ihn wie besessen, seitdem ihm die Erinnerung immer klarer wiederkehrte. Zuerst hatte er über das Unglück nicht den Mund aufgemacht, und um ihn her sprach vorsichtshalber niemand davon. Aber jede Einzelheit wurde wiedererweckt, er rekonstruierte alles, nur daran dachte er, so anhaltend und so angestrengt, daß seine einzige Beschäftigung am Fenster jetzt darin bestand, nach den Spuren zu forschen, nach den Leuten auszuspähen, die bei der Katastrophe dabei waren. Warum sah er denn gerade Flore nicht mehr mit der Fahne in der Faust auf ihrem Schrankenwärterposten? Er wagte die Frage nicht zu stellen, dies verschlimmerte das Unbehagen, welches dieses unheimliche Haus, das ihm voller Gespenster zu sein schien, in ihm hervorrief.

Eines Morgens jedoch, als Cabuche da war, der Séverine half, entschloß er sich endlich.

»Und Flore, ist sie krank?«

Der Steinbrucharbeiter war so verdutzt, daß er eine Handbewegung der jungen Frau nicht verstand und glaubte, sie befehle ihm, zu reden.

»Die arme Flore, sie ist tot!«

Erschauernd sah Jacques beide an, und da mußte man ihm wohl alles sagen. Zu zweit erzählten sie ihm vom Selbstmord des jungen Mädchens, das sich im Tunnel hatte überfahren lassen. Die Beerdigung der Mutter habe man bis zum Abend aufgeschoben, um auch die Tochter gleich mit zu bestatten; und sie schliefen Seite an Seite auf dem kleinen Friedhof von Doinville, wo sie nun mit der zuerst dahingegangenen Tochter, der jüngsten, wieder vereint waren, mit jener sanftmütigen und unglücklichen Louisette, die ebenfalls gewaltsam und über und über mit Blut und Schmutz besudelt dahingerafft worden war. Drei bejammernswerte Wesen, drei von denen, die unterwegs fallen und überfahren werden und dann verschwunden sind, als seien sie hinweggefegt vom fürchterlichen Wind jener vorüberbrausenden Züge!

»Tot, mein Gott!« sagte Jacques immer wieder ganz leise. »Meine arme Tante Phasie, und Flore, und Louisette!«
Bei Louisettes Namen erhob Cabuche, der Séverine beim Wegschieben des Bettes half, instinktiv den Blick zu ihr, verwirrt durch die Erinnerung an seine zärtliche Liebe von einst, in der aufkeimenden Leidenschaft, die jetzt wieder über ihn hereinbrach, der sich nicht dagegen wehren konnte, der sich wie ein weichherziges und beschränktes Wesen, wie ein gutmütiger Hund gleich bei der ersten Liebkosung hingab. Aber die junge Frau, die über seine tragischen Liebeserlebnisse Bescheid wußte, blieb ernst, schaute ihn voller Mitgefühl an; und darüber war er sehr gerührt; und als er ihr die Kopfkissen reichte und seine Hand ungewollt ihre Hand streifte, würgte es ihn in der Kehle, er antwortete Jacques auf seine Fragen mit stammelnder Stimme.
»Sie wurde also beschuldigt, das Unglück verursacht zu haben?«
»Oh, nein, nein . . . Nur, es war ihre Schuld, Sie verstehen doch.«
In abgehackten Sätzen sagte er, was er wußte. Er selber habe nichts gesehen, denn als die Pferde losgelaufen seien und das Lastfuhrwerk quer über das Gleis gezogen hätten, sei er im Haus gewesen. Eben davon habe er dumpfe Gewissensbisse, die Herren von der Justiz hätten es ihm schroff vorgeworfen: seine Tiere verlasse man nicht, das schreckliche Unglück wäre nicht passiert, wenn er bei ihnen geblieben wäre. Die Untersuchung habe eine bloße Fahrlässigkeit von seiten Flores ergeben; und da sie sich selbst gräßlich bestraft habe, hätte die Sache weiter keine Folgen, man versetze nicht einmal Misard, der sich mit seiner demütigen und ehrerbietigen Miene dadurch aus der Verle-

genheit gezogen hatte, daß er alles auf die Tote schob: immer habe sie nur nach ihrem Kopf gehandelt, alle Minuten habe er seinen Posten verlassen müssen, um die Schranke zu schließen. Im übrigen habe die Gesellschaft nur feststellen können, daß er an diesem Vormittag völlig korrekt seinen Dienst versehen habe; und bis er sich wiederverheiratete, habe sie ihn kürzlich ermächtigt, vorerst zur Wartung der Schranke eine alte Frau aus der Nachbarschaft zu sich zu nehmen, die Ducloux, eine ehemalige Herbergsmagd, die von dem lebte, was sie früher auf anrüchige Weise verdient und zusammengerafft hatte.
Als Cabuche aus dem Zimmer ging, hielt Jacques Séverine mit dem Blick zurück. Er war sehr blaß.
»Du weißt genau, daß Flore es war, die die Pferde mitgezogen und das Gleis mit den Steinen blockiert hat.«
Séverine erbleichte nun auch.
»Liebling, was erzählst du da! – Du hast Fieber, du mußt dich wieder hinlegen.«
»Nein, nein, das ist kein Alptraum ... Verstehst du? Ich habe sie gesehen, wie ich dich sehe. Sie hielt die Tiere, sie verhinderte mit ihren kräftigen Fäusten, daß das Lastfuhrwerk über die Gleise hinwegkam.«
Da versagten der jungen Frau die Beine, von Schwäche übermannt, sank sie ihm gegenüber auf einen Stuhl.
»Mein Gott! Mein Gott! Das macht mir angst ... Das ist ja ungeheuerlich, ich werde nicht mehr ruhig schlafen können.«
»Weiß Gott!« fuhr er fort. »Die Sache ist klar, sie hat versucht, uns beide mit all den anderen umzubringen ... Mich wollte sie ja schon lange haben, und sie war eifersüchtig. Dazu nicht ganz richtig im Kopf mit ihren sonderbaren Einfällen ... So viele Morde mit einem Schlag, eine ganze

Menschenmenge in ihrem Blut! Ach, dieses Aas!« Seine Augen weiteten sich, ein nervöser Tick verzog seine Lippen; und er schwieg, und sie sahen sich noch immer an, eine ganze lange Minute. Dann riß er sich los von den abscheulichen Visionen, die zwischen ihnen heraufbeschworen wurden, und meinte halblaut: »Ach, sie ist tot, aber sie spukt noch hier herum! Seitdem ich wieder zu mir gekommen bin, ist mir immer so, als wäre sie da. Heute früh erst habe ich mich umgedreht, als ich glaubte, sie stünde am Kopfende meines Bettes . . . Sie ist tot, und wir leben. Wenn sie sich jetzt nur nicht rächt!«
Séverine schauderte.
»Sei still, sei doch still! Du machst mich noch verrückt.«
Und sie ging hinaus, Jacques hörte sie zu dem anderen Verletzten hinuntersteigen.
Er war am Fenster geblieben, vergaß ganz die Zeit, wie er so die Gleise, das Schrankenwärterhäuschen mit seinem großen Brunnen, die Blockstelle, diese enge Bretterbude musterte, wo Misard bei seiner regelmäßigen und eintönigen Arbeit zu dösen schien. Diese Dinge nahmen ihn jetzt stundenlang in Anspruch wie die Lösung eines Problems, das er nicht zu lösen vermochte und dessen Lösung für sein Heil doch von Bedeutung war.
Er wurde nicht müde, diesen Misard zu betrachten, dieses kümmerliche, sanftmütige und bleiche Wesen, das ständig von einem schwachen, bösen Husten geschüttelt wurde, das seine Frau vergiftet hatte und wie ein nagendes, in seine Leidenschaft verbohrtes Insekt mit diesem Mordsweib fertig geworden war. Sicherlich hatte er seit Jahren keinen anderen Gedanken im Kopf gehabt, bei Tage und bei Nacht, während der zwölf endlosen Stunden seines Dienstes. Er

hatte ja nur folgendes zu tun: bei jedem Ertönen des elektrischen Läutewerkes, das ihm einen Zug meldete, das Hornsignal geben; war der Zug dann vorüber und das Gleis gesperrt, eine Blocktaste drücken, um ihn der vorausliegenden Blockstelle zu melden, eine andere drücken, um das Gleis für die rückliegende Blockstelle freizugeben. Das waren rein mechanische Bewegungen, die schließlich wie körperliche Gewohnheiten in sein vegetatives Leben übergegangen waren. Ungebildet, abgestumpft, las er niemals, verharrte mit hängenden Armen, verloren und unstet blickenden Augen zwischen den Signalen seiner Apparate. Fast immer saß er in seiner Wärterbude und fand keine andere Zerstreuung, als dort so lange wie möglich zu frühstücken. Darauf sank er mit seinem leeren Schädel ohne jeden Gedanken wieder in seinen Stumpfsinn zurück und wurde vornehmlich von schrecklicher Schläfrigkeit gequält, so daß er zuweilen mit offenen Augen einschlief. Wollte er nachts nicht dieser unaufhaltsamen Erstarrung unterliegen, so mußte er aufstehen, mit schlappen Beinen umhergehen wie ein Betrunkener. Und so mußte das Ringen mit seiner Frau, dieser geheime Kampf um die versteckten tausend Francs, der Kampf darum, wer sie nach dem Tode des anderen kriegen würde, Monate und Monate hindurch die einzige Überlegung in diesem fühllosen Hirn eines einsamen Menschen gewesen sein. Wenn er das Hornsignal gab, wenn er seine Signale bediente, wie ein Automat für die Sicherheit so vieler Menschenleben sorgte, dann dachte er an das Gift; und wenn er mit trägen Armen und mit vor Schläfrigkeit flackernden Augen wartete, dann dachte er auch noch daran. An nichts anderes als das: sie töten, suchen, das Geld kriegen.

Heute wunderte sich Jacques darüber, ihn unverändert zu finden. Man tötete also ohne jede Erschütterung, und das Leben ging weiter. Nachdem Misard zuerst fieberhaft herumgewühlt hatte, war er in der Tat wieder in sein Phlegma zurückgesunken, tückisch sanft wie ein gebrechliches Wesen, das keinen Stoß vertragen kann. Mochte er sie auch zum Sterben gebracht haben, im Grunde triumphierte seine Frau trotzdem; denn er blieb geschlagen, er stellte das Haus auf den Kopf, ohne etwas zu entdecken, nicht einen Centime; und allein seine Blicke, unruhige und spürende Blicke in seinem erdfarbenen Gesicht, verrieten seinen einzigen Gedanken. Fortwährend sah er die weit geöffneten Augen der Toten wieder vor sich, das gräßliche Lachen ihrer Lippen, die immer wieder sagten: »Such! Such!« Er suchte, er durfte seinem Gehirn jetzt keine Minute Ruhe gönnen; ohne Unterlaß arbeitete und arbeitete es, spähte aus nach dem Ort, wo der Schatz vergraben war, ging immer wieder prüfend die dafür möglichen Verstecke durch, verwarf jene, die er bereits durchwühlt hatte, entbrannte vor Fieber, sobald er auf ein neues verfiel, und hatte es dann so brennend eilig, daß er alles stehen und liegen ließ, um vergebens dorthin zu rennen: eine auf die Dauer unerträgliche Marter, eine rächende Folter, eine Art Schlaflosigkeit des Hirns, die ihn dem uhrenmäßigen Ticken der fixen Idee auslieferte und wach hielt, stupide und wider Willen grübelnd. Wenn er sein Hornsignal blies, einmal für die aus Paris kommenden Züge, einmal für die nach Paris fahrenden Züge, dann suchte er; wenn er dem Ertönen der Läutewerke Folge leistete, wenn er die Tasten seiner Geräte drückte, die Strecke sperrte oder freigab, dann suchte er; unaufhörlich suchte er, suchte kopflos, am Tage während seiner langen Wartezeiten, schwerfällig vor Untätigkeit, bei Nacht von Schläfrigkeit gequält, gleichsam ans Ende der Welt verbannt, im Schweigen der weiten schwarzen Flur. Und die Ducloux, die Frau, die jetzt die Schranke wartete, war, da sie von dem Wunsch geplagt wurde, geheiratet zu werden, höchst aufmerksam gegen ihn, besorgt darüber, daß er nie mehr ein Auge zumachte.

Als Jacques, der anfing, ein paar Schritte in seinem Zimmer zu gehen, eines Nachts aufgestanden war und sich dem Fenster näherte, sah er bei Misard eine Laterne auf und ab wandern: sicherlich suchte der Mann wieder. Aber in der nächsten Nacht, als der Genesende erneut lauerte, erkannte er zu seinem Erstaunen in einer großen, düsteren Gestalt Cabuche, der auf der Landstraße unter dem Fenster des Raumes stand, in dem Séverine schlief. Und ohne daß er wußte warum, erfüllte ihn dies, statt ihn zu ärgern, mit Mitleid und Traurigkeit: auch so ein Unglücklicher, dieser große, ungeschlachte Kerl, der dort stand wie ein vernarrtes und treues Tier. Wahrhaftig, Séverine, die so dünn und nicht schön war, wenn man sie näher betrachtete, war also mit ihrem tintenschwarzen Haar und den blassen Immortellenaugen von übermächtigem Reiz, daß selbst den Wilden, den beschränkten Kolossen so das Fleisch juckte und sie sogar die Nächte wie zitternde kleine Jungen vor ihrer Tür verbrachten! Ihm fielen Einzelheiten ein, die Dienstfertigkeit des Steinbrucharbeiters, ihr zu helfen, die sklavischen Blicke, mit denen er sich ihr anbot. Ja, bestimmt, Cabuche liebte sie, begehrte sie. Und als Jacques tags darauf auf ihn aufpaßte, sah er ihn heimlich eine Haarnadel aufheben, die ihr beim Bettmachen aus der Frisur gefallen war, und sie in der Faust behalten, um sie nicht zurückzugeben. Jacques dachte an seine eigene Qual, an all das, was er unter der Begierde zu leiden gehabt hatte, an all das, was an Verwirrung und Erschreckendem mit der Gesundheit in ihm wiederkehrte.

Es verflossen noch zwei Tage, die Woche ging zu Ende, und so wie der Arzt vorausgesehen hatte, würden die Verletzten ihren Dienst bald wieder antreten können. Eines Morgens sah der Lokführer, als er am Fenster war, auf einer neu in Betrieb gestellten Lokomotive seinen Heizer Pecqueux vorüberfahren, der ihn winkend grüßte, als ob er ihn riefe. Aber er hatte es gar nicht eilig, ihn hielt eine wiedererwachende Leidenschaft hier zurück, eine Art ängstlicher Erwartung dessen, was sich ereignen sollte. Noch an diesem Tage hörte er unten von neuem das frische und jugendliche Gelächter, die Ausgelassenheit erwachsener Mädchen, die die trübsinnige Bleibe mit dem Pausenlärm eines Mädchenpensionats erfüllten. Er hatte die kleinen Dauvergnes wiedererkannt. Mit Séverine, die sich übrigens den ganzen Tag über nicht blicken ließ und keine fünf Minuten bei ihm bleiben konnte, sprach er gar nicht darüber. Am Abend sank das Haus dann in Totenstille.

Und als sie mit ernster Miene, ein bißchen blaß in seinem Zimmer blieb, blickte er sie unverwandt an, fragte sie:
»Ist er nun weg, haben ihn seine Schwestern mitgenommen?«
Sie erwiderte kurz angebunden:
»Ja.«
»Und wir sind endlich allein, gänzlich allein?«
»Ja, gänzlich allein . . . Morgen müssen wir uns trennen, ich kehre nach Le Havre zurück. Mit dem Kampieren in dieser Einöde ist es vorbei.« Er blickte sie nach wie vor mit lächelnder und verlegener Miene an. Doch er entschloß sich und sagte: »Dir tut es leid, daß er weg ist, was?« Und als sie zusammenzuckte und sich dagegen verwahren wollte, unterbrach er sie: »Ich suche ja keinen Streit mit dir. Du siehst doch, ich bin nicht eifersüchtig. Eines Tages hast du zu mir gesagt, ich solle dich töten, wenn du mir untreu wärst, und ich sehe doch nicht so aus wie ein Liebhaber, der seine Geliebte zu töten beabsichtigt, nicht wahr? – Aber wirklich, du hast dich von unten ja nicht mehr weggerührt. Unmöglich, dich eine Minute für mich zu haben. Schließlich ist mir eingefallen, was dein Mann zu sagen pflegte, daß du eines schönen Abends mit diesem Burschen schlafen würdest, ohne Vergnügen daran zu haben, einzig und allein, um mit etwas anderem von neuem zu beginnen.«
Sie hatte aufgehört zu widersprechen, zweimal nacheinander sagte sie langsam:
»Von neuem beginnen, von neuem beginnen . . .« Dann sprach sie in einer Anwandlung unwiderstehlicher Offenheit: »Also gut, hör zu, es stimmt . . . Wir beide können uns ja alles sagen. Es gibt genug Dinge, die uns verbinden . . . Seit Monaten stellt mir dieser Mann nach. Er wußte, daß ich dir gehörte, er dachte, es würde mich weiter keine

Überwindung kosten, ihm zu gehören. Und als ich ihn hier unten wiedergefunden habe, hat er abermals mit mir gesprochen, immer wieder hat er zu mir gesagt, er liebe mich unsterblich, und sah dabei so von Dankbarkeit erfüllt aus für meine Pflege, und er sprach so zärtlich und sanft, daß ich allerdings einen Augenblick davon geträumt habe, ihn auch zu lieben, mit etwas anderem, etwas Besserem, ganz Sanftem von neuem zu beginnen . . . Ja, mit etwas ohne Vergnügen vielleicht, was mich aber beruhigt hätte . . .« Sie hielt inne, zögerte, bevor sie fortfuhr: »Denn vor uns beiden ist jetzt alles versperrt, wir kommen nicht mehr weiter . . . Unser Traum von der Ausreise, diese Hoffnung, dort drüben in Amerika reich und glücklich zu sein, all diese Seligkeit, die von dir abhing, sie ist unmöglich, da du ja nicht gekonnt hast . . . Oh, ich mache dir keinerlei Vorwurf, es ist sogar besser, daß es nicht dazu gekommen ist; aber ich will dir begreiflich machen, daß ich mit dir nichts mehr zu erwarten habe: morgen wird es wie gestern sein, dieselben Verdrießlichkeiten, dieselben Plagen.«

Er ließ sie reden, erst als er sah, daß sie schwieg, fragte er: »Und darum hast du mit dem anderen geschlafen?«

Sie hatte ein paar Schritte ins Zimmer hinein gemacht, sie kam zurück, zuckte die Achseln.

»Nein, ich habe nicht mit ihm geschlafen, und ich sage es dir schlicht, und du glaubst mir, dessen bin ich sicher, weil wir uns künftighin nicht zu belügen brauchen . . . Nein, ich habe nicht gekonnt, ebensowenig wie du selber bei der anderen Sache gekonnt hast. Es wundert dich, daß eine Frau sich einem Mann nicht hinzugeben vermag, wenn sie über den Fall vernünftig nachdenkt und findet, daß sie einen Nutzen dabei hätte. Ich selber, ich dachte nicht so weit, mir war es nie schwergefallen, nett zu sein, ich meine, meinem

Mann oder dir diesen Gefallen zu tun, wenn ich sah, daß ihr mich so heftig liebtet. Nun gut, diesmal habe ich nicht gekonnt. Er hat mir die Hände geküßt, nicht einmal die Lippen, das schwöre ich dir. Er soll später in Paris auf mich warten, habe ich ihm gesagt, weil ich ihn so unglücklich sah, weil ich ihn nicht in Verzweiflung stürzen wollte.«
Sie hatte recht, Jacques glaubte ihr, er merkte genau, daß sie nicht log. Und wieder überkam ihn Angst, die scheußliche Verwirrung über seine Begierde wuchs bei dem Gedanken, daß er jetzt allein mit ihr eingeschlossen war, fern von der Welt, in der wiederentzündeten Flamme seiner Leidenschaft. Er wollte entrinnen, er rief:
»Und der andere da, es ist ja noch ein anderer da, dieser Cabuche!«
Mit einer jähen Bewegung trat sie wieder näher.
»Ach, das hast du gemerkt, das weißt du auch... Ja, es stimmt, der ist auch noch da. Ich frage mich, was sie alle haben... Der da hat nie ein Wort zu mir gesagt. Aber ich sehe wohl, wie er die Arme verdreht, wenn wir uns küssen. Er hört, wie ich dich duze, er weint in den Ecken herum. Und außerdem stiehlt er mir alles, Sachen von mir, Handschuhe, sogar Taschentücher, die verschwinden, die schleppt er da draußen in seine Höhle wie Schätze... Allerdings wirst du dir wohl nicht einbilden, ich sei imstande, diesem Wilden nachzugeben. Er ist zu grob, er würde mir angst machen. Übrigens verlangt er ja nichts... Nein, nein, wenn diese großen ungeschlachten Kerle schüchtern sind, dann sterben die vor Liebe, ohne etwas von einem zu verlangen. Du könntest mich einen Monat in seiner Obhut lassen, er würde mich nicht mit den Fingerspitzen anrühren, ebensowenig wie er Louisette angerührt hat, dafür verbürge ich mich heute.«

Bei dieser Erinnerung trafen sich ihre Blicke, es herrschte
Schweigen. Die Ereignisse der Vergangenheit wurden her-
aufbeschworen, ihr Zusammentreffen bei dem Untersuchungsrichter in Rouen, dann ihre erste, so schöne Reise
nach Paris, und ihre Liebesbeziehungen in Le Havre, und
all das, was an Gutem und Schrecklichem gefolgt war.
Sie trat näher, sie stand so dicht bei ihm, daß er die laue
Wärme ihres Atems spürte.
»Nein, nein, mit dem da noch weniger als mit dem anderen.
Mit niemandem, hörst du, weil ich nicht könnte ... Und
willst du wissen, warum? Nun, ich fühle es in diesem
Augenblick, ich bin sicher, daß ich mich nicht täusche: weil
du mich nämlich ganz und gar genommen hast. Ein anderes
Wort gibt es nicht: ja, genommen, wie man etwas mit beiden Händen nimmt, um es wegzutragen, um in jeder Minute darüber verfügen zu können wie über einen Gegenstand, der einem gehört. Vor dir habe ich niemandem
gehört. Ich bin dein, und ich werde dein bleiben, selbst
wenn du es nicht willst, selbst wenn ich selber es nicht
will ... Erklären kann ich das nicht. Wir sind uns eben so
begegnet. Bei anderen macht es mir angst, widert es mich
an, während du daraus ein köstliches Vergnügen, ein wahres Himmelsglück gemacht hast ... Ach, ich liebe nur dich,
ich kann nur noch dich lieben!« Sie streckte die Arme aus,
um ihn in ihrer Umschlingung für sich zu haben, um ihm
den Kopf auf die Schulter zu legen, den Mund auf die Lippen zu drücken.
Aber er hatte ihre Hände ergriffen, er hielt sie zurück, war
außer sich, starr vor Entsetzen darüber, daß er mit dem
Blut, das ihm den Schädel durchpulste, wieder den alten
Schauer aus seinen Gliedern aufsteigen fühlte. Es war das
Geläute in den Ohren, es waren die Hammerschläge, das

Geschrei der Menge wie bei seinen heftigen Anfällen von einst. Seit einiger Zeit konnte er Séverine am hellen Tage und selbst beim Licht einer Kerze nicht mehr besitzen, weil er verrückt zu werden fürchtete, wenn er sie dabei sah. Und es war eine Lampe da, die sie alle beide grell beleuchtete; und wenn er so zitterte, wenn er wieder toll zu werden begann, so kam es wohl daher, daß er durch den aufgehakten Kragen des Morgenrocks die weiße Rundung ihrer Brust gewahrte.
Flehend, glühend fuhr sie fort:
»Mag unser Dasein auch versperrt sein, was macht das schon! Wenn ich von dir nichts Neues erwarte, wenn ich weiß, daß das Morgen für uns wieder dieselben Verdrießlichkeiten und dieselben Plagen mit sich bringt, so ist mir das gleich, mir bleibt nichts weiter, als mein Leben hinzuschleppen und mit dir zu leiden. Bald kehren wir nach Le Havre zurück; soll es kommen, wie es will, wenn ich dich nur so von Zeit zu Zeit eine Stunde bei mir habe . . . Ich schlafe nun schon drei Nächte nicht mehr, da mich in meinem Zimmer, dort auf der anderen Seite des Treppenflurs, das Bedürfnis martert, zu dir zu kommen. Du hast so zu leiden gehabt, du kamst mir so finster vor, daß ich mich nicht traute . . . Behalte mich doch heute abend hier. Du wirst sehen, wie nett es ist, ich mache mich ganz klein, um dich nicht zu stören. Und außerdem, bedenke, daß es die letzte Nacht ist . . . In diesem Haus ist man am Ende der Welt. Horch, nicht ein Hauch, nicht eine Seele. Es kann niemand kommen, wir sind allein, so vollkommen allein, daß niemand es erfahren würde, wenn wir, einander in den Armen liegend, stürben.«
Schon streckte Jacques in der Wut seiner Besitzgier, von ihren Liebkosungen krankhaft erregt, da er keine Waffe

hatte, die Finger aus, um Séverine zu erwürgen, als sie von selbst der Gewohnheit nachkam, sich umdrehte und die Lampe auslöschte. Da trug er sie weg, sie legten sich ins Bett. Es wurde eine ihrer glühendsten Liebesnächte, die beste, die einzige, in der sie fühlten, daß sie einer im andern verschmolzen und einer im andern verschwanden. Wie zerschlagen von diesem Glück, so tief ins Nichts versunken, daß sie ihre Leiber nicht mehr spürten, schliefen sie dennoch nicht ein, lagen in einer Umklammerung verbunden da. Und wie während der Nacht der Geständnisse in Paris in Mutter Victoires Zimmer hörte er ihr schweigend zu, während ihr Mund endlos ganz leise Worte an seinem Ohr flüsterte. Vielleicht hatte sie an diesem Abend, bevor sie die Lampe löschte, gespürt, wie der Tod ihren Nacken streifte. Bis zu diesem Tage hatte sie unter der ständigen Morddrohung in den Armen ihres Geliebten gelächelt und keinen Argwohn gehegt. Ein bißchen aber hatte es sie vorhin kalt dabei überlaufen, und eben dieses ungeklärte Entsetzen kettete sie in einem Schutzbedürfnis so fest an diese Mannesbrust. Ihr leises Hauchen war gleichsam das eigentliche Hinschenken ihrer selbst.

»Oh, Liebling, hättest du es gekonnt, wie glücklich wären wir dort drüben gewesen! – Nein, nein, ich verlange von dir nicht mehr, daß du das tust, was du nicht tun kannst; nur, es ist so schade um unseren Traum! – Vorhin habe ich Angst gehabt. Ich weiß nicht, mir ist so, als bedrohe mich etwas. Das ist zweifellos eine Kinderei: jede Minute drehe ich mich um, als wäre jemand da, bereit, auf mich loszuschlagen . . . Und ich habe zu meiner Verteidigung ja nur dich, Liebling. All meine Freude ist von dir abhängig, du bist jetzt mein einziger Grund zu leben.«

Ohne zu antworten, preßte er sie noch fester, in diese Umarmung legte er das hinein, was er nicht aussprach: seine Gemütsbewegung, seinen aufrichtigen Wunsch, gut zu ihr zu sein, die ungestüme Liebe, die sie ohne Unterlaß in ihm erweckt hatte. Und er hatte sie an diesem Abend abermals töten wollen; denn hätte sie sich nicht umgedreht, um die Lampe auszulöschen, so würde er sie erwürgt haben, das stand fest. Nie würde er geheilt werden, die Anfälle kehrten wahllos bei irgendwelchen Ereignissen wieder, ohne daß er ihre Ursachen auch nur zu enthüllen, zu ergründen vermochte. Warum denn nun heute abend, da sie ihm doch treu war und mit noch größerer und vertrauensvoller Leidenschaft liebte? War es denn so, daß er sie in jener erschreckenden Finsternis des Egoismus des Mannestieres nur noch mehr, bis zur Vernichtung besitzen wollte, je mehr sie ihn liebte? Sie so haben wie die Erde sie einst haben würde: tot!

»Sag, Liebling, warum habe ich bloß Angst? Kennst du denn etwas, was mich bedroht?«

»Nein, nein, sei unbesorgt, es bedroht dich ja nichts.«

»Am ganzen Körper zittere ich von Zeit zu Zeit. Hinter mir lauert eine ständige Gefahr, die ich nicht sehe, die ich aber genau fühle ... Warum habe ich bloß Angst?«

»Nein, nein, hab keine Angst ... Ich liebe dich, ich werde nicht zulassen, daß dir irgend jemand etwas zuleide tut ... Sieh, wie gut es ist, wenn einer so in dem anderen ist!«

Ein wonnevolles Schweigen trat ein.

»Ach, Liebling«, fuhr sie mit leichtem, liebkosendem Hauch fort, »Nächte und abermals Nächte, alle gleich dieser hier, Nächte ohne Ende, in denen wir so daliegen würden und miteinander eins wären ... Weißt du, dieses Haus würden wir verkaufen, mit dem Geld würden wir ausreisen, um in Amerika wieder deinen Freund zu treffen, der immer noch auf dich wartet . . . Nicht einen Tag gehe ich schlafen, ohne unser Leben dort drüben auszumalen . . . Und alle Abende würde es wie heute abend sein. Du würdest mich nehmen, ich würde dir gehören, schließlich würden wir einer in des anderen Armen einschlafen . . . Aber du kannst ja nicht, das weiß ich. Wenn ich mit dir darüber spreche, dann nicht deshalb, um dich zu kränken, sondern weil mir das gegen meinen Willen aus dem Herzen kommt.«

Eine jähe Entscheidung, die er schon oft getroffen hatte, stürmte auf Jacques ein: Roubaud töten, um nicht sie selber zu töten. Diesmal, wie die anderen Male, glaubte er den unbedingten, unerschütterlichen Willen dazu zu haben.

»Ich habe nicht gekonnt«, flüsterte nun auch er, »aber ich werde können. Habe ich es dir nicht versprochen?«

Sie widersprach schwach:

»Nein, versprich nichts, ich bitte dich . . . Nachher, wenn dir der Mut gefehlt hat, sind wir krank davon . . . Und außerdem ist es scheußlich, es darf nicht sein, nein, nein, es darf nicht sein.«

»Doch, du weißt es genau, im Gegenteil, es muß sein. Weil es nämlich sein muß, werde ich die Kraft dazu finden . . . Ich wollte mit dir darüber sprechen, und wir sprechen gleich darüber, da wir hier ja allein sind und unbesorgt sein können, daß niemand auch nur ein Sterbenswörtchen mitkriegt.«

Schon fügte sie sich seufzend, ihr war schwer ums Herz, es pochte so heftig, daß er spürte, wie es an seinem eigenen Herzen klopfte.

»O mein Gott! Solange es nicht geschehen sollte, wünschte ich es . . . Aber jetzt, wo es ernst wird, will ich nicht mehr leben.«

Und sie verstummten, unter der drückenden Last dieses Entschlusses trat wiederum Schweigen ein. Um sich her fühlten sie die Einöde, die Trostlosigkeit dieses unwirtlichen Landes. Ihnen war sehr heiß, ihre Glieder waren feucht, verschlungen, miteinander verschmolzen.
Als er sie dann mit liebkosend umherirrendem Mund auf den Hals, unter das Kinn küßte, begann nun sie leise zu flüstern.
»Er müßte hierherkommen . . . Ja, ich könnte ihn unter einem Vorwand herbestellen. Unter welchem, weiß ich nicht. Das können wir später sehen . . . Dann würdest du auf ihn warten, nicht wahr, würdest dich verstecken; und es würde ganz von selbst gehen, denn hier ist man sicher, daß man nicht gestört wird . . . So muß man es machen, nicht wahr?«

Fügsam, während seine Lippen vom Kinn zur Kehle hinabwanderten, antwortete er lediglich:
»Ja, ja!«
Sie aber erwog sehr nachdenklich jede Einzelheit; und je mehr der Plan in ihrem Kopf Gestalt annahm, um so eingehender stellte sie Erörterungen an und nahm Verbesserungen vor.
»Allerdings, Liebling, wäre es zu dumm, wenn wir nicht unsere Vorsichtsmaßregeln träfen. Wenn wir uns tags darauf verhaften lassen sollen, dann wäre es mir lieber, es bliebe alles beim alten . . . Siehst du, das habe ich gelesen, ich erinnere mich nicht mehr, wo, sicher in einem Roman: am besten wäre es, einen Selbstmord vorzutäuschen . . . Er ist so komisch seit einiger Zeit, so verdreht und finster, daß es niemanden überraschen würde, wenn man plötzlich erfährt, daß er hierhergekommen ist, um sich umzubringen . . . Aber, nun ja, es käme eben darauf an, das Mittel zu finden, die Sache so zu arrangieren, daß der Gedanke an einen Selbstmord auch annehmbar ist . . . Nicht wahr?«
»Ja, ohne Zweifel.«
Sie überlegte und rang ein wenig nach Luft, weil er ihr unter seinen Lippen im Kuß die Kehle zusammenzog.
»Irgend etwas, was die Spur verwischen würde . . . Hör mal, das ist eine Idee! Wenn er das zum Beispiel am Hals versetzt kriegt, brauchten wir ihn beide nur zu nehmen und dort quer über das Gleis zu legen. Verstehst du? Wir würden ihn mit dem Hals auf eine Schiene legen, so daß ihm der erste Zug den Kopf vom Rumpf trennt. Da könnte man dann suchen, wenn das bei ihm alles zermalmt wäre: kein Loch mehr, nichts mehr! – Geht das, sag mal?«
»Ja, das geht, das ist ausgezeichnet.«

Beide gerieten in Wallung, sie war beinahe fröhlich und stolz darauf, daß ihr so gute Einfälle kamen. Bei einer heftigeren Liebkosung durchfuhr sie ein Beben.

»Nein, laß mich, warte ein bißchen . . . Denn mir fällt ein, es geht so noch nicht, Liebling. Wenn du hier bei mir bleibst, wird der Selbstmord trotz allem fragwürdig aussehen. Du mußt weg. Hörst du? Morgen gehst du weg, aber ganz offen vor Cabuche, vor Misard, damit deine Abreise klar erwiesen ist. In Barentin nimmst du den Zug, in Rouen steigst du unter irgend einem Vorwand aus; sobald die Nacht angebrochen ist, kommst du dann zurück, ich lasse dich hinten herein. Es sind nur vier Meilen, du kannst in weniger als drei Stunden zurück sein . . . Diesmal ist alles geregelt. Es ist abgemacht, wenn du es willst.«

»Ja, ich will es, es ist abgemacht.«

Er selber überlegte jetzt; träge geworden, hatte er aufgehört, sie zu küssen. Und abermals trat Schweigen ein, während sie so, ohne sich zu rühren, einer in des anderen Armen dalagen, gleichsam spurlos aufgegangen in der kommenden, beschlossenen, nunmehr sicheren Tat. Dann kehrte ihnen langsam das Gefühl ihrer beiden Leiber wieder, und sie erstickten einander in einer immer stärker werdenden Umschlingung, als Séverine plötzlich ihre Arme löste und innehielt.

»Na, und der Vorwand, um ihn herkommen zu lassen? Er kann immer nur den Zug um acht Uhr abends nach seinem Dienst nehmen, und vor zehn Uhr trifft er nicht ein: das ist besser so . . . Halt! Da ist ja gerade dieser Käufer für das Haus, von dem Misard mit mir gesprochen hat und der übermorgen früh zur Besichtigung kommen soll! Na also, ich werde, wenn ich aufstehe, meinem Mann telegraphieren, seine Anwesenheit sei unbedingt erforderlich. Er wird

morgen abend hier sein. Du, du brichst am Nachmittag auf, und du kannst, bevor er eintrifft, zurück sein. Es wird Nacht sein, kein Mondschein, nichts, was uns stört ... Alles klappt tadellos.«
»Ja, tadellos.«
Und dann liebten sie sich so toll, ließen sie sich so hinreißen, daß ihnen fast die Sinne schwanden. Als sie schließlich auf dem Grunde des tiefen Schweigens einschliefen, wobei sie sich noch immer in den Armen hielten, war es noch nicht Tag, die anbrechende Morgendämmerung begann die Finsternis aufzuhellen, die sie, gleichsam in einen schwarzen Mantel gehüllt, voreinander verborgen hatte. Er schlief bis zehn Uhr einen erdrückenden, gänzlich traumlosen Schlaf; und als er die Augen aufschlug, war er allein, sie kleidete sich in ihrem Zimmer auf der anderen Seite des Treppenflurs an. Durch das Fenster drang eine breite Bahn hellen Sonnenscheins, der die roten Bettvorhänge, die roten Wandbespannungen, all jenes Rot, von dem der Raum loderte, in Brand setzte, während das Haus vom Donnern eines soeben vorüberbrausenden Zuges erbebte. Dieser Zug hatte ihn wohl geweckt. Geblendet schaute er in die Sonne, auf das rote Geriesel, in dem er dalag; dann erinnerte er sich: es war entschieden, in der nächsten Nacht, wenn diese helle Sonne versunken war, würde er töten.

An diesem Tag verlief alles so, wie Séverine und Jacques es verabredet hatten. Sie bat Misard vor dem Mittagessen, die Depesche für ihren Mann nach Doinville zu schaffen; und er traf gegen drei Uhr, als Cabuche dabei war, offen seine Vorbereitungen zum Aufbruch. Als er wegging, um den Zug vier Uhr vierzehn in Barentin zu erreichen, begleitete ihn der Steinbrucharbeiter sogar, weil er nichts zu tun hatte und das dumpfe Bedürfnis verspürte, dem anderen nahe zu sein, und außerdem glücklich war, bei dem Liebhaber ein wenig von der Frau, die er begehrte, wiederzufinden. In Rouen, wo Jacques zehn nach halb fünf ankam, stieg er in der Nähe des Bahnhofs in einem Gasthof ab, dessen Besitzerin eine Landsmännin von ihm war. Er sprach davon, er wolle am nächsten Tag Kollegen besuchen, bevor er nach Paris fahre, um seinen Dienst wieder anzutreten. Aber er gab an, er sei sehr müde, weil er sich zuviel zugemutet habe; und schon um sechs Uhr zog er sich zum Schlafen in ein Zimmer zurück, das er sich im Erdgeschoß hatte geben lassen, ein Zimmer mit einem Fenster auf eine öde Gasse. Zehn Minuten später war er auf der Landstraße nach La Croix-de-Maufras unterwegs, nachdem er ungesehen durch dieses Fenster gestiegen war und sorgfältig darauf achtgegeben hatte, den Fensterladen so wieder anzulehnen, daß er heimlich auf diesem Wege zurückkehren konnte.

Erst um Viertel zehn stand Jacques wieder vor dem einsamen Haus, das in der Hilflosigkeit seiner Verlassenheit schräg am Rande des Schienenstrangs hingepflanzt war. Die Nacht war ganz schwarz, nicht ein Schimmer erhellte die hermetisch verschlossene Vorderfront. Und ihm saß noch immer der schmerzhafte Schock im Herzen, jener Anfall scheußlichen Trübsinns, der gleichsam das Vorgefühl des Unglücks war, das ihn hier unausweichlich erwartete. Wie mit Séverine verabredet, warf er drei kleine Kieselsteine an den Laden des roten Zimmers; dann ging er hinter das Haus, wo sich schließlich geräuschlos eine Tür öffnete. Nachdem er sie hinter sich wieder geschlossen hatte, folgte er leichten Schritten, die die Treppe hinauftappten. Als er aber oben beim Schein der schweren, auf der Tischecke brennenden Lampe das bereits in Unordnung gebrachte

Bett gewahrte, die quer über einen Stuhl geworfenen Kleider der jungen Frau und sie selber im Hemd, mit nackten Beinen, zur Nacht frisiert mit ihrem dichten, ganz hochgebundenen Haar, das den Hals freiließ, stand er vor Überraschung regungslos da.

»Wie! Du hast dich hingelegt?«

»Freilich, das geht viel besser . . . Eine Idee, die mir so gekommen ist. Du verstehst, wenn er eintrifft und ich hinuntergehe und ihm so öffne, wird er noch weniger mißtrauisch sein. Ich werde ihm erzählen, ich hätte eine Migräne bekommen. Misard glaubt jetzt schon, mir sei nicht gut. So kann ich dann sagen, ich hätte dieses Zimmer nicht verlassen, wenn man ihn morgen früh unten auf dem Gleis wiederfindet.«

Aber Jacques erschauerte, brauste auf.

»Nein, nein, zieh dich an . . . Du mußt auf sein. So kannst du nicht bleiben.«

Verwundert lächelte sie.

»Warum denn, Liebling? Mach dir keine Sorgen, ich versichere dir, mir ist überhaupt nicht kalt . . . Da! Sieh doch, ob mir warm ist!« Mit einer schmeichlerischen Bewegung trat sie näher, um sich mit ihren nackten Armen an ihn zu hängen, so daß sich ihre runde Brust hob, die von dem über eine Schulter herabgeglittenen Hemd entblößt wurde. Und als er in wachsender Gereiztheit zurückwich, gab sie sich fügsam. »Sei nicht böse, ich krieche schon wieder ins Bett. Du brauchst keine Angst mehr zu haben, daß ich mir etwas weghole.«

Als sie wieder im Bett lag, das Bettuch bis ans Kinn hochgezogen, schien er sich tatsächlich ein wenig zu beruhigen.

Im übrigen redete sie mit friedlicher Miene weiter, sie erklärte ihm, wie sie sich die Dinge im Kopf zurechtgelegt hatte.

»Sobald er klopft, gehe ich hinunter und öffne ihm. Zuerst kam mir der Einfall, ihn bis hier heraufkommen zu lassen, wo du ihn erwartet hättest. Aber es wäre ja noch umständlicher geworden, ihn wieder hinunterzuschaffen; und außerdem ist in diesem Zimmer Parkett, während die Vorhalle mit Fliesen ausgelegt ist, so daß ich bequem aufwischen kann, wenn es Flecke gibt . . . Beim Ausziehen vorhin dachte ich sogar an einen Roman, in dem der Verfasser erzählt, daß sich ein Mann, um einen anderen umzubringen, ganz nackt ausgezogen hat. Verstehst du? Man wäscht sich hinterher, man hat keinen einzigen Spritzer an seinen Kleidern . . . Na, wie wär's, wenn du dich auch auszögest, wenn wir beide unsere Hemden ablegten?«

Verstört schaute er sie an.

Aber sie hatte ihr sanftes Gesicht, ihre klaren Kleinmädchenaugen, war jetzt einzig und allein um die richtige Erledigung der Angelegenheit besorgt, damit sie auch gelinge. Dies alles ging in ihrem Kopf vor.

Bei diesem Heraufbeschwören ihrer vom Mordblut bespritzten nackten Leiber hatte es ihn wieder gepackt mit gräßlichem Schauer und bis auf die Knochen durchschüttelt.

»Nein, nein! – Ganz wie die Wilden, was? Warum nicht gleich sein Herz fressen? Er muß dir ja entsetzlich verhaßt sein?«

Jäh hatte sich Séverines Gesicht verfinstert. Diese Frage warf sie aus ihren Vorbereitungen, die sie wie eine umsichtige Hausfrau traf, in das Grauen vor der Tat zurück. Tränen ertränkten ihr die Augen.

»Ich habe seit einigen Monaten zu sehr gelitten, ich kann

ihn nicht lieben. Hundertmal habe ich zu dir gesagt: alles eher, als noch eine Woche mit diesem Mann zusammenbleiben. Aber du hast recht, es ist scheußlich, darauf zu verfallen, wir müssen uns wahrhaftig danach sehnen, miteinander glücklich zu sein . . . Kurz und gut, wir gehen ohne Licht hinunter. Du stellst dich hinter die Tür, und wenn ich sie geöffnet habe und er eingetreten ist, machst du, wie du willst . . . Wenn ich mich selber darum kümmere, dann deshalb, um dir zu helfen und damit du die Sorge nicht ganz allein hast. Ich mache das, so gut ich kann.«

Er war vor dem Tisch stehengeblieben und sah das Messer, die Waffe, die schon der Ehemann zum Mord benutzt hatte und die sie offensichtlich vorhin dort hingelegt hatte, damit er, Jacques, ihn nun damit morde. Ganz aufgeklappt blinkte das Messer unter der Lampe. Er nahm es, prüfte es.

Sie schwieg, schaute ebenfalls hin. Da er das Messer ja in der Hand hielt, war es überflüssig, darüber mit ihm zu reden. Und sie fuhr erst fort, als er es wieder auf den Tisch gelegt hatte.

»Nicht wahr, Liebling, ich dränge dich doch nicht. Noch ist Zeit, geh, wenn du nicht kannst.«

Aber mit einer heftigen Gebärde versteifte er sich.

»Hältst du mich etwa für einen Feigling? Diesmal ist es abgemacht, ist es beschworen!« In diesem Augenblick wurde das Haus vom Donnern eines Zuges erschüttert, der wie ein Blitzstrahl vorüberbrauste, so dicht neben dem Zimmer, daß er es mit seinem Grollen zu durchqueren schien; und Jacques setzte hinzu: »Das ist sein Zug, der Eilzug nach Paris. Er ist in Barentin ausgestiegen, in einer halben Stunde ist er hier.«

Und weder Jacques noch Séverine sprachen mehr, es

herrschte ein langes Schweigen. Sie sahen diesen Mann dort draußen, der über die schmalen Pfade durch die stockfinstere Nacht ging. Mechanisch hatte Jacques begonnen, ebenfalls im Zimmer umherzugehen, als zähle er die Schritte des anderen, den jedes Ausschreiten ein wenig näher brachte. Noch einer, noch einer; und beim letzten würde er hinter der Tür der Vorhalle im Hinterhalt stehen, würde dem anderen, sobald er eintrat, das Messer in den Hals stoßen. Sie lag auf dem Rücken, hatte das Bettuch noch immer bis ans Kinn hochgezogen und schaute mit ihren großen, starren Augen zu, wie er hin und her ging, und ihr Geist ward eingewiegt durch die taktmäßige Bewegung seines Ganges, der ihr gleichsam ein Echo der fernen Schritte dort draußen war. Unablässig einer nach dem anderen, nichts würde sie mehr aufhalten. Wenn die Schritte lange genug gegangen waren, so würde sie aus dem Bett springen, würde barfuß, ohne Licht hinuntergehen und öffnen. »Du bist es, mein Freund, komm doch herein, ich habe mich hingelegt.« Und er würde nicht einmal antworten können, er würde mit aufgeschlitzter Kehle in die Dunkelheit hinstürzen.

Erneut fuhr ein Zug vorüber, diesmal einer von Paris, der Personenzug, der fünf Minuten später als der Eilzug in der entgegengesetzten Richtung an La Croix-de-Maufras vorbeifuhr. Überrascht war Jacques stehengeblieben. Fünf Minuten erst! Wie lange würde es noch dauern, eine halbe Stunde zu warten! Ein Bedürfnis nach Bewegung trieb ihn an, er begann wieder von einem Ende des Zimmers zum anderen zu gehen. Schon befragte er sich besorgt gleich jenen Männern, die eine nervöse Störung in ihrer Manneskraft trifft: Würde er können? Er kannte den Verlauf dessen, was sich gleich in ihm vollziehen würde, genau, da er es mehr als zehnmal erlebt hatte: zuerst eine Gewißheit, ein unumstößlicher Entschluß zu töten; dann ein beklemmendes Gefühl in der Magengrube, ein Erkalten der Füße und Hände; und mit einem Schlag das Versagen, das vergebliche Einwirken des Willens auf die träge gewordenen Muskeln. Um sich durch vernünftiges Überlegen anzuspornen, wiederholte er bei sich, was er sich so oft gesagt hatte: sein Interesse daran, diesen Mann zu beseitigen, das Glück, das ihn in Amerika erwartete, der Besitz der Frau, die er liebte. Das schlimmste war, daß er vorhin, als er sie halbnackt angetroffen, geglaubt hatte, die Sache werde tatsächlich abermals schiefgehen; denn sobald sich sein alter Schauer wieder einstellte, war er nicht mehr länger Herr über sich. Einen Augenblick hatte er soeben angesichts der übermächtigen Versuchung gezittert, als sie sich so anbot und dieses aufgeklappte Messer dalag. Jetzt aber blieb er fest, angespannt im Hinblick auf die Kraftanstrengung. Er würde können. Und er wartete weiter auf den Mann, wanderte durchs Zimmer, von der Tür zum Fenster, kam bei jeder Schwenkung dicht am Bett vorbei, das er gar nicht sehen wollte.

Séverine lag in diesem Bett, in dem sie sich während der glühenden und schwarzen Stunden der vorhergehenden Nacht geliebt hatten, und rührte sich noch immer nicht. Den Kopf regungslos auf dem Kissen, folgte sie ihm mit hin und her wanderndem Blick, ebenfalls angsterfüllt, von der Furcht bewegt, er könnte es in dieser Nacht abermals nicht wagen. Ein Ende machen, von neuem beginnen, weiter wollte sie nichts mit ihrer tiefen Ahnungslosigkeit einer zur Liebe geschaffenen Frau, die dem Manne willfährig war, die ganz dem gehörte, der sie hatte, und herzlos gegen den anderen, den sie niemals begehrt hatte. Man schaffte ihn sich vom Halse, weil er eben lästig fiel, nichts war natürlicher; und sie mußte schon überlegen, um die Abscheulichkeit des Verbrechens zu empfinden: sobald das Bild des Blutes, der gräßlichen Verwicklungen wieder verblaßte, sank sie mit ihrem lieblichen und fügsamen Unschuldsgesicht in ihre lächelnde Ruhe zurück. Sie, die Jacques gut zu kennen glaubte, wunderte sich jedoch. Er hatte wie sonst den runden Kopf eines hübschen Burschen, sein lockiges Haar, den tiefschwarzen Schnurrbart, seine golddiamantenen braunen Augen; sein Unterkiefer aber sprang vor wie bei einem zubeißenden Wolf, so daß sein Gesicht dadurch ganz entstellt wurde. Als er nahe am Bett vorbeikam, sah er sie gleichsam wider Willen an, und der Glanz seiner Augen trübte sich mit rötlichem Dunst, während er mit seinem ganzen Körper zurückschreckte. Was hatte er denn, daß er ihr auswich? War es deshalb, weil ihn sein Mut wieder einmal im Stich ließ? In Unkenntnis der ständigen Lebensgefahr, in der sie in seiner Gegenwart schwebte, erklärte sie die grundlose, instinktive Angst, die sie empfand, seit einiger Zeit mit der Vorahnung eines baldigen Bruches. Jäh gewann sie die Überzeugung, daß er, wenn er gleich nicht zuzustoßen vermochte, fliehen würde, um nie wieder zurückzukehren. Da beschloß sie, ihn zum Töten zu bringen, sie würde es schon verstehen, ihm, wenn nötig, die Kraft dazu zu geben.

In diesem Augenblick fuhr ein weiterer Zug vorüber, ein endloser Güterzug, dessen letzte Wagen eine Ewigkeit lang im drückenden Schweigen des Zimmers dahinzurollen schienen. Und auf einen Ellbogen aufgestützt, wartete sie, bis sich diese orkanartige Erschütterung in der Ferne, in der Tiefe der schlafenden Fluren verloren hatte.

»Noch eine Viertelstunde«, sagte Jacques laut. »Den Wald

von Bécourt hat er hinter sich, er ist auf halber Landstraße. Ach, wie lange das dauert!«
Aber als er wieder auf das Fenster zukam, sah er, daß Séverine im Hemd vor dem Bett stand.
»Wie wär's, wenn wir mit der Lampe hinuntergingen?« erklärte sie. »Du könntest dir das da unten mal ansehen, du könntest dich hinstellen, ich könnte dir zeigen, wie ich die Tür öffne und was für eine Bewegung du zu machen hast.«
Zitternd wich er zurück.
»Nein, nein! Nicht die Lampe!«
»Hör doch, wir verstecken sie dann. Man muß sich doch Klarheit verschaffen.«
»Nein, nein! Leg dich wieder hin!«
Sie gehorchte nicht, sie ging im Gegenteil auf ihn zu, mit dem unbezwinglichen und despotischen Lächeln der Frau, die sich durch die Begierde allmächtig weiß. Wenn sie ihn erst in den Armen hielt, würde er ihrem Fleisch gehorchen, würde er tun, was sie wollte. Und sie sprach mit schmeichelnder Stimme weiter, um ihn zu bezwingen:
»Aber Liebling, was hast du denn? Man könnte meinen, du hättest Angst vor mir. Sobald ich näher komme, scheinst du mir auszuweichen. Und wenn du wüßtest, wie sehr ich es in diesem Augenblick nötig habe, mich an dich zu lehnen, zu fühlen, daß du da bist, daß wir ein Herz und eine Seele sind, für immer, immer, hörst du?«
Sie hatte ihn schließlich mit dem Rücken an den Tisch zurückgedrängt, und weiter konnte er vor ihr nicht fliehen, er blickte sie in der grellen Helligkeit der Lampe an. Noch nie hatte er sie so gesehen, das Hemd offen, das Haar so hoch gesteckt, daß sie ganz nackt war, der Hals nackt, die Brüste nackt. Ihm war die Kehle wie zugeschnürt, er rang mit sich,

schon hinweggerissen, betäubt von der Woge seines Blutes in dem abscheulichen Schauer. Und er entsann sich, daß das Messer dort hinter ihm auf dem Tisch lag: er fühlte es, er brauchte nur die Hand auszustrecken. Mit einer Anstrengung gelang es ihm noch, zu stammeln:
»Leg dich wieder hin, ich flehe dich an.«
Aber darin täuschte sie sich nicht: es war die allzu heftige Lust nach ihr, die ihn so zittern machte. Sie selber empfand eine Art Stolz darüber. Warum hätte sie ihm gehorchen sollen, da sie doch an diesem Abend geliebt werden wollte, sosehr er sie lieben konnte, bis zum Tollwerden? Mit schmeichlerischer Geschmeidigkeit kam sie noch immer näher, lag schier auf ihm.
»Küsse mich doch . . . Küsse mich ganz tüchtig, so wie du mich liebst. Das wird uns Mut machen . . . Ach ja, Mut, den brauchen wir! Man muß sich anders als die anderen, mehr als alle anderen lieben, um das zu tun, was wir tun wollen . . . Küsse mich von ganzem Herzen, mit ganzer Seele.«
Ihm war die Kehle wie zugeschnürt, er bekam keine Luft mehr. In seinem Schädel dröhnte es wie vom Geschrei einer Menschenmenge, so daß er nicht hören konnte, während ihm feurige Stiche hinter den Ohren den Kopf durchbohrten, auf seine Arme, seine Beine übergriffen, ihn unter dem rasenden Galopp des anderen, des wilden Tieres aus seinem eigenen Körper verjagten. Gleich würden ihm im übermächtigen Rausch über diese Weibesnacktheit seine Hände nicht mehr gehören. Die nackten Brüste zerdrückten sich schier an seinen Kleidern, der nackte Hals straffte sich, so weiß, so zart, in unwiderstehlicher Versuchung; und der heiße und strenge, allesbeherrschende Geruch stürzte ihn vollends in einen rasenden Taumel, ein Hinundher-

schwanken ohne Ende, in dem sein Wille, losgerissen, in Nichts aufgelöst, unterging.

»Küsse mich, Liebling, in der einen Minute, die uns noch bleibt . . . Du weißt, er ist gleich da. Wenn er schnell gelaufen ist, kann er jetzt jede Sekunde klopfen . . . Da du ja nicht willst, daß wir hinuntergehen, so merke dir gut: ich, ich öffne; du, du stehst hinter der Tür; und warte nicht, sofort, oh, sofort, damit ein Ende gemacht wird . . . Ich liebe dich so sehr, wir werden so glücklich sein! Er ist ja nur ein schlechter Mensch, der mich leiden ließ, der das einzige Hindernis für unser Glück ist . . . Küsse mich, oh, so toll, so toll! Küsse mich, als ob du mich verschlingen wolltest, damit ich ganz in dir bin und sonst nichts mehr von mir bleibt!«

Ohne sich umzudrehen, hatte Jacques mit der nach hinten tastenden rechten Hand das Messer ergriffen. Und einen Augenblick verharrte er so und preßte es in der Faust. War dies sein wiedergekehrter Durst nach Rache für uralte Schmach, an die er sich wohl nicht mehr genau erinnern konnte, jener seit dem ersten Betrug in der Tiefe der Höhlen von Mannestier zu Mannestier angestaute Groll? Er starrte mit seinen irren Augen auf Séverine, er hatte nur noch das Verlangen, sie sich tot über den Rücken zu werfen, wie eine Beute, die man den anderen entreißt. Die Tür des Entsetzens tat sich auf zu jenem schwarzen Abgrund des Geschlechts, die Liebe bis in den Tod, vernichten, um noch inniger zu besitzen.

»Küsse mich, küsse mich . . .«

Mit flehender Zärtlichkeit beugte sie ihr unterwürfiges Gesicht nach hinten, entblößte ihren nackten Hals am wollüstigen Ansatz der Kehle.

Und als er wie im Aufflackern einer Feuersbrunst dieses

weiße Fleisch sah, hob er die mit dem Messer bewaffnete Faust.
Sie aber hatte das Blitzen der Klinge bemerkt, vor Überraschung und Schrecken Mund und Augen aufreißend, warf sie sich zurück.
»Jacques, Jacques . . . Ich, mein Gott! Warum? Warum?«
Er biß die Zähne zusammen, sagte nicht ein Wort, verfolgte sie. Ein kurzer Kampf drängte sie neben das Bett zurück. Verstört, wehrlos, mit aufgerissenem Hemd wich sie zurück.
»Warum? Mein Gott! Warum?«
Und er hieb die Faust nieder, und das Messer nagelte ihr die Frage in der Kehle fest. Beim Zustoßen hatte er die Waffe umgedreht in dem fürchterlichen Bedürfnis, seiner Hand Befriedigung zu verschaffen; derselbe Stoß wie beim Präsidenten Grandmorin, an derselben Stelle, mit derselben Wut. Hatte sie geschrien? Er erfuhr es niemals. In dieser Sekunde brauste der Pariser Schnellzug vorüber, so ungestüm, so rasend, daß der Fußboden davon erbebte; und sie war tot, in diesem Ungewitter wie vom Blitz niedergeschmettert.
Regungslos betrachtete Jacques sie jetzt, wie sie lang ausgestreckt zu seinen Füßen vor dem Bett lag. Der Zug verlor sich in der Ferne, Jacques betrachtete sie im drückenden Schweigen des roten Zimmers. Inmitten dieser roten Wandbespannungen, dieser roten Vorhänge blutete sie stark, eine rote Woge, die zwischen den Brüsten dahinrieselte, sich über den Bauch bis zu einem Schenkel ergoß, von wo sie dick auf das Parkett herabtropfte. Das halb aufgeschlitzte Hemd wurde von ihr durchtränkt. Niemals hätte er geglaubt, daß sie so viel Blut hätte. Und was ihn wie gebannt zurückhielt, das war die Maske scheußlichen Schrek-

kens, die dieses hübsche, sanfte, so fügsame Frauengesicht im Tode annahm. Das schwarze Haar hatte sich gesträubt, ein Helm des Grauens, düster wie die Nacht. Die maßlos geweiteten Immortellenaugen fragten noch immer, fassungslos, schreckensstarr über das Geheimnis. Warum, warum hatte er sie gemordet? Und sie war zermalmt, vom Verhängnis des Mordes dahingerafft worden als eine Frau, die sich nichts bewußt ist, die das Leben vom Schmutz ins Blut gewälzt hatte, die trotz allem liebevoll und unschuldig war und die niemals begriffen hatte.

Aber Jacques wunderte sich. Er hörte das Schnüffeln eines wilden Tieres, das Grunzen eines Keilers, das Gebrüll eines Löwen; und er beruhigte sich, er selber schnaufte. Endlich, endlich! Er hatte sich also Befriedigung verschafft, er hatte getötet! Ja, er hatte das getan. In der vollen Stillung der ewigen Begierde wühlte ihn eine zügellose Freude, ein unermeßlicher Genuß auf. Darüber empfand er eine stolzerfüllte Überraschung, eine Steigerung seines Überlegenheitsgefühls als Mann. Die Frau hatte er getötet, er besaß sie, wie er sie schon so lange zu besitzen begehrte, voll und ganz, bis zur restlosen Vernichtung. Sie gehörte niemandem mehr, sie würde nie wieder jemandem gehören. Und in ihm tauchte jäh eine Erinnerung auf, an den anderen Ermordeten, an den Leichnam des Präsidenten Grandmorin, den er in der schrecklichen Nacht fünfhundert Meter von hier entfernt gesehen hatte. Dieser zarte, so weiße, rotgestreifte Körper, das war derselbe menschliche Fetzen, der zerbrochene Hampelmann, der schlaffe Lappen, in den ein Messerstich ein menschliches Geschöpf verwandelt. Ja, das war es. Er hatte getötet, und das da lag an der Erde. Wie der andere war sie soeben hingepurzelt, aber auf den Rücken, die Beine gespreizt, der linke Arm an der Hüfte angewinkelt, der rechte verdreht, halb von der Schulter abgerissen. War es nicht in jener Nacht gewesen, daß er sich in einem Mordkitzel, der sich beim Anblick des abgestochenen Mannes wie Lüsternheit steigerte, mit heftig klopfendem Herzen geschworen hatte, es seinerseits zu wagen? Oh, nicht feige sein, sich befriedigen, das Messer hineinstoßen! Dunkel war dies aufgekeimt, war in ihm gewachsen, seit einem Jahr nicht eine Stunde verstrichen, ohne daß er dem Unausweichlichen entgegengegangen wäre; selbst wenn er am Halse dieser Frau hing, selbst bei ihren Küssen vollendete sich dies dumpfe Arbeiten; und die beiden Morde hatten sich aneinandergefügt, war der eine nicht die logische Folge des anderen?

Ein Krach, als stürze etwas ein, eine Erschütterung des Fußbodens rissen Jacques aus diesem reglosen starren Verharren angesichts der Toten. Splitterten die Türen? Kamen Leute, um ihn zu verhaften? Er schaute, fand um sich her nur die dumpfe und stumme Einsamkeit wieder. Ach ja, schon wieder ein Zug! Und dieser Mann, der gleich unten klopfen würde, dieser Mann, den er töten wollte! Ihn hatte er völlig vergessen. Wenn ihm auch nichts leid tat, so hielt er sich bereits für schwachsinnig. Wie? Was war passiert? Die Frau, die er liebte, von der er leidenschaftlich geliebt wurde, lag mit aufgeschlitzter Kehle auf dem Parkett, während der Ehemann, das Hindernis für sein Glück, noch lebte und immerzu, Schritt für Schritt, in der Finsternis näherkam. Auf diesen Mann, den die Skrupel seiner Erziehung, die langsam erworbenen und überlieferten Vorstellungen von Recht und Gesetz seit Monaten verschonten, hatte er nicht zu warten vermocht; und unter Mißachtung seines Vorteils hatte ihn die ererbte Gewalttätigkeit, jener Morddrang hingerissen, der in den Wäldern von einst ein

Tier über das andere herfallen ließ. Tötet man etwa aus Erwägungen der Vernunft? Man tötet nur unter dem Antrieb von Blut und Nerven, einem Überbleibsel uralter Kämpfe, der Notwendigkeit zu leben und der Freude am Starksein. Er fühlte nur noch übersättigte Müdigkeit, Verstörtheit überkam ihn, er suchte zu verstehen, ohne auf dem eigentlichen Grund seiner befriedigten Leidenschaft etwas anderes als Verwunderung und bittere Traurigkeit über das nicht Wiedergutzumachende zu entdecken. Der Anblick der Unglücklichen, die ihn noch immer mit ihren entsetzt fragenden Augen anschaute, wurde gräßlich für ihn. Er wollte seine Augen abwenden, jäh hatte er die Empfindung, als richte sich am Fußende des Bettes eine andere weiße Gestalt auf. War das denn die Tote in anderer Gestalt? Dann erkannte er Flore. Sie spukte herum, während er nach dem Unglück fieberte. Ohne Zweifel triumphierte sie, da sie nun gerächt war. Grauen ließ ihn zu Eis erstarren, er fragte sich, warum er so lange in diesem Zimmer blieb. Er hatte getötet, er war übersättigt, überladen, trunken vom fürchterlichen Wein des Verbrechens. Und er stolperte über das auf dem Boden liegengebliebene Messer, und er entfloh, polterte die Treppe hinunter, öffnete die große Tür zur Freitreppe, als sei die kleine Tür nicht breit genug, stürmte hinaus in die tintenschwarze Nacht, in der sich sein rasender Galopp verlor. Er hatte sich nicht umgedreht, das zwielichtige, schräg am Rand des Schienenstranges hingepflanzte Haus blieb in seiner Todesverlassenheit offen und trostlos hinter ihm zurück.

Cabuche war in dieser Nacht, wie in den anderen Nächten, über die Hecke des Grundstücks gestiegen und streifte unter Séverines Fenster umher. Er wußte genau, daß Roubaud erwartet wurde, er wunderte sich nicht über das Licht, das durch die Ritze eines Fensterladens sickerte. Aber dieser von der Freitreppe herabspringende Mann, dieser tolle Galopp eines auf die Felder hinausstürmenden Tiers ließ ihn starr vor Überraschung stehenbleiben. Und schon war es zu spät, dem Flüchtenden nachzusetzen, verstört, von Besorgnis und Unschlüssigkeit erfüllt, verharrte der Steinbrucharbeiter vor der offenen Tür, die vor dem großen schwarzen Loch der Vorhalle gähnte. Was war geschehen? Sollte er eintreten? Das drückende Schweigen, die völlige Regungslosigkeit, während diese Lampe dort oben weiter brannte, schnürten ihm in immer größer werdender Angst das Herz zusammen.

Endlich entschloß sich Cabuche und tastete sich hinauf. Vor der Tür des Zimmers, die ebenfalls offenstand, blieb er von neuem stehen. In dem friedlichen Licht war ihm, als sähe er von weitem einen Haufen Unterröcke vor dem Bett liegen. Zweifellos war Séverine ausgekleidet. Leise rief er, von Verwirrung erfaßt, mit heftig schlagendem Puls in den Adern. Dann erblickte er das Blut, er begriff, stürzte mit einem schrecklichen Schrei hinzu, der sich seinem zerrissenen Herzen entrang. Mein Gott! Sie war es, ermordet, in ihrer erbarmungswürdigen Nacktheit dorthin geschleudert. Er glaubte, sie röchelte noch, er fühlte solche Verzweiflung, so schmerzliche Scham, wie er sie so ganz nackt mit dem Tode ringen sah, daß er sie in brüderlicher Anwandlung mit beiden Armen packte, sie aufhob, sie aufs Bett legte, dessen Laken er zurückschlug, um sie zuzudecken. Aber bei dieser Umschlingung, der einzigen Zärtlichkeit zwischen ihnen, hatte er sich beide Hände und die Brust mit Blut besudelt. Er triefte von ihrem Blut. Und in dieser Minute sah er, daß Roubaud und Misard da waren. Sie hatten sich, als sie alle Türen offen fanden, gleichfalls entschlossen hinaufzugehen. Der Ehemann traf verspätet ein, weil er sich aufgehalten hatte, um mit dem Schrankenwärter zu reden, der ihn sodann, immer weiter erzählend, begleitet hatte. Starr betrachteten beide Cabuche, dessen Hände wie die eines Schlächters bluteten.

»Derselbe Stoß wie beim Präsidenten«, sagte Misard schließlich, während er die Wunde untersuchte.

Roubaud nickte, ohne zu antworten, ohne die Blicke von Séverine lösen zu können, von dieser Maske gräßlichen Schreckens, mit dem über der Stirn gesträubten schwarzen Haar, den maßlos geweiteten blauen Augen, die fragten: Warum?

Kapitel 12

Ein Vierteljahr später führte Jacques in einer lauen Julinacht den Schnellzug nach Le Havre, der um sechs Uhr dreißig von Paris abgefahren war. Seine neue Lokomotive, die eben erst in Betrieb gestellte Lok 608, die er entjungfert hatte, wie er sagte, und mit der er gut bekannt zu werden begann, war nicht verträglich, sondern störrisch, wunderlich wie jene jungen Stuten, die man durch Beanspruchung bändigen muß, bevor sie sich ins Geschirr fügen. Oft fluchte er auf sie, sehnte sich nach der Lison zurück; er mußte sie, die Hand stets am Steuerungsrad, scharf überwachen. In dieser Nacht aber war der Himmel von so lieblicher Milde, daß er sich zur Nachsicht geneigt fühlte, sie ein wenig nach Lust und Laune dahingaloppieren ließ, selber glücklich, daß er ungehindert atmen konnte. Noch nie war ihm besser zumute gewesen, er hatte keine Gewissensbisse, fühlte sich erleichtert, voller glücklicher Seelenruhe.
Er, der während der Fahrt nie zu sprechen pflegte, zog Pecqueux auf, den man ihm als Heizer gelassen hatte.
»Nanu? Sie machen ja die Augen auf wie ein Mensch, der nur Wasser getrunken hat.«
Pecqueux schien tatsächlich gegen seine Gewohnheit nüchtern und sehr finster gelaunt zu sein. Er erwiderte mit schroffer Stimme:
»Wenn man klar sehen will, muß man die Augen aufmachen.«
Mißtrauisch betrachtete Jacques ihn wie jemand, der gar

kein reines Gewissen hat. In der vorhergehenden Woche war er der Geliebten des Kumpels in die Arme gesunken, jener fürchterlichen Philomène, die sich schon lange wie eine magere, verliebte Katze an ihm rieb. Und es war nicht einmal eine Minute sinnlicher Neugierde dabei gewesen, er gab vor allem dem Verlangen nach, einen Versuch anzustellen: War er jetzt, da er sein scheußliches Bedürfnis befriedigt hatte, endgültig geheilt? Würde er diese Frau besitzen können, ohne ihr ein Messer in die Kehle zu stoßen? Zweimal bereits hatte er sie gehabt, und nichts, keinerlei Unbehagen, keinerlei Schauer. Seine große Freude, sein besänftigtes und heiteres Aussehen mußte, ihm selbst unbewußt, von dem Glück herrühren, nur noch ein Mensch wie die anderen zu sein.

Als Pecqueux die Feuerbüchse der Lokomotive geöffnet hatte, um Kohle einzuschaufeln, hielt er ihn zurück.

»Nein, nein, treiben Sie sie nicht zu sehr an, sie läuft ja gut.«

Da brummte der Heizer böse Worte:

»Ach, hat sich was! – Eine feine Possenreißerin, eine schöne Schweinerei! – Wenn ich daran denke, daß man auf der anderen, der alten, die so fügsam war, herumgehackt hat! – Diese Nutte hier, die ist keinen Tritt in den Arsch wert.«

Um sich nicht ärgern zu müssen, vermied es Jacques, zu antworten. Aber er fühlte genau, daß die frühere Ehe zu dritt nicht mehr bestand; denn die gute Freundschaft zwischen ihm, dem Kumpel und der Lokomotive war beim Tod der Lison mit dahingegangen. Jetzt stritt man sich wegen einer Lappalie, wegen einer zu fest angezogenen Mutter, wegen einer schräg hineingeschippten Schaufel Kohle. Und er nahm sich vor, mit Philomène vorsichtig zu sein, da er

es auf diesem schmalen, unsicheren Boden, der sie, ihn und seinen Heizer, dahintrug, nicht zu einem offenen Krieg kommen lassen wollte. Solange Pecqueux aus Dankbarkeit, daß er gar nicht gedrängelt wurde, daß er ab und zu ein Schläfchen machen und die Proviantkörbe leeressen durfte, zu seinem gehorsamen Hund geworden war, so ergeben, daß er die Leute erwürgt hätte, hatten beide brüderlich zusammen gelebt, schweigsam in der täglichen Gefahr, weil sie keiner Worte bedurften, um sich zu verstehen. Aber dies mußte zur Hölle werden, wenn man nicht mehr zueinander paßte, wenn man stets Schulter an Schulter zusammen hin und her geschüttelt wurde, während man einander doch fressen wollte. Gerade hatte die Gesellschaft in der vorhergehenden Woche den Lokführer und den Heizer des Cherbourger Schnellzuges trennen müssen, weil sie wegen einer Frau entzweit waren und der erstere den zweiten, der nicht mehr gehorchte, brutal behandelte: Schläge, regelrechte Schlachten während der Fahrt, wobei die lange Schlange der Reisenden, die mit voller Geschwindigkeit hinter ihnen dahinrollte, völlig vergessen wurde.
Noch zweimal öffnete Pecqueux die Feuertür, warf aus Ungehorsam Kohle hinein, weil er zweifellos Streit suchte; und Jacques tat so, als merke er es nicht, nach außen hin ganz auf die Bedienung konzentriert, wobei er als einzige Vorsichtsmaßnahme jedesmal das Handrad der Strahlpumpe drehte, um den Dampfdruck zu vermindern. Es war so mild, der frische, leichte Fahrtwind tat so gut in der heißen Julinacht!
Als der Schnellzug um elf Uhr fünf in Le Havre ankam, putzten die beiden Männer die Lokomotive und wirkten dabei einträchtig wie früher.
In dem Augenblick aber, da sie das Bahnbetriebswerk ver-

ließen, um in die Rue François-Mazeline schlafen zu gehen, rief eine Stimme sie an.

»Ihr habt es wohl sehr eilig? Kommt doch eine Minute rein!«

Es war Philomène, die von der Schwelle des Hauses ihres Bruders aus nach Jacques ausgespäht hatte. Als sie Pecqueux erblickte, brachte sie unwillkürlich mit einer Bewegung ihren lebhaften Ärger zum Ausdruck; und nur um des Vergnügens willen, sich wenigstens mit ihrem neuen Freund unterhalten zu können, wenn sie dabei auch die Anwesenheit des alten hinnehmen mußte, entschloß sie sich, sie beide hereinzurufen.

»Rutsch uns den Buckel runter!« brummte Pecqueux. »Du ödest uns an, wir sind müde.«

»Ist der aber liebenswürdig!« erwiderte Philomène fröhlich. »Aber Herr Jacques ist nicht so wie du, er würde trotzdem ein Gläschen trinken . . . Nicht wahr, Herr Jacques?«

Eben wollte der Lokführer vorsichtshalber ablehnen, als der Heizer jäh annahm, weil ihm der Gedanke kam, sie beide zu belauern und sich Gewißheit zu verschaffen. Sie traten in die Küche, sie setzten sich an den Tisch, auf den Philomène Gläser und eine Flasche Schnaps gestellt hatte, wobei sie mit leiserer Stimme meinte:

»Wir müssen zusehen, daß wir nicht zu laut sind, weil mein Bruder da oben schläft und er es nicht gerade gern sieht, wenn ich Besuch kriege.« Als sie sie dann bediente, setzte sie sogleich hinzu: »Übrigens, wißt ihr, daß Mutter Lebleu heute früh abgekratzt ist . . . Na, das habe ich ja immer gesagt: es bringt sie um, wenn man sie in diese Hinterwohnung, ein richtiges Gefängnis, steckt. Vier Monate hat sie es noch gemacht und sich dabei die Galle an den Hals geärgert, weil sie nichts anderes als Zink sah . . . Und was ihr

den Rest gegeben hat, sobald es ihr nicht mehr möglich war, sich aus ihrem Sessel wegzurühren, das war sicherlich die Tatsache, daß sie Fräulein Guichon und Herrn Dabadie nicht mehr nachspionieren konnte, was ihr zur Gewohnheit geworden war. Ja, es hat sie toll gemacht, daß sie bei den beiden nie etwas mitgekriegt hat, daran ist sie gestorben.«
Philomène hielt inne, kippte einen Schluck Schnaps hinunter; und mit einem Lachen sagte sie: »Bestimmt schlafen sie zusammen. Bloß, sie sind ja so schlau! Keiner sieht's, keiner merkt's, ich führ dich an der Nase rum! – Trotzdem glaube ich, die kleine Frau Moulin hat sie beide eines Abends gesehen. Aber daß die plaudert, da besteht keine Gefahr: sie ist zu dumm, und ihr Mann übrigens, der stellvertretende Vorsteher . . .« Erneut unterbrach sie sich, um auszurufen: »Hört mal, nächste Woche kommt es doch in Rouen zur Verhandlung, die Sache Roubaud.«
Bis dahin hatten Jacques und Pecqueux ihr zugehört, ohne ein Wort anzubringen. Der letztere fand sie einfach recht schwatzhaft; bei ihm pflegte sie sich mit der Unterhaltung nie so in Unkosten zu stürzen; und er ließ sie nicht aus den Augen, geriet vor Eifersucht nach und nach in Hitze, als er sah, wie sie in Gegenwart seines Vorgesetzten so in angeregte Stimmung kam.
»Ja«, erwiderte der Lokführer mit völlig ruhiger Miene, »ich habe die Vorladung erhalten.«
Philomène rückte näher heran, glücklich, ihn mit dem Ellbogen streifen zu können.
»Ich, ich bin ja auch Zeugin . . . Ach, Herr Jacques, als man mich in bezug auf Sie vernommen hat – denn Sie wissen ja, daß man die volle Wahrheit über Ihre Beziehungen zu dieser armen Dame kennenlernen wollte –, ja, als man mich vernommen hat, da habe ich zu dem Richter gesagt: ›Aber,

mein Herr, er betete sie an, es ist ausgeschlossen, daß er ihr etwas zuleide getan hat!‹ Nicht wahr, ich habe Sie ja oft beide zusammen gesehen, ich, ich konnte also ein Wörtchen mitreden.«
»Oh«, sagte der junge Mann mit einer gleichgültigen Handbewegung, »ich war nicht in Sorge, ich konnte die Verwendung meiner Zeit Stunde für Stunde nachweisen ... Wenn die Gesellschaft mich behalten hat, dann war es deshalb, weil mir nicht der geringste Vorwurf zu machen war.«
Es herrschte Schweigen, alle drei tranken langsam.
»Das ist ja schauderhaft«, begann Philomène wieder.

»Dieses wilde Tier, dieser Cabuche, den man, noch ganz vom Blut der armen Dame besudelt, verhaftet hat! Es muß doch blöde Männer geben! Eine Frau umzubringen, weil es einen nach ihr gelüstet, als ob sie das weiterbringt, wenn die Frau nicht mehr da ist! – Und was ich nie im Leben vergessen werde, sehen Sie, das ist, wie Herr Cauche da auf den Bahnsteig gekommen ist und auch Herrn Roubaud verhaftet hat. Ich war dabei. Sie wissen ja, das ist nur acht Tage später passiert, als Herr Roubaud am Tage nach der Beerdigung seiner Frau mit seelenruhiger Miene seinen Dienst wieder angetreten hatte. Da hat ihm doch Herr Cauche auf die Schulter geklopft und dabei gesagt, er habe die Anweisung, ihn ins Gefängnis abzuführen. Denken Sie doch! Cauche und Roubaud, die unzertrennlich waren, die ganze Nächte hindurch zusammen gespielt haben! Aber wenn man Polizeikommissar ist, nicht wahr, dann würde man Vater und Mutter zur Guillotine führen, da es der Beruf nun mal so will. Dem ist das völlig schnuppe, dem Herrn Cauche! Vorhin habe ich ihn schon wieder im Café du Commerce gesehen, wie er die Karten mischte, und sein Freund ist ihm so egal wie des Kaisers Bart!«

Pecqueux schlug, die Zähne zusammengebissen, mit der Faust auf den Tisch.

»Himmeldonnerwetter! Wenn ich an der Stelle Roubauds, dieses Hahnreis, wäre! – Sie haben doch mit seiner Frau geschlafen. Ein anderer bringt sie ihm um. Und nun bringt man ihn vors Schwurgericht . . . Nein, das ist ja, um vor Wut aus der Haut zu fahren!«

»Aber, du großer Dummkopf«, rief Philomène aus, »wo man ihn doch beschuldigt, er habe den anderen angestiftet, ihm seine Frau vom Halse zu schaffen, ja, wegen Geldan-

gelegenheiten, was weiß ich! Es scheint so, als hätte man bei Cabuche Präsident Grandmorins Uhr wiedergefunden: ihr erinnert euch, der Herr, der vor anderthalb Jahren im Eisenbahnwagen ermordet worden ist. Da hat man diese Untat mit der Untat von neulich in Verbindung gebracht, eine richtige Geschichte, eine völlig undurchsichtige Angelegenheit. Ich, ich kann's euch nicht erklären, aber es stand in der Zeitung, es waren etwa zwei Spalten.«
Zerstreut schien Jacques nicht einmal zuzuhören. Er murmelte:
»Wozu sich deswegen den Kopf zerbrechen, geht uns das denn was an? – Wenn die Justiz nicht weiß, was sie tut, dann können wir es doch nicht wissen.« Mit verloren in die Ferne blickenden Augen, die Wangen von Blässe überflutet, setzte er dann hinzu: »Bei all dem kommt es ja nur auf diese arme Frau an . . . Ach, die arme, arme Frau!«
»Ich«, schloß Pecqueux heftig, »ich habe eine Frau, und wenn es jemand einfiele, sie anzurühren, dann würde ich sie zuerst alle beide erwürgen. Danach könnte man mir ruhig den Hals abschneiden, das wäre mir egal.«
Es trat abermals Schweigen ein. Philomène, die die Schnapsgläser ein zweites Mal vollschenkte, zuckte betont die Achseln und grinste dabei. Im Grunde aber war sie ganz verstört, sie musterte ihn mit schiefem Blick. Er vernachlässigte sich sehr, war ganz schmutzig, zerlumpt, seitdem Mutter Victoire, die infolge ihres Knochenbruchs lahm geworden war, ihre Toilettenstelle aufgegeben hatte und in ein Heim gegangen war. Sie war nicht mehr da mit ihrer Nachsicht und ihrer Mütterlichkeit, um ihm Silbergeld zuzustecken, um seine Sachen wieder in Schuß zu bringen, da sie nicht wollte, daß die andere, die aus Le Havre, sie beschuldigte, beider Mann schlecht zu halten. Und Philo-

mène, von Jacques' schmuckem und sauberem Äußeren verführt, tat angewidert.
»Deine Pariser Frau würdest du erwürgen?« fragte sie herausfordernd. »Daß dir die jemand wegnimmt, da besteht ja keine Gefahr.«
»Die oder eine andere!« knurrte er.
Aber schon prostete sie ihm mit scherzhafter Miene zu.
»Auf dein Wohl! Und bringe mir deine Wäsche her, damit ich sie waschen und ausbessern lasse, denn wirklich, du machst uns keine Ehre mehr, keiner von uns beiden... Auf Ihr Wohl, Herr Jacques!«
Als wäre er aus einem Traum erwacht, fuhr Jacques auf. Obwohl er keine Gewissensbisse hatte, erleichtert war und sich körperlich wohl fühlte seit dem Morde, glitt Séverine zuweilen so vorüber, so daß der sanfte Mensch, der in ihm lebte, zu Tränen des Mitleids gerührt wurde. Und er stieß an, wobei er, um seine Verwirrung zu verbergen, überstürzt sagte:
»Wißt ihr, daß wir bald Krieg bekommen werden?«
»Nicht möglich!« rief Philomène aus. »Mit wem denn?«
»Na, mit den Preußen... Ja, wegen eines Prinzen von ihnen, der König von Spanien werden will. Gestern ist im Abgeordnetenhaus nur von dieser Geschichte die Rede gewesen.«
Da überfiel sie Niedergeschlagenheit.
»Ach je, das kann ja heiter werden! Die haben uns mit ihren Wahlen, ihrer Volksabstimmung und ihren Aufruhren in Paris schon genug angeödet! – Wenn es zum Kriege kommt, werden dann alle Männer eingezogen?«
»Oh, unsereins, wir sind in Sicherheit, den Eisenbahnbetrieb kann man ja nicht durcheinanderbringen... Was würde man uns allerdings wegen der Truppen- und Ver-

sorgungstransporte herumhetzen! Kurzum, wenn das eintritt, muß man freilich seine Pflicht tun.«
Und bei diesem Wort stand er auf, weil er spürte, daß sie schließlich ein Bein unter seine Beine geschoben hatte und daß Pecqueux es merkte, denn ihm schoß das Blut ins Gesicht, er ballte bereits die Fäuste.
»Gehen wir schlafen, es ist Zeit.«
»Ja, das ist auch besser«, stammelte der Heizer. Er hatte Philomènes Arm gepackt, er preßte ihn zum Zerbrechen.
Sie unterdrückte einen Schmerzensschrei, sie begnügte sich, dem Lokführer, während der andere ingrimmig sein Schnapsglas austrank, ins Ohr zu flüstern:
»Sieh dich vor, er ist ein richtiges Vieh, wenn er getrunken hat.«
Schwere Schritte kamen die Treppe herunter; und Philomène rief bestürzt:
»Mein Bruder! – Haut schnell ab, haut schnell ab!«
Die beiden Männer waren keine zwanzig Schritt vom Hause entfernt, da hörten sie Ohrfeigen und darauf Geheul. Sie bekam eine scheußliche Tracht Prügel, wie ein kleines Mädchen, das bei einem Vergehen, beim Naschen von Eingemachtem, ertappt worden war. Der Lokführer war stehengeblieben, bereit, ihr zu Hilfe zu kommen. Aber er wurde von dem Heizer zurückgehalten.
»Was? Geht das denn Sie was an? – Ach, dieses gottverfluchte Miststück! Wenn er sie bloß totschlagen möchte!«
In der Rue François-Mazeline legten Jacques und Pecqueux sich schlafen, ohne ein Wort zu wechseln. Die beiden Betten berührten sich fast in dem schmalen Zimmer; und sie lagen lange mit offenen Augen wach, und jeder horchte auf das Atmen des anderen.
Am Montag sollte in Rouen die Verhandlung im Prozeß

Roubaud beginnen. Darin lag ein Triumph für den Untersuchungsrichter Denizet, denn in der Gerichtswelt wußte man sich nicht genug Lobeshymnen über die Art und Weise zu erzählen, wie er diesen verwickelten und dunklen Fall kürzlich zu einem glücklichen Abschluß gebracht hatte: ein Meisterstück scharfsinniger Analyse, hieß es, eine logische Rekonstruktion der Wahrheit, mit einem Wort, ein wahres Kunstwerk.

Zuerst ließ Herr Denizet, sobald er sich einige Stunden nach dem Mord an Séverine an Ort und Stelle nach La Croix-de-Maufras begeben hatte, Cabuche verhaften. Alles deutete offen auf diesen hin, das Blut, von dem er triefte, die vernichtenden Aussagen Roubauds und Misards, die erzählten, wie sie ihn allein mit dem Leichnam völlig verstört überrascht hatten. Vernommen, zu sagen gedrängt, warum und wieso er sich in diesem Zimmer befunden habe, stammelte der Steinbrucharbeiter eine Geschichte, die der Richter mit einem Achselzucken aufnahm, so nichtig und typisch erschien sie ihm. Er erwartete diese Geschichte, es war immer die gleiche, von dem vermeintlichen Mörder, dem erfundenen Schuldigen, dessen Flucht quer über die schwarzen Felder der wahre Schuldige gehört haben wollte. Dieser Werwolf sei weit weg, nicht wahr, wenn er noch immer am Rennen sei. Als man ihn übrigens fragte, was er zu einer solchen Stunde in dem Haus getan habe, geriet Cabuche in Verwirrung, weigerte sich zu antworten, erklärte schließlich, er sei spazierengegangen. Das war kindisch, wie sollte man an diesen geheimnisvollen Unbekannten glauben, der mordete, der davonlief, der alle Türen offenließ, ohne ein Möbelstück durchwühlt oder auch nur ein Taschentuch mitgenommen zu haben? Wo sollte er hergekommen sein? Warum sollte er getötet haben? Der Richter indessen machte sich gleich zu Beginn seiner Untersuchung, da er von dem Verhältnis des Opfers mit Jacques erfahren hatte, Gedanken über das Alibi des letzteren; aber abgesehen davon, daß der Beschuldigte selber bescheinigte, Jacques zu dem Zug vier Uhr vierzehn nach Barentin begleitet zu haben, schwor die Gastwirtin aus Rouen hoch und heilig, der junge Mann sei gleich nach dem Abendessen schlafen gegangen und habe sein Zimmer erst am Tage darauf gegen sieben Uhr verlassen. Und außerdem schneidet ein Liebhaber einer Geliebten, die er anbetet, mit der er niemals den leisesten Streit gehabt hat, ja nicht ohne Grund die Kehle durch. Das wäre ja absurd. Nein, nein! Es gab nur einen möglichen, nur einen einleuchtenden Mörder, den bei der Leiche angetroffenen Vorbestraften, dessen Hände rot waren, zu dessen Füßen das Messer lag, jenes wilde Tier, das der Justiz Ammenmärchen auftischte.

An diesem Punkt angelangt, empfand Herr Denizet aber trotz seiner Überzeugung, trotz seiner Witterung, die ihm, wie er zu sagen pflegte, besser als Beweise Aufschlüsse gab, einen Augenblick Verlegenheit. Bei einer ersten in der Bruchbude des Angeklagten mitten im Wald von Bécourt vorgenommenen Haussuchung hatte man absolut nichts entdeckt. Da Raub sich nicht hatte nachweisen lassen, mußte man ein anderes Motiv für das Verbrechen finden. Jäh brachte ihn Misard durch Zufall bei einer Vernehmung auf die Spur, indem er erzählte, er habe eines Nachts gesehen, wie Cabuche über die Mauer des Grundstücks gestiegen sei, um durch das Schlafzimmerfenster Frau Roubaud zu beobachten, die gerade schlafen ging. Seinerseits befragt, sagte Jacques ruhig, was er wußte, die stumme Anbetung des Steinbrucharbeiters, die glühende Begierde, mit der er ihr nachstellte, wie er immerzu an ihren Röcken hing, um ihr gefällig zu sein. Es war also keinerlei Zweifel mehr erlaubt, allein eine tierische Leidenschaft hatte ihn getrieben; und alles ließ sich ausgezeichnet rekonstruieren, der Mann, der durch die Tür zurückkam, zu der er einen Schlüssel haben konnte, der sie in seiner Verwirrung sogar offen ließ, dann der Kampf, der den Mord zur Folge gehabt hatte, schließlich die nur durch das Eintreffen des Ehemannes vereitelte Schändung. Dennoch erhob sich ein letzter Einwand, denn es war merkwürdig, daß der Mann, der wußte, daß dieses Eintreffen des Ehemannes jeden Augenblick erfolgen mußte, ausgerechnet die Stunde gewählt haben sollte, da dieser ihn überraschen konnte; bei genauer Überlegung aber kehrte sich das wieder gegen den Angeklagten, schmetterte ihn vollends nieder, indem bewiesen wurde, daß er unter dem Zwang eines überwältigenden Anfalls von Begierde gehandelt haben mußte, kopflos gemacht von dem Gedanken, daß, nutzte er die Minute nicht, da Séverine in diesem abgelegenen Haus noch allein war, er sie nie wieder kriegen würde, weil sie ja am nächsten Tage abreiste. Von diesem Augenblick an war die Überzeugung des Richters vollkommen und unerschütterlich.

Von Verhören gequält, immer wieder in dem kunstvollen Geschlinge der Fragen gefangen, unbekümmert um die Fallen, die ihm gestellt wurden, versteifte sich Cabuche auf seine erste Version. Er sei auf der Landstraße vorbeigegangen, er habe die frische Nachtluft geschöpft, als ihn ein dahinjagender Kerl gestreift habe, der so schnell tief in die Finsternis hineingerannt sei, daß er nicht einmal sagen könne, nach welcher Seite hin er flüchtete. Von Besorgnis gepackt, habe er da, nachdem er einen Blick auf das Haus geworfen, bemerkt, daß dessen Tür weit offen geblieben sei. Und er habe sich schließlich entschlossen hinaufzugehen, und er habe die Tote noch warm aufgefunden, die ihn mit ihren weiten Augen angesehen, so daß er sich, als er sie aufs Bett legte, weil er glaubte, sie lebe noch, mit Blut vollgeschmiert habe. Er wisse nur das, er sagte immer wieder nur das, nie wich er in einer einzigen Einzelheit davon ab, machte ganz den Eindruck, als schließe er sich in eine im voraus festgelegte Geschichte ein. Suchte man ihn daraus hervorzulocken, so wurde er verstört, bewahrte Schweigen wie ein beschränkter Mensch, der nicht mehr begriff. Als Herr Denizet ihn das erste Mal über die Leidenschaft vernommen hatte, in der er zu dem Opfer entbrannt war, war er sehr rot geworden wie ein blutjunger Bursche, dem man seine erste zärtliche Liebe vorwirft; und er hatte geleugnet, er hatte sich dagegen verwahrt, daß er davon geträumt hätte, mit dieser Dame zu schlafen, wie gegen etwas sehr Häßliches, was man nicht eingestehen kann, etwas Zartes und Geheimnisvolles überdies, das in den Tiefen seines Herzens begraben lag, worüber er niemandem ein Geständnis schuldig war. Nein, nein! Er habe sie nicht geliebt, er habe sie nicht haben wollen, man werde ihn nie dazu bringen, von dem zu reden, was ihm jetzt, wo sie tot sei, wie eine Entweihung vorkomme. Aber diese Halsstarrigkeit, eine Tatsache nicht zuzugeben, die mehrere Zeugen bestätigten, kehrte sich abermals gegen ihn. Natürlich habe er, nach der Version der Anklage, ein Interesse daran, die rasende Begierde zu verheimlichen, die er nach dieser Unglücklichen empfand, der er die Kehle durchschneiden sollte, um sich zu befriedigen. Und als der Richter alle Beweise zusammenfaßte, um ihm durch einen entscheidenden Schlag die Wahrheit zu entreißen, und ihm diesen Mord und diese Schändung ins Gesicht schleuderte, packte Cabuche in seiner Empörung über diese Anschuldigung eine tolle Wut. Er und sie töten, um sie zu kriegen! Er, der sie wie eine Heilige verehrte! Die herbeigerufenen Gendarmen hatten ihn festhalten müssen, während er drohte, alle in dieser verdammten Bude zu erwürgen. Ein alles in allem höchst gefährlicher, tückischer Schurke, dessen Gewalttätigkeit aber trotz allem zum Ausbruch kam und nun statt seiner die Verbrechen eingestand, die er leugnete.

So weit war die Untersuchung gediehen, der Angeklagte geriet jedesmal, wenn man auf den Meuchelmord zurückkam, in Wut, schrie, es sei der andere, der geheimnisvolle Flüchtling gewesen. Da machte Herr Denizet einen unerwarteten glücklichen Fund, der die große Wendung in dem Fall brachte und seine Bedeutung plötzlich verzehnfachte. Wie er zu sagen pflegte, witterte er Wahrheiten; daher wollte er aus einer Art Ahnung auch selber eine neue Haussuchung in Cabuches Bruchbude vornehmen; und dort entdeckte er hinter einem Balken ein Versteck, in dem sich Frauentaschentücher und Frauenhandschuhe befanden, unter denen eine goldene Uhr lag, die er sogleich in einem heftigen Freudenschauer wiedererkannte: es war Präsident Grandmorins Uhr, die er damals so lange gesucht hatte, eine schwere Uhr mit den beiden verschlungenen Initialen und der Fabriknummer 2516 im Innern des Gehäuses. Es durchfuhr ihn wie ein Blitz, alles hellte sich auf, die Vergangenheit verband sich mit der Gegenwart, die Tatsachen, die er miteinander in Zusammenhang brachte, entzückten ihn durch ihre Logik. Die Folgen würden aber so weitreichend sein, daß er, ohne zunächst von der Uhr zu sprechen, Cabuche über die Handschuhe und Taschentücher vernahm. Dieser hatte einen Augenblick das Geständnis auf den Lippen: Ja, er habe sie angebetet, ja, er habe sie so sehr begehrt, daß er die Kleider küßte, die sie getragen, daß er hinter ihrem Rücken alles auflas und stahl, was sie verlor, kleine Schnürbänder, Häkchen, Nadeln. Dann ließen ihn Scham, ein unüberwindliches Zartgefühl schweigen. Und als der Richter, der sich endlich entschloß, ihm die Uhr vorlegte, betrachtete er sie mit verblüffter Miene. Er erinnerte sich genau: Diese Uhr hatte er zu seiner Überraschung in den Zipfel eines Taschentuchs eingeknüpft gefunden, das er unter einer Schlummerrolle hervorgenommen und wie eine Beute nach Hause geschleppt hatte; darauf war sie dort geblieben, während er sich den Kopf zermarterte, auf welche Weise er sie zurückgeben könnte. Nur, wozu das erzählen? Er müßte ja seine anderen Diebstähle gestehen, jene Tüchlein, jene gut riechende Wäsche, deren er sich so schämte. Von dem, was er sagte, glaubte man ja sowieso nichts. Übrigens begriff er selber so langsam nichts mehr, in dem Schädel dieses einfältigen Menschen verwirrte sich alles, er sank tief in einen Alptraum. Und bei der Mordanklage brauste er nicht einmal mehr auf; er saß stumpfsinnig da, er wiederholte bei jeder Frage, er wisse es nicht. Was die Handschuhe und Taschentücher anging, er wisse es nicht. Was die Uhr anging, er wisse es nicht. Man öde ihn an, man solle ihn nur in Ruhe lassen und gleich köpfen.

Am Tage darauf ließ Herr Denizet Roubaud verhaften. Er hatte den Haftbefehl im Bewußtsein seiner Allmacht erlassen in einer jener Minuten der Inspiration, in denen er an das Geniale seines Scharfsinns glaubte, bevor er gegen den stellvertretenden Stationsvorsteher auch nur ausreichende Belastungspunkte hatte. Trotz noch zahlreicher Unklarheiten erriet er, daß in diesem Mann der Angelpunkt, der

Ursprung der beiden Morde lag; und er frohlockte sogleich, als er das gegenseitige Testament in Händen hatte, das Roubaud und Séverine vor Maître Colin, einem Notar in Le Havre, acht Tage, nachdem sie in den Besitz von La Croix-de-Maufras gelangt waren, gemacht hatten. Von da an rekonstruierte sich die ganze Geschichte in seinem Schädel mit einer Sicherheit in den Schlußfolgerungen, einer Beweiskraft, die seinem Anklagegerüst eine so unzerstörbare Festigkeit verlieh, daß die Wahrheit selbst weniger wahr, mit mehr Phantastischem und Unlogischem behaftet erschienen wäre. Roubaud war ein Feigling, der sich, da er nicht selber zu töten wagte, zweimal nacheinander Cabuches, jenes gewalttätigen Tieres, bedient hatte. Da es ihm eilig damit war, Präsident Grandmorin, um dessen Testament er wußte, zu beerben, und da er andererseits den Groll des Steinbrucharbeiters gegen diesen kannte, hatte er ihn beim ersten Mal in Rouen in das Abteil gestoßen, nachdem er ihm das Messer in die Faust gedrückt hatte. Nachdem die zehntausend Francs geteilt worden waren, hätten sich die beiden Komplizen dann vielleicht niemals wiedergesehen, müßte Mord nicht wieder Mord zeugen. Und eben hierin hatte der Richter jene tiefe Kenntnis der Kriminalpsychologie gezeigt, die man so sehr bewunderte; denn das erklärte er heute, niemals habe er aufgehört, Cabuche zu überwachen, es sei seine Überzeugung gewesen, daß der erste Mord mit mathematischer Sicherheit einen zweiten nach sich ziehen werde. Anderthalb Jahre hätten ja gerade genügt: die Ehe der Roubauds habe eine schlimme Wendung genommen, der Mann habe die fünftausend Francs beim Spiel durchgebracht, die Frau habe sich einen Geliebten angeschafft, um etwas Zerstreuung zu haben. Zweifellos habe sie sich geweigert, La Croix-de-Maufras zu verkaufen, aus Furcht, er könnte das Geld verschleudern; vielleicht habe sie bei ihren fortwährenden Streitigkeiten gedroht, ihn der Justiz auszuliefern. Auf jeden Fall belegten zahlreiche Zeugenaussagen die unbedingte Entzweiung der beiden Eheleute; und da endlich hätten sich die weit zurückreichenden Folgen des ersten Verbrechens gezeigt: Cabuche sei mit seinen viehischen Gelüsten wieder aufgetaucht, der Ehemann im Dunkeln habe ihm wieder das Messer in die Faust gedrückt, um sich endgültig den Besitz dieses verfluchten Hauses zu sichern, das bereits ein Menschenleben gekostet hatte. So sehe die Wahrheit aus, die in die Augen springende Wahrheit, alles führte zu ihr hin: die bei dem Steinbrucharbeiter gefundene Uhr, vor allem die beiden Leichen, die mit demselben Stoß in die Kehle, durch dieselbe Hand, mit derselben Waffe, jenem im Zimmer aufgelesenen Messer, getroffen worden waren. Doch über diesen letzten Punkt äußerte die Anklage Zweifel, die Wunde des Präsidenten schien von einer kleineren und schärferen Klinge herzurühren.

Roubaud, mit der schläfrigen und trägen Miene, die er jetzt zeigte, antwortete zuerst mit Ja und mit Nein. Über seine Verhaftung schien er nicht erstaunt zu sein, ihm war in der langsamen Zerrüttung seines Daseins alles gleichgültig geworden. Um ihn zum Reden zu bringen, hatte man ihm einen ständigen Wärter gegeben, mit dem er von morgens bis abends Karten spielte; und er war vollkommen glücklich. Im übrigen blieb er von Cabuches Täterschaft überzeugt: er allein konnte der Mörder sein. Über Jacques vernommen, hatte er lachend die Achseln gezuckt, womit er zeigte, daß ihm die Beziehungen des Lokführers zu Séverine bekannt waren. Aber nachdem ihm Herr Denizet auf den Zahn gefühlt hatte, entwickelte er schließlich sein System,

setzte ihm zu, schmetterte ihn mit seiner Mitwisserschaft zu Boden, bemühte sich, ihm ein Geständnis zu entlocken. Da wurde Roubaud in seiner Betroffenheit, sich entdeckt zu sehen, sehr vorsichtig. Was erzählte man ihm da? Nicht er, sondern der Steinbrucharbeiter habe den Präsidenten getötet, so wie der Steinbrucharbeiter Séverine getötet hatte; und beide Male sollte dennoch er der Schuldige sein, weil der andere ja auf seine, auf Roubauds Anweisung und an seiner Stelle zugestoßen hätte. Dieses verwickelte Abenteuer verblüffte ihn, erfüllte ihn mit Mißtrauen: sicherlich stellte man ihm eine Falle, man log, um ihn zu zwingen, seinen Anteil an den Morden, das erste Verbrechen nämlich, einzugestehen. Gleich bei seiner Verhaftung hatte er genau geahnt, daß die alte Geschichte wieder ans Licht kommen würde. Cabuche gegenübergestellt, erklärte er, ihn nicht zu kennen. Nur als er immer wieder sagte, er habe ihn blutbesudelt, im Begriff, sein Opfer zu schänden, angetroffen, brauste der Steinbrucharbeiter auf, und eine heftige Szene, in der es höchst turbulent zuging, verwirrte die Dinge abermals. Es vergingen drei Tage, der Richter nahm noch mehr Vernehmungen vor, weil er sicher war, daß die beiden Komplizen sich verständigt hatten, ihm die Komödie ihrer Feindschaft vorzuspielen. Roubaud, der sehr müde war, hatte den Entschluß gefaßt, nicht mehr zu antworten, als er mit einem Schlag in einer Minute der Ungeduld, da er der Sache ein Ende machen wollte und einem dumpfen Bedürfnis nachgab, das ihn seit Monaten quälte, mit der Wahrheit, nichts als der Wahrheit, der ganzen Wahrheit herausrückte.

Gerade an diesem Tag stritt Herr Denizet voller Schlauheit, er saß an seinem Schreibtisch, die Augen von seinen schweren Lidern verschleiert, während angespannter Scharfsinn seine beweglichen Lippen schmal zusammenzog. Seit einer Stunde erschöpfte er sich in kunstvollen Listen mit diesem dick gewordenen, von gelbem Fett aufgeschwemmten Angeklagten, der unter dieser plumpen Hülle, wie er vermutete, sehr gewandt und verschlagen war. Und er glaubte ihn Schritt für Schritt mit Netzen umstellt, von allen Seiten umschlungen, schließlich in der Falle gefangen zu haben, als der andere mit der Gebärde eines in die Enge getriebenen Menschen ausrief, er habe es satt, er wolle lieber gestehen, damit man ihn nicht länger quäle. Da er nun mal um jeden Preis schuldig sein solle, so wolle er wenigstens dessen schuldig sein, was er wirklich getan habe. Dann erzählte er die Geschichte von seiner Frau, die als ganz junges Ding von Grandmorin besudelt wurde, von seiner rasenden Eifersucht, als er von diesen Schmutzigkeiten erfahren, und wie er getötet und warum er die zehntausend Francs genommen habe, und die Lider des Richters schoben sich in einem zweifelnden Stirnrunzeln wieder in die Höhe, während unwiderstehliche Ungläubigkeit, die berufsmäßige Ungläubigkeit, seine Lippen spöttisch aufwarf. Er lächelte über und über, als der Angeklagte verstummte. Der Kerl war ja noch geschickter, als er dachte: den ersten Mord auf sich nehmen, ein Verbrechen aus reiner Leidenschaft daraus machen, sich so von jedem Raubvorsatz, vor allem von jeder Mitschuld an der Ermordung Séverines reinwaschen, das war gewiß ein dreister Schachzug, der auf eine ungewöhnliche Intelligenz, auf eine ungewöhnliche Willenskraft schließen ließ. Allerdings, es war nicht stichhaltig.

»Na, hören Sie mal, Roubaud, Sie müssen uns nicht für Kinder halten . . . Sie behaupten nun, Sie wären eifersüchtig gewesen, Sie hätten in einer Aufwallung von Eifersucht getötet?«

»Allerdings.«

»Und wenn wir gelten lassen, was Sie erzählen, so hätten Sie Ihre Frau geheiratet und dabei nicht von ihren Beziehungen zu dem Präsidenten gewußt . . . Ist das wahrscheinlich? In Ihrem Fall würde im Gegenteil alles ein Beweis für eine angebotene, wohlerwogene, akzeptierte Spekulation sein. Man gibt Ihnen ein wie eine höhere Tochter erzogenes junges Mädchen, man bezahlt ihr die Aussteuer, ihr Gönner wird der Ihre, Sie wissen sehr wohl, daß er ihr testamentarisch ein Landhaus vermacht, und Sie behaupten, Sie hätten nichts, ganz und gar nichts geahnt! Das wäre ja noch

schöner, Sie wußten alles, anders läßt sich Ihre Heirat nicht mehr erklären . . . Übrigens genügt die Feststellung einer einfachen Tatsache, um Sie in Verlegenheit zu bringen. Sie sind nicht eifersüchtig, wagen Sie noch einmal zu sagen, Sie seien eifersüchtig.«
»Ich sage die Wahrheit, ich habe aus rasender Eifersucht getötet.«
»Dann erklären Sie mir, wieso Sie, nachdem Sie den Präsidenten wegen früherer, vager Beziehungen, die Sie im übrigen erfinden, getötet haben, einen Geliebten bei Ihrer Frau dulden konnten, ja, diesen Jacques Lantier, so einen handfesten Kerl! Jedermann hat mir von diesem Verhältnis gesprochen. Sie selber haben mir nicht verheimlicht, daß es Ihnen bekannt war . . . Sie legten den beiden nichts in den Weg, nicht wahr?«
In sich zusammengesackt, starrte Roubaud mit trüben Augen ins Leere, ohne eine Erklärung zu finden. Schließlich stammelte er:
»Ich weiß nicht . . . Ich habe den ersten getötet, den zweiten habe ich nicht getötet.«
»Sagen Sie mir bloß nicht mehr, Sie seien ein eifersüchtiger Ehemann, der sich rächt, und ich rate Ihnen nicht, diesen Roman den Herren Geschworenen zu wiederholen, denn darüber würden sie die Achseln zucken . . . Glauben Sie mir, ändern Sie ihr System, allein die Wahrheit kann Sie retten.«
Je mehr sich Roubaud von diesem Augenblick an darauf versteifte, die Wahrheit zu sagen, desto mehr wurde er der Lüge bezichtigt. Alles schlug zudem derart gegen ihn aus, daß seine damalige Vernehmung bei der ersten Untersuchung, die seine neue Version hätte stützen müssen, da er dabei ja Cabuche denunziert hatte, im Gegenteil zum Be-

weis eines außerordentlich geschickten Einverständnisses zwischen den beiden Angeklagten wurde.
Der Richter verfeinerte die Psychologie des Falles mit echter Liebe zu seinem Beruf. Niemals, so sagte er, sei er so tief auf den Grund der menschlichen Natur gedrungen; und das sei mehr Erraten als Beobachten, denn er schmeichle sich, zur Schule der seherischen und behexenden Richter zu gehören, zu denjenigen, die einen Menschen mit einem Blick auseinandernehmen. Die Beweise fehlten übrigens nicht mehr, es war ein erdrückendes Ganzes. Nunmehr hatte die Untersuchung eine feste Grundlage, blendend wie das Licht der Sonne blitzte die Gewißheit auf.
Und was Herrn Denizets Ruhm noch vermehrte, das war, daß er den zwiefachen Fall geschlossen vorbrachte, nachdem er ihn geduldig, in tiefster Verschwiegenheit rekonstruiert hatte. Seit dem rauschenden Erfolg der Volksabstimmung wurde das Land unaufhörlich von einem Fieber geschüttelt, das jenem Taumel glich, der großen Katastrophen vorausgeht und sie ankündigt. In der Gesellschaft dieses ausgehenden Kaiserreiches, in der Politik, in der Presse vor allem herrschte eine ständige Unruhe, eine Überreiztheit, in der selbst die Freude eine krankhafte Heftigkeit annahm. Als man erfuhr, daß der Untersuchungsrichter von Rouen nach der Ermordung einer Frau in diesem abgelegenen Haus von La Croix-de-Maufras durch einen genialen Einfall den alten Fall Grandmorin wieder ausgegraben und mit dem neuen Verbrechen in Verbindung gebracht hatte, brachen die halbamtlichen Zeitungen denn auch in ein wahres Triumphgeschrei aus. In der Tat tauchten in den Blättern der Opposition noch von Zeit zu Zeit die Witze über den sagenhaften, unauffindbaren Mörder wieder auf, jene Erfindung der Polizei,

die vorgeschoben wurde, um die Schandtaten gewisser kompromittierter hoher Persönlichkeiten zu decken. Und die Antwort würde entscheidend sein, der Mörder und sein Komplize waren verhaftet, das Andenken Präsident Grandmorins würde unangetastet aus allem hervorgehen. Von neuem begannen die Polemiken, die Erregung in Rouen und Paris wuchs von Tag zu Tag. Abgesehen von diesem gräßlichen Roman, der die Phantasie aller verfolgte, ereiferte man sich leidenschaftlich, als sollte die endlich aufgedeckte, unwiderlegbare Wahrheit den Staat festigen. Eine ganze Woche lang floß die Presse von Einzelheiten über.

Nach Paris zitiert, begab sich Herr Denizet in die Rue du Rocher, in die Privatwohnung des Generalsekretärs, Herrn Camy-Lamottes. Der Generalsekretär empfing ihn, mitten in seinem schmucklosen Arbeitszimmer stehend, sein Gesicht war noch eingefallener, noch müder; denn mit ihm ging es bergab, Traurigkeit hatte sich trotz seines Skeptizismus seiner bemächtigt, als ahnte er hinter dieser glanzvollen Apotheose den nahen Zusammenbruch des Regimes, dem er diente. Seit zwei Tagen wurde er von einem inneren Kampf gepeinigt, da er noch nicht wußte, welchen Gebrauch er von Séverines Brief, den er aufbewahrt hatte, machen sollte, jenem Brief, der das ganze System der Anklage zunichte gemacht hätte, indem er Roubauds Version mit einem einwandfreien Beweis untermauerte. Am Tage zuvor aber hatte der Kaiser zu ihm gesagt, er verlange diesmal, daß die Gerechtigkeit, von jedem Einfluß unbehelligt, ihren Lauf nehme, selbst wenn seine Regierung darunter leiden sollte: ein einziger Schrei der Rechtschaffenheit, vielleicht der Aberglaube, nach dem Beifall des Landes könne eine bloße ungerechte Handlung das Schicksal än-

dern. Und wenn der Generalsekretär für sein Teil auch keine Gewissensskrupel hatte, weil er die Angelegenheiten dieser Welt auf die einfache Feststellung zurückführte, daß sich alles von selbst regelte, so war er verwirrt über die empfangene Order, er fragte sich, ob er seinen Herrn so weit lieben solle, daß er ihm den Gehorsam schuldig blieb. Herr Denizet triumphierte sogleich.
»Nun, meine Witterung hatte mich nicht getäuscht, es war dieser Cabuche, der den Präsidenten erstochen hat . . . Allerdings, das gebe ich zu, enthielt auch die andere Spur ein wenig von der Wahrheit, und ich fühlte selber, daß der Fall Roubaud zwielichtig blieb . . . Mit einem Wort, wir haben sie alle beide.«
Herr Camy-Lamotte sah ihn starr an mit seinen fahlen Augen.
»Dann ist der ganze Tatbestand der Akten, die man an mich weitergeleitet hat, bewiesen, und Ihre Überzeugung steht unumstößlich fest?«
»Unumstößlich, da ist keinerlei Schwanken möglich . . . Alles greift ineinander, ich kann mich an keinen Fall erinnern, wo das Verbrechen trotz der scheinbaren Verwicklungen einen logischeren, leichter vorherbestimmbaren Verlauf genommen hätte.«
»Aber Roubaud protestiert, nimmt den ersten Mord auf sich, erzählt eine Geschichte, seine Frau sei von Grandmorin defloriert worden, er selber sei kopflos vor Eifersucht gewesen und habe in einem Anfall blinder Wut getötet. Die Blätter der Opposition erzählen das alle.«
»Oh, sie erzählen es wie Weibergeschwätz und wagen selber nicht, daran zu glauben. Dieser Roubaud, der die Rendezvous seiner Frau mit einem Liebhaber förderte, der und eifersüchtig! Na, dieses Märchen kann er direkt vor dem

Schwurgericht wiederholen, es wird ihm nicht gelingen, den angestrebten Skandal hervorzurufen! – Wenn er wenigstens noch irgendeinen Beweis beibrächte! Aber er legt nichts vor. Er spricht freilich von einem Brief, den er angeblich seine Frau hat schreiben lassen und den man in den Papieren des Opfers hätte finden müssen . . . Sie, Herr Generalsekretär, der Sie diese Papiere zu den Akten genommen haben, Sie hätten ihn ja gefunden, nicht wahr?«
Herr Camy-Lamotte antwortete gar nicht. Es stimmte, mit dem System des Richters würde der Skandal endlich begraben werden: niemand würde Roubaud glauben, das Andenken des Präsidenten würde von den abscheulichen Verdachtsmomenten reingewaschen werden, das Kaiserreich würde aus dieser lautstarken Rehabilitierung einer seiner Kreaturen Nutzen ziehen. Und da dieser Roubaud sich ja sowieso schuldig bekannte, was schadete es da der Idee der Gerechtigkeit schon, ob er wegen der einen oder der anderen Version verurteilt wurde! Da war freilich Cabuche; aber wenn dieser auch bei dem ersten Mord nicht die Hand mit im Spiel hatte, so schien er tatsächlich der Urheber des zweiten zu sein. Außerdem, mein Gott, Gerechtigkeit, welch eine Illusion! Gerecht sein wollen, war das nicht ein Köder, wo die Wahrheit doch so von Gestrüpp versperrt ist? Es war besser, klug zu sein und diese ihrem Ende entgegengehende Gesellschaft, die zusammenzustürzen drohte, durch einen Ruck mit der Schulter abzustützen.
»Nicht wahr«, wiederholte Herr Denizet, »Sie haben diesen Brief nicht gefunden?«
Von neuem erhob Herr Camy-Lamotte den Blick zu ihm; und ruhig, allein Herr der Situation, den Skrupel, der den Kaiser beunruhigt hatte, auf sein Gewissen nehmend, erwiderte er:

»Ich habe nicht das geringste gefunden.« Lächelnd, sehr liebenswürdig überhäufte er sodann den Richter mit Lob. Kaum deutete ein leichtes Verziehen der Lippen auf eine ununterdrückbare Ironie hin. Noch nie sei eine Untersuchung mit soviel Scharfsinn geführt worden; und höheren Ortes sei es beschlossene Sache, nach den Ferien werde man Herrn Denizet als Gerichtsrat nach Paris berufen. So begleitete er ihn bis auf den Treppenflur hinaus. »Sie allein haben klargesehen, das ist wirklich bewundernswert . . . Und sobald die Wahrheit spricht, gibt es nichts, was sie aufhalten könnte, weder das Interesse der Menschen oder gar die Staatsräson . . . Fahren Sie so fort, mag die Angelegenheit ihren Gang gehen, welches die Folgen auch sein mögen.«

»Darin liegt voll und ganz die Pflicht der Richterschaft«, schloß Herr Denizet, grüßte und ging strahlend von dannen.

Als er allein war, zündete Herr Camy-Lamotte zunächst eine Kerze an; dann holte er Séverines Brief aus der Schublade, in der er ihn verwahrt hatte. Die Kerze brannte sehr hoch, er entfaltete den Brief, wollte die darin stehenden beiden Zeilen nochmals lesen, und die Erinnerung an diese zarte Verbrecherin mit den Immortellenaugen, die ihn einst mit so liebevoller Sympathie gerührt hatte, wurde wachgerufen. Jetzt war sie tot, er sah sie in ihrer Tragik wieder. Wer kannte das Geheimnis, das sie mit sich genommen hatte? Ja, freilich, Wahrheit, Gerechtigkeit, welch eine Illusion! Für ihn blieb von dieser unbekannten und bezaubernden Frau nur die Begierde einer Minute zurück, mit der sie ihn gestreift und die er nicht befriedigt hatte. Und als er den Brief der Kerze näherte und dieser auflorderte, überkam ihn große Traurigkeit, das Vorgefühl eines Unglücks: Wozu diesen Beweis vernichten, sein Gewissen mit dieser Tat belasten, wenn es vom Schicksal bestimmt war, daß das Kaiserreich hinweggefegt würde wie das bißchen schwarze Asche, das von seinen Fingern fiel?

In weniger als einer Woche schloß Herr Denizet die Untersuchung ab. Bei der Westbahngesellschaft fand er äußerste Bereitwilligkeit, alle wünschenswerten Unterlagen, alle zweckdienlichen Zeugenaussagen; denn auch sie wünschte lebhaft, ein Ende zu machen mit dieser beklagenswerten Geschichte eines ihrer Angestellten, die durch das komplizierte Räderwerk ihres Organismus emporstieg und beinahe sogar ihren Aufsichtsrat erschüttert hätte. Das brandig gewordene Glied mußte so schnell wie möglich abgetrennt werden. So zogen denn auch im Amtszimmer des Richters abermals das Personal des Bahnhofs von Le Havre, Herr Dabadie, Moulin und die anderen vorüber, die unheilvolle Einzelheiten über Roubauds schlechten Lebenswandel vorbrachten; dann der Stationsvorsteher von Barentin, Herr Bessière, sowie mehrere Angestellte aus Rouen, deren Aussagen, was den ersten Mord betraf, von entscheidender Bedeutung waren; dann Herr Vandorpe, der Stationsvorsteher aus Paris, der Blockwärter Misard und der Oberzugführer Henri Dauvergne, wobei die beiden letzten sich sehr bestimmt darüber äußerten, daß der Angeklagte den Ehebruch seiner Frau begünstigt hatte. Henri, den Séverine in La Croix-de-Maufras gepflegt hatte, erzählte sogar, er glaube eines Abends, als er noch sehr geschwächt war, die Stimmen Roubauds und Cabuches gehört zu haben, die sich vor seinem Fenster miteinander verabredet hätten, was so manches erklärte und das System der beiden Beschuldigten, die sich angeblich nicht kannten, über den Haufen warf. Beim ganzen Personal der Gesellschaft hatte sich ein Schrei der Mißbilligung erhoben, man beklagte die unglücklichen Opfer, jene arme junge Frau, für deren Vergehen so viele Entschuldigungsgründe vorhanden waren, jenen so ehrenwerten Greis, der heute von den häßlichen Geschichten, die über ihn im Umlauf waren, reingewaschen war.

Aber der neue Prozeß hatte vor allem in der Familie Grandmorin wieder lebhafte Leidenschaften erweckt, und wenn Herr Denizet auch noch wirksame Hilfe fand, so mußte er sich nach dieser Seite hin herumstreiten, um die Integrität seiner Untersuchung zu wahren. Die Lachesnayes stimmten Siegeslieder an, denn, aufgebracht über das Legat von La Croix-de-Maufras, vor Geiz blutend, hatten sie Roubauds Täterschaft immer bejaht. Daher sahen sie auch in der Wiederaufnahme des Falles nichts anderes als eine Gelegenheit, das Testament anzufechten; und da nur ein Mittel existierte, den Widerruf des Legates zu erreichen, nämlich Séverine wegen Undankbarkeit des Anspruchs für verlustig zu erklären, akzeptierten sie zum Teil Roubauds Version, wonach die Frau mitschuldig war und ihm bei der Tötung geholfen hatte, keineswegs um sich für eine vermeintliche Schändlichkeit zu rächen, sondern um Grandmorin zu berauben, so daß der Richter mit ihnen in Konflikt geriet, besonders mit Berthe, die sehr scharf gegen die Ermordete, ihre ehemalige Freundin, eingestellt war und sie abscheulich belastete, während er sie verteidigte, sich ereiferte, aufbrauste, sobald man sein Meisterwerk antastete, jenes Gebäude der Logik, das so gut konstruiert war, wie er selber mit einer Miene des Stolzes zu erklären pflegte, daß alles zusammenstürzte, entfernte man nur einen einzigen Teil von seinem Platze. Aus diesem Anlaß gab es in seinem Amtszimmer einen sehr heftigen Auftritt zwischen den Lachesnayes und Frau Bonnehon. Sie war den Roubauds einst gewogen gewesen und hatte nun den Ehemann fallen lassen müssen; aber aus einer Art liebevoller Mitwisserschaft trat sie nach wie vor für die Frau ein, war sehr nachsichtig gegen Charme und Liebe, ganz aufgewühlt von diesem tragischen, blutbespritzten Liebesroman. Sie war sehr deutlich, voller Verachtung für das Geld. Schäme ihre Nichte sich nicht, wieder auf diese Erbschaftsfrage zurückzukommen? Wenn Séverine schuldig sei, hieße das nicht, daß Roubauds angebliche Geständnisse voll und ganz zu akzeptieren seien, daß das Andenken des Präsidenten von neuem beschmutzt werde? Hätte die Untersuchung die Wahrheit nicht so kunstvoll dargelegt, so hätte man sie um der Familienehre willen erfinden müssen. Und mit ein wenig Bitterkeit sprach sie von der Gesellschaft Rouens, in der die Affäre soviel Staub aufwirbelte, jener Gesellschaft, über die sie jetzt, da die Jahre kamen und sie sogar ihre üppige blonde Schönheit einer gealterten Göttin verlor, nicht mehr herrschte. Ja, am Tage zuvor hätte man sich bei Frau Leboucq, der Frau des Gerichtsrates, jener eleganten, großen Brünetten, von der sie entthront wurde, abermals die schlüpfrigen Anekdoten, das Abenteuer mit Louisette, all das, was die öffentliche Boshaftigkeit erfand, ins Ohr geflüstert. In diesem Augenblick, nachdem Herr Denizet sich eingeschaltet hatte, um ihr mitzuteilen, Herr Leboucq werde bei den kommenden Gerichtsverhandlungen als Beisitzer fungieren, verstummten die Lachesnayes, sie sahen ganz so aus, als gäben sie nach, von Besorgnis erfaßt. Aber Frau Bonnehon beruhigte sie, in der Gewißheit, daß die Justiz ihre Pflicht tun werde: den Vorsitz des Schwurgerichts werde ihr alter Freund Herr Desbazeilles führen, dem seine rheumatischen Beschwerden nur die Erinnerung

vergönnten, und der zweite Beisitzer solle Herr Chaumette sein, der Vater des jungen Staatsanwaltsvertreters, den sie protegierte. Sie war also unbesorgt, obgleich ein melancholisches Lächeln auf ihre Lippen getreten war, als sie den Namen des letzteren nannte, dessen Sohn seit einiger Zeit bei Frau Leboucq zu sehen war, wo sie ihn selber hinschickte, um seiner Zukunft nichts in den Weg zu legen.
Als der berühmte Prozeß endlich kam, taten das Gerücht über einen nahe bevorstehenden Krieg und die Erregung, die ganz Frankreich erfaßte, dem Aufsehen, das die Verhandlungen erregten, viel Abbruch. Nichtsdestoweniger verbrachte Rouen drei Tage im Fieber, man erdrückte sich an den Saaltüren, über die reservierten Plätze fielen Damen aus der Stadt her. Noch nie hatte der ehemalige Palast der Herzöge der Normandie seit seinem Umbau zum Justizpalast einen solchen Menschenandrang erlebt. Es war in den letzten Junitagen, heiße und sonnige Nachmittage, deren grelle Helligkeit die bunten Scheiben der zehn Fenster entzündete und die Eichentäfelungen, den Kalvarienberg aus weißem Stein, der sich im Hintergrund von den roten, mit Bienen übersäten Wandbespannungen abhob, und die berühmte Decke aus der Zeit Ludwigs XII. mit ihren geschnitzten und mit sehr mildem Altgold vergoldeten Holzkassetten mit Licht überflutete. Man bekam schon keine Luft mehr, bevor die Sitzung eröffnet wurde. Frauen reckten sich empor, um auf dem Tisch der Beweisstücke Grandmorins Uhr, Séverines blutbeflecktes Hemd und das Messer, das zu den beiden Morden benutzt worden war, zu sehen. Cabuches Verteidiger, ein aus Paris gekommener Anwalt, zog gleichfalls alle Blicke auf sich. Auf den Geschworenenbänken saßen ausgerichtet zwölf Einwohner von Rouen, eingezwängt in schwarze Gehröcke, plump und

ernst. Und als der Gerichtshof eintrat, entstand in dem stehenden Publikum ein solches Gestoße, daß der Vorsitzende androhen mußte, den Saal räumen zu lassen.
Endlich wurde die Verhandlung eröffnet, die Geschworenen wurden vereidigt, und der Aufruf der Zeugen erregte die Menge abermals in neugierigem Beben: bei den Namen von Frau Bonnehon und von Herrn de Lachesnaye wogten die Köpfe hin und her; vor allem aber reizte Jacques leidenschaftlich die Damen, die ihm mit den Augen folgten.

Seitdem übrigens die Angeklagten da waren, jeder zwischen zwei Gendarmen, ließen die Blicke sie nicht mehr los, wurden Einschätzungen über sie ausgetauscht. Man fand, sie sähen blutdürstig und gemein aus, zwei Banditen. Roubaud mit seinem dunkelfarbenen Jackett, einer Krawatte wie ein feiner Herr, der sich lässig gibt, überraschte dadurch, daß er gealtert aussah, ein stumpfsinniges und fettstrotzendes Gesicht hatte. Was Cabuche anging, so war er gerade so, wie man ihn sich vorstellte, in einen langen, blauen Kittel gekleidet, genau das Urbild des Mörders, ungeheure Fäuste, Kinnladen wie ein Raubtier, kurzum, einer jener Kerle, denen man lieber nicht im Dunkeln begegnen möchte. Und die Vernehmungen bestätigten diesen schlechten Eindruck, manche Antworten riefen heftiges Murren hervor. Auf alle Fragen des Vorsitzenden antwortete Cabuche, er wisse es nicht: er wisse nicht, wie er zu der Uhr gekommen sei, er wisse nicht, warum er den wirklichen Mörder habe entkommen lassen; und er blieb bei seiner Geschichte von jenem geheimnisvollen Unbekannten, dessen Davongaloppieren in die Tiefe der Finsternis er gehört haben wollte. Über seine viehische Leidenschaft zu seinem unglücklichen Opfer vernommen, hatte er dann in so jähem und heftigem Zorn zu stammeln begonnen, daß die beiden Gendarmen ihn bei den Armen gepackt hatten: Nein, nein! Er habe sie gar nicht geliebt, er habe sie gar nicht begehrt, das sei Schwindel, schon bei dem Gedanken, sie haben zu wollen, hätte er geglaubt, sie zu beschmutzen, sie, die eine Dame gewesen, während er im Gefängnis gesessen habe und wie ein Wilder lebte! Nachdem er sich beruhigt hatte, war er dann in düsteres Schweigen verfallen, ließ kaum noch ein Wort fallen, war gleichgültig gegen die Verurteilung, die ihn treffen mochte. Ebenso blieb Roubaud bei

dem, was die Anklage sein System nannte: er erzählte, wie
und warum er Grandmorin getötet habe, er leugnete jede
Beteiligung an der Ermordung seiner Frau; aber er tat es
in abgehackten, fast zusammenhanglosen Sätzen, mit
plötzlichen Gedächtnislücken; seine Augen waren so trübe,
seine Stimme so belegt, daß er zuweilen nach den Einzelheiten zu suchen und sie zu erfinden schien. Und als der
Vorsitzende ihm zusetzte, ihm die Ungereimtheiten seines
Berichtes nachwies, zuckte er schließlich die Achseln, weigerte sich zu antworten: Wozu die Wahrheit sagen, wenn
ja doch die Lüge logisch klang? Diese Haltung aggressiver
Verachtung gegenüber der Justiz tat ihm den größten Abbruch. Man hob auch das tiefe Desinteresse, das die beiden
Angeklagten füreinander empfanden, als einen Beweis
vorherigen Einverständnisses hervor, als einen ganz geschickten Plan, der mit außerordentlicher Willensstärke
verfolgt wurde. Sie behaupteten, sich nicht zu kennen, sie
belasteten einander sogar, einzig und allein, um das Gericht
irrezuführen. Als die Vernehmungen abgeschlossen waren,
stand das Urteil praktisch fest, so geschickt hatte der Vorsitzende die Vernehmung geleitet, daß Roubaud und Cabuche Hals über Kopf in die gestellten Fallen stolperten
und sich selbst auszuliefern schienen. An diesem Tage wurden noch ein paar unwichtige Zeugen verhört. Die Hitze
war gegen fünf Uhr so unerträglich geworden, daß zwei
Damen ohnmächtig wurden.

Am folgenden Tage aber galt die große Aufregung der
Vernehmung bestimmter Zeugen. Frau Bonnehon erntete
einen wahren Erfolg an Vornehmheit und Takt. Mit Interesse hörte man die Angestellten der Bahngesellschaft an,
Herrn Vandorpe, Herrn Bessière, Herrn Dabadie, Herrn
Cauche vor allem, der sehr weitschweifig war und erzählte,

wie gut er Roubaud kenne, da er oft sein Spielchen mit ihm im Café du Commerce gemacht habe. Henri Dauvergne wiederholte seine schwer belastende Aussage, daß er fast sicher sei, die gedämpften Stimmen der beiden Angeklagten, die sich miteinander verabredeten, gehört zu haben, als er im Fieber vor sich hin dämmerte; und über Séverine vernommen, zeigte er sich sehr zurückhaltend, ließ durchblikken, daß er sie geliebt habe, daß er sich aber, da er wußte, sie gehöre einem anderen, redlicherweise zurückgezogen habe. So stieg denn auch, als dieser andere, Jacques Lantier, schließlich hereingeführt wurde, ein Summen aus der Menge empor, manche Leute standen auf, um ihn besser sehen zu können, selbst unter den Geschworenen entstand eine leidenschaftliche Bewegung der Aufmerksamkeit. Jacques, der sehr ruhig war, hatte sich mit beiden Händen auf die Zeugenschranke gestützt, mit der berufsmäßigen Handbewegung, die er gewohnt war, wenn er seine Lokomotive führte. Dieses Erscheinen vor Gericht, das ihn zutiefst hätte verwirren müssen, ließ ihn bei völliger geistiger Klarheit, als ginge ihn die ganze Affäre nichts an. Er würde als Fremder, als Unschuldiger aussagen; seit dem Verbrechen hatte ihn nicht ein einziger Schauer überlaufen, er dachte nicht einmal an diese Dinge, die Erinnerung war ausgelöscht, sein Organismus war ausgeglichen, vollkommen gesund; und auch hier vor dieser Schranke des Gerichts hatte er weder Gewissensbisse noch Skrupel, war sich keiner Schuld bewußt. Sogleich hatte er mit seinen klaren Augen Roubaud und Cabuche angesehen. Von dem ersten wußte er, daß er schuldig war, er nickte ihm leicht zu, einen zurückhaltenden Gruß, ohne daran zu denken, daß er heute offen der Geliebte von dessen Frau war. Dann lächelte er dem zweiten zu, dem Unschuldigen, dessen Platz auf dieser Bank eigentlich er hätte einnehmen müssen: im Grunde ein gutmütiger Dummkopf unter seinem banditenhaften Aussehen, ein kräftiger Kerl, den er bei der Arbeit gesehen, dem er die Hand geschüttelt hatte. Und ganz ruhig machte er seine Aussagen, beantwortete er in kurzen, klaren Sätzen die Fragen des Vorsitzenden, der ihn, nachdem er ihn übermäßig lange über seine Beziehungen zu dem Opfer vernommen hatte, seinen Aufbruch von La Croix-de-Maufras einige Stunden vor dem Mord erzählen ließ, wie er den Zug in Barentin genommen, wie er in Rouen übernachtet hatte. Cabuche und Roubaud hörten ihm zu, bestätigten seine Antworten durch ihr Verhalten; und in dieser Minute stieg zwischen diesen drei Männern eine unsägliche Traurigkeit auf. Im Saal war Totenstille entstanden, die Geschworenen würgte eine sie wußten nicht woher kommende Erregung einen Augenblick in der Kehle: es war die Wahrheit, die stumm vorüberwehte. Auf die Frage des Vorsitzenden, der zu wissen wünschte, was er von dem in der Finsternis zerflossenen Unbekannten halte, von dem der Steinbrucharbeiter spreche, begnügte sich Jacques damit, den Kopf zu schütteln, als wolle er einen Angeklagten nicht vernichten. Und nun trat ein Ereignis ein, das die Zuhörerschaft vollends erschütterte. In Jacques' Augen wurden Tränen sichtbar, flossen über, rannen ihm über die Wangen. So wie er Séverine schon oft wiedergesehen hatte, war sie ihm jetzt wiedererschienen, die beklagenswerte Ermordete, deren Bild er mit sich genommen hatte, mit ihren maßlos geweiteten blauen Augen, ihrem wie ein Helm des Entsetzens über der Stirn aufgerichteten schwarzen Haar. Er betete sie noch immer an, unermeßliches Mitleid hatte ihn ergriffen, und seines Verbrechens unbewußt, beweinte er sie mit heißen Tränen und vergaß, wo er hier war unter dieser Menge. Von Rührung angesteckt, schluchzten Damen. Diesen Schmerz des Liebhabers fand man äußerst ergreifend, wo der Ehemann trokkenen Auges dasaß. Nachdem der Vorsitzende die Verteidigung gefragt hatte, ob sie dem Zeugen keine Frage zu stellen habe, dankten die Anwälte, während die stumpfsinnigen Angeklagten Jacques, der inmitten der allgemeinen Sympathie zurückging, um sich zu setzen, mit den Blicken begleiteten.

Der dritte Verhandlungstag war gänzlich vom Antrag des Staatsanwaltes und von den Plädoyers der Verteidiger angefüllt. Zunächst hatte der Vorsitzende eine Zusammenfassung des Falles gegeben, in der unter erkünstelter absoluter Unparteilichkeit die Belastungspunkte der Anklage verschärft wurden. Der Staatsanwalt schien sich sodann all seiner Beweisgründe nicht zu freuen: gewöhnlich hatte er mehr Überzeugungskraft, eine weniger hohle Beredsamkeit. Man schrieb dies der Hitze zu, die wirklich erdrückend war. Dagegen bereitete Cabuches Verteidiger, der Pariser Anwalt, viel Vergnügen, ohne jedoch zu überzeugen. Roubauds Verteidiger, ein angesehenes Mitglied der Anwaltschaft von Rouen, zog gleichfalls jeden nur möglichen Vorteil aus seiner schlechten Sache. Ermüdet gab die Staatsanwaltschaft nicht einmal eine Replik. Und als die Geschworenen in das Beratungszimmer hinübergingen, war es erst sechs Uhr, durch die zehn Fenster drang noch der helle Tag herein, ein letzter Sonnenstrahl entzündete die Wappen der normannischen Städte, die die Kämpfergesimse der Fenster schmückten. Lauter Stimmenlärm stieg unter die vergoldete altertümliche Decke empor, ungeduldiges Gedränge erschütterte das Eisengitter, das die reservierten Plätze von dem stehenden Publikum trennte.

Aber sobald die Geschworenen und der Gerichtshof erschienen, wurde die Stille wieder andächtig. Das Urteil der Geschworenen billigte mildernde Umstände zu, das Gericht verurteilte die beiden Männer zu lebenslänglichem Zuchthaus. Und das gab eine lebhafte Überraschung, die Menge verlief sich tumultartig, einzelne Pfiffe wie im Theater wurden laut.

In ganz Rouen sprach man noch am selben Abend mit endlosen Kommentaren über diese Verurteilung. Nach allgemeiner Ansicht war es eine Schlappe für Frau Bonnehon und für die Lachesnayes. Nur ein Todesurteil, so schien es, hätte der Familie Genugtuung verschafft; und bestimmt waren widrige Einflüsse am Werke gewesen. Man nannte bereits leise den Namen Frau Leboucqs, die drei bis vier ihrer Getreuen unter den Geschworenen zählte. Das Verhalten ihres Mannes als Beisitzer hatte zweifellos nichts Inkorrektes erkennen lassen; doch man glaubte bemerkt zu haben, daß weder der andere Beisitzer, Herr Chaumette, noch etwa der Vorsitzende, Herr Desbazeilles, sich so sehr als Herren der Verhandlung gefühlt hatten, wie sie es gewollt hätten. Vielleicht hatten die Geschworenen vorhin auch bloß, von Skrupeln befallen, durch Gewähren mildernder Umstände dem Unbehagen über diesen Zweifel nachgegeben, der als lautloser Flug der melancholischen Wahrheit einen Augenblick lang durch diesen Saal gezogen war. Im übrigen blieb der Fall der Triumph des Untersuchungsrichters, Herrn Denizets, dessen Meisterstück durch nichts hatte angetastet werden können; denn die Familie selbst büßte viele Sympathien ein, als verlautete, daß Herr Lachesnaye, um La Croix-de-Maufras wiederzubekommen, die Absicht äußerte, im Widerspruch zur Rechtsprechung trotz des Todes der Beschenkten eine Anfechtungsklage anzustrengen, was von seiten eines höheren Richters verwunderlich war.

Beim Verlassen des Justizpalastes wurde Jacques von Philomène eingeholt, die als Zeugin dageblieben war; und sie ließ ihn nicht mehr los, hielt ihn fest, wollte durchaus diese Nacht mit ihm in Rouen verbringen. Seinen Dienst sollte er erst am nächsten Tag wieder antreten, er wollte sie gern zum Abendessen in dem Gasthof in der Nähe des Bahnhofs dabehalten, wo er angeblich in der Nacht des Verbrechens geschlafen hatte; aber übernachten würde er nicht, er mußte unbedingt mit dem Zug um null Uhr fünfzig nach Paris zurückkehren.

»Du weißt ja nicht«, erzählte sie, als sie an seinem Arm in Richtung des Gasthofs ging, »ich könnte schwören, daß ich soeben einen Bekannten von uns gesehen habe . . . Ja, Pecqueux, der neulich schon wieder zu mir gesagt hat, wegen des Prozesses würde er nicht nach Rouen kommen . . . Ich habe mich einen Augenblick umgedreht, und ein Mann, von dem ich nur den Rücken gesehen habe, ist mitten in der Menge verduftet . . .«

Der Lokführer unterbrach sie achselzuckend:

»Pecqueux ist in Paris und macht gerade flott, da er überglücklich über die Freizeit ist, die mein Urlaub ihm verschafft.«

»Schon möglich . . . Einerlei, sehen wir uns vor, denn wenn er wütend wird, ist er wirklich der dreckigste Schweinehund.« Sie drängte sich an ihn, mit einem Blick nach hinten setzte sie hinzu: »Und der da, der uns nachgeht, kennst du den?«

»Ja, sei unbesorgt . . . Vielleicht hat er mich etwas zu fragen.«

Es war Misard, der ihnen in der Tat von der Rue des Juifs

an von weitem folgte. Auch er hatte mit schläfriger Miene
ausgesagt; und er war zurückgeblieben, schlich um Jacques
herum, ohne sich entschließen zu können, ihm eine Frage
zu stellen, die ihm sichtlich auf den Lippen brannte. Als das
Paar in dem Gasthof verschwunden war, trat er ebenfalls
dort ein, ließ sich ein Glas Wein bringen.
»Sieh mal an, Sie sind's, Misard!« rief der Lokführer. »Na,
macht es sich mit Ihrer neuen Frau?«
»Ja, ja«, brummte der Blockwärter. »Ach, dieses Luder,
die hat mich schön reingelegt. Das habe ich Ihnen ja auf
meiner anderen Fahrt hierher erzählt, was?«
Über diese Geschichte erheiterte sich Jacques sehr. Die
Ducloux, die ehemalige Magd mit dem anrüchigen Lebenswandel, die Misard zur Wartung der Schranken genommen
hatte, merkte schnell an seinem Herumstöbern in den Winkeln, daß er wohl einen von seiner verstorbenen Frau versteckten Schatz suchte; und da war ihr ein genialer Einfall
gekommen, um geheiratet zu werden, nämlich der, ihm
durch plötzliches Verstummen mitten im Satz, durch leises
Gelächter zu verstehen zu geben, daß sie selbst diesen
Schatz gefunden habe. Zuerst hätte er sie beninahe erwürgt; dann, als er daran dachte, daß ihm die tausend
Francs abermals durch die Lappen gehen würden, wenn er
die Ducloux wie die andere beiseite schaffte, bevor er das
Geld hatte, war er sehr schmeichlerisch, sehr nett geworden; sie aber stieß ihn zurück, sie wollte nicht einmal mehr,
daß er sie anrührte: Nein, nein, wenn sie seine Frau sei,
dann werde er alles kriegen, sie und das Geld dazu. Und
er hatte sie geheiratet, und sie hatte sich lustig gemacht und
ihn einen großen Dummkopf geschimpft, der alles glaube,
was man ihm erzähle. Das Schöne war, daß sie, da sie nun
Bescheid wußte und sich selber an dem ansteckenden Gift

seines Fiebers entzündete, von nun an ebenso besessen mit ihm zusammen suchte. Ach, diese unauffindbaren tausend Francs, eines Tages würden sie sie jetzt, wo sie zu zweit waren, schon aufspüren! Sie suchten und suchten.

»Nun, noch immer nichts?« fragte Jacques spöttisch. »Hilft sie Ihnen denn nicht, die Ducloux?«

Misard stierte ihn an; und schließlich sprach er:

»Sie wissen, wo das Geld ist, sagen Sie's mir.«

Aber der Lokführer wurde ärgerlich.

»Ich weiß überhaupt nichts, Tante Phasie hat mir nichts gegeben, Sie wollen mich doch nicht etwa des Diebstahls bezichtigen!«

»Oh, gegeben hat sie Ihnen nichts: das ist ganz sicher . . . Sie sehen ja, ich bin krank davon. Wenn Sie wissen, wo das Geld ist, dann sagen Sie's mir.«

»Ach was, scheren Sie sich zum Teufel! Nehmen Sie sich in acht, daß ich nicht zu viel ausplaudere . . . Sehen Sie doch in der Salzbüchse nach, ob es dort ist.«

Leichenblaß sah Misard ihn mit brennenden Augen immerfort an. Ihm kam so etwas wie eine jähe Erleuchtung.

»In der Salzbüchse, ach ja, stimmt. Unter der Schublade gibt's ein Versteck, wo ich nicht nachgesucht habe.«

Und eilends bezahlte er sein Glas Wein, und er lief zur Bahn, um zu sehen, ob er vielleicht noch den Zug sieben Uhr zehn schaffte. Dort draußen in dem niedrigen Häuschen würde er ewig suchen.

Am Abend nach dem Essen wollte Philomène, bis der Zug null Uhr fünfzig fuhr, Jacques durch stockfinstere Gassen bis zu den nahe gelegenen Feldern mitnehmen. Es war sehr schwül, eine glühende und mondlose Julinacht, in der ihr Busen unter tiefen Seufzern wogte, während sie fast an seinem Hals hing. Da sie Schritte hinter ihnen beiden zu hören glaubte, hatte sie sich zweimal umgedreht, ohne jemanden zu sehen, so dicht war die Finsternis. Ihm machte diese Gewitternacht schwer zu schaffen. In seiner ruhigen Ausgeglichenheit, dieser ausgezeichneten Gesundheit, der er sich seit dem Mord erfreute, hatte er vorhin bei Tisch gefühlt, wie jedesmal, wenn ihn diese Frau mit ihren umherirrenden Händen gestreift hatte, ein weit zurückliegendes Unbehagen wiederkehrte. Ohne Zweifel die Müdigkeit, ein durch die Schwere der Luft hervorgerufenes Entnervtsein. Jetzt lebte die Angst vor der Begierde lebhafter, voller dumpfen Entsetzens wieder auf, wenn er sie so an seinen Körper gepreßt hielt. Inzwischen war er doch aber geheilt, die Erfahrung war ja gemacht, weil er sie doch schon besessen hatte, um sich Klarheit darüber zu verschaffen, daß sein Fleisch nun beruhigt war. Seine Erregung wurde so stark, daß die Furcht vor einem Anfall ihn veranlaßt hätte, sich aus ihren Armen zu lösen, hätte ihn nicht das Dunkel, das sie einhüllte, beruhigt; denn niemals, selbst an den schlimmsten Tagen seines Übels nicht, hätte er zugestoßen, ohne sein Opfer zu sehen. Und als sie auf einem verlassenen Weg nahe einer rasenbedeckten Böschung vorübergingen und sie ihn mit sich dorthin zog und sich langlegte, packte ihn wieder das gräßliche Verlangen, Wut riß ihn hin, er suchte im Gras nach einer Waffe, nach einem Stein, um ihr damit den Schädel zu zerschmettern. Mit einem Ruck hatte er sich wieder aufgerichtet, und schon floh er Hals über Kopf, und er hörte eine Männerstimme, Flüche, eine regelrechte Prügelei.

»Ach, du Miststück! Ich habe bis zum Schluß gewartet, ich wollte sicher sein!«

»Es ist nicht wahr, laß mich los!«

»Ach, es ist nicht wahr! Er kann rennen, der andere! Ich

weiß, wer es ist, den erwische ich schon noch! – Da, du Miststück! Sag noch mal, daß es nicht wahr ist!«
Jacques jagte in die Nacht hinein, nicht, um vor Pecqueux, den er soeben erkannt hatte, zu fliehen; sondern er floh vor sich selbst, toll vor Schmerz.
Was denn! Ein Mord hatte nicht genügt, er war von Séverines Blut nicht befriedigt, wie er noch am Morgen glaubte? Nun fing er wieder von vorn an. Noch eine, und dann noch eine, und dann immer noch eine? Sobald er sich gesättigt hätte, würde sein furchtbarer Hunger nach einigen Wochen der Erstarrung wieder erwachen, er würde unaufhörlich Frauenfleisch nötig haben, um ihn zu stillen. Jetzt brauchte er es nicht einmal mehr zu sehen, dieses verführerische Fleisch: wenn er es nur lauwarm in seinen Armen fühlte, gab er der Brunst des Verbrechens nach wie ein wildes Mannestier, das den Weibchen den Bauch aufschlitzt. Mit dem Leben war es vorbei, vor ihm lag nur noch diese tiefe Nacht voll grenzenloser Verzweiflung, in die er floh.
Es vergingen einige Tage. Jacques hatte seinen Dienst wieder angetreten, er ging den Kumpels aus dem Wege, war wieder in seine ängstliche Ungeselligkeit von früher zurückgesunken. Soeben war nach stürmischen Sitzungen im Abgeordnetenhaus der Krieg erklärt worden; und es hatte schon ein kleines Vorpostengefecht gegeben, das glücklich ausgelaufen war, wie es hieß. Seit einer Woche litt das Eisenbahnpersonal unter den Strapazen der Truppentransporte. Der Normalverkehr war in Unordnung geraten, ständige nicht fahrplanmäßige Züge hatten beträchtliche Verspätungen zur Folge, ganz abgesehen davon, daß man die besten Lokführer dienstverpflichtet hatte, um die Zusammenziehung der Armeekorps zu beschleunigen. Und so kam es, daß Jacques eines Abends in Le Havre statt

seines gewöhnlichen Schnellzuges einen endlosen Zug, achtzehn mit Soldaten vollgestopfte Wagen, zu führen hatte.

An diesem Abend traf Pecqueux sehr betrunken im Bahnbetriebswerk ein. Am Tage, nachdem er Philomène und Jacques überrascht hatte, war er mit Jacques wieder als Heizer auf die Lok 608 gestiegen; und seitdem machte er keinerlei Anspielung, war finster, sah aus, als wage er seinen Vorgesetzten gar nicht anzusehen. Aber dieser spürte, daß er immer aufsässiger wurde, sich weigerte zu gehorchen, ihn mit einem dumpfen Brummen empfing, sobald er ihm eine Anweisung gab. Schließlich hatten sie völlig aufgehört, miteinander zu sprechen. Diese kleine bewegliche Brücke aus Eisenblech, die sie früher so einig dahintrug, war jetzt nur noch die schmale und gefährliche Planke, auf der ihre Rivalität aufeinanderprallte. Der Haß wuchs, sie waren so weit, sich auf diesen wenigen, mit voller Geschwindigkeit dahinsausenden Quadratmetern, von denen sie der geringste Stoß hinabgeschleudert hätte, zu zerfleischen. Und als er Pecqueux an diesem Abend betrunken sah, wurde Jacques mißtrauisch; denn er wußte, daß der andere zu heimtückisch war, als daß er in nüchternem Zustand böse geworden wäre, nur der Wein entfesselte das Vieh in ihm.

Der Zug, der gegen sechs Uhr abfahren sollte, wurde aufgehalten. Es war bereits Nacht, als man die Soldaten wie Schafe in Viehwagen verlud. An Stelle von Bänken hatte man einfach Bretter festgenagelt, dort pferchte man sie korporalschaftsweise hinein, stopfte mehr in die Wagen als zulässig, so daß sie darin fast aufeinandersaßen und manche so dicht stehen mußten, daß sie keinen Arm rühren konnten. Gleich bei ihrer Ankunft in Paris erwartete sie ein anderer Zug, um sie nach dem Rhein weiterzubefördern. In der Verstörtheit des Aufbruchs wurden sie vor Müdigkeit schon erdrückt. Als man aber Schnaps an sie ausgab und viele sich auf die Schankwirte in der Nachbarschaft verteilten, erfaßte sie eine hitzige und brutale Fröhlichkeit, ihre Gesichter waren hochrot, die Augen traten ihnen aus dem Kopf. Und sobald der Zug sich in Bewegung setzte, den Bahnhof verließ, begannen sie zu singen.

Jacques sah sogleich nach dem Himmel, dessen Sterne von Gewitterdunst verdeckt wurden. Die Nacht würde sehr finster sein, nicht ein Hauch bewegte die glutheiße Luft; und der stets so frische Fahrtwind schien lau zu sein. Am schwarzen Horizont waren keine anderen Lichter als die lebhaften Funken der Signale. Er erhöhte den Druck, um die große Steigung von Harfleur nach Saint-Romain zu bewältigen. Obwohl er die Lok 608 seit Wochen zu erforschen suchte, war er noch nicht Herr über die allzu neue Maschine, deren Launen, deren Jugendstreiche ihn immer wieder überraschten. Besonders in dieser Nacht spürte er, daß sie störrisch, wunderlich war und drauf und dran, wegen ein paar Stück Kohle zuviel durchzugehen. Die Hand am Steuerungsrad, überwachte er daher auch das Feuer und wurde immer unruhiger über das Verhalten seines Heizers. Das Lämpchen, das den Wasserstandsanzeiger beleuchtete, ließ die Plattform im Halbschatten, den die rotglühende Feuertür blaßviolett färbte. Er konnte Pecqueux schlecht erkennen, zweimal hintereinander hatte er das Gefühl gehabt, als streife etwas seine Beine, als übten sich Finger darin, ihn dort zu fassen. Aber das war zweifellos nur die Ungeschicklichkeit eines Trunkenboldes, denn er hörte, wie Pecqueux bei dem Lärm ganz laut hohnlachte, wie er mit übertriebenen Hammerschlägen seine Kohle zerkleinerte, sich mit der Schaufel herumschlug. Alle Minuten öffnete er die Tür, schüttete unvernünftig viel Kohle auf den Rost.

»Genug!« schrie Jacques.

Der andere stellte sich so, als verstehe er nicht, fuhr fort, die Feuerbüchse Schlag auf Schlag mit ganzen Schaufeln voll Kohle zu beschicken; und als der Lokführer ihn beim Arm packte, drehte er sich drohend um, hatte endlich den Streit, den er in der steigenden Wut seiner Trunkenheit suchte.

»Nicht anfassen, sonst haue ich zu! – Mir macht das schnelle Fahren eben Spaß!«

Der Zug rollte jetzt mit voller Geschwindigkeit auf der von Bolbec nach Motteville führenden Hochebene dahin. Er sollte ohne Aufenthalt bis Paris durchsausen und nur an den festgesetzten Punkten Wasser aufnehmen. Die ungeheure Masse, die achtzehn beladenen, mit menschlichem Vieh vollgestopften Waggons durchfuhren das schwarze Land in stetigem Grollen. Und diese Männer, die man zum Gemetzel fuhr, sangen und sangen aus vollem Halse, mit so lautem Geschrei, daß es den Räderlärm übertönte.

Jacques hatte die Tür mit dem Fuß wieder zugestoßen. Während er die Strahlpumpe bediente und sich noch immer beherrschte, sagte er dann:

»Die Feuerung ist zu stark . . . Schlafen Sie, wenn Sie besoffen sind.«

Unverzüglich öffnete Pecqueux die Tür wieder, schippte verbissen Kohle nach, als wolle er die Lokomotive in die Luft sprengen. Das bedeutete Aufruhr, Nichtbefolgung von Anweisungen, erbitterte Leidenschaft, die keine Rücksicht mehr auf all diese Menschenleben nahm. Und als

Jacques sich vorbeugte, um selber die Aschkastenklappe niedriger zu stellen und so wenigstens den Luftzug zu vermindern, packte ihn der Heizer jäh mitten um den Leib, versuchte ihn zurückzustoßen, ihn mit einem heftigen Ruck auf die Gleise zu schleudern.
»Du Schuft, das war's also! – Du würdest sagen, ich wäre runtergestürzt, nicht wahr, du hinterhältiger Kerl!«
Er hatte sich an dem einen Rand des Tenders festgehalten, und sie rutschten beide umher, der Kampf ging auf der kleinen Tenderbrücke weiter, die heftig hin und her tanzte. Die Zähne zusammengebissen, sprachen sie nicht mehr, sie bemühten sich, einander durch die schmale Öffnung, die nur von einer Eisenstange versperrt wurde, hinabzustürzen. Aber das war gar nicht so einfach, die gefräßige Lokomotive rollte und rollte immerfort dahin; und Barentin wurde passiert, und wie in einen Abgrund stürzte sich der Zug in den Tunnel von Malaunay, während sie sich noch immer fest umschlungen hielten, in die Kohle hingesielt, mit dem Kopf gegen die Wände des Tenderwasserkastens stießen, der rotglühenden Feuertür auswichen, an der ihre Beine jedesmal, wenn sie sie ausstreckten, versengt wurden.
Einen Augenblick überlegte Jacques, daß er, könnte er sich wieder aufrichten, den Regler schließen und um Hilfe rufen würde, damit man ihn von diesem Tobsüchtigen, der vor Trunkenheit und Eifersucht toll war, befreite. Er wurde schwächer, da er kleiner war, gab die Hoffnung auf, daß er jetzt die Kraft finden würde, den anderen hinabzustürzen, war schon besiegt, fühlte, wie der Schrecken des Sturzes sein Haar durchwehte. Als er mit umhertappender Hand eine äußerste Anstrengung machte, begriff der andere, versteifte sich im Kreuz, hob ihn hoch wie ein Kind.

»Ach, du willst anhalten . . . Ach, du hast mir meine Frau weggenommen . . . Na warte, du mußt dran glauben!«
Die Lokomotive rollte und rollte, soeben hatte der Zug mit großem Getöse den Tunnel verlassen, und er setzte seine Fahrt quer durch das öde und finstere Land fort. Der Bahnhof von Malaunay wurde in einem solchen Wirbelwind durchfahren, daß der auf dem Bahnsteig stehende stellvertretende Stationsvorsteher nicht einmal diese beiden Männer sah, die einander zerfleischten, während sie wie der Blitzstrahl dahinsausten.

Aber mit einer letzten Anstrengung stürzte Pecqueux Jacques hinab; und als dieser die Leere fühlte, klammerte er sich verzweifelt so fest an dessen Hals, daß er ihn mitriß. Zwei schreckliche Schreie ertönten, die miteinander verschmolzen, sich verloren. Die beiden Männer, die zusammen hinuntergestürzt waren, wurden durch die Geschwindigkeit unter die Räder gerissen und in ihrer Umschlingung, in jener fürchterlichen Umarmung, zerstückelt, zerhackt, sie, die so lange brüderlich zusammen gelebt hatten. Ohne Kopf, ohne Füße fand man sie wieder, zwei blutige Rümpfe, die sich noch immer umklammerten, als wollten sie einander ersticken.

Und jeder Führung ledig, rollte und rollte die Lokomotive unablässig dahin. Endlich konnte die Störrische, die Wunderliche dem Feuer ihrer Jugend nachgeben wie eine noch ungezähmte Stute, die den Händen des Hüters entkommen war und über das flache Land galoppierte. Der Kessel war mit Wasser versehen, die Kohle, mit der die Feuerbüchse gerade aufgefüllt worden war, geriet in Brand; und während der ersten halben Stunde stieg der Druck toll an, wurde die Geschwindigkeit erschreckend. Ohne Zweifel war der Oberzugführer vor Müdigkeit eingeschlafen. Die

Soldaten, die noch betrunkener wurden, weil sie so zusammengepfercht waren, gerieten plötzlich in fröhliche Stimmung über diese ungestüme Fahrt und sangen lauter. Maromme wurde wie in einem Blitz durchfahren. Beim Herannahen der Signale, bei der Durchfahrt durch die Bahnhöfe ertönten keine Pfeifsignale mehr. Es war ein Geradeausgalopp, das Tier, das mit gesenktem und stummem Kopf zwischen den Hindernissen dahinschoß. Es rollte und rollte ohne Ende, durch den gellenden Lärm seines Atems gleichsam immer wahnwitziger gemacht.

In Rouen sollte Wasser genommen werden; und Entsetzen ließ den Bahnhof zu Eis erstarren, als man diesen wahnsinnigen Zug, diese Lokomotive ohne Führer und Heizer, diese Viehwagen, die mit patriotische Kehrreime brüllenden Muschkoten angefüllt waren, in einem Taumel aus Rauch und Flammen vorüberrasen sah. Sie zogen in den Krieg, und sie wollten schnellstens dort unten an den Ufern des Rheines sein. Die Bahnangestellten waren mit aufgerissenem Mund und mit fuchtelnden Armen stehengeblieben. Sofort ertönte der allgemeine Schrei: Niemals würde dieser zügellose, sich selbst überlassene Zug ungehemmt den Bahnhof von Sotteville durchfahren, der wie alle großen Bahnbetriebswerke stets durch Rangierfahrten versperrt, mit Wagen und Lokomotiven verstopft war. Und man stürzte zum Telegraphen, man warnte. Dort konnte gerade ein Güterzug, der das Gleis besetzte, in einen Schuppen zurückgedrückt werden. Schon war in der Ferne das Rollen des entlaufenen Ungeheuers zu hören. Es war in die beiden Tunnel hineingestürmt, die bis nahe an Rouen heranreichen, es kam mit seinem wütenden Galopp heran wie eine ungeheure und unwiderstehliche Gewalt, die nichts mehr aufzuhalten vermochte. Und der Bahnhof von

Sotteville wurde ohne Halt durchrast, es sauste mitten durch die Hindernisse, ohne irgendwo hängenzubleiben, es tauchte wieder in der Finsternis unter, in der sein Grollen nach und nach erstarb.

Aber jetzt läuteten alle Telegraphenapparate der Strecke, alle Herzen klopften bei der Nachricht von dem Geisterzug, den man soeben in Rouen und Sotteville hatte vorüberbrausen sehen. Man zitterte vor Angst: ein voraus befindlicher Schnellzug würde sicherlich eingeholt werden. Er aber, wie ein Keiler im Hochwald, setzte seinen Lauf fort, ohne auf die roten Signallichter oder die Knallkapseln zu achten. In Oissel wäre er beinahe an einer Rangierlokomotive zerschellt; Pont-de-l'Arche setzte er in Schrecken, denn seine Geschwindigkeit schien sich nicht zu verringern. Von neuem verschwunden, rollte und rollte er in die schwarze Nacht hinein, man wußte nicht wohin.

Was lag schon an den Opfern, die die Lokomotive unterwegs zermalmte! Fuhr sie nicht trotz allem der Zukunft entgegen, unbekümmert um das vergossene Blut? Ohne Führer inmitten der Finsternis, wie ein blindes und taubes Tier, das man in den Tod rennen ließ, rollte und rollte sie dahin, beladen mit jenem Kanonenfutter, jenen Soldaten, die schon stumpfsinnig vor Müdigkeit und betrunken waren und die sangen.

Anhang

Der Januskopf des Naturalismus

›Das Tier im Menschen‹, der siebzehnte Band der ›Rougon-Macquart‹, erschien Anfang März 1890 bei Charpentier. Wie immer, war der Buchausgabe eine Feuilletonveröffentlichung, diesmal in ›La Vie Populaire‹, vorangegangen und dieser wiederum eine lärmende Werbekampagne mit einem reißerisch aufgemachten Plakat, das die Pariser von allen Litfaßsäulen ansprang: eine Vergewaltigungsszene, die den Sexualmord Jacques' aus dem elften Kapitel darstellen sollte.

Auch in den übrigen Details der Vorbereitung und Planung glich dieser Roman Zolas üblicher Manier. Vorgesehen war er schon in der ersten Liste 1869, wenngleich mit einer anderen Schwerpunktthematik, als Roman über die Gerichtsbarkeit, und diese Themenfixierung wurde auch in dem 1871 dem Verleger Lacroix übergebenen zweiten Plan festgehalten. Allerdings tauchte hier als zweiter Komplex bereits die Welt der Eisenbahnen auf. Als Held war beide Male Etienne in Aussicht genommen.

Diese Heldenwahl ließ sich jedoch zur Zeit der tatsächlichen Niederschrift des Romans nicht mehr aufrechterhalten. Denn inzwischen hatte Zola im ›Germinal‹ Etienne zu einer Zentralfigur gemacht. Durch die Rolle, die Etienne im Streik der Bergarbeiter von Montsou spielte, war sein Charakter politisch und moralisch so fixiert, daß Zola ihn nunmehr nicht in einen erblich belasteten Sexualmörder umwandeln konnte. Zola mußte also den Stammbaum der Rougon-Macquart ändern und Etienne und Claude, den beiden – wenn auch unterschiedlich – erblich belasteten Söhnen Gervaises, noch einen dritten hinzufügen, eben Jacques Lantier, die Zentralfigur unseres Buches. So ließ sich wenigstens Zolas Fiktion von den in der Macquartlinie wirkenden Vererbungsgesetzen retten.

Die Dokumentation und Ausarbeitung dieses Bandes verlief ebenfalls in der gewohnten Weise. Am 8. März 1889 spricht Zola in einem Brief an die Zeitung ›Evénement‹ von seinem neuen Roman noch in ziemlich allgemeinen Formulierungen:

»Das Thema ... ist einfach die Geschichte eines Verbrechens, das in einem Zug begangen wird, mit nachfolgender Untersuchung, Gerichtsverfahren usw. .... Mit einem Wort, ich möchte einen dramatischen tragischen Roman schreiben, etwas Atemberaubendes wie ›Thérèse Raquin‹, eine Studie der Auswirkungen eines Verbrechens auf bestimmte Charaktere. Man soll die Durchführung und Auswirkung dieses Verbrechens im Rahmen einer großen, in Betrieb befindlichen Eisenbahnlinie erleben ...«

Zola ist sich darüber im klaren, daß allein die Materialsammlung zu diesem neu hinzugekommenen Gegenstandsbereich der Eisenbahnen ein gut Stück Arbeit kosten wird und daß die kondensierte Darstellung dieses Sachkomplexes eine komplizierte Aufgabe ist. Zumal da er Wert darauf legt, daß sein Band nicht allzu dick wird, gut »verdaut ist, den Eindruck des gelebten Lebens erweckt und nicht in Einzelheiten untergeht«. Andererseits sieht er in dieser Darstellung einer modernen Verkehrsader, der Linie Le Havre-Paris, deren Züge vor seinem Arbeitszimmer in Médan tagaus, tagein vorbeidonnerten, das Hauptinteresse seines neuen

Werkes. Durch das Hinzunehmen dieses Sachkomplexes erhöhte sich die Zahl der Themen dieses Romans von zwei auf drei: die Welt der Justiz, die Vererbungsproblematik, unter dem besonderen Aspekt des Sexualmörders, und die Welt der Eisenbahnen. Die von Zola angezielte Synthese ist nicht nur wegen dieser dreifachen Aufgabenstellung so schwierig, sondern vor allem wegen des unverbundenen Nebeneinanders dieser drei Themenkreise.

Die Kritik hatte daher auch Mühe, diesen Roman eindeutig zu klassifizieren. Bald wird er wegen des gewählten Milieus als Eisenbahn- oder Justizroman betrachtet, bald wegen der Intrige als Kriminalroman eingestuft oder wegen der Zentralgestalt als Arbeiterroman geführt. Das Schwanken der Kritik spiegelt einen realen Sachverhalt wider. Zola gelang es nicht, einen inneren – man könnte vielleicht besser sagen: systematischen – Zusammenhang zwischen den drei Themen herzustellen, obwohl er sich theoretisch zumindest in demselben Brief an den Redakteur des ›Evénement‹ über das dialektische Verhältnis der strukturbestimmenden Elemente klar zu sein schien: »Sie wissen, wie ich verfahre. Ich habe zunächst eine Idee von der Umwelt, in der mein Roman sich abspielen soll. Dann suche und finde ich irgendeine Intrige, die mir fast immer von der Umwelt geliefert wird, in der ich mein Drama situieren will. Wenn ich dann den ersten Entwurf angefertigt habe . . . beschäftige ich mich mit der Dokumentation; ich suche sorgfältig, und es kommt häufig vor, daß diese Dokumente völlig die allgemeine Idee meines Romans verändern. Mein Werk ist erst fixiert, wenn ich all meine Dokumente besitze und *den wechselseitigen Einfluß des Gegenstandes auf die Dokumente und der Dokumente auf den Gegenstand gefunden habe* . . .« (Hervorhebung – Hg.)

Diese löbliche Einsicht blieb für die innere Verbindung der drei Themenkreise im vorliegenden Roman jedoch sichtlich ohne Wirkung, und die Dokumentation scheint unmittelbar lediglich kompositionelle Folgen gezeitigt zu haben: »Ich habe als Schauplatz meines Dramas die Westlinie gewählt, die kurz ist und eine gute Verkehrsader mit zwei Endpunkten darstellt: Paris auf der einen Seite, Le Havre auf der anderen. Da ich die Eisenbahn als ein *Wesen* betrachte, fand ich, daß die Westlinie eine gute *Wirbelsäule* darstellt, mit dem Meer am Ende.« (Hervorhebungen – Hg.) Die Wahl dieser Eisenbahnlinie als Kompositionsgerüst ähnelt dem Strukturschema aus dem Roman ›Ein feines Haus‹, worin das Treppenhaus diese Funktion erfüllte.

Im übrigen ist dieses Kompositionsprinzip nur sehr lose eingehalten. Ähnlich wie im ›Bauch von Paris‹ haben wir es mit einer symphonisch verschlungenen Bilderfolge zu tun, in der die einzelnen Themen nebeneinander entwickelt werden. Auf dieses Aufbauschema und zugleich auf die willkürliche Verbindung zwischen Umweltdarstellung und Handlungsablauf hat schon die zeitgenössische Kritik, wie Paul Ginisty im ›Gil Blas‹ (vom 15. 3. 1890), hingewiesen. Wenn die traditionellen Literaturgeschichten ›Das Tier im Menschen‹ zugleich als Musterbeispiel naturalistischer Beschreibungstechnik aufführen, vor allem wegen der Bilder vom Bahnhof Saint-Lazare, die an Suggestivkraft mit denen Monets konkurrieren konnten, oder wegen der Schilderung des Eisenbahnunglücks oder des Todes der Lison, so erscheint dieser Roman nach der gängigen Einschätzung und allem bisher Gesagten als repräsentativ für eine literarische Tradition, mit der der moderne Roman endgültig gebrochen zu haben scheint, ganz gleich, welcher ideologischen Grundposition oder kunstkritischen Strömung er sich verpflichtet fühlt.

Sollte diesem Werk also wirklich nur noch ein historisches Interesse zukommen?
Sicher, Bilder, wie Zola sie vom Tod der Lokomotive zeichnet, mit all ihren Poetisierungen und Sexualisierungen der Objektwelt, wären heute undenkbar. Man darf aber darüber nicht vergessen, daß gerade Zola – allen romantischen Übertreibungen zum Trotz – mit diesen Beschreibungen im ›Tier im Menschen‹, im ›Germinal‹, im ›Bauch von Paris‹, im ›Paradies der Damen‹ der Darstellung der modernen Technik und moderner Organisationsformen in der Literatur erst Heimatrecht verschaffte und er sich damit auf seine Weise zu einem gegenwartsbezogenen, das reale Leben der Menschen – einschließlich ihrer Fortschritte bei der Beherrschung und Bewältigung der Natur durch die Wissenschaft – gestaltenden Roman bekannte.
Denn Zola wollte *für seine Zeit* schreiben und die Leser mit den *neuen* Erscheinungen *seiner Zeit* vertraut machen – und diese Forderung ist heute so aktuell wie vor achtzig Jahren.
Die Errungenschaften der Technik hielt Zola für eines der signifikantesten Phänomene des allgemeinen Fortschritts der Menschheit in diesem seiner Meinung nach von wissenschaftlichem Streben erfüllten und von Erkenntnisdrang beseelten 19. Jahrhundert.
Daß er die Darstellung dieser technischen Errungenschaften, wie zum Beispiel der Eisenbahnen, in diesem Roman zugleich mit seinen sozialen Utopien und seinen naturphilosophischen Ideen koppelte, drückte ihnen allerdings zusätzlich zur Darstellungstechnik den Stempel der Zeitgebundenheit auf.
Für Zola werden die Eisenbahnen zum völkerverbindenden Band. Sie dienen nicht nur der Steigerung des Handels, sondern vermitteln auch, wie es im Entwurf heißt, »den Aus-

tausch der Ideen, die Veränderung der Nationen, die Vermischung der Rassen, fördern die Entwicklung im Sinne einer allgemeinen Vereinigung, die Ausbreitung der Ideen«. Und im Roman selbst findet sich der gleiche Gedanke, wenn Zola den Eindruck wiedergibt, den die unaufhörlich vorbeirollenden Züge bei Tante Phasie hervorrufen: »Das nämlich war der Fortschritt, alle waren Brüder, alle rollten gemeinsam einem Schlaraffenland entgegen.« Zugleich werden diese sozial-utopischen Ideen und auch das dafür eingesetzte Bild der ewig rollenden Züge von Zola wie immer mit seinen naturphilosophischen Ideen verbunden. Unaufhaltsam wie das Rollen der Züge ist der ewige Kreislauf der Natur, der Wechsel von Tod und Leben, das Auf und Ab von Stirb und Werde. »Was lag schon an den Unbekannten aus der Menge, die unterwegs herausgestürzt, unter den Rädern zermalmt worden waren! Man hatte die Toten weggetragen, das Blut abgewaschen, und man fuhr wieder los, der Zukunft entgegen.«

Überholtes und Zukunftweisendes im gleichen Moment. Dies gilt für das Bild der rollenden Züge auch noch in anderem Sinne. Eine Sachbeschreibung wird zum Ausgangspunkt assoziativ und symbolisch angeschlossener existentieller Betrachtungen für eine der Romangestalten, eine Technik, die man im Roman des 20. Jahrhunderts häufig findet. Die unaufhaltsam und unaufhörlich vorüberrollenden Züge werden für Tante Phasie zum Symbol ihrer Lebenssituation, ihrer Vereinsamung, ihres Ausgeschlossenseins aus der Gemeinschaft der Menschen. Tagtäglich fahren sie zu Hunderten an ihr vorüber, doch keiner weiß von der Tragödie, die sich in dem einsamen Bahnwärterhäuschen zwischen ihr und ihrem Mann abspielt. Und als die Woge der Zugkatastrophe die Reisenden wie Strandgut in ihr

Haus spült, vermag die zufällige Begegnung kein echtes Begegnen zu erzeugen. Fremd, wie sie kamen, gehen sie. Es gibt keine Verbindung zwischen ihr und den »anderen«. Dieses schicksalhafte Alleinsein, das fast an die Grundsituation des spätbürgerlichen Menschen in seiner unüberwindlichen Vereinzelung in den Werken eines Sartre, eines Ionesco oder Beckett erinnert und wie eine Präfiguration existentialistischer Lebenssicht erscheinen könnte, erklärt sich in Zolas Sicht wie die mit dem Zugbild verbundene Fortschritts- und Zukunftssymbolik aus dem Wirksamwerden des gleichen naturphilosophischen Zyklus. Nur ist der Zyklus von Stirb und Werde hier zerlegt in zwei antithetische Komplexe: auf der einen Seite das unaufhaltsam rollende Leben der Züge, auf der anderen der unaufhaltsam schleichende Tod. Aus dem Bannkreis dieser schicksalhaften Konstellationen gibt es ebensowenig ein Ausbrechen wie aus dem Gefängnis des eigenen Ichs oder dem Kerker, in dem die objektive innere Logik des eigenen Lebensweges oder die Umweltverhältnisse oder die unabänderlichen Gesetze der Vererbung den Menschen gefangenhalten.

Das ist die Erfahrung, die alle Gestalten dieses Romans durchmachen. Ganz gleich, ob sie wie Tante Phasie infolge einer verfehlten Heirat in die Krallen der Habsucht fallen, oder wie Cabuche unschuldig-schuldig ins Räderwerk der Justiz geraten, oder wie Flore und Roubaud ein Opfer ihrer eigenen Eifersucht werden, oder wie Séverine durch unfreiwillige Jugendsünden ihren Lebenskreis nicht mehr frei wählen können, oder wie Jacques unter dem Fluch ererbter Mordlust leiden.

Blind wie die *Moira* der Alten wirken die Determinanten des Taineschen Positivismus und des Darwinismus. In ihrem Netz gefangen, bleiben den Menschen nur die krankhaften

Zuckungen mechanisch aufgezogener Puppen. Sie verlieren die lebendige Fülle ihrer Entscheidungsmöglichkeiten, in ihren Handlungen steckt nie der Keim dialektischer Entwicklung. Sie sind nie, wie Aragon einmal so schön von seinen Helden sagte, die »Körner der Zukunft«, die Hoffnung einer Wendung von Bösem zu Gutem.

Einmal durch einen Zufall, eine im Affekt begangene Handlung aus der Bahn geworfen, rollt ihr Leben ab wie die Gewichte einer Pendeluhr, erfüllt sich ihr Schicksal unentrinnbar. Sie alle, Tante Phasie, Cabuche, Flore, Roubaud, Séverine, Jacques, sind seinem Spruch verfallen. Die Atmosphäre des Romans ist dunkel und düster, als lebten diese Menschen schon auf Erden in den grausigen Schatten des Tartarus. Und Zola hat sicher ganz bewußt diesen Eindruck mit der Gestalt Misards verstärkt, der, verdammt zu ergebnislosem Tun wie die Danaiden oder Sisyphus, sich wie besessen müht, den Schatz Tante Phasies zu finden. Such, such, such ohne Rast und Ruh, heute, morgen, ohne Ende . . .

Aber wenn durch dieses Schwarz-in-Schwarz-Malen dieser Roman auch die stimmungsmäßige Geschlossenheit und Wucht einer antiken Schicksalstragödie erhält, er gewinnt dadurch nicht an Lebenswahrheit. Diese Welt ist nicht die ganze Welt, das Verhalten der Menschen kein Modell menschlichen Verhaltens. Es ist eine klinische Untersuchung psychischer Grenzfälle ähnlich dem protokollierten Krankheitsverlauf in ›Thérèse Raquin‹.

Und dennoch schwebte Zola vor, innerhalb dieser Grenzen ein Modell menschlicher Problematik zu schaffen oder, um in seiner Terminologie zu bleiben, die Auswirkungen von Erbkrankheiten im literarischen Experiment zu erheben, und zwar als Appell an die Richter, den wirklichen Beweggründen von Verbrechen sorgfältig nachzugehen.

Denn Zola will mit seinem Roman, in dem alle Hauptpersonen zu Mördern werden, nicht das Verbrechen verherrlichen. Das erleichterte Aufatmen Jacques' nach der Ermordung Séverines ist nicht die zynisch amoralische Selbstbefriedigung Gidescher Helden im *acte gratuit*, es ist das Hoffnungschöpfen eines von tödlicher Krankheit befallenen auf Heilung. Bei klarem Verstand konnte Jacques keinen Mord begehen oder auch nur planen. Sein Liebesverhältnis mit Séverine zerbricht letztlich an diesem »Versagen«. Und als Séverine ihm ihren Plan, Roubaud zu töten, schließlich doch aufzwingt, als sie ihn mit allen Mitteln zum Verbrechen treibt, wird sie nach dem ewigen Gesetz von Schuld und Sühne selbst das Opfer. Die blind-wütend durchbrechende erbliche Mordlust Jacques' erfüllt gleichsam die elementarsten Forderungen der Gerechtigkeit. Séverine, deren Jugendsünde Roubaud aus Eifersucht zum Mörder werden ließ, die um ihres eigenen Glücks willen Jacques das Mordmesser in die Hand drückt, hat ihr Leben verwirkt.

Aber für Jacques bringt diese Tat, die er im Blutrausch (im doppelten Sinne des Wortes) begeht und wie einen Rausch vergißt, nicht die erhoffte Heilung. Gierig steigt das Tier von neuem in ihm hoch im nächtlichen Beisammensein mit Philomène am Bahndamm. Die Mordlust steckt ihm im Blut seit grauer Vorzeit und verlangt wiederum nach Blut, und vor diesem Verlangen gibt es kein Entrinnen mehr. Jacques' Leben hat seinen menschlichen Sinn verloren. Wenn er dem Zugriff Pecqueux' zum Opfer fällt, so erfüllt sich an ihm nur erneut das dunkle Gesetz, dem auch Séverine erlag. »Das ist der Fluch der bösen Tat, daß sie fortzeugend Böses muß gebären...«

In allen Fällen schlägt das Verbrechen auf den Verbrecher selbst zurück. So auch bei Roubaud. Der Mord an Grandmorin verwandelt den gewissenhaften Beamten, den pünktlichen, ruhigen, wenn auch geistig nicht allzu beweglichen Roubaud in einen nachlässigen Angestellten, einen immer mehr abstumpfenden, Trunk und Spiel verfallenen, rasch alternden Mann. Die Etappen dieses körperlichen, geistigen und moralischen Verfalls hat Zola, ähnlich wie den Verfall von Gervaise und Lantier, mit nicht zu überbietender psychologischer Akribie dargestellt. Das dritte Kapitel, in dem Zola schildert, wie Roubaud am Morgen nach dem Mord darauf wartet, daß die Nachricht darüber im Bahnhof von Le Havre eintrifft, ist ein Höhepunkt dieser psychologischen Studie. Hier hat Zola auch in vorbildlicher Weise das Zeiterlebnis in die Darstellung der inneren seelischen Vorgänge seiner Figur einbezogen.

Im allgemeinen pflegt man die Eroberung der Zeit als subjektiver Erlebniszeit, als *durée* im Sinne Bergsons, auf der Aktivseite einer bestimmten Richtung des modernen Romans zu verbuchen und vor allem Proust als den großen Neuerer in diesem Sinne zu betrachten. Und das Zeiterlebnis selbst spielt unter den verschiedensten Vorzeichen im Roman der Gegenwart auch eine besondere Rolle, ganz gleich, ob es wie bei Butor im ›Zeitplan‹ als Paradigma menschlichen Unvermögens, sich der Welt, der Umwelt der Menschen und Dinge zu vergewissern, verwendet wird, oder wie bei Elsa Triolet im ›Grand Jamais‹ oder bei Aragon in den ›Spiegelbildern‹ als das *Memento mori*, die Chiffre der Vergänglichkeit, oder als historische Zeit als Prüfstein geschichtlicher Wahrheit, oder wie bei Proust als die spannungsintensivierte Erlebniszeit behandelt wird, die die Gültigkeit der objektiven Zeit aufhebt. In allen diesen Fällen wird das Zeiterlebnis zum ontologischen Problem, seine Fixierung im Werk zum Stimulans künstlerischen Experimentierens und Neuerertums. Man vergißt ob dieser Fülle moderner Beispiele sehr häufig, daß die Darstellungsmöglichkeiten des Zeiterlebnisses sowie vieler sogenannter Neuerungen des Romans des 20. Jahrhunderts schon von jener literarischen Bewegung abgetastet wurden, die man in vielerlei Hinsicht als den Wendepunkt zur heutigen Entwicklung betrachten muß. Denn der Naturalismus als literarische Richtung ist nicht nur eine in vielem ambivalente literarische Methode, die zur Verarmung von Menschenbild und Figurenaufbau führende Anwendung überholter Wissenschaftstheorien auf Personenwahl und Charaktergestaltung, der Naturalismus ist auch die Eroberung des Arbeiters als literarischen Helden, die Gewinnung der historischen Faktizität einschließlich der Einbeziehung der realen Protagonisten des geschichtlichen Geschehens, und er ist zugleich oft der erste Schritt zur Erkundung gestalterischer Techniken, die erst bei der Darstellung der Wirklichkeit unserer Tage, manchmal verzerrt, oft auch progressiv weiterentwickelt, zum Tragen kommen.

Zolas Behandlung des Zeiterlebnisses im ›Tier im Menschen‹ ist Teil einer wirklich »realistischen« Darstellung – wenn es gestattet ist, diesen wertenden Terminus für die Darstellung eines Teils innerhalb eines Ganzen zu verwenden, das als solches nur als naturalistischer Roman gewertet werden kann. Aber in den durch die naturalistische (naturalistisch im philosophischen und literarischen Sinne) Grundkonzeption gesteckten Grenzen der Menschendarstellung ist die Studie von Roubauds psychologischer Entwicklung realistisch ausgeführt.

Um Roubauds wachsende Nervosität und Spannung an diesem schicksalhaften Vormittag nachempfinden zu können, muß der Leser mit Roubaud das Rücken der Uhrzeiger verfolgen, die verrinnende Zeit als das Herannahen der unausweichlichen Entscheidungssituation miterleben. Subjektives Zeiterlebnis und objektiver Zeitablauf sind hier wirklich dialektisch verbunden. Die objektiven Zeitangaben, die fahrplanmäßigen Ankunfts- und Abfahrtszeiten der Züge steuern auch sonst Roubauds normalen Tagesablauf und werden nur durch die besondere Situation zur erlebten Zeit gesteigert. Aber sie werden dadurch nicht aus dem objektiven Zeitplan herausgelöst, wie dies bei der erlebten Zeit in subjektivistischer Sicht meist der Fall ist. Ihr objektiver Charakter wird durch die Rhythmisierung des ganzen Romans auf die Fahrplanzeiten der Linie Paris–Le Havre in ihrer dem Gegenstand angemessenen Bedeutung noch unterstrichen.

Die nüchterne Sachlichkeit dieser normal funktionierenden Welt der modernen Technik steigert durch ihre Kontrastwirkung zugleich den Eindruck von der Anormalität der »menschlichen« Welt. Ihr Kranksein wird durch den »gesunden Mechanismus« der Objektwelt noch deutlicher. Die im Mechanismus von Umwelteinflüssen und Vererbungsgesetzen festgefahrenen menschlichen Handlungen aber demonstrieren gerade durch das perfekte Funktionieren dieses Mechanismus ihr spezifisches Kranksein.

Nein, dieser Roman Zolas entwirft in der zentralen menschlichen Handlung kein Bild der wirklichen Welt – und er enthält es dennoch als inhärentes Maß, an dem Menschen und Vorgänge gemessen werden, als ideellen Gegenentwurf, an dem auch das Kranksein der historisch wahrheitsgetreu gezeichneten politischen und sozialen Kreise der einbezogenen Hintergrundmilieus offenbar wird.

Diese korrupte Gesellschaft von Richtern und Politikern, die die Frage von Schuld und Recht nicht nach den objektiven Kriterien von Wahrheit und Gerechtigkeit prüft, sondern sich in ihren Handlungen wie der Untersuchungsrichter Denizet von persönlichem Ehrgeiz oder wie der Generalsekretär der Eisenbahngesellschaft, Camy-Lamotte, von den Erfordernissen der »Staatsräson« oder wie Frau Bonnehon, die Schwester des Präsidenten Grandmorin, und das Ehepaar de Lachesnaye von Familieninteressen leiten läßt, repräsentiert für Zola nicht die positiven Gegengestalten, die eine kranke Welt zu heilen vermöchten, sie ist vielmehr Träger der giftigen Keime, durch die die Atmosphäre dieses zu Ende gehenden Kaiserreichs verpestet wird, so daß auf seinem Boden nur noch Mord und Verbrechen gedeihen. Mit der Gesellschaftskritik an den Hintergrundmilieus schließt sich der Ring der Schicksalstragödie, die zur Präfiguration für den Zusammenbruch des Kaiserreichs wird. Krank wie die Menschen ist die ganze Gesellschaft, das ganze Reich reif zum Untergang.

Zola hat in den letzten Romanen des Zyklus diesen Gesamtsinn der *Rougon-Macquart*, die Verurteilung der napoleonischen Ära, mehrfach auch symbolisch herausgearbeitet. Schon die verwesende Nana auf ihrem Totenbett deutete auf das katastrophale Ende, ebenso wie der Bankkrach im *Geld* oder das Verlassen der Erde durch Jean, der am Schluß des Romans ›Die Erde‹ in den siebziger Krieg zieht. Im ›Tier im Menschen‹ wird das Gesamtschicksal der Epoche in dem gleichen Bild eingefangen, in dessen Zeichen das Leben der Menschen dieses Romans verlief, dem Bild der unaufhaltsam rollenden Züge. Der rasend gewordene führerlose Zug, der, beladen mit seiner menschlichen Fracht todgeweihter Soldaten, in die Nacht hineinbraust, einem unsichtbaren, aber sicheren Verderben entgegen, wird in Zolas Sicht zum Symbol der herannahenden Katastrophe, der das ganze mit Fluch beladene napoleonische Regime zutreibt.

Gerade dieser Roman macht deutlich, in welchem Maße realistische Kunst an die geistige Bewältigung der gesellschaftlichen Prozesse gebunden ist. Ein Künstler, der nicht in der Lage ist, sein eigenes Weltbild auf die Höhe der notwendigen historischen Einsicht zu erheben, wird zwar im einzelnen Durchbrüche zu einem großen Realismus erzielen können, wie es auch Zola im ›Germinal‹ gelang, in seinem Gesamtschaffen aber immer wieder Rückschläge erleben, die zu zwiespältigen Lösungen führen.

Rita Schober

Anmerkungen

5 *Quartier de l'Europe* – (franz.) Europäisches Viertel; Pariser Stadtviertel, in dem die meisten Straßen nach europäischen Hauptstädten benannt sind.

8 *Unterpräfekt* – der oberste Verwaltungsbeamte eines Arrondissements, des Verwaltungsbezirks, der dem Departement untergeordnet ist und etwa dem Kreis bei uns entspricht.

16 *Eröffnung der Sitzungsperiode von 1869* – Zu Beginn der am 18. 1. 1869 eröffneten Sitzungsperiode entspannen sich heftige Debatten um die Bestätigung der Abgeordnetenmandate von Philippe Baron de Bourgoing (1827–1882), dem Oberstallmeister des Kaisers (s. Anm. zu S. 527), und von Herrn de Piennes, dem Oberkammerherrn des Kaisers.
bevorstehende allgemeine Wahlen – Gemeint sind die Parlamentswahlen vom 23. und 24. 5. 1869, bei denen die Opposition hohe Stimmengewinne erzielte.

18 *Generalrat* – in Frankreich die parlamentarische Vertretung eines Departements.
Ehrenlegion – Der einzige jetzt noch bestehende französische Orden, gestiftet 1802; wird vom Staatsoberhaupt in fünf Klassen (Großkreuz, Großoffizierkreuz, Kommandeurkreuz, Offizierkreuz und Ritterkreuz) für militärische und zivile Verdienste verliehen.

112 *Auvergnat* – Mann aus der Auvergne, einer ehemaligen Grafschaft und Provinz im mittleren Teil des französischen Zentralmassivs.

121 *Pikett* – französisches Kartenspiel, das in der Regel zu zweit gespielt wird.

136 *zweier ... Abgeordneter* – s. Anm. *Eröffnung der Sitzungsperiode von 1869* zu S. 16.
Präfekt des Departements Seine – Georges-Eugène Baron Haussmann (1809-1891), französischer Politiker; Präfekt des Departements Seine von 1853 bis 1870; führte durch eine Reihe städtebaulicher Maßnahmen (Abbruch alter Stadtviertel, Anlage großer Boulevards usw.) mit großer Rücksichtslosigkeit gegen das historische Stadtbild und unter ungeheuren Kosten die Modernisierung von Paris durch, wobei er die Werktätigen in die Vororte aussiedelte, um ihre Konzentration in der Innenstadt zu verhindern. Wegen der überaus hohen Anleihen, die zu diesem Zweck aufgenommen werden mußten und die sich schließlich auf 848 Millionen Francs beliefen, kam es am 22. 2. 1869 in der Abgeordnetenkammer zu der lang erwarteten Debatte um Haussmanns Finanzpolitik, die sich zu einer grundsätzlichen Kritik an der Innen- und Finanzpolitik des Zweiten Kaiserreiches ausweitete.
Tuilerien – Schloß in Paris; im Zweiten Kaiserreich Residenz Napoleons III.; wurde 1871 von der empörten Volksmenge zerstört. Heute sind nur noch die Gärten und einige dem Louvre angeschlossene Nebengebäude vorhanden.

141 *Palast der Herzöge der Normandie* – Der Justizpalast in Rouen, ein Meisterwerk gotischer Architektur, wurde unter Ludwig XII. (s. Anm. zu S. 534) für den souveränen Gerichtshof der Herzöge der Normandie gebaut. Der Mittelflügel des Gebäudes wurde im 19. Jahrhundert Sitz des Berufungs- und des Schwurgerichts von Rouen.

150 *gemischte Ausschüsse* – Bezeichnung für die am 3. 2. 1852, also drei Monate nach dem Staatsstreich Louis-Napoleon Bonapartes (s. Anm. *Kaiser* zu S. 527) geschaffenen und mit den Vollmachten von Sondergerichten ausgestatteten Ausschüsse, die sich aus Juristen und Militärs zusammensetzten und die Personalakten und Strafregister der Leute, die dem

Regime als gefährlich erschienen, durchzusehen hatten, um belastendes Material gegen sie zusammenzutragen.

221 *Cotentin* – weit in den Ärmelkanal hinausragende Halbinsel Nordfrankreichs.

232 *Präfekt* – in Frankreich seit 1800 der vom Staatsoberhaupt ernannte oberste Verwaltungsbeamte eines Departements.

272 *Ecarté* – französisches Kartenspiel unter zwei Teilnehmern.

322 *Concierge* – Portier oder Portiersfrau, die in den Pariser Häusern eine für die Mieter sehr wichtige Stellung einnehmen und die u. a. auch die Post verteilen.

358 *Poitou* – Landschaft und ehemalige Provinz in Westfrankreich.

387 *Arc de Triomphe* – der als Siegesmal für Napoleon I. begonnene und 1836 vollendete Triumphbogen auf dem Place de l'Etoile, unter dem sich seit 1920 das Grab des Unbekannten Soldaten befindet.

510 *Guillotine* – Fallbeil, nach dem französischen Arzt Joseph-Ignace Guillotin (1738–1814) benannt, der vorgeschlagen hatte, die Todesstrafe durch eine Köpfmaschine zu vollstrekken.

512 *wegen eines Prinzen* – Die spanische Regierung bot den 1868 durch den Sturz der Königin Isabella (1830–1904) frei gewordenen Thron dem Erbprinzen Leopold von Hohenzollern-Sigmaringen (1835–1903) an, der jedoch auf die Kandidatur verzichtete, als Napoleon III. (s. Anm. *Kaiser* zu S. 527) das wünschte, weil er Frankreichs Sicherheit bedroht sah, wenn nicht nur an dessen Ostgrenze, sondern auch an dessen Südgrenze Hohenzollern herrschten. Darüber hinaus verlangte Napoleon III. von König Wilhelm I. von Preußen (1797 bis 1888) als dem Vorsteher des Hauses Hohenzollern Garantien dafür, daß er auch in Zukunft niemals die Bewerbung von Hohenzollernprinzen um die Krone Spaniens zulassen würde. Als der König von Preußen das ablehnte und der preußische Ministerpräsident Otto von Bismarck

(1815–1898) diese Ablehnung in einer für Frankreich beleidigenden Form veröffentlichen ließ, erklärte Napoleon III. am 19. 7. 1870 Preußen den Krieg.
Volksabstimmung – Durch die Volksabstimmung vom 8. 5. 1870 ließ Napoleon III. (s. Anm. *Kaiser* zu S. 527) eine neue konstitutionelle Verfassung bestätigen, durch die er die wachsende republikanische Opposition den Massen zu entfremden hoffte.

520 *Maître* – (franz.) Meister; hier: Amtstitel der französischen Rechtsanwälte und Notare.

527 *Kaiser* – Charles-Louis-Napoléon Bonaparte (1808–1873), Neffe Napoleons I.; wurde 1848 zum Präsidenten der Französischen Republik gewählt. Durch seinen Staatsstreich vom 2. 12. 1851 verlängerte er seine Amtszeit unter Verfassungsbruch um weitere zehn Jahre. Am 2. 12. 1852 ließ er sich als Napoleon III. zum Kaiser der Franzosen ausrufen, wurde jedoch nach der Kapitulation bei Sedan durch die Ausrufung der Republik am 4. 9. 1870 abgesetzt.

534 *mit Bienen übersäte Wandbespannung* – Nicht nur die Krönungsmäntel Napoleons I. und Napoleons III. und die Gewänder ihrer Würdenträger waren mit goldenen Bienen, dem Wappentier der Bonaparte, bestickt, sondern auch die Baldachine ihrer Thronsessel und die Wandbespannungen der zu zeremoniellen Amtshandlungen bestimmten Prunkgemächer.
Ludwig XII. – (1462–1515), König von Frankreich von 1498 bis 1515; ließ zur Festigung des entstehenden Absolutismus Reformen in Verwaltung, Justiz und Finanzwesen durchführen.

546 *Vorpostengefecht* – Am 2. 8. 1870 griffen die Franzosen unter General Charles-Auguste Frossard (1807–1875) auf Befehl Napoleons III. mit überlegenen Kräften Saarbrücken an, das nach wenigen Stunden von der kleinen preußischen Garnison geräumt wurde. Am nächsten Tage zogen sich die

Franzosen bereits wieder auf ihre Ausgangspositionen zurück und beließen nur Vorposten in der Stadt. Napoleon III. hatte mit seinem vierzehnjährigen Sohn Eugène-Louis-Jean-Joseph-Napoléon, genannt Lulu (1856–1879), den Kämpfen beigewohnt und in übertriebener Begeisterung darüber nach Paris depeschiert.